imaginist

想象另一种可能

理
想
国

imaginist

中国历史文化的

转折与开展

# 万古
# 江河

[美] 许倬云 著

北京日报出版社

北京版权保护中心图书合同登记号：01-2022-5045

**图书在版编目 (CIP) 数据**

万古江河：中国历史文化的转折与开展 / (美) 许
倬云著 . -- 北京：北京日报出版社，2023.3
ISBN 978-7-5477-4382-9

Ⅰ . ①万… Ⅱ . ①许… Ⅲ . ①中华文化－研究 Ⅳ .
① K203

中国版本图书馆 CIP 数据核字 (2022) 第 152867 号

地图审图号：GS（2023）209 号

责任编辑：姜程程
特约编辑：毹　峿
装帧设计：陆智昌
内文制作：陈基胜

出版发行：北京日报出版社
地　　址：北京市东城区东单三条 8-16 号东方广场东配楼四层
邮　　编：100005
电　　话：发行部：(010) 65255876
　　　　　总编室：(010) 65252135
印　　刷：山东新华印务有限公司
经　　销：各地新华书店
版　　次：2023 年 3 月第 1 版
　　　　　2023 年 3 月第 1 次印刷
开　　本：880 毫米 ×1230 毫米　1/32
印　　张：17.25
字　　数：350 千字
定　　价：78.00 元

# 目 录

# 序

在数千年的中国文化历史长河上，我所看到的十分有限，正如渚岸望江，有时看到波涛汹涌，有时看到平川缓流，终究只是一时一地的片断。假如用河流为比喻，中国文化的发展有如黄河、长江。黄河、长江，源头相距不远，都在巴颜喀拉山区，一向北流，一向南流。这两条大河的水系，笼罩了中国的大部分疆域，然后殊途同归，倾泻于太平洋的黄海（黄河今注入渤海，但历史上也曾注入黄海——编注）与东海。两个水域分别在中国的北部和中南部，界定了两个地理环境，呈现了自己的文化特色。

黄河九曲，夭矫如龙，先是昂首北上，接着俯冲南下，然后迤逦向东，倾注大海，带走了万仞黄土，铺散在千里平原。天玄地黄常为中国宇宙的本色。黄河带给中国肥沃的土壤，也挟来一次又一次的洪患劫难。中国人歌于斯，哭于斯，聚国族于斯，也积聚了文化的创造力。因此，本书封面以黄河为象征。

只是长江水系，支流复杂，多姿多彩，也许更近似文化长河的变化景象。长江源自巴颜喀拉山下的涓涓细流，先流向西南的深谷，袭夺金沙江，再流入四川接纳沱江、岷江、嘉陵江，汇集了藏边甘青的灵水，始成洪流。从此，大江东流，在冲破大巴山的拦阻时，奔腾叫啸，两岸峰高及天，神女雾掩，巫峡云遮，藤萝垂碧，滩险水急。江水又东，出峡之势，直泻千里，奔入湖广丘陵湖泊，于是浩荡奔放，始成大器。江水又东，一路收容湘资沅澧，以及赣江、清江带来的南方雨流和汉水带来的中原黄土，更有雍容广大的气象：星沉平野，月上东山，远树近山，江渚沙洲，美不胜收。自此东下，江水浩瀚，日月出入其中，隔岸但见山影。过了南京，遂与海通，广陵夜潮，石城汐止。江海相拒相迎，进退之间，或则江水积淀成洲，拦江截流；或则江流冲刷，裂岸崩石。终于大江倾泻入海，一时还不能与海水融合，俨然是蓝色大海中的一条绿色潮流。有大江带来的水流，挟来的数千里泥沙，海洋始能成其大。百川朝宗，天下众流都在五洋七海中泯合，无所区别！中国文化从源头的细流，长江大河一路收纳了支流河川的水量，也接受了这些河川带来的许多成分，终于汇聚为洪流，奔向大海——这一大海即世界各处人类共同缔造的世界文化。

本书是为这一代中国人撰写的历史，也就是中国文化成长发展的故事，及对于这一过程的解释。在这一故事中，随着历史的进展，中国文化的内容与中国文化占有的空间都不断变化：由以黄河流域为核心的"中国"，一步一步走向世界文化中的"中国"。每一个阶段，"中国"都要面对别的人群及其缔造的文化，经过不断接触与交换，或迎或拒，终于改变了自己，也改变了那些邻居族群的文化，甚至"自己"和"别人"融合为一个新的"自己"。这一"自己"与"他者"之间的互动，使中国文化不断成长，也占有更大的地理空间。从新石器时代开始，经历了数千年，一个多元而复杂的中国文化体系，终于成形。本书叙述的故事，因此是一个主角与场景经常转变的曲折历程。正如广场上的活动，可能只是几个人之间的谈话，逐渐吸引了附近别人的参与，经过几度转折，竟聚集为不少的群众，讨论的主题也可能远离了原来的谈话。当然，这样的譬喻，究竟还是太简单，不足以形容文化史的复杂性。

本书各章的标题，得益于梁任公先生《中国史叙论》中所述的观念，将中国文化圈当作不断扩张的过程，由中原的中国，扩大为中国的中国，东亚的中国，亚洲的中国，以至世界的中国。凡此阶段，因为我们的时代已与任公的时代不同，举凡中国文化史的史料、中国历史的知识，以及其他文化历史的研究，于最近百年来均有长足进展，是以本书不仅有自己设定的断代，于各个段落的界说也有自己的认知，而无须受任公历史观念的约束。

　　既然本书是以中国文化圈的发展为主要着眼点，其不同于一般中国通史的内容在于不以政治体为界定中国文化圈的断代标杆。因此，本书完全与中国传统正朔纪年的理念脱钩，是以公元纪年划分为几个大段落。公元纪年，只是为了约定俗成的方便。这些大段落的起讫，也只是取其年代的整数。文化演变是逐渐的，不能刀切豆腐，干净利落地切断演变线索，是以，本书于叙述历史事件的变化时，稍有超前落后若干年，逸离断代的情形。为此，本书的前半（第一章至第五章），以1500年为断代下限，此时正是全球经济体系成形的前夕。后面三章，叙述的则是中国在全球化浪潮冲击下的五百年。这五百年间，中国体验了没顶的惊险，也学习着弄潮儿冲浪的功夫。这是占人类社会四分之一人口的庞大族群，以数千年积蓄的能量，投身演出的五百年悲喜剧！

　　本书既以文化发展为主题，应当同时论列文化内容及文化外延。在文化内容方面，本书将于日常文化、人群心态及社会思想多所注意，尤其注意一般小民百姓的生活起居及心灵关怀。中国的正史，一向是帝王将相、圣贤名流的记录。近世新出版的通史，仍不能摆脱以政治史为纲之旧习，日常生活部分少见着墨。本书转移叙述的重点，并不是轻视朝代更迭、国家兴亡，以及各时代的典章制度、嘉言懿行。凡此项目，史学界前辈均已有过叙述。本书之另有着重，其实也是为了补苴一般通史的空白。

　　今日读史的读者，不同于旧时，在这平民的时代，大率受过高中教育以上者，都可能对历史有兴趣。他们关心的事，当为由自身投射于过去，希望了解自己何自来，现在的生活方式何自来。本书在此等处着手，既为了针对读者的求知欲，叙述日常生活及诸种心态观念的来龙去脉，也是为了这些事项本身的演变有其漫长的过程、丰富的内涵，值得史学工作者探讨。

　　中国文化，本有内华夏、外诸夷的传统。近世以来，民族史学与民族国家的建构同步进行，是世界近代史上的重要现象，近代中国史学不能自外于这一潮流。于是，中国人的历史观承受上述两项因素，每每有中国文化自我中心的盲点，以为中国文化既是独步世界，又是源远流长。中国史学对于中国以外的事物，大多不大注意，甚至于中国文化与其他文化交流的史实，也往往存而不论。本书呈现的中国历史，是一个接纳多元的复杂体系——这样的形象，与中国文化中心论的观点颇为不同。中国文化的特点，不是以其优秀的文明去启发与同化四邻。中国文化真正值得引以为荣处，乃在于有容纳之量与消化之功。本书为了弥补自我中心观念造成的缺陷，于文化圈的内外关系，特加注意。在这一主题范围，本书不仅注意中国文化放射于其他文化的影响，也将注视中国文化在发展过程中，域外文化曾有过的影响。本书目的，除学术兴趣外，也不辞冒天下之大不韪，拟对国民自大心态的偏差，尽规劝谏诤的努力。如前所述，今日的世界已渐为一体，任何地区的居民都必须与其他社会或其他文化的成员，有所交往。过分自大，难免自蔽，于己于人，均非健全正常的心态。为此，本书将于中外文化交流的现象，在每章中特有专节讨论。

除了文化交流现象以外，本书也将有专节，比较中国文化及其他文化在各自发展过程中的若干特定现象。比较研究，可以有助于了解文化发展中，哪些是历史的共相，哪些是自己的殊相。老子说，知人者智，自知者明。所谓知己知彼，没有可作为参考的比较，即不易有真正的自知之明。本书各章都有中外文化比较的专节，其所以选取各历史现象为比较的主题，并不意味该一时代只有这一现象值得注意，却毋宁是选取一项，当作标本而已。

大致言之，本书于史前部分，并不设定"中原"观念，而于历史时代所谓的"中原"，也常有不同的定义。在空间上，"中原"是移动的，可由秦汉的黄河中游及关中，扩大为中古时代的华北，再移转到近古时代的东南，以至近代的沿海。而且，"中原"作为讨论中国文化史的观念，也与讨论政治史的内涵不同。

中国文化，若作为一个文化圈，则在每一个时代，都可以超越政治或地缘定义的"中国"。最堪注意的，则是中国文化于中古以来，俨然是东亚许多地区共同参与的一个文化体系。本书第四章以下，于中国文化系统的讨论，即有不限于中国地区的理解，其中若干中外比较，是为了解释中国历史发展之特点，讨论他处史实则是为了陈述时代背景。总之，今世所有的文化体系，都将融合于人类共同缔造的世界文化体系之中。我们今日正在江河入海之时，回顾数千年奔来的历史长流，那是个别的记忆；瞩望漫无止境的前景，那是大家应予合作缔造的未来。万古江河，昼夜不止。谨以此书，向千百代的祖先，献上敬礼！

最后，撰成此书，许多观念得自一生师友与学生的启发，一并致谢，恕不能列举了。撰写过程中，汉声同人，尤其吴美云、汤世铸两位费力最多，甚感。曼丽时加鼓励，本书书名，即是她想到的！

序于匹兹堡

2005 年 2 月 20 日

第一章

# 古代以前：中国地区考古略说

在"中国"这个观念还未形成前，人类早已在中国这块大地上活动。他们从旧石器时代茹毛饮血，渐渐懂得栽种、畜牧，自己生产食物，也开始群居，发展出多元的地区文化。经过分分合合，这些地区文化逐渐聚合为几个主要的文化系统，成了日后中国文明建构的基础。

## 一、孕育出中国文化的自然地理

当我们谈文化史上的中国地理时，指涉的不是一个有清楚边界的政治版图，而是那个孕育出中国核心文化的自然地理空间，因为文化系统的范围和政治单位的版图是不同的，后者有明确的边界以表示主权的所属，而前者不可能有显然可见的界限。

中国核心文化地区，位于欧亚大陆的东南部，北边是沙漠和草原，西边是高及天际的高山与高原，东边和南边面对大海。整体看来，中国对外有高山峻岭、沙漠、海洋为界限，尤其是北边的沙漠和西边的高山、高原这两大屏障，使得中国的世界是望向东南的。传说中，女娲造天，天塌后地倾东南。然而，中国文化史上的地理，并不只是朝一个方向看，而是四面八方各个地区都自成格局，各有创新，也有交流。这一情形，造成中国文化发展的复杂面貌：既能始终呈现各个地区的地方性特色，同时又能在小异之上颇见大同。

这些地区从北算起有：1. 以沙漠、草原为主的蒙古地区；2. 以森林、山地为主的东北地区；3. 以黄土高原、黄土平原为主的黄河中下游；4. 湖泊、河流众多的长江中下游；5. 自北到南的沿海地区和岛屿；6. 有高山、盆地和纵行谷地的西南地区；7. 遍布高山和高原的西北地区。

先从北边说起：蒙古地区横跨中国的北方，草原上的牧人逐水草而居；而东北地区，有大河和密集的大树林，那里的居民靠渔猎为生。草原牧人与东北森林居民是最早接触和交流的族群，他们的生活习惯有不同处，也有相同处，不同处是森林居民比较定居，相同处是他们都靠牧、猎为生，都能跨马作战驰骋千里，攻伐其他地区的居民。中国历史上重要事件之一，就是北边的牧人和猎人，会时时因粮食不足而

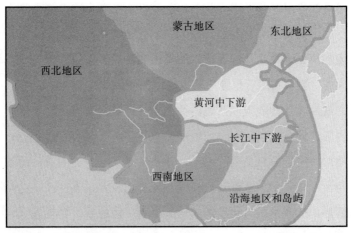

中国文化地理分区示意图

南向侵犯农业地带。农牧的分界线，即是长城所经之处。自古以来，牧人、猎人与农夫之间，沿着长城线往来拉锯，贸易与战争都在此进行。

中国的农业地带应划分成两个地区：一是黄河流经的黄土高原和黄土平原，一是长江流经的长江中下游。黄河源自青海的巴颜喀拉山，长江源自唐古拉山，起源地相距不远，但两条河流在中游地段，一向北一向南，跨度极大。它们的跨度，象征了中国本部历史的多元发展。最后，黄河、长江分别流入黄海、东海。这两条大河，一是黄色，一是绿色，正代表两种完全不同的自然生态环境。

黄土平原上的居民，背向青天脸向地，艰苦求生，每一份粮食都是靠自己的汗水换来的。土地要经过耕耘成为熟地，双手上的厚茧缝里充满了黄土，因此他们坚定地固守在家乡，不愿迁移。他们艰苦耐劳、安土重迁，心态比较保守。但他们在南方长江流域的邻居就不一样了。长江经过高山以后，流入丘陵，穿过四川的峡谷，奔向有着湖泊和小河流的大平原。丘陵山林里有足够的粮食，湖泊和河流旁有许多肥沃的土地，所以这个地区居民的生活是快乐的，心态是活泼的，他们愿意变动，也不在乎变动。他们的歌唱有如树林里的清风和溪谷里的流水。

北方的黄河文化孕育了循规蹈矩、守分安命的儒家；在南方，出现的却是多思辨甚至是辩证式的老子和庄子，对宇宙充满了问题。从新石器时代开始，圆圆的曲线一直都是南中国最常见的艺术表现形式。相对而言，黄河流域的艺术表现形式却是正方、正圆、正三角，极为厚重。

这两个文化区之间，只有一些像秦岭和伏牛山这样不算很高的山，并且有许多通道相通，所以黄土的中国和长江的中国，虽似隔离，却能持续不断地交流、冲突，相互刺激，终于并合成为中国文化的主要地区。黄土中国和长江中国，一硬一软、一方一圆、一绝对一相对，这两条路线的交织，使得中国思想既能谨守原则，又能应付时代的变化。正如北方的石刻和南方后来发展的水墨画，既有具体的写实，也有抽象的写意，相互交织成既复杂又丰富的艺术传统。

中国核心文化区的东边和东南边，从北到南是一条沿着黄海、东海、南海的沿海地区。海洋外有日本列岛、朝鲜半岛、琉球群岛，以及从中国台湾开始往下的一串岛屿。这串岛屿和中国沿海的陆地，封起了一条内海。内海的两岸，不论是沿海陆地居民还是岛屿居民，实际上是不断地在移动，不知哪里是起点，哪里是终点。沿海陆地上的居民，无数次移向海岛；海岛上的居民，则借着洋流和季风，不断地南来北往。内海两岸的居民，同样跟着洋流追逐鱼群，同样在沿海的小丘陵、小河沿岸过着一区一区的农村生活。

沿海地区的农村，因丘陵而隔绝，却又因为流水，不论是海洋还是河流，重新遇合，构成东南沿海特有的海洋文化雏形。早在新石器时代，就有所谓"海洋型蒙古种"和"大陆型蒙古种"的差别。海洋文化，是以芋头、水产为主要粮食来源，这和大陆以稻米、小米为生的生活方式，确实是很不一样。

这里要特别提出，中国东南沿海的海洋文化，发展出了中国文化中非常重要的玉石文化。玉石文化的痕迹，在太平洋西岸处处可见，甚至可远到白令海峡。玉石和中亚的黄金最终成为中国人最爱好的两种艺术品和有价饰物，这一现象正象征了海洋文化和内陆文化在中国的融合。

还有，东南沿海地区，从长江三角洲到珠江三角洲，水道成网，也多岩岸的港汊，于是自中古以来，城镇密布，人口众多，生活富足，长为中国经济重心，是中国的海道出入口。中古的扬州、杭州、明州、泉州、广州，16世纪以后的澳门，以至19世纪以后的港澳与那些近代的通商口岸，万里波涛、顺风相送，送出去中国的丝绸、瓷器、茶叶、药材，也迎进来由南洋运来的宝货及近世以来的西洋舶来品。中国从这些东南出入口，长期汲取了亚太地区的财富；近百余年来，从同一个出入口进入的欧美工业产品却榨干了中国的经济。近代西潮，将中国文化带入现代的世界，彻底改变了中国文化，其影响巨大而又深刻。中国走进世界的中国，这一地区是历史上空前重要的楔入点。若与西北的出入口（丝道）相比，东南沿海地区毋宁是中国走向近代世界的联结界面。

再看西南的高山地区。云南有五十多个习俗各异的不同族群，往往高山顶住一种人，山腰的海子（高山湖泊）附近住一种人，而谷地里又居住着另一种人。这三种居民因地形不同，而有不同的生活形态。山顶上的居民，用羊和青稞交换谷地出产的薯类和小米。他们翻山越岭，不避辛苦，靠着芦笙高音和对面山谷的邻居彼此唱和。各处山腰沿着海子的交通要道上，不断有马帮和盐客来往，将各地的特产和讯息带来带去。中原的居民，也可经过谷地的狭道或河流，将中原的文化和讯息带到此地，再将此地的物产带回中原。

从天山到西藏的西北地区，雪山高耸，高原干寒，平坦处是一片片草原和沙漠。沙漠中，有孤岛似的绿洲。这些绿洲本身即一个个小城市，里面的居民则过着丰足的农业生活。值得一提的是，这里的牧人有两种不同的放牧方式：一是藏区的垂直放牧，牧人夏天上山，冬天下山；另一是新疆和青海大草原上的平面放牧，牧人驱赶牛羊，逐水草而居。

自古以来，西北地区是许多不同民族进进出出的地方，千里驼铃，渡过沙碛，翻过山隘。自从汉代开通西域的丝道，中国经由这个西北的出入口，与中亚、中东及欧洲接触，两千年来从未停止。中国的丝帛西运，西方的宗教东来，佛教、袄教……都从这一条通道传入中国地区，也再转输到东亚其他地区。中国获得了贸易的利润，然而西方思想的刺激，更为深切地改变了中国文化的思维方式。

实际上，中国各地区间确有自然地理上的障碍，但也总是有相通的通道：内部从东到西有三四条平行的道路，从南到北有许多隘口，以及沿海靠着季风和洋流带动的南北交通。这个现象，可和中东地区做一比较：两河流域和埃及之间的

距离其实相当近，中间有地中海东地区作为过渡地带，但由
于两河和埃及地理上的隔绝，终于孕育出两个非常不同的文
化。反观中国的地理条件，是无比多元，有沙漠、有草原、
有黄土、有丘陵、有湖泊、有河流、有高山，每一个地区都
孕育出它自己独特的文化，吸引了不同的人群在各地落地生
根。可是，细看中国的历史，没有一个地方的人群是真正的
安土重迁，一波又一波大小移民潮，从东到西、从北到南，
不断地彼此混合与彼此影响，终于同化成一个大同小异的中
华文化。

　　但是，不要轻忽各地区那些小异的文化，那些文化特色
是适应当地的需求孕育而成。在北方，穹庐的居民骏马平川，
引长弓射大雕；树林里的猎人，养育巨大的海东青（一种猎
鹰），射鹿刺鱼，猎取他们的食物。在黄土地区，居民以高
亢的歌声唱着西北风"花儿"，秦腔、燕歌永远是激昂慷慨。
相对而言，东南一带的水磨腔昆曲，表达的则是曲折的柔情，
和慷慨北歌相比，呈现出阴柔与阳刚两种不同的格调。

　　综合言之，中国的世界既封闭又开放，各地区之间看似
分隔，实际上却又联合。正好像，在中国这个巨大的舞台上，
各个角落的演员们以各自的声音唱出多变的旋律，有牧人的
胡笳，猎夫的号角，高地的芦笙，船夫竞渡的鼓声，田间低
沉的中音，山上高亢的唱腔，有时夹着狂风暴雨与浪涛，有
时则伴随着江南的和风细雨或山地的松涛瀑布，诸音杂陈，
但最后却交织成为一个最复杂、最丰富的交响乐。这个交响

乐是这个地区"人类喜剧"的一幕，这一台戏在这个舞台上
已演出一万年了。

接下来，谈的是这个舞台上的演员，以及他们最早的活动。

## 二、旧石器时代的人类活动

中国地区幅员广袤，等于是个次大陆，内部情形非常复
杂。在这里活动的人类，究竟是谁？是不是和今天生活在同
一地区的人完全一样？仍是有待解决的问题。

中国考古学家一般认为，中国地区的古代人类，从体质
特征言，有其相当一贯的传承谱系；同时，石器的制作方法，
也有其一贯的传统。这种看法，符合所谓"多区进化论"，
亦即该地区的现代人类是由当地早期智人演化而来。

但是，近来有学者提出现代人"源于非洲说"（Out of
Africa Theory），主张现代人唯一的起源地在非洲，这是一种
"单一起源论"。依据分子生物学的研究，以为今日全球的现
代人，都是二十万年前由非洲同一种族扩散，而取代了各地
原有的早期智人。如果这一说法成立，则中国考古学上，当
地人类特征的延续及自成传统的石器工艺之说，即面临极严
重的挑战。至今，考古学的资料还不足以有力地证实或推翻
以上两种理论。不过，中国旧石器文化的遗存不少，而且有
一套独立发展的研究方案，或许当中国地区有更多的发现时，
这两种理论之间的对错，可有澄清之日。

目前我们大概可以认为：在旧石器时代如此漫长的几十万年，古人类有足够的时间来往迁徙，其间即使有族群的移入迁出，他们的基因是否传了下去？如果新来的人类和原住人类的基因交配而得以传流，那么这些古人类和现代人类应还是同一类，同属一种"人"。非洲新人群进来后，和原有人群混合，构成一种新的混合种族，但并不是以一个人种全盘取代原有的另一人种。

再从中国地区旧石器时代的遗物来看，相对于西北大高原和喜马拉雅山以西、以南地区，中国的旧石器虽有长时间的演变，却仍呈现自己的特色，有着自己一定的传统。20世纪40年代，美国考古学家莫维斯（Hallam Movius, 1907—1987）曾以为，旧石器文化的早期西方文化圈使用两面打制的手斧，而东亚的旧石器则始终是砍砸器为主，缺乏像手斧一样的两面加工的石器。虽然最近中国考古学家提出一些在中国发现的手斧，挑战莫氏理论，但考古学家对于手斧的定义尚多争议，这一挑战至今犹未为大多数学者接受。大致言之，因东方与西方的旧石器，其间有相当程度的差异，中国的旧石器传统仍呈现相当一致的东亚特色。

"旧石器"一词，涵盖的内容非常广泛，包括人类在生产食物以前，曾经加工作为工具的诸种石器，其时代从出现猿人的一百余万年前，至出现"新人"或"现代人"的数万年前。

旧石器时代早期，在中国地区发现的古代人类遗迹，最

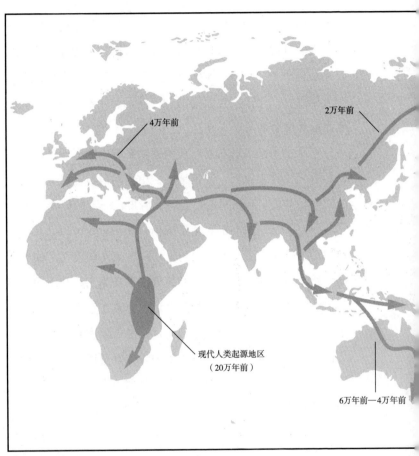

4万年前

2万年前

现代人类起源地区
（20万年前）

6万年前—4万年前

现代人类扩散路线图

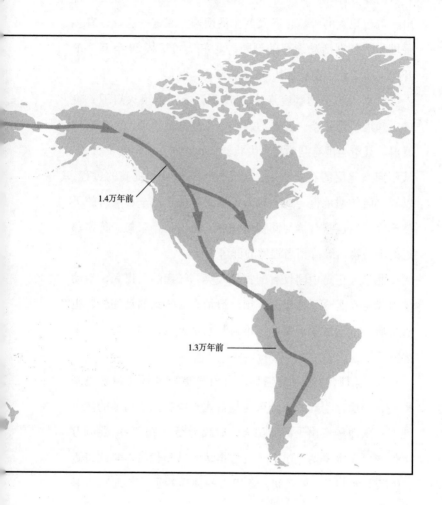

著名的是北京附近周口店的"北京人"。北京人的遗址，曾出土古代猿人的骨骸化石及其生活遗迹。在这一遗址，有多层堆积，依据活动遗存的判断，北京人当是从50余万年前开始生活于此，前后经历30余万年。

北京人的平均脑容量达1059毫升，知道用火自卫，也许已知道烧烤熟食。石器的制作方式是直接锤砸，制作石片石器，基本类型有刮削器、尖状器、砍砸器、雕刻器及石锤。从不同文化层的石器看来，工艺技术有渐变和提高的过程。以周口店的遗址言，这些猿人曾屡次居住在这一石灰岩的天然洞穴，用这些石器与动物角骨加工的工具，采集、狩猎邻近的动植物，维持相当程度的群居生活。

北京人不是中国仅有的古代人类。云南的元谋人，活动的时代也在距今五六十万年前。遗址有火烧灼的动物骨，也有炭屑，但以目前证据，还不易判断是天火，抑或是人工用火的遗迹。

河北阳原的泥河湾遗址，有由早更新世延续到晚更新世的石器遗存；这些遗址可能是古代人类在湖边高地的露营地点。陕西蓝田出土的蓝田人，时代为距今70万年至50万年的中更新世早期，也有一些数据认为其年代可以早到将近110万年至115万年之间。蓝田人的体质特征，与北京人基本一致。

湖北的郧阳、石龙头，贵州黔西的观音洞，及辽宁营口的金牛山，都有相当于北京人早期文化的旧石器文化遗存——这些古代人类的工具制作水平、体质特征及其时代，基本上都相当一致，也常出现用火的痕迹。

旧石器时代中期的古代人类及其遗存，著名的发现有：陕西大荔的大荔人、山西襄汾的丁村人、山西阳高的许家窑人、广东曲江的马坝人、贵州桐梓的桐梓人、湖北长阳的长阳人。如以许家窑人化石的年代言，其时代为距今约10万年前，地层仍在晚更新世时代。北京周口店的新洞，也有人类牙齿、石器灰烬层和动物烧骨。凡此遗存，工艺水平均比较进步，而且石器用途渐有专门化趋向。

旧石器时代的晚期，在晚更新世的晚期，大约距今五六万年前，人类体质已是晚期智人阶段，与现代人相当接近。以周口店的山顶洞人为例，其体质特色已与今日的蒙古人种相近，应代表原始蒙古人种，是中国人、因纽特人、美洲印第安人……的共同祖先。晚更新世的晚期，今日三大人类种属已呈现个别的特色，但尚未分化为今日可见的支系，是以山顶洞人的体质，既与今日诸支系有相同之处，也有其个别特征之处。

广西柳江的柳江人，已有现代人的特征，但同时也有相当程度的原始性。柳江人体型，似与现代华南与东南亚人相近，比较矮小，应为蒙古人种中较早的一型。四川资阳的资阳人，基本特征已同现代人相近，虽有若干可见的原始性，如眉脊显著，颞骨鳞部较为低矮平整，但基本上应属晚期智人的蒙古人种。

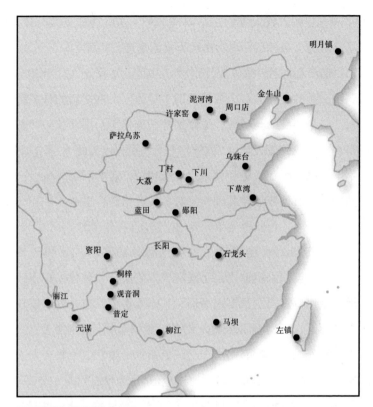

旧石器时代重要遗址分布图

　　晚期智人的遗骸及文化遗存，在中国南北各处均有发现，例如：内蒙古萨拉乌苏的河套人、吉林明月镇的安图人、山东乌珠台的新泰人、云南的丽江人、江苏泗洪的下草湾人、贵州普定的穿洞人、台湾台南的左镇人……所在都是。

　　中国旧石器时代晚期诸遗址的年代，可举例如次：河套南部萨拉乌苏河沿岸遗址上层不超过 3 万年，下层为 3 万至 5 万年左右，是以河套人的年代应是距今 3.7 万至 5 万年左右。河南安阳小南海北楼顶山洞穴的遗址第六层木炭碳 -14 法测定的年代是距今 24100±500 年，第二、三层木炭骨头的年代是 11000±500 年，前后延续 1 万余年。山西沁水下川遗址三层，上层以碳 -14 法测定年代为距今 23900±1000 年至 16400±900 年；中层是距今 36200 ＋ 3500 年及 36200 － 2500 年。北京周口店山顶洞人的年代，用同层兽骨的碳 -14 法测定，是 10770±360 年，是以应在距今 1 万年至 2 万年之间。山顶洞人的年代，已接近新石器时代的早期了。

旧石器时代晚期，人类掌握的工艺水平，除了直接打击法精确纯熟外，也已能使用间接打击法，最后终于能制作细石器。此时，人类能刮制磨光骨角工具，也知道磨制与钻孔。细石器中，已有箭头，显示已发明弓箭，这使人类第一次具备手抛以外的远射能力。更堪注意的，则是工具的多样化，工具种类有大小石器及骨角器，包括刀、铲、锥、针、鱼叉，制作过程有锯、切、削、磨、钻。凡此，都为新石器时代的工艺发展了必要的基础。

另一令人注意的，则是人类开拓了精神生活的领域。许多装饰性的物品，例如穿孔的石珠、兽牙、蚌壳；加工的鱼骨、鸟骨管，甚至在物品上划刻花纹，涂色加彩。这些装饰品大多放置在人骨化石旁边，足知人类不仅有了爱美的观念，也有了死后灵魂观念。山顶洞人住在上洞，而下洞则是"墓地"，墓地里有着意放置的骨骸，似已有放置遗体的观念。旧石器时代晚期文化的遗址，数量多，分布广，种类也有多样性，似乎反映人类的人口多了，能去的地广了，生活的方式也因地制宜，而有不同的抉择。

## 三、农业与聚落

人类在茹毛饮血的时候，没有固定的食物来源，生活不安定，也不能组织聚落，因此不能用"文化"两个字来形容人类的活动。人类活动第一次可以被称为"文化"，是在人类有能力生产食物之际——不论是农耕还是畜牧。有了固定的食物来源，人类聚集在一起，逐渐构成社区和社群，这才是人类从合作中迈出了超越一般动物生活的一大步。我界定的文明，是人类在聚居和固定食物来源的文化基础上，再迈进一步，能做抽象思考的时候。本节叙述的，则是文明未开展，尚停留在新石器文化的阶段。

20世纪的考古学，以石器的形制作为史前文化分期的标准。"新石器"与"旧石器"是两个相对的名词，这一分期方法至今还在沿用。不过，自从英国考古学家柴尔德（Gordon Childe，1892—1957）提出由采集食物阶段，转变到生产食物阶段的新石器时代革命的观念以来，划分上述两个石器时代的里程碑，已落实在人类是如何生产食物以维持生计上面。从采集食物到生产食物这一发展过程，是逐渐的，不是实时而全面的转变。生产食物，农业自然有其重要性，但是，在生长农作物的自然条件不足的地区，畜养牲口作为稳定的食物来源，也是一种生产食物的途径。因此，生产食物的分期标准，兼用于农业及畜牧业。

有了稳定的食物来源，人类的生活相应地也有了重大而深远的变化。最可注意的变化，当是人类开始定居于一地。采集食物时，人类必须四处寻觅可以食用的动物与植物，一个地区的资源用尽了，就必须到别处觅食。经常不断游走觅食，不遑寄居，壮年的人辛苦，而老弱幼小则难以存活。于是，共同生活的人群，人口数量不会多，也未必稳定。随着农业的发展，人类遂有了定居的聚落，生于斯，聚族于斯，终老于斯。从事畜牧业的地区，人类的食物资源是会走动的牲口，牧人似乎不须如农夫一样定居于农田附近。但是，所谓逐水草而居，其实也有一定的范围，因为牲口的食物来源是有范围的，再说经常迁移，也不利于牲口的繁殖。于是，即使是游牧生活，人群也有一定的稳定性。为此，本节的叙述将以中国地区史前的农业及聚落为两大主题。

山西怀仁的鹅毛口遗址是旧石器时代晚期的石器制作场。史前人类以当地的凝灰岩石料，经过砸击与摔击，制作工具。在这些石器之中，出现了石锄、石斧、石镰，其形制已与新石器时代同类的工具相近。锄、镰都是农具，是以鹅毛口遗址时代，可能已有农业生产。不过，锄是翻土工具，也可用来挖掘植物的根茎，镰是收割的工具，也可用于割取果实及枝叶；二者都可以是采集食物的工具，其出现未必就是农业生产的证据。

农业在中国地区初现，当以发现栽培的作物为据。在中国北方，至今最早的农业遗迹，应是黄河中下游的前仰韶文化遗存。在距今 8000 年以前的磁山、裴李岗遗址，出土了确切的农业遗存。河北武安的磁山遗址，地处太行山脉与华北平原的交接处，遗址范围 8 万平方米，是一个古代村落。村中房屋都是圆形或椭圆形的半地下穴，穴壁有柱洞，以插置柱干支撑芦苇涂泥的屋顶。房屋与窖穴大都是几座聚集一组，似乎反映村中的次级同居单元，也许即家族。房屋内部，往往留有石磨盘、石磨棒、石斧、石铲，都是农业生产及粮食加工的用具。遗址中有数百处灰坑，其中有不少是贮存粮食的窖穴，腐朽的粮食堆积，厚度不等，有的窖穴深至 5 米，粮食堆积厚达 2 米，储粮总量可达 10 余万斤之多，其食物供应之规模，相当可观。河南新郑裴李岗与密县（今新密）莪沟的两处遗址，也都在黄河冲积平原的扇形尖端，也都出土磨盘、磨棒、石镰、石铲，及储存于灰坑中的粮食。这三处的年代基本上相近，在公元前 6000 年左右。磁山与裴李岗遗址都在高于邻近河床 25 米的高地上，可能反映当时黄河冲积平原仍有沼泽及湿地，遂在离水不远的台地上种植粟类（小米）。属于裴李岗文化的河南舞阳贾湖遗址，其时代是距今 9000 年到 7800 年之间，这里的农业生产与磁山文化和裴李岗文化的其他诸遗址却颇不相同，虽也种植小米，但主要的作物是水稻。

今日陕、甘渭水流域最早的农业遗存，是属于老官台文化（由陕西华县的老官台遗址得名）的甘肃秦安大地湾遗址。这里出土的栽培作物是禾本科的稷和十字花科的油菜籽。老官台遗址不见磨棒、磨盘，却有石杵，则食物加工的方法当系使用杵臼；也不见石镰，而有石刀，是以收割的方法也与磁山、裴李岗的农业不同。

以上诸处均有相当数量的猪骨，甚至整只的猪、狗骨架，

| 年代 | 燕山以北 | 黄河流域 | | | 长江流域 | | |
|---|---|---|---|---|---|---|---|
| | | 上游 | 中游 | 下游 | 上游 | 中游 | 下游 |
| B.C. 7000 | | | | | | 彭头山 | 仙人洞 |
| 6000 | 兴隆洼 | 大地湾 | 老官台 | 磁山　北辛 | | 城背溪 | |
| 5000 | | | | | | | 河姆渡 |
| 4000 | 红山 | 仰韶 | | 大汶口 | | 大溪 | 马家浜 |
| 3000 | 小河沿 | 马家窑 | | | | 屈家岭 | 崧泽 |
| 2000 | 夏家店 | 齐家 | 中原龙山 陶寺　二里头 | 山东龙山 岳石 | | 石家河 | 良渚 |

新石器时代重要文化系统表

猪只系幼年的小猪，可知距今八九千年前，猪、狗已是饲养的家畜。同时以磁山为例，从食用后遗弃的动物骨骸，除了家猪、家犬之外，还有大量的野生动物及水产物来判断，显示他们仍有相当程度的渔猎活动。

秦岭、淮河以南，气候温暖，雨量充沛，先民发展了稻作农业。至今考古发现最早的稻作栽培是长江中游的湖南道县玉蟾岩遗址，其加速器质谱碳 -14 法测定的年代是距今 1.4 万多年。地质学工作者在东海大陆架上也找到了距今 1.3 万年至 1 万年前的人工栽培稻的硅酸体。中、美两国组成的中美农业考古队在江西万年县吊桶环遗址新石器时代早期地层中，采集到数量可观的野生稻和栽培稻植硅石，其碳 -14 法测定年代也在公元前 10000 年以前。其后，湖南澧县的彭头山和八十垱遗址也有稻作遗存。彭头山遗址的碳 -14 法测定年代也在距今八九千年间。湖北宜都城背溪新石器时代文化遗址也有稻作遗存，其年代约为公元前 5700 年至公元前 5400 年。在更南边的广东省英德市牛栏洞遗址，考古工作者也采集到了距今 11000 年至 8000 年前的粳稻和籼稻的植硅石。这些遗存的痕迹，或是于抹墙涂泥中拌杂稻壳，或是于陶土中掺和稻壳碎末。

在汉水流域，陕西西乡李家村与何家湾的老官台文化遗址，年代在公元前 6000 年至公元前 5000 年，也有稻谷遗存。湖南澧县城头山遗址群之中，有一座古城，城内有水稻田的遗存，邻近则有祭坛，这片仅有的古代稻田，可能就是祭田。

这片稻田的时代，甚至比城头山更早一些。

稍晚时期，东南沿海浙江余姚的河姆渡文化遗址，除了有明确的稻谷遗存，更有稻作农业的专用工具，例如骨耜及戽水器。稻谷、稻秆的堆积，最厚处超过一米。这些稻种，经鉴定为栽培的籼稻。

凡此稻作文化，不仅出现了栽培稻，而且已从籼稻育成今日中国人食用的粳稻。中国野生稻是籼稻的祖先，其在中国的广西、海南湿热之地，分布甚广。然而，至今最早栽培

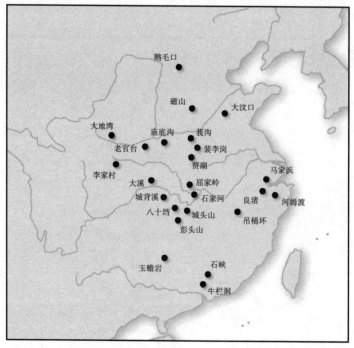

新石器时代重要遗址分布图

稻作的地点在长江中游，其中缘故，或因南方热带与亚热带气候，食物易得，而两湖与浙江均是温带气候区，有万物凋残的冬季，使先民有了生产食物及储备食粮的动机。

这些稻作农业的遗址，出土了不少猪、狗、水牛的遗骨，以及陶塑的猪和鸡，是以家畜、家禽均已驯养。水产品仍是食物，显示采集活动与农业共同存在。稻作农业地区，在石家河及良渚文化时代，北方栽培的粟黍传入南方，似是补充作物。北方的羊，也传入南方，引为家畜。同时，长江流域中游、东南沿海，及华南新石器文化的晚期，各地农具都有

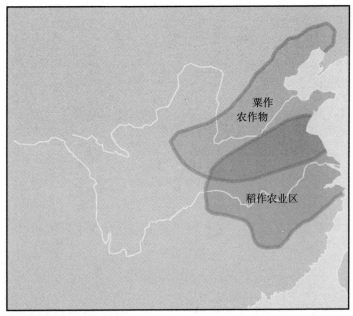

粟作与稻作农业区域示意图

地方性的差异。例如，良渚文化遗址有三角形的石犁，广东石峡文化遗址有石镰与石铲，均是因地制宜的地方歧异。

南方气候与地形土壤均与北方不同。新石器时代，黄河流域的房屋，大致都是黄土层上挖掘半地下穴，上覆有支柱撑起的涂泥屋顶。长江流域，大溪文化的房屋则是以半地穴或平地为基址，房屋或圆形或方形，四壁立柱，编扎竹片竹竿，里外涂泥，成为编竹夹泥的建筑。屋内地面，以烧土垫实加厚，这种就地取材的竹木涂泥建筑，至今仍可在长江流域的乡间见到。浙江的河姆渡文化遗址，出土大量木建筑构件，已知使用榫卯，是中国后世木结构建筑的祖源。河姆渡遗址有一处长屋，是一座有高足的干栏式建筑，长达 23 米，进深 7 米，并有宽达 1.3 米的前廊通道。河姆渡遗址，有一口水井，以木架排桩建成。从仰韶文化晚期开始，在内蒙古中南部岱海东岸，以及黄土高原的山西、甘肃、宁夏和陕西的一些地区，还出现了窑洞式的居室。凡此设施，均可见当时居住是长居久安之计。

从以上所述，综合言之，中国地区的人类，至晚在公元前六七千年，发展了农业，也发展了定居的聚落。北方的粟作农业及黄土房屋，与南方的稻作农业及竹木建筑，都是因地制宜，各有特色。除了栽培的谷类食物，人类也已发展了相当种类的蔬菜及家禽家畜。拥有稳定的生活资源，古代人类遂进入了新的阶段，在社会组织及心智活动方面，都可有进一步发展的余力了。

## 四、新石器文化的区系类型及聚合过程

在序言中，我以江河流域的扩大比喻文化的进展。中国在新石器时代，每一个地方都发展了自己的早期文化，有其地域性的色彩。这些小文化正如许多小河流，会一区一区地合并成较大的文化系统，而较大的文化系统又会进一步合并成更大的文化系统。这是一个不断交汇与融合的演变过程。

为了探讨各种新石器文化的演变，考古学家观察陶器的质地、花纹、形状，以及古人类遗址的布局、生活的方式，厘定出每一种文化的特色，然后再进一步观察这些特色的交换、转变与融合，建构一套全盘的文化分区理论。要注意的是，新石器时代的一些分区，到了青铜时代或更晚的时期，会再一次合并、混合。或早或晚，每一个地方的独特文化系统，终要融合成为中国庞大文化体系的一部分。

"区系类型"是中国考古学界前辈苏秉琦提出的观念。他的"类、型"是相当于上述小地区的文化系统，他的"系"是属于上述较大的文化系统，而他的"区"是每一区综合起来呈现的更大系统。苏秉琦认为中国地区的新石器文化，由各处地方性的文化逐步聚合，终于形成几个涵盖大地区的文化圈。他又说，这是一个漫长而复杂的过程，透过接触、冲突、交流与融合，有分有合，有兴盛，也有衰退。

自从人类发展了农业与牧业，生活有了保障之后，人群相当程度地定居于一地，也有余力启发心智活动。这两个条

件使各地人群的生活方式，逐渐具备一定特色，这就是所谓"文化"。人群的生活资源稳定，人口即有增殖，增加的人口不能再留在渐渐拥挤的原来聚落，势必移徙建立新的聚落。他们在新建的家园，一方面带去故乡的文化，为此，一个文化涵盖的疆域，会不断扩大；另一方面，新地区的环境及资源，必与故乡有些差异，为了适应新居的生态条件，原有文化会有所改变。一个地区文化的聚落群，增殖到一定程度，其分布的空间，又会与另一地区文化的分布空间相接，甚至犬牙相错，彼此穿插叠合。不同文化群之间，遂因竞争而有冲突，也因接触而有交流。这一过程，在各地不断重复进行。文化群之间会经过融合，形成涵盖地区广阔的文化圈，而其中又仍有共相中之殊相。

苏秉琦将中国地区的考古文化划分为六大区系：1. 以燕山、长城南北地带为中心的北方；2. 以山东为中心的东方；3. 以关中、晋南、豫西为中心的中原；4. 以环太湖为中心的东南部；5. 以环洞庭湖与四川盆地为中心的西南部；6. 以鄱阳湖——珠江三角洲一线为中轴的南方。今日"中国"的概念，包括的疆域，超越了上述六个文化圈的空间，蒙藏、中亚、西南山地及沿海岛屿又各有自己的文化圈。苏氏提到的系统，是中国新石器文化遗址分布最密集的几个大地区，不但资料多，发展的线索也较为清楚。单由这几个文化圈的发展轨迹，已足够呈现中国古代人类文化的聚合过程。

这些大地区的文化圈，已如前述，是由各区域内部不同

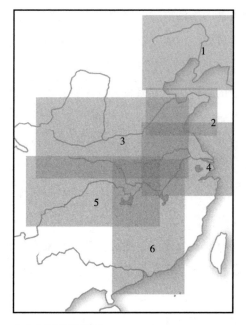

六大文化区系位置图

文化融合聚合形成。即使在这些文化圈已经成形之后，内部的个别文化之间，还是有其起伏与竞争。

先从北方地区观察：广义的北方应有西北、北方与东北三大区。狭义的北方据现有的资料言之，当以辽西与内蒙古中南部为中心区系。再加细分，则又可划分为辽宁朝阳、内蒙古昭乌达盟、北京天津一带及张家口地区等四个分区。这些地区，地处后日的长城线，是农牧交错的过渡地带。有此生态特色，于是不同文化群体，会同时并存，互相影响。距

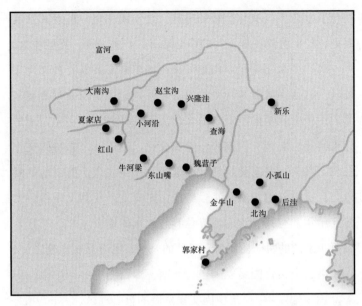

北方区系重要遗址位置图

今七八千年，阜新查海遗址和敖汉旗兴隆洼遗址，相距不到二百公里，但两个文化却各有特色。其后，由查海文化发展的红山文化，以赤峰为中心，与另一以朝阳为中心的富河文化，曾同时并存。甚至在进入青铜文化时期，夏家店下层文化与夏家店上层文化，既是上下相叠，又是交错存在，这两个文化的交接处，即在赤峰附近。在夏家店下层文化遗址，出现了点状分布及线状连绵的防御工事，即可能反映两个文化群之间的竞争与冲突。这两组文化，在有些地区，又是前后相接的，例如大南沟的后红山文化遗址，即有红山文化后期与夏家店下层文化衔接的痕迹。这两组文化，各有其发展系列，却又轮流占据该区的中心地带，一进一退，互相覆盖。

第二个文化圈是以山东为中心的东方，其新石器文化又可分为鲁西南与胶东两个地方文化系列。鲁西南滕州市北辛发现距今七千年的早期农业文化。其后的大汶口文化，遗址分布密集。北辛—大汶口—龙山文化，自成一个独特的文化系统，其中一些文化特质，绵延四五千年之久。胶东地区则另有自己发展的线索，年代跨度由距今七千年到二千年，上下五千年，有其一定的地方色彩。胶东的地方文化，平行于鲁西南系统的每一阶段，有单独的发展，也有互相影响之处。

第三个文化圈是以关中、晋南、豫西为中心的中原。历来，中国人以为中原是中国文化发展的核心地区。考古学上，长期以来，仰韶文化占了中国新石器文化的主流位置。考古学资料累积丰富之后，上述六大文化圈平行发展而又彼此影响的观念，已取代了中原中心论的旧说。在中原文化圈这一广袤的区域，内部有几个自成格局的地区：陇山以西，虽然是中原的一部分，其文化与西陲地方文化有相当关系；郑州以东的地方文化，则与山东地区的文化有密切交换，以致呈现过渡的模糊现象；中心地带是宝鸡到郑州一线。然而，在中心地带的仰韶文化，仍有东西两个系列：宝鸡与陕州之间为西支，洛阳与郑州之间为东支。

中原文化圈的文化发展，也与前两个文化圈一样，跨越距今七千年到二千年，有五千年的分合与进退。距今六千年

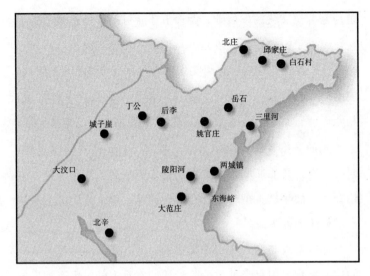

东方区系重要遗址位置图

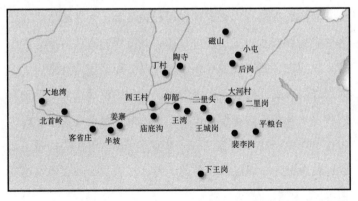

中原区系重要遗址位置图

前后是仰韶文化的发展期，距今五千年前后，则已是后仰韶文化时期了。这一漫长岁月，从仰韶的早期与晚期，过渡到客省庄二期文化，然后到周文化，其间有相当清楚的连续性。中心地带的仰韶文化西支，则又有两个文化系统平行发展，从六千年前北首岭下层文化裂变为二系：一个是半坡类型，一个是庙底沟类型，都是关中的地方文化，两者纠缠交错，同时存在，最后庙底沟类型发展的力量较大，向东延伸，远达郑州，而半坡类型却是株守渭河流域，拱手让庙底沟类型占了仰韶类型主流。

比较半坡与庙底沟两个类型的生活方式，两者都是粟作的农业文化，但是半坡类型除种粟的农具之外，仍有相当发达的砍伐工具及渔猎用具；庙底沟类型的器具，则以农具为主，砍伐、渔猎用具所占比例不大。半坡类型的衣着多用兽皮，而庙底沟类型的衣着则多用植物纤维。两者相较，庙底沟类型是以农业为主的经济形态，其蓄积的资源可能更为丰厚，故判定了两个类型系统平行发展，而庙底沟类型终于成为优胜的一支。庙底沟彩陶的彩绘图案，玫瑰花纹是其独有的特色，有整枝的花形，也有简化的枝叶与花瓣。苏秉琦认为这一花纹与中华民族自称"华族"，或有相当的关系。如以此观念推论，庙底沟类型的优势，也表现于其相当发达的艺术了。

第四个文化圈是环太湖的东南地区。这一地区，遍地是河川湖泊，生态环境与华北完全不同，由新石器时代以来，

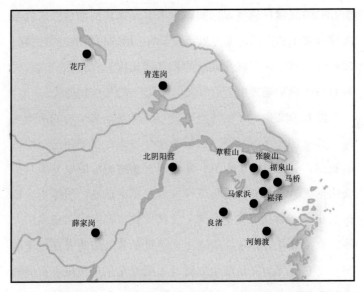

东南区系重要遗址位置图

即以栽培稻米的农业，加上渔捞与采集水产为主要生活方式。
这一区域的内部，可区分为太湖地区、宁镇地区及淮河地区，
当然其中又有更小的区别。太湖地区的文化系列，上起七千
年前的马家浜文化，到四五千年前的良渚文化，向下延伸到
三千年前的吴越文化，也有四五千年之久。这一系列的文化，
数度出现高潮：良渚文化的礼仪中心与礼器，是江南文化史
上的奇迹，而吴越文化能在东周时与中原争雄，也不是没有
根源的突发事件。宁镇地区的北阴阳营文化，西向到达安徽
潜山的薛家岗；北阴阳营文化的上层则出现河南偃师二里头
与郑州二里岗文化的特色。是以，宁镇地区有东西与南北两

个方向的交流。淮河地区的花厅遗址文化，则为良渚文化与大汶口文化的交汇，接受两者的影响，形成独特的地方文化。因此，东南文化似以环太湖的良渚文化作为优势的一支，而又有沿江的宁镇文化与沿海北上的花厅文化两个支系。

　　第五个文化圈是以环洞庭湖与四川盆地为中心的西南地区，其中江汉平原与四川盆地是两分区。江汉平原这一地区的农业，早在七八千年前，即出现于洞庭湖滨的城背溪与彭头山，更早的可能的稻作遗存发现于湖南道县的玉蟾岩。该区文化可分为三个文化系列：大溪文化系列的代表是巫山大溪、宜都红花套、枝江关庙山诸遗址，其分布为长江中游的中心；在其北面，是汉水上游的郧阳青龙泉与淅川下王岗的文化系列；在其东面，则是武昌放鹰台与京山屈家岭的屈家岭文化系列。这三个文化系列，互相影响，也受北方中原文化的影响，以青龙泉文化言，下层受仰韶文化的影响，中层

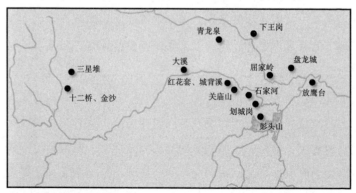

西南区系重要遗址位置图

受屈家岭文化的影响，而上层则受大溪文化之后石家河文化的影响。江汉地区在进入青铜文化时期，因为楚国兴起，遂以"楚文化"代表整个地区的文化了。

四川盆地的文化，内部又可分为巴、蜀两个系列。距今五六千年前，广汉三星堆的底层，即古代巴蜀文化的根源。三千多年前的三星堆文化与万县的古代巴文化，分别发展为巴、蜀两系的青铜文化，其间也分别与商周及楚文化有所交流。

第六个文化圈是以鄱阳湖—珠江三角洲一线为中轴的南方。这一区的东系是由浙江到福建、台湾以至潮汕地区的沿海丘陵地；中系是赣水溯源，跨过五岭，进入北江，直达珠江三角洲；西系则是沿湘水过五岭，入西江流域一线。各系都有几何形印纹陶，但是由于这一地区地形复杂，交通不便，是以不但各系具有自己的特色，内部还有更小的文化群。这一地区面向太平洋，太平洋西边的岛屿链及南北走向的洋流与季候风，使这一地区有联系大陆与海洋的优势。

以上六大文化圈之间，在新石器时代彼此有所影响。在华北地带，中原的后期仰韶文化，鲁南苏北的青莲岗—大汶口诸文化，与江汉间的屈家岭文化毗邻而居，有切不断的交流。到了距今四千年前，北方的红山文化经过张家口草原通道，折向山西的汾河河谷，在临汾盆地的襄汾陶寺遗址，与来自关中的仰韶文化汇合，故陶寺文化接受了江汉文化与东部沿海文化的影响。这几方面的聚合，终于给予中原文化巨大的发展能量，

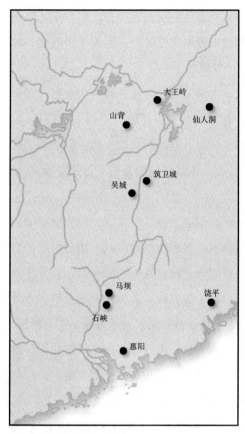

南方区系重要遗址位置图

蔚为夏商周"三代"文明的主流。三千余年前，周代开国，中
原的华夏与东方的文化，融合为黄河流域的主流文化。稍后，
楚文化集合江汉与南方文化的力量，成为长江流域的主流文化。
更稍后，东南的吴越文化，一度向这两大主流文化挑战。中国本部几个大文化圈终于在秦汉时代开始融合，但至今中国各地文化的差异，仍可以回溯到新石器时代。

## 五、古代传说与族群分合

正如世界别处的人类社会，中国文化传统中有许多传说与神话，传诵着古代英雄的事迹，其中有些人物竟成为超凡的神人。在古代，这些神话及传说，常与历史混淆，必须经过清理，才能窥见隐伏的历史事迹。

中国人耳熟能详的传说，举其重要的项目有：盘古开天辟地、女娲造人补天、神农开始农业、有巢氏造居室、黄帝创制度、五帝递嬗、尧舜禹举贤禅让等种种故事。这些传说其实有不同的来源，却在逐步走向大一统的过程中，不同族群的故事糅合一起，编织为共同的传说系统——这也是建构集体记忆时，人类社会常见的情形。

以盘古创世的传说为例，今天民族学的研究，已知它是中国南方族群的故事，和印度传说有相当密切的关系，因为汉代以前未有盘古传说的记载。

女娲造人及补天的故事，在中国古代文献中，较早出现，似乎最早也是属于江汉地区的楚文化。而伏羲与女娲，兄妹相偶，尤其以两蛇交尾的形象作为象征，在汉代十分常见，也可能是属于南方文化兄妹交配传说的类型。但是女娲补天及共工氏撞倒天柱不周山的传说，既与天地开创的故事有关，

水故事有关，内容相当复杂，牵涉的人物共工氏，又

古老的北方背景，是以女娲故事本身有不同的成分，

来源也是多元的。

黄帝故事是中国传说系统中的一个重要成分。至今中国

大都奉黄帝为华夏民族的共同始祖。然而，黄帝故事的系

列，包含许多不同的主题，例如：黄帝与蚩尤及炎帝战争的

故事；黄帝制定种种文物制度的"文化英雄"形象；黄帝为

五帝之首，为各代王室共同祖先的身份。黄帝既是一个人，

但轩辕氏又是一个朝代，而他的对手炎帝、神农氏也俨然是

历世久长的一个朝代。凡此种种复杂的性质，显示黄帝传说

的系列，来源不止一个，组合的方式也不止一个。更遑论，

黄帝是人间的君主，有君临天下及开启文明的伟业；他同时

也是神祇，有差遣神鬼，呼风唤雨的超凡力量（例如在与蚩

尤的战斗中，差遣了能降雨的应龙和能止雨的旱魃）。

正因为黄帝传说的本质如此复杂，清理传说，寻找可能

的历史现象，遂非易事。黄帝传说，以其有关的"遗迹"言，

中国北方由东往西，几乎处处有之，真寻到其原生地区恐非

易事。但是，我们至少有一些可以注视的线索：黄帝的部众，

据《史记·五帝本纪》记载是迁徙不定，以师兵为营卫；轩

辕一名，与车辆有关；而炎帝是放火烧山（所谓烈山氏），

号为"神农"的族群领袖。这两大对手的抗争，可能即牧人

与农夫之间的斗争。黄帝传说中，涿鹿与阪泉两次重要战役

的战场，都在今日河北的北部，处于农牧交叠的地带。在历

史时期，农牧进退，也即在这一线上推移，是则炎、黄两部，均在河北地区。

黄帝的另一敌人蚩尤，在中国传说系统中，列于反派人物。但是，晚到汉代，山东地区的神祇，八神将之一的兵主，俨然即蚩尤！如果以此划分，结合上两节至今最早黍粟农业遗址在磁山、裴李岗，以及接续红山文化的夏家店下层文化广布于河北地区，于是考古学家郭大顺即主张炎、黄的接触与对抗，反映仰韶文化与红山文化的长期竞争，而胜利者黄帝一系，移入农业地区，也一变其师兵营卫的生活，改为种植五谷的农业了。同时，如果蚩尤在山东地区，长为兵主战神，则这一股力量，是否即代表山东半岛大汶口文化的族群？他们在河北地区失败了，可是后世山东地区的"夷"众，到周代仍是与华夏对抗共存的庞大族群。

传说的五帝系统中，有太皞、少皞两氏，春秋时代的郯国，仍自称是少皞的后裔。据郯子自称其祖先以鸟名官，亦即以鸟名作为不同职司人员的官衔（《左传·昭公十七年》）。这种古老的传说，在历史时代难以造作，当有其集体记忆的真实性。奉太皞为祖先的春秋诸国（如任、宿、须句）均在济水流域。太皞、少皞都指陈日光照耀的高天，而大汶口文化遗址陶器上的陶文，有日在山上的一个景象——𝄇。此陶文是否即"昊"或"皞"字？如果以此推演，则炎、黄与蚩尤的三角竞争，毋宁正是仰韶、红山、大汶口三个北方文化之间的冲突与接触，而最后组织为"五帝"的传说系统。至于转化为前后相承的三个朝代，是否又是一种融合的方式？

帝喾与颛顼是五帝中比较次要的人物。《礼记·祭法》中，虞、殷、周三代都祀奉帝喾。他的功绩，据说是能序星辰。在古代，天文知识与农业有关，也与宗教信仰有关，帝喾这样一位君主，大约是以宗教功能取得显赫的位置。《山海经》的帝俊，生育日月，可能即帝喾的另一名称。所谓生育日月，也可以解释为设计历法，又是宗教与天文知识的结合。《山海经》不在北方学术传统之内，其中颇多怪异之说，似与长江流域的江汉文化族群颇有渊源。

颛顼，号为"高阳氏"，屈原引他为祖先，则与祝融八

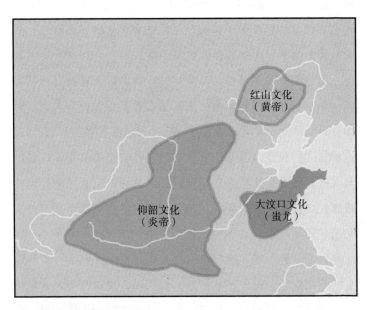

新石器时代北方文化互动示意图

姓有关。祝融八姓，分散在淮河流域，地处南北之间，可能是若干族群的联盟。春秋以后，其中芈姓在今日湖北，结合当地"百蛮"，创立楚国，于江汉地区蔚为大国，其势力可以抗衡中原的华夏诸国。《礼记·祭法》称道颛顼的功绩是能修明黄帝"正名百物，以明民共财"的事业，是以他与黄帝传说也有关系。颛顼又曾令重、黎分司天地，将神界与人界一分为二，这一功业，大约是象征神职人员势力退潮，世俗行政力量上升；另一方面，有了专业神职，消除家家可以担任巫师的浮滥，又未尝不能当作是神职地位更为崇高。总之，颛顼的身份应也有相当的神圣性。后世所谓楚文化，其中神祇的名字与职守，由《楚辞》看来，颇与北方的传统不同。楚之为楚，是在春秋时代始有之，然而楚文化并非仅由祝融八姓族群创建，江汉土著文化（所谓百蛮）也当占有相当成分。颛顼与巫觋（或萨满）的关联，究竟祖源何来？颇不易知。但是，五帝系统是东周才逐渐建立，或因楚人在南方兴起，这一融合各地传统的系列，不得不将颛顼纳入五帝之中。

　　《礼记·祭法》列举古代许多传说的大人物，以为都有资格列入祀典。这一群人物中，创造农业的农神有神农与后稷二人，治水的水神有鲧、禹父子及商人祖先冥三人，似乎农业与水利的事业，在不同文化各有其纪念的英雄。共工氏，在神话中是怒触不周山，造成天地倾斜的反派角色，正与蚩尤一样，通常被排斥于北方主流文化的英雄谱外。可是，《礼记·祭法》还是提到共工氏，称他既是九州的霸主，也是后

土的父亲。后土是地神，号称为"社"，其地位与能序星辰
的神职相当。是以，共工一系的显赫位置，当也因某一古代
族群的文化记忆，而后能进入这一传说系统。

　　古代中国的传说，头绪纷繁，不同文献各有异说，其不
能一致的主要原因，自然由于古代大小文化圈，各有其独特
的传说，在融合的不同过程与不同阶段，即编织为不同的版
本。本节不能列举各种传说，只能撷取几个显赫的传说人物，
说明他们由不同文化的英雄，终于汇集于同一神统，以显多
元叠合的现象。本节不能将考古学上的文化圈完全与传说的
渊源密合，则是因为资料不足，不能强作解人。


## 六、复杂社会的出现

　　前面几节讨论了聚落的形成与扩大，也讨论了新石器文
化的区系与文化圈的出现。村落的社会更为扩大，即超过单
一村落的聚落群；另一方面，文化圈的形成也会进而导致相
当地区内人民产生文化认同，由此即可凝聚为一个具有共同
意识的社群。以上两项发展，遂是构建复杂社会的条件。

　　在距今五千年左右，以现有的考古资料说，这种复杂社
会，呈现下列一些特质：


　　　　有相当数量的财富积累，足以维持有训练的工艺人
　　才，制作礼仪性的贵重物品。

有具备礼仪性建筑物的礼仪中心出现。礼仪中心也可能有层级的差异。

有一些人物拥有较别人为多的财富与权威，社群之内遂有层级的分化。这种层级分化，各地可以有不同的形成过程。

社会复杂化到达一定程度时，为了执行管理功能，即会出现权力的层级化，也就是社会体走向政治体，终于形成国家的组织。

聚落之间的层级化，会出现中心聚落。中心聚落人口众多，财富集中，是权贵居住的地方，也可能兼具贸易中心、礼仪中心等多种功能，这就是城市，亦即苏秉琦所谓的"古城"。城市也可能有防卫设施，例如城墙、壕沟……

为了礼仪与管理功能，会有专业人员担任这些工作；他们掌握了一定的知识，也可能发展了文字或其他类似的符号——这就是文明的象征。

中国新石器时代，在不同地区，常有遗址呈现前述若干现象之一二，例如山东泰安大汶口十号墓，随葬物品多而精致。在同一遗址，似乎集中了大汶口文化社群中的少数有权有势的人物。这些墓葬的随葬物品，包括玉钺、象牙梳、蒙鼓的鳄鱼皮、细致的白陶……或者是远距离外地的产物，或者是手工精美的艺术品及礼仪性器物，反映了墓主的权威与财富。由此显见，大汶口可能正是当时一个中心聚落所在，其领袖取精用宏，才有实力收集大量的珍贵物品，并且有以此殉葬的余力。

甘肃秦安大地湾遗址的大型居住遗址，更能显示一个中心聚落的气概。这一遗址以北边山坡上的大型房址（901号）为中心，南向扇形布局，又分为若干小区，每个小区都有较大型的房屋与小屋遗址。901号建筑遗址，由前堂、后室与东西厢房构成。前堂宽16米，深8米，面积近130平方米，前有门垛及台阶，前堂中央有直径2.5米以上的火塘，地面是类似混凝土的地面，压实磨光。前堂南、北壁各有8根列柱，火塘后侧左右，各有一个直径约90厘米的粗大圆形柱洞，全堂的宏伟壮观可知。前堂加后室及东西厢房，面积超过290平方米，房址前方有130平方米地坪，列有两排柱洞，每排六个，又有六个青石板排列在柱洞前方。901号房址南面，有许多大小房屋，每一小区以一座较大房址为区内中心。这些房屋，都是坐南向北，面对901号房址。小区内较大房屋，可以405号建筑遗址为例。405号房址宽13.8米，深11.2米，面积150平方米，室内也有火塘、顶梁大柱与扶墙列柱。405号房址之西，有一座小型房址，面积只有27.5平方米，但内部规格也是火塘、顶梁柱、扶墙柱，一应俱全，只是具体而微，规格缩水了。

大地湾乙址的大型居住遗址，有三个层级，可能是一个相当于"首都"的礼仪中心或权力中心。每一个小型房屋，可能由第三级首领使用，405号中型房屋由第二级首领使用，901号大型房屋是第一级首领召集各级首领聚会之所，前面十二个柱洞及六块石板，也许即竖立旗帜之用。那些火塘，当是献祭牺牲的火坑。这一"首都"之下，当有同样三层的人群结构，统辖同族的各级村落或社群。

分布在内蒙古东南部、辽宁西部和河北北部的红山文化，至今出土多处大型遗址群，年代至少在距今五千年前。位于辽宁凌源、建平两县交界处的牛河梁遗址，于数十平方公里的范围内，分布了积石冢群、石砌祭坛、金字塔、女神庙和山台……构成一个气势宏伟的礼仪中心。女神庙中有泥塑的女神像，大小不等，大的神像残块如手臂、腿和耳、鼻的体积，分别是真人手臂、腿和耳、鼻的两倍和三倍大。有一个相当完整的女神头像，正好与真人头部同大，面部涂彩，以圆形玉片为眼珠，表情甚为逼真。女神像是丰满的孕妇，当是代表生殖力。从残片分布推想，女神庙中有不同体积的神像，分别为真人大小、真人两倍、真人三倍三等规格，排列有序，而最大的神像位在主室的中心部位，应是庙中主神。如果神界的等级，反映人间的现实，则人间的权力结构，也可能已是层级化了。

此外，喀左东山嘴的红山文化遗址，早在20世纪70年代，即出土石砌建筑群址及包括一件约为真人三分之一大的女神残像和两件小型裸体孕妇陶塑像在内大小不一的陶塑人像群。东山嘴遗址，也是有祭坛及墓葬的礼仪中心，只是规

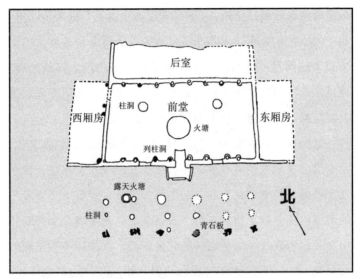

大地湾901号大型房址平面图

模不如牛河梁遗址群。这两处之间，相距数十里，当是两个
等级不同的礼仪中心。红山文化遗址分布于大凌河流域，为
数不少，北越西拉木伦河，南到渤海，东到辽河，西到滦河
上游，而牛河梁的位置，相当适中，并且河谷道路四出，堪
为中心。

　　红山文化的积石冢主要分布在大凌河及其支流的各流
域，多建于山冈之巅，因而有些学者视之为"陵墓"或"山陵"，
称积石冢群为"陵区"。红山文化遗址，普遍出土有玉雕品，
包括熊龙、猪龙、鹰隼、乌龟、勾云形器、双兽首三连环器……
质地佳，手工精。牛河梁出土诸件，尤属精美，非有巨大财富，

不能生产如此精品。陵墓、神庙与祭坛、山台、金字塔配套，似乎积石冢的墓主，是附葬于礼仪中心，而不是以陵墓为主附设礼仪建筑。因此，这些显赫人物，大致是宗教与礼仪功能的首领。考古学家郭大顺以为这一社会已是国家形态的政治实体，是有道理的推论。这一政治实体的权力基础，不在政治权威，也不在军事权威，似乎在礼仪功能。女神庙既占主要地位，则这一礼仪中心的首领，可能是奉祀生殖母神的祭司或巫师一类人物。

在东南地区，得名自浙江余杭良渚的良渚文化，时代距今5300年到4000年左右。良渚文化遗址主要分布在长江口、钱塘江口，及太湖围绕的三角地带，外围远达长江以北的江苏新沂市花厅。良渚文化遗址在今余杭区原良渚、瓶窑、安溪三镇辖区间的谷地中，分布最为密集，在30余平方公里的范围内，已发现100多处遗址，大型遗址一个紧挨一个，形成了"良渚遗址群"。其中有一个巨大的人工营建遗址——莫角山遗址，其上有夯筑的基址，基址上有宏大的木构建筑遗迹；在莫角山遗址的东南部还发现有大面积燎火的火坑。莫角山遗址位在良渚遗址群的中央，不少大型的土台祭坛墓围绕四周。因此，良渚遗址群可能即良渚文化社会的中心，而莫角山遗址，又是中心的中心。

大型的良渚土墩墓，皆是填土堆积的小山，以上海青浦区福泉山遗址为例，这一金字塔形的大土墩，东西长94米，南北宽84米，估计先民在原有高地上堆筑的土方体积为

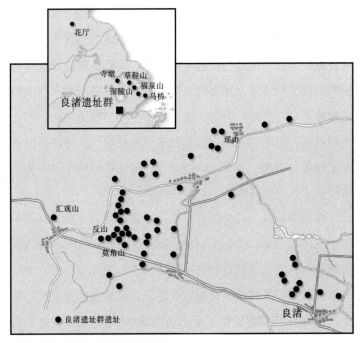

良渚文化及良渚遗址群重要遗址位置图

25920 立方米，土方取自附近一个大水塘——或者可说，取土的地方，掏空成为一个大水塘！

这些墓葬遗址，出土了不少玉石制件：琮、璧、璜、管、钺……动辄数以千计。玉器中，尤以琮为最具特色。反山 12 号墓出土的一件大玉琮，重达 6.5 公斤，四面刻有 8 个神人兽面纹，每一个图案，在高不及 3 厘米、宽不到 4 厘米的微小空间，微雕神人骑兽的图形，同样的图案也出现于同一墓葬的一件玉钺上。良渚考古专家王明达以为，良渚玉琮上常见的兽面纹，实际上是简化了的神人骑兽纹。这一图案，据考古学者张光直的意见，是巫师骑神陟降的通天达地象征。良渚墓葬中，男性墓主常有玉钺随葬，钺是武器，象征军事权威。良渚的首领，拥有琮、钺，实则兼具宗教领袖与军事领袖的身份。

余杭瑶山是一座小山，山上堆砌一座祭坛。祭坛是一层一层台阶形堆筑，坛顶有五色土铺设，内层是 6—7 米见方的红土台，外面是宽约 3 米的砾石层，面积近 400 平方米。祭坛南侧布列有十二座墓葬，墓主男女各半，男性均有玉钺随葬。离此不远的汇观山遗址，有一座祭坛及四座大墓，祭坛面积 1600 平方米，而形制与瑶山祭坛相似。从瑶山与汇观山的祭坛与墓葬看来，墓葬后筑，打破了祭坛的地层，似乎都是以墓葬随附于有祭坛的人工土山。祭坛在山顶，大约是登山祭天之用。

莫角山遗址是一个大型的人造土台，东西长约 670 米，南北宽约 450 米，总面积超过 30 万平方米。这一大面积人工堆积的土台，上面还有大莫角山、小莫角山、龟山等土墩。这三座土墩之间，是一面积超过 2 万平方米的夯土建筑基址，其上分布有排成两列的大型柱洞。在莫角山大土台的东南边缘处，则堆积有大量燎火的红烧土。这遗址显然是一个作为礼仪中心的复杂建筑群基址，以这一土台遗址为中心，四周30 余平方公里内，密集分布有数十处良渚文化的土墩墓，其位置都是正南正北方向，形状是方形或长方形。莫角山遗址四角附近，各有一处重要的土墩墓地或出土礼器的遗址，凡此结构当是有意的布局。

远在常州的寺墩遗址，面积达 90 万平方米，整体以河道围绕为正方形，由内向外，依序为：以高达 20 多米、平面呈圆形的祭坛为中心，祭坛由方形的内河道围绕；内河道之外，环绕着一圈地势较低、亦由人工堆筑的贵族墓葬区；贵族墓区之外，是地势更低的平地，是居住建筑遗存区。以祭坛为中心的十字形河道连通内、外两重护河，也把贵族墓地和居住建筑区划分为四个象限。这是一个规矩井然的布局，由中而外，高度逐级下降，内外三阶，四角四象限，层次分明，河道既有防护功能，又有沟通功能。看来，寺墩遗址也是一个礼仪中心。

良渚文化的许多遗址，反映多层级秩序，是以地域为层级的多层秩序：余杭良渚附近是中心的中心，寺墩遗址是外围一个地方性的中心，上海福泉山等处土墩遗址则是规模又次一级的中心。同时，反山、瑶山一类大型土墩附有的大型墓葬或墓葬群，为礼仪中心的一部分，出土的随葬品种类多，数量丰，质量也高。一些土墩墓，也是大墓，规模及随葬品的质量，等级即差一层，而一般良渚文化小墓，形制卑小，随葬品大致只有陶器，没有玉制品，则又差了一等。这是不同中心之间的层级。

因此，良渚文化的社会，似是一个相当层级化的复杂社会，其拥有的财富及组织能力，均非同小可。这一社会的领导权可能是在兼有宗教与军事权力的人物手中。良渚文化扩展范围，远达长江以北，花厅遗址兼有良渚文化与大汶口文化的遗存，而以良渚文化为主，大汶口文化为从；其中意义，可能是良渚文化北上，征服了大汶口文化在该区的人群。如果这一推测成立，则良渚文化的社会实体，似已是以武力为基础的国家形态了。

从上述秦安大地湾仰韶文化、大凌河流域红山文化，及江南良渚文化三例言之，五千年前，这些地区的社群，都已发展为控御广大地区，能动员大量人力，掌握不少财富的多层级复杂社会。从一万年前人类掌握生产食物的能力，形成定居聚落，经过五千年的发展，人类社会既聚合，也分化，已是十分复杂了。

## 七、中国古代文化与两河古代文化发展的比较

两河流域古代文化是人类几个古代主要文化之一。本章前节讨论农业起源及定居聚落，也是取自两河考古学首次提出的农业革命与聚落形成两个观念。古代中国的农业是北方的粟黍稷（小米）与南方的稻作农业；两河地区的农业是麦类耕作（包括大麦、小麦、黑麦与燕麦）。这三种农业，作物不同，耕种的方式不同，都是独立发展，彼此没有文化传播的亲缘关系。单从这一点着眼，即有比较讨论的意义了。不过，中国地区广袤，两河地区只是今日伊拉克的核心部分，

面积至多相当于中国几个大文化圈之一（例如山东的大汶口文化圈）。为此，中国地区内部文化的互相影响，就是相当复杂的过程。两河地区也有内部诸区间的起伏与互动，规模终究有限；然而，两河地区文化与周边文化，尤其与埃及文化的关系，却是一个广大区域的多元互动。

两河地区的农业发展，启轫早于目前中国考古学可知的最早农业文化。两河地区有幼发拉底河与底格里斯河平行东流，下游是两条河流的冲积平原。数十年前，一般理论每认为大河流域是文明发源地，即以两河、黄河、尼罗河、印度河作为这些古代文明的摇篮。两河地区发展农业的过程，却是从大河河谷的外围开始驯化粮食作物，农业的起源不是在肥腴的河谷冲积平原。

近年考古工作者发掘了土耳其东南部的赛米（Hallan Cemi）遗址。这个古聚落遗址坐落在托罗斯山（Taurus）山麓，底格里斯河上游的一条小支流旁。这里的古居民还不知道种植农作物，但遗址中出土了大量年龄不满一岁的雄猪，说明养猪是他们赖以存活的生业。赛米遗址的碳-14法测定年代是距今10400年至10000年间，是迄今为止人类生产食物的最早记录。大约距今一万年前，两河东北边缘扎格罗斯山脉（Zagros）山麓的沙尼达尔（Zawi Chemi Shanidar）遗址，也有驯养家畜（羊类）的迹象。距今九千年前，种植作物及蓄养山羊，已属常见，而猎取及采集活动，也还是主要的生活方式。七八千年前，扎格罗斯山山麓已处处都有农业

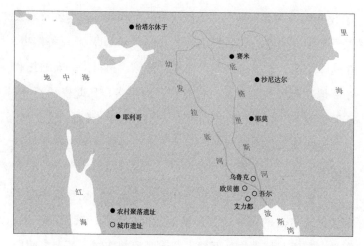

两河流域重要文化遗址位置图

村落，其中一个重要的耶莫（Jarmo）遗址，除种麦的农业之外，养殖家猪也已出现。两河流域西北，今日土耳其安纳托利亚山区的恰塔尔休于（Catal Huyuk）遗址，及西面海东地区，今日以色列与巴勒斯坦的耶利哥（Jericho）遗址，都是初期农业的村落；在这些遗址，有些甚至还没有陶器。考古资料也显示，与这些初期农业遗址同时，距今七八千年前，还是有许多以采猎为生的社群，在这些地带活动。

扎格罗斯山脉的山麓，今日还有不少麦类植物的野生远亲散布各地。正是从这些麦类亲属群中，两河流域的古代人类选取可以栽培的品种，尝试驯化为食用作物。最早驯化的品种，可能是"黑麦"（Secale cereale），后来又尝试驯化

"单粒小麦"（einkorn）、"二粒小麦"（emmer）、二棱及六棱大麦和今日所谓的"面包小麦"（bread wheat）及豆科作物。在这一地区，人类也驯养了山羊、绵羊、狗、猪，安纳托利亚高地在距今八千年前，已有驯养的牛类。凡此生活资源，不但是两河文明发展的基础所寄，也由此四向传播，使欧洲、北非及波斯湾以东的西亚，各处人类先后发展了生产食物及定居的文化。

　　两河栽培作物的农业与驯养家畜的历史，比目前中国考古学上最古老的农业遗存，早了至少一千年，甚至两千年。但是，东亚栽培作物，迥然不同于两河的作物，两者之间应是各自独立发生了"农业革命"。中国北方的粟黍稷栽培遗址是在太行山麓的磁山与裴李岗，不在低平的渤海湾沿岸冲积平原。中国北方山区，普遍可以找到粟黍稷的远亲。这一现象，与两河驯养与栽培麦类作物，如出一辙。小米的种类甚多：黍、稷、粟、粱……陆续成为主要的品种；同时，这些种类始终并存，迄于今日。至于麦类，除了少数品种，不同的麦类也至今共存。中国南方的稻作遗址，最早可能是湖南道县的玉蟾岩，该遗址位于湖南南部的山间盆地中，不在两湖的平原上。中国境内的野生水稻，由云南到广东的河湖沼泽，均可见到。粳稻是从籼稻育养的栽培作物，今日籼稻、粳稻两种水稻，都是东亚的主要食物。凡此现象，西亚、东亚的发展模式，几乎一致。

　　农业起源于山地，不在大河的冲积平原，后续的文明发展则是在河谷平原出现。距今五千年前，两河下游的冲积平原上，已有许多农业聚落。麦类生长需要相当水分，扎格罗斯山脚坡度不大，有雨水湿润，麦类可以成长；冲积平原土质松软，地下水充沛，于麦类更为适宜。人类育种，寻求高产品种，而这些优良品种，例如所谓"面包小麦"（今日食用的品种），尤其需要吸取水分。于是，驯化麦类，肇始于扎格罗斯山坡地及地中海海东地区，而农业扩张、出现许多定居的农业聚落，却是在两河中游与下游的沿岸。

这些聚落，出现于各处，尤其南部的两河下游冲积平原，分布最为密集。距今五千多年前，在幼发拉底河的下游，而又远离河口沼泽地带，欧贝德（Ubaid）文化揭开了人类城市经济的序幕。这一转变，经过一段演化过程。大约先是在许多毗邻村落中，出现了一个中心村落，逐渐以此为核心，发展为聚落群。聚落群能聚集资源与人力，合作改善生活条件。两河冲积平原，地势低平，全为土质，不见岩石，新石器文化生活必需品的石料，必须求之他处。冲积平原上，多灌木而少大树，生活所需的木材，也必须取于两河上游及山地。另一方面，冲积平原地势低平，常有泛滥；地下水多咸卤，不宜于稼穑。人们必须修建水利设施，引导河水灌溉，排除苦卤。长程贸易与水利工程，都不是一个村落的力量可以做到，于是超越村落层级的聚落群，遂应运而生。从欧贝德文化的基础上，南部出现了许多城市，乌尔（Ur）、艾力都（Eridu）、乌鲁克（Uruk），都是其中最为重要的城市。

城市有城墙保卫居民，有市集供贸易活动。更为重要者，在城市生活中，出现了一群专业人员，他们掌握对农业生产有用的天文历算知识，也发展出对贸易及测量有用的计算数量工具，组织了崇拜星辰日月及自然力量的信仰，以此解释各种自然现象与规律，作为上述各项知识的根本。这些专业人员，以宗教信仰为支撑，成为分派工作与资源的社区领袖，亦即以神庙祭司的身份，掌握了城市的统治权。凡此，都指向一个历史现象：两河地区的人，在距今四五千年前，组织为若干相当大型的复杂社会，多元、有层级，也有分工。

两河地区发展的模式，竟与中国新石器时代红山、良渚与仰韶诸文化发展的情形相同，都验证了农业革命与复杂社会两大命题。当然，从中国考古学可见的资料显示，中国境内的古代人类，经历了两次平行的发展，北方与南方分别出现。同时，我们还须注意：北方农业肇始于太行山下，而红山的复杂社会则是燕山辽河的个案；南方的农业开端于湖南的山间盆地，而良渚的复杂社会，则是江南的例证。农业与复杂社会两个阶段的发展，在时间与空间，都有脱节。如何处理这一难题？大约还须有更多的考古资料出现，才可能证实或修正目前的知识及解释。

第二章

中国文化的黎明（公元前 16 世纪—前 3 世纪）

中国文化终于涌现了。由商到周，华夏文明体系逐渐明朗成形。更重要的是，中国文明思想体系，亦即北方的儒家与长江流域的道家，两者相互交流影响，形成中国型思想的核心。许多有关人生意义与终极关怀的概念，在此有了明确的界定。

## 一、进入青铜时代

　　青铜与车的使用，在中国文化圈里引发过十分重大且深远的变化。两者之间，青铜的出现较为有迹可循；中国地区何时开始用车，在考古学上尚未能找到确切的时间。但是，这两项重要发明的信息进入中国地区，很可能是同时发生的，而且可能都是经过中亚与内亚草原上的交通路线，间接传递进入的。

　　青铜是铜与锡或铅的合金。纯铜质地较软，锡、铅更软，三者的熔点都低，很易熔化，混合成为合金后，质地相当坚硬，足以铸造为各种器用。人类最早使用铜制品的考古遗存，当是在今日土耳其的恰约尼（Çayönü Tepesi）遗址，位置在幼发拉底河上游的一条小支流旁，安纳托利亚山地边缘。这些铜制品是用铜矿石直接打制的铜针、别针、铜锥及铜珠。此地与今日蕴藏丰富的铜产地相去不远，有此发现也是合理的。位于安纳托利亚的哈拉夫文化（Halaf），是铜石并用的文化，兴盛两千年之久，然后文化中心才转移到两河地区。哈拉夫文化的时代，农业发达，依靠灌溉给水，成串的村落构成复杂社会并有神庙建筑。这一个从公元前第六千年纪到第五千年纪的文化，能生产器壁甚薄、经过高温焙烧的精美彩陶。哈拉夫文化衰落后，文化中心移入两河地区，继之而起的如欧贝德文化（公元前4300—前3500年）及乌鲁克文化（公元前3500—前3100年），其铜制器用已是常见。再下面一个千年纪，则是青铜文化了。凡此文化，都已有城市为中心的复杂社会组织，有了专业的工匠与祭师，也有了相当专业的武装人员。从原始的铜制品进展到青铜铸造的器用，在西亚经历了不下两千年之久，直到公元前第三千年纪，才是青铜文化的时代。

从甘肃东乡林家马家窑期地层中，曾出土一件使用陶范铸造的青铜小刀。马家窑期的时代当在公元前3800—前2000年，所以这件青铜刀可能是中国地区最早的青铜器。但是，中国地区较古老而且较普遍的铜制品遗存，当是在齐家文化的武威皇娘娘台、永靖大河庄、秦魏家等遗址发现的铜制刀、凿、锥、斧、钻头。近来在广河齐家坪还出土了中国地区最古老的铜镜。齐家文化的时代，经过碳-14法测定为公元前2050±155年至前1915±155年之前，亦即公元前第三千年纪过渡到第二千年纪之际。这些铜制品，大多是冷锻的红铜，铜镜却是冶铸的青铜，正呈现青铜文化初期的混合现象。齐家文化的铜器时代，至少晚于西亚两河流域青铜文化有整整一个千年纪。齐家文化所在的地区，正是中亚交通路线的东边尽头。

中国北方，由西往东，四坝文化、朱开沟文化、夏家店之下层，这一连串位在北疆的文化，都有铜刀、铜制装饰品出土，其间有相当的一致性，时代大都在公元前第二千年纪早、中期。从地理位置来看，它们可以说连成一条青铜进入中国的通道。中国内地的河南与山东龙山文化遗址，也有十余处出土了相当原始的铜制品。河南登封王城岗的龙山文化遗址出土一件锡铅青铜铸件，是铜锻的残片，时代是在公元前第二千年纪的前半段。

究竟是中国地区的古代文明自行发展了青铜，还是青铜工艺的知识由西亚传入中国？由上述时、空两个条件来看，解答的线索隐约可见。中国新石器时代的铜制品，原始铜制品与青铜铸件各地均有出现，以其分布情形看，西部的铜制品早于东部。由此，我们也许可以推测，中国地区的青铜工艺，当由西路传入，但传播过程中，中国地区的工匠可能并未得到铸造合金的完整知识，于是各地还是从打造原始铜件开始，摸索寻求青铜工艺的技术。中国新石器文化制陶的工艺技术相当成熟，能够掌握火候，高温焙制陶器。从制陶工艺发展铸铜技术，有了掌握高温及制造陶模两项条件，铸造青铜的工艺，即不难有迅速的进展了。商代的青铜铸件，种类多、数量大、水平高。从龙山文化晚期到商代，时间不过数百年，青铜工艺的进步速度，相当可观！

青铜铸品，作为小型的锋利工具，切割的功能胜于石器、骨器。但是，青铜质脆易断，用于大型破土的农具与砍伐树木的斧斤，并不十分有用。因此，使用青铜工具，未必能提高生产水平。用青铜制作武器，却能提高杀伤力。这一特征，也许可以解释几个青铜文化的现象：出现了专业的战士、复杂的社群，以及资源集中、资源分配不均等现象。凡此，都因为铜料难得，铸铜技术又不是人人能够掌握，以致只有少数人垄断这一有效的武器，从而以此劫持社群，形成资源的集中及社群的分化。中国传统所谓"三代"，正是国家形成及发展的时期，其与青铜文化的出现，有一定的相关性。

车出现于中国地区的时间，至今还难定言。考古证据所见，商代车辆的形制，基本上与西亚、埃及和印度的两轮马车类似。在中国地区，至今未见原始形态的车辆，也未见车型演化的过程。凡此可以推知，车是外来事物。用车的知识与铸造青铜合金制品的知识同时传入中国，是颇为合理的推测——车之用于战争与青铜武器的使用，两者都与广袤草原上武装族群的移动有关。战争能带来族群之间文化的交流及资源的交换。在公元前第二千年纪的中期，西亚、南亚、东欧、北非的族群移动十分频繁：喜克索人侵入埃及，赫梯人在西亚建国，希腊半岛有族群的交替，印度次大陆也有一波又一波的雅利安人移入。这些族群移动，都伴随着战车的传播。

中国虽地处东亚，但中亚是开放的地形，中国承受这些族群移动的影响，遂有了用车的知识，又配合自己已经发展到相当水平的制陶工艺，也迅速发展了有中国特色的青铜文化。接受外来信息的刺激，在自己固有技术上，激发创造性的转化，是人类历史上常见之事。公元前第二千年纪，中国地区发生的许多变化，正是这一现象的例证。

**二、古代文化核心的商文化**

中国传统历史上夏、商、周三代，代表中国文化的核心。中国文化的中原意识，也经这一核心观念衍生。不过，夏代的历史，至今只有传说，未见确切可靠的考古证据。中国考古学界将河南偃师二里头遗址当作夏文化的所在，也只是从传说中夏代的地望，配合这一遗址有大型公众礼仪性的建筑，遂以为这里相当于夏代的王国都城。其实考古资料本身并没有直接的证据，证明这一青铜时代初期的城市即夏都。

商代的遗址，则自从 1928 年发掘安阳殷墟以来，不仅有建筑与墓葬遗存，也有大量商代甲骨卜辞的当代文献资料，证实了传统历史有关殷商的记载。因此，本节以殷商王国及其文化的形成代表中国文化核心的发展。

由传统历史记载来估计，商王国从公元前 17 世纪建国，到公元前 11 世纪结束，享国五六百年之久。今日考古资料，将商文化分为先商、早商及晚商三个时代。先商文化的分布地区，较早的类型在今日河北的太行山东麓，以及河南的黄河以北卫辉一带。这些文化遗址，毗邻一向被认为是夏代的二里头文化分布地区，但两者的文化特色又有显著的差异。早商文化时期的遗址，则在今日郑州地区，其文化特色与二里头文化相当接近。由此推测，相当于新石器时代晚期的先商文化，在接收了二里头文化的影响之后，开始发展为早商文化代表的强大势力。

　　早商文化的主要部分，以二里岗遗址为代表形态，分布地区十分广阔，遍及河南全省、山东的大部分、山西南部、陕西中部、河北西南部，以及安徽西北部，涵盖后世所谓"中原"的华北地区。北部的早商文化，以河北藁城台西遗址为代表，北及拒马河，南至邢台；南部早商文化以湖北黄陂盘龙城遗址为代表，分布于长江以北，湖北中部与东部；至于江西新干大洋洲遗址的商文化，地方色彩浓厚，只能作为商文化的影响所及；西部早商文化，远及陕西的扶风与岐山。这一地域广大的分布形态，说明了早商文化的强劲，其发展当与商王国的政治与军事力量有相当关系。

　　有关晚商文化的主要材料出自安阳的殷墟遗址，年代为公元前13世纪到前11世纪，延绵二百余年，亦即盘庚迁殷以后的殷商历史。晚商考古工作偏重河南地区，以致不能呈现较为广阔的分布形态。但是，将近二十万余片卜辞所见的资料，显示商王国政权所及，足以伸展到上述早商文化分布的领域，亦即后世所谓的"中原"地区。

　　殷商文化的时代性特色，一是有了当代文字的记录——卜辞，二是从卜辞中显见商王国政权的演化过程。文字与王权的出现，是中国文化发展的里程碑，也是从史前文化进入历史时代的分界线。

中国文字的源头，早于殷商时代。河南舞阳贾湖、陕西临潼姜寨及大汶口文化等新石器文化遗址出土的龟甲和陶器上，都有刻画的符号。这些符号的意义不明，然而都不是装饰性的图案。大汶口的陶文，有些已是复合的符号，颇似中文部首的意味。大汶口陶文中有几个符号，例如日在山上形象，日形与山形，俱已抽象化，似乎是约定俗成的笔画。这

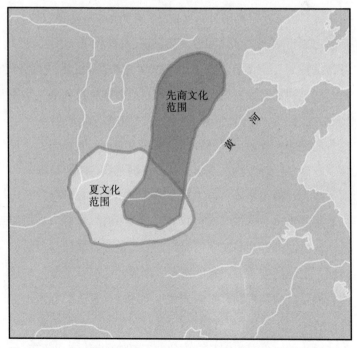

夏文化与先商文化范围示意图

一个符号，在相距数百里的遗址出土的陶器上都有出现，而且形象一致。此一现象，也许意味着符号已有文字的功能。

殷墟卜辞的文字，已离开图像。例如，鸟兽象形字，都已简化为反映某一动物的特征，而且都是侧面直立的形象。中国文字有象形、形声、指事、会意、假借、转注六项造字原则，大都已见于卜辞文字。卜辞句法，反映其文法已有一致的规律，而且不是自由口语，因此商代卜辞已是相当成熟的文字。商代青铜器上铭刻的文字，具有礼仪性，遂较卜辞为复杂；其中象形字的形象皆近写实，但也不是图画。凡此可见，商代文字有其前身，只是商代使用的文字，不仅成熟，而且与后世中文文字之间的演变谱系，可以步步还原。近来考古发现的先秦文字，除了战国楚地文字稍有差异，至今未见另一不同的文字系统。殷商掌握了当时唯一成熟的文字系统，以此优势，则商文化自然成为古代中国文化的主流。

从殷墟卜辞所记载种种活动重建商王国的政治组织，反映了晚商二百余年的演变方向。商王的王权，本来可能与占卜主持人的教权相辅，但二百年来王权不仅压倒了教权，而且商王取得了"下帝"的位置，以与"上帝"相称。商王国的统治机制，有几个圈子：大邑商、畿内商王亲族与王后的封地、王国的领土、服从的诸侯、四周的方国。从商王东巡的旅程看，商代末期，东方诸侯形同属地；远方的方国，有敌对的鬼方、土方……也有已接受商人优势地位的国邦。商王国的政府，由"小臣"之属的家臣系统，逐步发展演变为

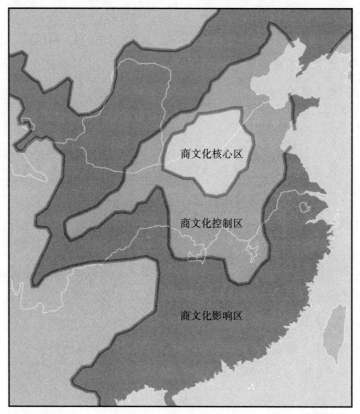

商文化范围示意图

有五个部门的统治机器。商王使者的地位，相当于以凤鸟为
上天的使者，可以领兵，建立四方的治权。商王墓葬中随葬
的人殉，即祭祀时以人为牺牲，反映王权权威之高。商王资
源之丰裕，宫室、器用之精美，均可由墓葬的诸种器皿与建
筑显见。这样一个强大的政治体，在当时的中国地区，无疑

居于领导地位，亦足以发挥文化核心的作用。

新石器时代的商王国，是个以族群为基础的复杂社会体，有地方与亲缘的局限，并无普世性格。商王国的神祇主体，主要以宗神与山岳、河流崇拜的地方守护神构成，这是因为商王国的政治势力远及四方，在吸纳从属族群及方国时，商人不能不同时接收这些从属族群的神祇。商王祭祀系统，由卜辞可见，有新旧两派，此起彼伏，旧派的祭祀对象是谱系严整的先公先王祖妣；新派则杂收诸神，包括各种自然神及大人物（例如大巫），至于祖先神，反而更为收缩，致祭时只祭祀大宗及五世以上的先妣。新派出现，已在晚商后期，其时代与商王国的扩张相近。这一现象，可能意味商人摆脱了地方及族群的局限性，开始走向普世文化的方向。

晚商二百余年，只是商人历史的后半段，以殷墟考古及卜辞资料为依据，我们可以知道：商王国在新石器时代古国"万邦"之中脱颖而出，商文化成为中国地区的文化核心。文化核心既已形成，即不难逐步收纳凝聚各种地方文化，发展为后日中国文化的庞大体系。

## 三、华夏文明体系——西周封建与"三代"观念

公元前 11 世纪，在陕西关中的一个周国，击败了强大的商王国，代之而为中国的主人。周代的建立，并不只是后世中国历史上常见的朝代递嬗，也是整个文化体系与政治秩序

的重新组合，并且从此奠定了中国文化系统的一些基本特色。

西周战胜商王国，在当时的形势言，毋宁是出乎人们意料的奇迹。周人起源何处，至今诸说纷纭，未能有十分肯定的答案。不过，周人扩张为强大族群的过程中，无疑吸纳了不少不同的分子，而其文化渊源，也是多源的。以目前可知的考古资料言，所谓"先周"时期，狭义的解释是周人居住在陕西岐山一带，粗具规模，未成大国的阶段。不过，在他们定居岐山以前，周人已有一段公刘以下移徙的历史。他们从陕北南下，与关陇一带的土著相处，而且也接受了西邻与东方的文化影响。周人自己的传说，叙述祖先后稷发展农业，后世忘了农业，在北方畜牧为生了几个世代，然后在公刘的时代，他们才重新务农。这一段周折，必然也有过不短的迁移，其起点及路线，未易确认。我的意见，周人大约是在山西西南起家的农业族群，沿黄河移徙，一度进入河套地区，在此地改营畜牧，然后在公刘的时代由北向南，在泾水流域恢复农业，再南下进入土厚水丰的岐下。因此，周人族群的成分及文化渊源，不仅在岐下时是多元与多源的 ; 在此以前，他们早已接纳了来源及性质各异的族群成员及文化因素。

周国由岐下发展，逐渐成为商王国西方的一股力量，但当时商人的文化水平，非周人能见其项背。考古资料显示，周人铸造铜器的工艺，深受商人影响。周人祭祀，不仅使用商人的文字记载占卜，甚至还奉祀商人的祖神。商人卜辞中，周人似是西方的一个方国，周、商王室之间也有婚姻关系。凡此，其实是小国毗邻文化优势大国时的常见现象，人类史上屡见不鲜。周人以这样一个地位，经过古公、文王、武王三世的经营，居然击败了商王国！周人没有为轻易的胜利冲昏了头，《尚书》中的几篇周初文献，处处都在检讨这一历史发展的原因。最后，他们认定了"天命靡常，惟德是亲"的理论，将商人的失国归咎于商人德行的败坏，其罪名包括酗酒、荒淫、不恤民力、收纳逃亡……这些罪名是否完全属实，以及是否足以拉垮一个强大的王国，都还有讨论的余地。然而，周人提出的"天命"观念，可以引申为两点：第一，统治者的治国必须符合一定的道德标准；第二，超越的力量，亦即上天，对于人间秩序有监督与裁判的权力。这些观点，是中国历史上前所未见的突破。某一政权的合法性，是基于道德性的价值判断，而上天有裁判权，这种观点摆脱了宗神与族神的局限，转化为具有普世意义的超越力量！统治者承受天命，即须负起天命赋予的道德责任，而上天只以道德的要求，裁决统治者是否称职。这是高超的理想，很难在真实的人生完全实现；但是，正由于有此理想，人间秩序的境界得以提升！周人悬此理想，可谓中国文化上划时代的大事，不像别处以神意喜怒为标准的文化，要经过长时间的演变才走到这一步。

周人小国寡民僻居西部，面对东部的广土众民，不能不设计一套统治机制——"封建亲戚，以藩屏周"的制度。这一封建制度，包括两个要素：一是分封子弟与亲戚，在紧要的地点戍守，彼此援助，构成一个庞大的控制网络；二是笼络不同文化的族群，寻求合作。

西周文、武、周公、成、康等几代统治者，不断分封自己姬姓亲族、同盟的亲戚姜姓，以及一些结为亲戚的东方贵族，建立封国。除了军事与经济资源的互为挹注，这些封君与周王室之间，也依仗宗族纽带，用祖先崇拜的繁缛礼仪，以朝贡、觐见、馈赠、通婚、封赏等不断加强亲戚之间的关系。

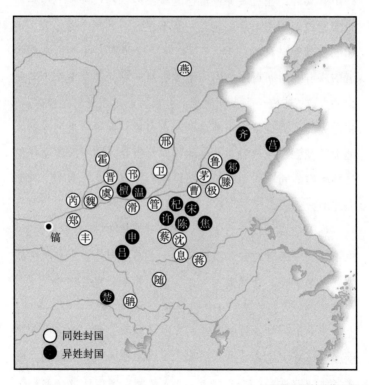

西周重要封国位置图

西周封建将中国北方许多新国与故国的统治阶层，都编织为一个亲缘网络，彼此之间，不是大宗、小宗，就是甥舅（姑侄）。亲缘网络的伦理要求，是敦睦亲戚的孝道。于是，周人统治的机制，取得了道德的意义。

周人分封的子弟，通常率领姬姓的军队（王人）若干，加上一些殷人遗民（所谓殷遗）和专业的技工（如陶匠、乐师），一同住在封国城市内，谓之为"国人"。封地所在的一些土著族群，住在城外或自己的城市内，其首领及上层则与封君及国人互通婚姻。还有一些不在这一体制内的土著，则因居住郊野，称为"野人"。其实，这些野人往往是东部古老的族群。西周封国之内，至少有两三种，甚至更多不同文化的人群，构成一个多元的复杂社会。经过西周的封建体制，中国经历了为时数百年的文化融合过程。大致言之，东部各地上层社会，经过封建礼仪的制约，西周以后，上层文化已呈现相当的同质性；然而各国民间，则异质文化共存，有多元的地方色彩。

在天命观念的大框架下，周人不能仅仅谴责商人失德，也不能仅仅不时地告谕自己后代，而必须要建立一套历史教训，以为警惕。在《尚书》中，时时提到以殷坠其命为鉴；在《诗经·大雅·荡》中也有传诵至今的名句："殷鉴不远，在夏后之世！"这是周人在商代以前找到了商王国覆亡的前例，于是夏、商的末世统治者，其行为宛然是复印的同一模式（如《召诰》《多士》《多方》《立政》诸篇）。《尚书》之中，周人的告诫，时或引夏人为自己西土的先民。傅孟真（斯年）提出夷夏东西对立的观念，以为周人认同于夏，自认是"夏"，而视商人为东方的夷人。傅氏由于 20 世纪 30 年代考古资料呈现东部与西部的分歧，而创此二元文化对立及交替之说。若由此说延伸，则周人认同于夏，未尝不可能是为了建立周王朝政权的合法性，援引商王国以前的夏后氏政权，作为姬周的远祖，而将商王国政权列为其间的闰统。

如果由上述角度看历史，则夏商周三代嬗替的秩序，毋宁是周人的历史观。考古资料至今不能十分肯定夏文化的时空据点，更不能认定夏的政治体或社会体的内容，且夏文化于同时侪辈中，未必有十分凸显的水平。"夏"之地位提升为三代统绪之首，未尝不可能是由于周人从新石器时代晚期几个古国之中，特别表彰夏人的地位而造出"三代"之说。到了东周，"三代"更成为古代黄金时代的代号。"三代"作为专用名词，似在东周始出现，即以《左传》所见，凡有五次（成公八年、昭公七年与二十八年、定公元年、哀公六年），都已在春秋晚期。其中缘故，可能是周人自居为正统，向古代投射为三个连续的朝代；可能是西周已亡，可以将三代当作一贯的朝代系列；也可能是春秋时世不宁，时人遂投射其理想于遥远的过去，缅怀一个已离去的好时光。例如孔子在《论语·卫灵公》中即有歌颂"三代"的观念，其怀古之情，美化了西周开国时文、武、周公呈现的普世意识及道德观念，遂将三代认作一贯的统绪，代表美好的过去。

## 四、中国秩序的发展与重组——地方文化与融合

在公元前771年，西周王室覆亡，平王东迁，号为"东周"。从此到秦帝国统一，中国地区经历了五百多年的转变期。这一段历史，传统上被切割为春秋与战国两个时期。然而，这两个时期的变化，其实是直线的延续，中间不必如此分割。这一时期，五霸、七雄的政治历史，一般古代史都有讨论，此处无须赘述。本文所关注的，毋宁是伴随着西周封建制度崩溃而衍生的一些现象。

西周覆亡，正如古籍所谓"礼坏乐崩"，意味着一套文化秩序的崩解，对于当代的影响，自然十分重大。为了探讨这一变化，我们仍须回顾西周封建制度鼎盛时的文化秩序。上一节曾经提到，西周封建制度，具有戍守与管理的功能，为了凝聚这一封建网络，西周的君权与宗族制度，实如一体的两面，而又由一套礼仪维持了封建体系的运作。这一套礼仪，包括分封、朝聘、祭礼、婚姻等各方面的礼节，也可说是封建体系内上层阶级共有的文化。西周分封的诸侯，出封时通常有周人、商人，以及随同赴封国的姬、姜以外的外姓人员，当地原有族群的上层，无疑也参加这些封国的统治阶层。一个封国的上层，应有相当复杂的多种成分，例如：鲁国有周人及商人、奄人三种成分，晋国有周人、夏人、商人及戎人多种成分。

然而，经过四五百年的涵化，周人诸侯的上层，有了共

同的文化。从考古资料看，墓葬中所见的列鼎制度由九鼎、七鼎、五鼎……单数排列，配上八簋、六簋、四簋的双数排列，再加上墓葬规模大小、随葬品之丰俭，都反映了相当整齐的层级规矩。各处出土青铜器皿，花纹大致有几套配合使用，铭文文字是一样的，铭文词句格律一致，反映的思想也相当一致。从《左传》引用《诗经》的情形言，周代的贵族子弟，彼此可以引诗赋诗，作为社交的媒介，或据以对当前发生的事件或牵涉在该事件中的人物进行批评、议论，显然贵族社会有相同的教材。《左传》引用《诗经》处，共有 257条，以大、小雅为多，占了 164 条，而未见于《诗经》的逸诗，为数甚少，足见这一套上层社会的经典教材，内容已相当固定。如果结合青铜铭文及古代经典看，周代封建社会的上层，因为君统与宗统的叠合，政治伦理与亲族伦理也为此合一。于是，君臣、父子、夫妇等的关系，规整为忠孝仁信礼义诸项德目，成为封建社会理想的行为规范。凡此，都可归属于周代封建层级系统的上层文化。

东周只是西周名义上的延续，实际上东周的君权已不再能控御东方庞大的封建网。礼崩乐坏，不是形容仪节的失落，也不是政治权威的衰退，而更意指文化秩序的解体。春秋时期的诸侯，在政治上，拥有相当的自主权，王室已不能控制诸侯。于是，春秋时期的前半段，各国之内，也有其权力下放的分封，几乎是西周封建亲戚的地方型翻版。到春秋中期，鲁有三桓，郑有七穆，齐有国、高、崔、田，卫有孙、宁，晋有六卿……各国之内，都有了次一级的封君——卿大夫。春秋中期以后，政治权力又下降到这些卿大夫的属下。相对的，权力斗争中的失败者，不论是公子王孙，还是卿大夫的家人部属，失势之后也就丧失了社会地位与经济资源。二百余年的社会变动，实质上重组了原有封建体制的秩序。这些失势的原有上层阶级分子，就带着其原有的文化，沦于社会中下层。

孔子就是这一类失势贵族的一分子。他的七世祖是宋国的正卿宰执，六世祖是宋国政治斗争的失败者，流亡在鲁国的父亲不过是以武艺勇力著称的武士。孔子自己是庶出的孩子，只是鲁国的"士"一级人员，位置在官民之间。孔子这一类人士，不再是统治阶层的一员，却又娴熟贵族的文化。于是，这些人士遂将上层文化，传播于社会的中下层。孔子是其中最堪注意的一位失势贵族，由于他对封建文化的再阐释，上层文化理想的伦理与道德，遂获得新的普世意义。

伴随着封建制度的解体，不但在伦理道德方面，上层文化逐渐下达，经济结构也有所变化。相对于庄园制的农业经济，春秋战国时期，新开发的资源不少，资源也趋向自由流通，都市化与商业化孕育了前所未见的新富人。他们以财富取得社会地位，也因此而能从旧日上层文化的基础上，发展另一文化。

兹以山东齐国青铜器的演变为例。齐国以姜姓大国，分封在山东半岛。由于齐桓公是春秋的第一个霸主，齐国富实冠于一时。齐都临淄，是春秋战国最富庶的大都市。田氏能取代姜氏成为齐国国君，也与田氏善于利用经济资源，厚植自己的政治实力有关。春秋战国时代，齐国的青铜器皿在山东各处出土者不少。大致可见的趋势，齐器中的礼器越到晚期越少，日用器则相对日益普遍；青铜的器形与纹饰，也越来越多姿多彩，并且越晚越多装饰性与趣味性。这一趋势，可以视作文化的世俗性色彩代替了礼仪性，也可以说是由神圣性走向庸俗性的时代风尚。齐地青铜器所反映的趋势，其实也可在其他地区见到，这一趋势，毋宁是和封建解体相应的。春秋以后，齐国墓葬中，常有人殉——以人殉葬。周人改变商人的人殉，是商、周礼制的大不同处。齐国忽然又出

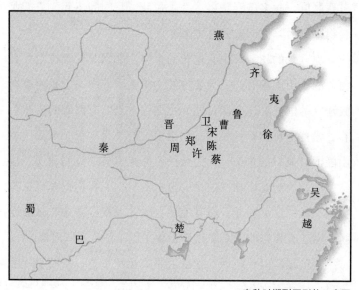

春秋时期列国形势示意图

现人殉，也许正是东夷用人为牺牲的旧日习惯，在周制崩坏后，再度浮现了。

　　从另一角度言，封建上层文化曾有其相当程度的同质性。举例来说，北方诸侯，不论何处的礼器，基本上都呈现一致的风貌与规格。春秋战国的礼器，则逐渐出现各地的地方色彩。燕国位在北方的边远地区，又长期与中原隔离，其礼器风貌遂有北边戎器的色彩。晋国的封地，原在汾水下游。春秋时期，封国逐渐扩展，晋文公以后成为春秋霸主，维持霸权逾百年之久。晋国在三家分晋前，疆域所及，早已包含山西的不少戎狄族群，公室颇与这些土著通婚姻；更不论战国的三晋，奄有北方不少族群，也因此接纳了不少异质文化。三晋制度，颇多融合华夷之处。最后，赵国的赵武灵王胡服骑射，是为著称于史书的文化转变。

　　地方化的趋势，也有逆转的个案。战国时期，位于今日河北的中山国崛起，成为北方的中等强国。中山国是由鲜虞族建立的国家，这个国家的文化遗存，当然有浓重的戎狄色彩，帐幕、行炉等都显示其北边诸国的文化本色。然而，中山国国君夫妇的墓茔，则完全按照周人贵族的体制建造。这一个例，因为有了相当数量的考古资料，使我们得以窥见其文化交融的二元特质。在其他地方文化或族群文化较强的地区，当亦有强势的华夏文化与土著文化并存的类似现象。

　　春秋战国时代，因为社会上层文化的下达，浸润于社会下层，使得周文化成为华夏文化；相伴而来的，又有各地地方性文化露头的现象，以及都市化与商业化导致的世俗性文化。北方如此，南方也如此，后者之融入中原所代表的华夏文化，当于下一节讨论。

　　总结言之，春秋战国时代的中国文化，上承商周文化的传统，下启秦汉统一中国后的文化融合与浸透。主流文化的同质性与地方文化的异质性，长期共存，而且互相刺激。理想文化的神圣性，也与日常文化的世俗性，并行而不相悖。这两股发展的趋势，又互相纠缠，形成中国文化的复杂与多姿多彩。

## 五、中国思想体系的核心成形——孔子学说及诸子百家的辩证发展

　　每个文明系统都会有一个居于主导地位的思想体系。在中国文明系统里，孔子的思想是中国型思想的核心。其实，孔子学说也不能全从孔子时代开始。回溯到商、周交替之际，一个文明较高的商朝，被文明较低的周朝所取代，这件事情本身必会使当时的知识分子有一种反省。商代的知识分子归顺周人后，继续担任他们过去曾经担任的工作，譬如占卜、管理档案、探索天象等一系列祝、宗、卜、史的任务。可是，他们还免不了会问自己，究竟是什么缘故使得这么强大，而且主导北方中国的商王国，居然被小小的周国灭亡了？他们的回答是：周人取得了天命，而天命是唯道德为依归的，所

谓"天命靡常，惟德是亲"。这可说是第一次将道德的意义超越人类力量的命运。

"天命"的观念帮助周人肯定了自己的统治，也帮助周人说服了许多商人的后代与他们合作，将商周文化体系扩张到整个中国北方。《易经》是一本占卜的书。《易经》卦辞、爻辞的解释，即现在所知的易传体系，似乎是在商周之际完成的。《易经》中所谈的命运，不完全是盲目的，人类本身对自己的命运有相当程度的掌握，人类自己所做的种种抉择，会改变命运发展的方向。这个观念与天命具有道德意义是相互配合的。

等到西周覆灭，周人的封建系统在礼坏乐崩的情况下，不再有过去那样的自信，也不再有过去那样主宰的力量，天命的意义必须要有新的解释。孔子似乎是对天命意义作新解释的人。我们不知道孔子是不是真正撰写了《易经》里面一部分传，可是在《论语》里面，孔子所说的天命是每一个个人的天命，而不是一个朝代的政治天命。在孔子承受同时代人的迫害时，他曾经说："天给了我这个天命。天生了我，给了我一个任务。有了这样的任务，迫害我的人又能拿我怎么样呢？"在这种情况下，天命已经不是政治的使命，而是每一个人都能从超自然、超现实的秩序之中，找到自己应当执行的使命。

后来孔子的思想变成中国正统的思想体系时，汉代编辑成书的《礼记》，其中的《中庸》篇曾说："天命之谓性，率性之谓道，修道之谓教。"过去，我们对《中庸》这段话并不是十分理解。湖北荆门市郭店出土的战国文书，其中有两句话似乎正是阐释"天命"与"性"的关系。郭店文书《性自命出》说："性自命出，命自天降。"这里的"天"，不一定是一个有意识的主宰神，似乎是宇宙间各种力量的总和；在这个宇宙力量的总和中，每一个人有天生的禀赋，也就是"性"。"命"和"性"是相配合的名词。郭店文书的时代，当是公元前 300 年左右，当然比《礼记》成书的时代早了很多，因此《礼记·中庸》的那段话，可能正是从郭店文书中延伸出来的。恰好在郭店文书中找到这个遗失的环节，才使我们知道什么是命，什么是性。

如果孔子所理解的命和性，正如郭店文书所说，那么人类全体具有一种特别的使命，而每一个个人也有特定的性，也就是禀赋。只有在这种背景之下，我们也许才能够理会孔子为什么找出"仁"这个字作为他思想最主要的中心。在孔子之前，并不是没有"仁"字，但其意义一部分是作为知觉，像仁与不仁是有知觉与没知觉、麻木与不麻木的意思；仁与不仁的另外一个意义是美好与不美好。《诗经》中形容一个很俊美的男子驾车来的时候，是"洵美且仁"，也就是看起来非常美好的景象。"仁"这个字不表示人的内心特点，也不表示每个人人性的基本内容，它只是一个形容词，形容感觉，也形容外表。但孔子赋予它一个新的意义，"仁"这个字相当于整个的人性。这一个命题，应是中国文化最根本的假设。每个人有一种禀赋，这个禀赋是人性在个人身上的表现，而人性是天生的，是上天给人类的使命。命、性、仁是连串在一起的三个观念，构成孔子思想的根本。

如孔子所说，仁作为个人的禀赋，可以表现每一个人所具有的人性，那么怎样发抒人性才使人有资格成为"仁人君子"？仁是每个人都拥有的，就如种子里的生机，种子只有在能够得到茁壮成长的机会时，才能长成一棵好的植物。仁是人性的本质，也是一个人性格成长的种子。由《论语》来看，孔子的学说是以仁为中心，但是孔子很少触及群体的仁，很少从群体的角度来看仁。孔子盼望的是每个人找到自己的仁，使仁能得到充分发挥的机会，也使得这个人成为"仁人君子"。理论上，有许多个别的仁人君子时，社会应当是一个美好的社会，甚至是符合最高人心的社会。但孔子在《论语》中，很少涉及群体的公义。

墨子据说曾经是孔门弟子，然后才从孔门中出来发展自己的一套学说。墨子学说的思想中心是"义"，群体的公义要有"兼爱"为支撑的基础。人彼此相爱，没有偏差，才能使集体的爱成为社会公义的基础。墨子思想毋宁是补足了孔子学说还没有充分讨论的部分。

儒家第二位大师孟子，为了要从墨子学派争取主流的位置，不能不兼论"仁"和"义"，也就是个人的人性与社会共同具有的公义。在孟子思想之中，两者必须是统一的。孟子学说中，经常出现的另外一个课题是人性本善，也就是人天生的禀赋应该是善的，如此每个人才有可能发挥仁和义。

　　儒家另外一位重要的人物是荀子。荀子从儒家学说"教"的部分，也就是培养与教育方面下手。他认为人性是空白或是中性的，经过自我的训练和修养，即所谓"学"的过程，人才能成为仁人君子。在荀子思想之中，仁不是理所当然的禀赋，而是经过后天培养获得的一种特质。学不仅是从知识方面学习，还要符合礼的行为模式，以涵育一个人可能发展的仁。

　　另外一方面，孟子面对的不仅是从群体公义着想的墨家，也必须面对强调个人主体性的杨朱之学。杨朱之学实际上是后来道家的一部分。它对个人的尊重与人性的肯定，可能与孔子论仁是起于同一源头的。不过在道家的理论，群体几乎不必存在，关怀完全倾向于个人的一面，个人的禀赋有极大的潜力，不仅可以走向善，也可以走向完整，无须依附在任何群体秩序之上。

　　这一个发展方向，在庄子的学说之中，获得了更多的发挥。个人的人性是一切的中心，认知与道德都可以从个人的人性中引申。所以从孔子提出个人仁的观念以后，向群体方向发展的就是墨子的公义，向个人本质可贵的方向发展的就是杨朱之学。战国时，荀子已经统摄了群体与个人，以礼来作为群体共同遵守的规范，以仁肯定人性的可贵。而同时，庄子和老子却是更进一步地肯定个人的价值，群体不在他们关心之列。

　　从孔子到战国晚期，左、右、中三条路线不断地在辩证中交叉进行。若要找出一个共同的特点，那就是从神秘的命与性，终于走向超越肯定人本身存在的意义。

　　再回到孔子的时代，孔子几乎感觉到有种超越的力量，也就是所谓的命。然而，孔子不愿意在这方面多加申论，所以他对于神秘的部分，人事世界之外，怪力乱神等存而不论。这一部分的空白是由阴阳家与五行家接了过去。从新石器时代开始，中国若干古老的文化，颇注意人与宇宙力量的关系。中国古代的信仰，大致可分成两条途径：一条是神祇的信仰，另一条是祖灵的崇拜。周代封建建立在血缘团体的网络上，所以祖灵崇拜在周代的政治制度中是一个重要成分。神祇的信仰，一部分融入自然崇拜，一部分成为国家的礼仪。两者都关注到人与自然的关系，及人与超越性力量的关系。在战国时代发展出的阴阳家与五行家，都是针对着自然与超越性力量组织出来的一套宇宙观。

　　阴阳家的思想应当是早于五行的观念。从考古学上看来，中国对两性之间的互补，早已有所领会。这种互补的二元论，应是中国文化的特色。五行观念起于何时，至今还在聚讼之中，其出现不会早于青铜时代。人一方面从铸铜与制陶的经验，认识了各种自然力量的交互作用；另外一方面，五星运行的天象也可能促成五行轮替的观念。

　　阴阳与五行这两套思想都与解释自然现象有紧密的关系。人事只是宇宙体系内的一部分，这一观念与道家肯定自然的思想有相当的亲和性，也许正是因为这种关联，后世的道教神学可以兼容道家与阴阳五行的思想。

综合起来看，从春秋战国以来形成的中国思想系统，有两条脉络平行发展。一条是以儒家为中心的人间秩序，一条是以阴阳五行为中心的自然秩序。这两条路在发展的途径上会交叉影响。其中一些中心命题，例如命与性、气与运都不断在后世有所申论和解释。

人事与自然两套系统，又叠合成为一个复杂系统。其中，有上下的统摄，也有内外的消长。中国后世所谓"天人合一"，不能摆脱这些历史的源头。中国思想中，对于变化的重视，也见于《易经》与春秋战国诸家的讨论，呈现出中国思想注重动态与有机的特色。中国思想对于"全面"的整合与悟解，超过了对"部分"的分析——春秋战国时代五百年的演化，所谓诸子百家学说其实不应当看作各自独立发展的思想流派，应当视之为经过长时期的对话与辩论交织成后世两千年中国文化的核心思想。

## 六、南方的兴起——长江流域的发展及其与中原的融合

中国地分南北，秦岭淮河线，划分了黄河与长江两大水域，南北的生态环境迥异。自古以来，两个区域的文化也各有传承，各有风貌。新石器时代，北方发展了以粟黍稷为主的农业，南方则是稻米为主的农业。北方的建筑，以夯土建

筑为主，南方则是以木结构加上草泥糊墙为常见。凡此差异，在衣食住行等各方面，在在都可见到。

当然，南北文化之间，也不是全无交流。举例来说，起源南方的稻米，在北方早期粟黍稷农业文化——裴李岗文化的河南舞阳贾湖遗址中也一样发现了稻壳的遗存。同样的，粟黍稷的分布，也深入南方。要论文化水平高下，南方良渚文化，有过广大的礼仪中心群，反映南方有过相当复杂的社会组织，足以动员巨大资源，创造一个惊人的古代玉文化。湖北发现了不少古代城址，也是可能发展为国家形态的指标。只是，在商周发展为北方巨大的政治体时，南方并没有出现同样规模的大型政治组织。北方有了周代的封建制度，更将经济资源、人力资源，都由一个以殷文化为背景的政治秩序，统一整合为人类历史上仅见的古代文明。

南方被吸入北方的庞大组织，走过了漫长的过程，终于在秦汉大帝国的结构下完成中华文明的体系，其中有地方性的差异。然而大致言来，中华文化有相当程度的同质性。本节即叙述这一个在春秋战国时期步步开展的过程。

周人封建网的南向发展，发轫于周初。《诗经》的《周南》与《召南》，即反映了周初的南国。在周人封建的时候，南方的诸国先后分封在淮上与汉上（河南南部、湖北北部及皖北、苏北），亦即南北相接的地带。今天该地区，仍是兼具南北生态及风俗的地区。然而，周人的封建，虽有可能点状地更往南开展，却始终未能深入长江两岸，更不论江南与岭南了。

西周时代的长江北岸，是云梦与彭蠡两大湖区，湖泊众多，河流纵横，水域面积远远大于后世所见。新石器时代，长江流域自有其文化发展的谱系。在春秋的典籍中，南方的居民是江汉流域的百蛮与更在南方的百越。百蛮这个集体的称呼，并不代表真正的族群，是春秋楚国的主要族群。百越则是指春秋后期至秦汉的华南族群，包括闽越、东瓯、骆越、西瓯等。这些人群，在体质人类学上及语言人类学上的意义，至今仍待界定，此处也不能悬测。

南方力量的崛起，是由楚国立国开始。春秋时期之初，鲁桓公时代，楚国的活动已进入了中国的历史记载。固然，商人卜辞中有过"楚"，据说周人伐商时，楚人也曾参加。但是，凡此楚人或楚国，是否能与春秋崛起的楚国画上等号，仍不能确定。楚国王室姓芈，属于祝融八姓之一。古代的所谓"姓"，其实不同于我们今日理解的亲缘组织。"姓"毋宁是一个族群的共同名号。祝融八姓是八个族群，以一个同母诸子的传说，集结为联盟。这个传说中，六个孩子有的是生自母亲的左胁，有的是生自右胁，勉强凑合成群的痕迹，显然可见。另外两个族群是后来依附的，成为八姓。祝融集团的活动区域，在河南山东之间，也是北方的族群。春秋时期，祝融八姓还有一些小国，分散在上述地区；楚国王室的芈姓，则移徙到湖北北部汉水上游一带，结合了当地的若干百蛮族群，建立了楚国。

　　我们不知道这一族群移徙的经过。不过，除了祝融集团以外，山东一带的徐、舒族群，也向南移徙，终于分布于今日的安徽与江西。我们可以猜想，上述两个集团，本来生活于北方，但面对商、周大型国家的兴起，那些族群在凝聚为大型国家的过程中，就被商、周的强大势力打散了。其中有一部分屈从于强势的大国，成为附从的小国，纳入封建秩序之内；另有一些则向南迁徙，另谋出路。芈姓的一支，移到百蛮的地盘，竟结合了在地的土著，建立南方的第一个国家，甚至逐渐成为南方的大国。它不仅整合了江、汉之间的族群，还向北扩展，吞灭汉上与淮上的周人封建诸国，终于还能北上争取霸权。

　　楚国北上争霸，引发了北方诸国的抵抗。齐桓、晋文以下的霸主制度，由此而起，代替了周人的封建制度，改组为列国体制的新秩序。南北对抗，激发了双方的潜力，各向后方推展。楚的东方，遂有吴、越的兴起，并且吴、越也在南北斗争中，被纳入中国文化体系之内，终于使中华文明扩及江南，也添加了东南的新成分。整个南方发展的过程，不断由对抗而交流，由接触而融合，是一个文化扩展的辩证过程，周边的范围为之扩大，内容却也因此而丰富。

　　南北对抗与迎拒，其中的战争与和平，一般古代史多有叙述，无须赘述。此处应予注意的，则是中华文明体系在这一过程中出现的一些现象。

　　首先，为何北方先行一步组织了大型政治体，却不能向南伸展，而在南北对抗的过程中，以北方的典章制度改变了南方？南方气候温和，水土肥美，是以物产丰足。楚国借南方的资源，足以颉颃北方，但是楚国终于只能进入中华政治体系，而不能独树一帜。此中缘故，可能即在北方已有一套成熟的文字系统，以先行一步的优势，使楚国必须采用同一文字系统，以组织国家。近来考古出土了不少楚国简牍，其字形句法均与北方文字相同，若有差别，也大多只在借音部分。由此看来，中国文字系统，延续下来的只有一套，南方袭用北方文字并无困难，可能即因中国文字是以视觉辨识字形，不同于拼音字母之因语言而有变化。

于是，由这一套文字系统，楚人吸收了北方的典章制度与学术思想。然而，楚人本在北方之外，不必遵守北方正统的观点，遂能在接受之时，也自行发展主流观念之外的修正。

在制度方面，楚人兴起于周人封建解纽之时，北方礼崩乐坏，各国个别发展了自己合用的政治制度。只是，北方诸国虽能改革，还是不能完全摆脱过去的习惯。举例言之，周代封建亲戚，政治与宗法互为表里，于是，春秋时代，各国都有卿大夫世家仍以宗法习惯专政，实质上呈现为次一级的封建化。楚国的政治制度，则除了王室之外，少有累世专政的世家。楚国兼并汉上诸侯，却不再封建亲戚，传世不替。相反的，楚国派遣管理新获领土的县公，虽有在辖地的治权，却是由中央任免，相当于后世所谓的"流官"。这一最早的"改土归流"，实为郡县制度的嚆矢。我们竟可说，楚国制度已稍近于君主政体，而不是封建领主。

在思想方面，自孔子以下，北方的思想当以儒家为主流，墨家思想是儒家的对立与修正。春秋晚期以至战国，足以与儒家抗衡的学派如老庄及农家，或儒家的修正如荀子，或今日出土简牍中的孟学别派，都发生于楚国范围内。这一现象本是边缘文化以其自由与活力，反馈于核心主流的例证。

在礼制方面，楚国与北方诸国折冲交涉，学会了北方的仪节，也学会了诗书。然而，今日出土于南方的楚器、蔡器（所谓淮式）青铜礼器，自有其南方的特色，呈现南方的风格。楚国的漆器与彩绘，今日已出土不少。这些南方艺术的特色，大致是柔和曲折，不同于北方的刚强拙直。吴、越艺术品，也有其各自的风味，例如越国铜剑上的纹饰与铭文，都不同于北方，也不同于楚风。

南方的语言，形之于文字，由于散文说理未必能显露地方色彩，但诗歌抒情，多为可吟唱的韵文，必难掩藏当地文化的特色。楚国发展的辞赋，即与北方的《诗经》大为不同，多了不少拖长的字音，也用了当地的表现方式，例如香草美人的比喻。《楚辞》铺陈与夸张的作风，开启了汉赋的手法。汉代乐府，适于发声歌唱，其性质也近于楚辞越讴。《楚辞》中的云中君、山鬼、湘君、湘夫人、土伯等形象，都与北方神祇的形象、功能不同。后世道教的神廷，也近于南方传统，而北方神祇则成为性格模糊的观念神。

由以上各点，综合言之，南方的开发及其融合于北方的

文明，使中华文明的内涵更为丰富。南方的文化传统，一样
源远流长，其生命力强劲，不下于北方的系统。因此，南北
交汇的后果，是两套系统的焊接与融合。

## 七、编户齐民：国家组织与人民生活

　　春秋战国，如前所述，封建制度逐渐崩坏，在这一过程中，
新的国家与社会结构，也一步一步蜕变成形。代替了封建而
起的，是编户齐民的制度；而且，这一制度在中国历史上延
续了两千余年。

　　促使编户齐民的国家组织形态发生的最大动力，是战争。
在周平王东迁之后，封建体制崩坏，诸侯各自占据地盘，兼
并邻国，扩张领土。《春秋》一书，由鲁隐公到鲁哀公，两
百多年的时段内，据说灭亡的国家有五十二国！若从陈槃
补充顾栋高的《春秋大事表》来看，被兼并的国家，还不止
五十二国。战国七雄，加上鲁、卫、中山等四五个较为弱小
的国家，是兼并之后的存留者。七雄相争，终于由秦国统一
了当时所谓"天下"，亦即其时中国文化涵盖的中国地区。
从公元前 770 年到前 222 年，五百多年间，强并弱，大并小，
战争没有间断。在这一过程中，春秋时代的封建诸侯国家，
一步一步凝聚为战国时代的君主国家，国家遂得以有效地控
制资源，动员其人力，成为组织严密的战斗体。

　　国家组织的转变，第一步是地方行政系统渐渐取代了封

建领主的封邑。中国历史上所谓郡县化的过程，分别出现于
不同的国家。最早的县，可能是在春秋之初，楚国甫露头角
时，即已将吞灭的小国建立为县，由县公统治。"公"的称号，
仍与封建诸侯的国君一样。但是，楚国的县公，是由楚国国
王委派重要人员出任，却又不是世袭的。楚国原本不在西周
封建系统之中，其领土也原本不在华夏文化涵盖的区域之内。
楚国新兴之初，很快即蔚为大国，可能与其国力凝聚有关。

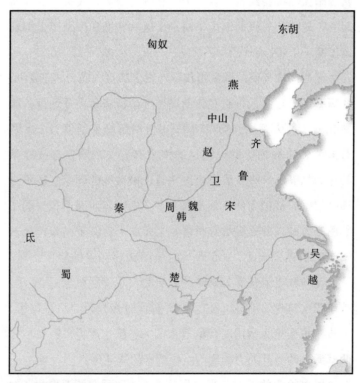

战国时期列国形势示意图

春秋中叶以后，晋国的制度也经历了重新编组：六卿强盛，每一家族都占有广大的领地，设立若干个"县"治理。这些县，有的是晋国扩张过程中兼并的小诸侯，有的则是旧日戎狄的土地。战国时代，魏国在战略要地，则设有边郡，郡可以统辖若干县，例如西河一郡，郡守拥有相当权力。商鞅变法，将秦国地方行政组织改制为郡县。秦统一中国，全国均设郡县。自此以后，两千年来，中国都设有郡或相当于郡、县二级的地方行政单位，以为常态。

　　郡县制度不同于封建制度，一在政令出于中央，一在流官代替了世袭。西周封建制度下，主权经由层级的结构，逐级分享，不论王室，或是诸侯，还是卿大夫，都不能拥有完整的主权。另一方面，由周王到大夫，都具有"士"的基本身份，与一般庶人分属两个阶层。郡县制度下，除了少数君主家族及封有爵位的家族外，庶民都是国家的百姓。百姓即国家以户籍注录的人口，基本上都有相同的身份，亦即所谓"编户齐民"。两千年来，中国最大部分人口，上不是贵族，下不是贱民，均是这些有户籍，服徭役，纳税完粮的一般平民百姓。

　　周代封建制度下，那些诸侯卿大夫，各自拥有土地，由其直辖人口耕种。耕作者在领主分配的田亩耕作，收获属于公赋，剩下的部分，才是私人所有。同样的，诸侯以收入贡献王室，自己留下一部分。这样金字塔形式的经济分配，逐级分配于各个阶层，其中没有哪一级，拥有完全的所有权。

封建崩溃,统治权力一级一级下降,诸侯不再贡纳于王室,卿大夫也逐渐不贡赋于公室。甚至如晋之六卿、鲁之三桓,终于瓜分了公室的土地。

所有权的实际改变,当然也影响了所有权观念的改变。于是,随着商业发达,有钱的人可以不必具有贵族身份,取得土地的所有权。人口增长后,开辟山林,以增加耕地,垦拓的农户,也就可以拥有不是经由封建制度分配的土地。西周封建诸侯,除了原来随同封君建国的"国人"之外,疆域之内本来就有原居的人口,这些居住于城邑之外,号为"野地"的人,即"野人"(其中并无野蛮不文的含义)。在国家征收赋税成为编户齐民之后,野人当然也有了原来使用土地的所有权。在国家征收税赋以凝聚国力的过程中,百姓必须纳税服役,却也相对地取得了原本属于国家的土地所有权。于是,"编户齐民"的百姓,不再是隶属于领主封邑田庄的农户,而是有可能拥有生产资源的平民。

战国时代,战争频繁。列国在生死存灭的斗争中,必须尽力扩大其可能动员的各类资源,其中尤以人力最为重要。《孟子》引述魏王的话,说国君十分关怀国内人口,是以招徕人口,不遗余力。可见,战国人口,有相当流动性,哪里生活条件好,移民就往哪里移动。这也是"编户齐民"制度才有的现象,迥异于封建制度将劳动力束缚于土地上。

古代战争之时,作战实力系于兵卒的数量与作战能力。周代封建制度下,作战的主力是驾车的武士,步卒只能担任辅助的任务。但是，战车行动受地形限制。随着战争范围的扩大，中国的列国，为了在山林与沼泽等黄土平原以外地区作战，步卒的重要性遂渐渐增加。战国时代，为了北方作战的需要，列国又发展了骑兵。于是，一个大国，往往号称有甲士百万，车千乘，骑万匹。国力稍弱的国家，也有甲士数十万，车数百乘，骑数千匹。维持一支强大武力，耗费不少。齐国用技击之士作战，有功得到赏赐。魏国用有专业训练的军人，装备好，作战力强；但是，军人终身免税，也免劳役，国家的负担甚重。秦国农战合一，每一个男子，在役龄期间，都必须服兵役。秦国百姓都须当兵，为了维持生产力，秦国又招徕三晋百姓，移民来秦耕种，而秦民则参军作战，组成一支征兵制的常备军。秦国军队人数多，却又不必像齐、魏的专业军人，耗费养兵的费用。秦国甚至设计了军功爵的体制：有功的战士，不仅有荣誉，也能获得国家赏给的战俘，作为奴隶。其实，征兵制未必仅见于秦国，战国时代，各国互相模仿别国有关的制度，以厚培国力，那些数十万以至百万的兵员，也只有实行征兵制，方可能召集数量如此庞大的军队。编户齐民的制度，也当因此而普遍出现于各国。

　　周代封建制下，刑不上大夫，礼不下庶人。统治阶层与被统治阶层的法律地位，判然划分。礼与刑，既不是普遍的，也就不必成文公布于众。在编户齐民占全国大多数人口时，公布的成文法典陆续出现。战国时代的法家，其讨论的中心是政府运作的技术。于是，法家不仅着眼于建立行政文官制度，也十分注意成文法典能取得公信力。商鞅、吴起等人于此均注意到公布的法典，必须具备公平而又确定的两大条件。"徙木立信"及"处罚王子"的传说，都是描述成文法的特色。

百姓从封建体制中脱身而出，不再归属于封邑庄园，即必须有一认同个人的标志。在两周封建制度下，姓与氏均是贵族拥有的家族名称。随着封建制度的崩解，有些旧贵族丧失了权力与地位，只剩下姓氏的标志。社会变动及社区离散，一方面出现了游离的个人；另一方面，编户齐民的体制内，个人必须要有其独有的识别标志，于是过去贵族特权的姓氏，一般百姓也可以采用了。战国时代，姓与氏已经不分，其意义已如今日的"姓"。不仅古姓古氏都可作为家族的"姓"，地望、职业、特征、别号等都可被用为"姓"。但是，战国史料中，还有些人无姓，只用个人私名，甚至秦汉史料中，也不是人人有姓，并且改姓也相当普遍。是以用"姓"为必要的个人识别符号，至秦汉仍未十分普遍。

封建时代，百姓附着于土地，个人是地缘社区的成员。在编户齐民的时代，社区之内不再有大小封君领主，社区又未必有社会组织，于是社区内的长者，常成为地方上的领袖。战国以至秦汉，三老五更，及所谓父老长者，经常出现于记载。养老尊老，以及乡社集体活动，均与重组社区凝聚性有相当关联。

综述本节，封建制度崩解后，重组国家秩序，百姓从封建束缚中离解为个人，但又以个人的身份，纳入国家组织。

中国历史上编户齐民体制内的个人，不是古代希腊城邦的市民，也不是今日主权国家的公民。齐民，毋宁是许多地位相同的百姓，在统治阶层的统治下，有一定的身份，其权利为国家法律保护，同时也必须承担交税服役的义务。齐民是隶属于国家统治机构的百姓，是这一个庞大共同体的成员，但并不能分享共同体的主权。主权是属于统治阶层的，并不属于编户齐民的百姓臣民。从战国时代到今天，中国两千余年的历史上，编户齐民的体制，其实变化不多。

## 八、生活资源与生活方式

本节叙述的生活，以平民生活为主。贵族生活，取精用宏，考古资料所见的精美器用及服饰，固然反映了中国文化的精粹部分，却不能代表一般人民的生活，本节于这些精美文物，可能提到，也可能省略，即以着眼点在一般人民的饮食起居，不在表扬中国文化的高度成就。

本节跨越的时间幅度，若由商代算起，至战国终止，有一千数百年之久。这一时段的人民生活，当然因时因地，常有变化。为了叙述方便，本节所述，大致以春秋战国为主；更因晚期史料较为丰富，凡所取材，不免更多反映战国时代的生活。好在古代的生活方式，虽有变化，究竟较为缓慢，数百年之间，仍是相差不会很大。

民以食为天，先从食物资料说起。中国地区的主要粮食作物，已在上一章说过，北方是黍稷，南方是稻谷。在本章所涉及的时段，这一南北差异，依然存在。但是，北方的黍稷系统，已有粟、粱两种颗粒较大的种属，成为北方的主要谷食。麦类的原生地是今日中东的两河流域；新石器时代，麦类已传来中国地区。此时期麦类，尤其小麦，已相当普遍。战国时期，北方也颇多水利系统。黍稷粟粱其实相当耐旱，但麦类需水较黍稷为多，因此北方水利系统若是为了灌溉农作物，即不无可能是为了供应麦类需求。南方及四川，灌溉之利，则是为了栽培原是水生植物的稻谷。

凡此谷食，都是粒食，经过适当的去秕手续，即可煮食。然而，古代煮食谷类，可能是有蒸有煮。蒸饭用的炊具，大约就是甑一类，中间有箄中隔，上层蒸食物，下层沸水。如果以鬲直接煮食，大约即相当于今日半干半湿的粥糊。至于磨碾成粉的处理方法，考古学上的发现显示直到战国时代才开始使用，要到汉代，始逐渐普遍。以上谷食的作物，都是酿酒的原料。中国地区的酒类，早已用曲酿制。此时还不知道使用蒸馏，全用过滤方法。齐桓公要求楚人进贡的白茅缩酒，即用成束清洁（也许还有芳香）的白茅，隔离酒糟渣滓，清滤可以饮用的酒浆。

除了这些谷类食品，豆类也是重要食物。菽豆可能先以山西为产地，逐渐遍及各地。豆类，包括各种大豆与小豆，不仅用作佐餐的蔬食，有时也可煮为豆羹，当作主食。豆科植物，根部有固氮功能，可以肥田，因此豆类的迅速传播于

各地，可能由于农夫已经注意到了这一特性。而且，中国的
农业，在战国时代，即已倾向于精耕细作，种植面积扩大，
牧地减少；动物性蛋白质供应不足，豆类的植物性蛋白质，
填补了这一缺失。

在蔬菜与水果方面，孔子时代，《论语》中提出老圃与
老农两种专业的农夫，正可说明蔬果栽培，已是农业中的重
要成分。春秋战国时期，食用植物的资料相当丰富，结合《诗
经》与其他文献资料，以及考古所见的植物种子，人工栽培
的蔬菜，至少有瓜、瓟、韭、葱、薤、蒜、葵、芜菁、芦菔、姜、
菱、芡、荷、芹……果实有桃、李、梅、杏、枣、栗、梨、橘、
柚、榛、柿……采集的蔬果类，则有蕨、薇、荼、郁、奠、藻、
苹、堇、荠、卷耳、荇菜。此中野生作物，种类颇多，大致
均为主食的补充，不是主要食物。但是，农业栽培食粮不足时，
采集的食物可能占了相当比率。首阳山上的采薇人，不是只
有伯夷叔齐！

肉食，这是贵族们的享受。商代用牛、羊作为牺牲，动
辄百数；商代贵族狩猎活动颇多，卜辞中常见猎取虎、兕等
大动物，而以鹿类为主。中研院史语所于安阳发掘得到两件
大型四足鼎，一是牛鼎，一是鹿鼎，牛、鹿都是鼎食之家的
食物。牛、羊、豕、鸡，均是主要的肉用动物。马与狗，也
可以作为食物，但终究还是分别以骑乘与守望为人所用。狩
猎固然是贵族的活动，一般人打几件小野物，也是补充食物
的一途。《诗经》中即有朋友邂逅，炰炙烧烤兔子的记载。

《诗经·豳风·七月》中说到，庄园主人率领农夫打猎，打来的大野猪献给主人，农夫们自己可以保留小野猪。

贵族所用的青铜器皿，大多数是礼器；日常用具，大约还是以陶器为主。陶器中的精品，当是白陶，而从商代以来，还有带釉的原始瓷器，凡此，一般平民是用不上的。平民的用器，种类不会很多，质地也因地区性而有差异，不过，《孟子》提到过陶工与冶工都是专业的生产者，必须以自己生产的物品，换取另一行业生产的器用。是以，孟子的时代，一般平民已有专业生产的商品，其质量也就不会太差了。从考古所见的陶器作坊及青铜与铁器的冶炼作坊看，由春秋到战国，商品的专业化及规模，均日益显著。

在衣着方面，养蚕抽丝的丝织工艺，始于中国。但是，丝织品价值不低，当是贵族及富人穿用。麻与葛的纤维，则价值不贵，却较为粗糙，一般平民夏日服葛，冬日衣褐，已是普遍现象。同样的，细软的轻裘是富贵人家的冬衣。此外，也许只有放牧地区的老百姓，会有羊皮做衣服。富贵人家，上衣下裳，珠履赤舄，环佩铿锵；一般平民，能够有衣服蔽体，于愿已足，不会有考究的服饰。《诗经·豳风·七月》中，采桑女子，从养蚕到染色，一手包办，那一件件颜色灿烂的华服，则是公子的衣裳。

在居室方面，考究的房屋，有数进庭院，有蹑阶而登的厅堂。中堂两侧，有厢房、耳房。自从新石器时代以来，北方用夯土版筑，南方用木结构，再加上草木涂泥。周代的房屋，已是两种建筑方法的融合：以木结构为框架，用夯土为墙壁。考究的屋顶用瓦，普通的屋顶仍用涂泥。一般百姓，在周代已不再居住于半地下的穴居，而是有夯土的地面房屋。穷困人家，蓬门荜户，四堵土墙，用破了底的瓦瓮，填在土壁上，作为透光的窗户；而高厅大屋，则上有瓦当承漏，下有散水铺面。两者相比，对照十分鲜明。中国古代的建筑，到周代时，可以有列柱重顶，但是楼居似到战国末期始出现，前此只能做到在高台上建屋，不是真正的楼房。

综合言之，中国古代的衣食居室，地区性的差别之外，更为显著者，则是贫富之间的差距。一般历史，于精美的服饰用具及居室，颇多介绍，却于平民贫户的生活，常见忽略。本节叙述一般平民的生活，限于资料，也仍嫌不足以陈述细节。

一般人民的日常生活、岁时节日，也可由文献史料中，找出一鳞半爪。各地历法，到了春秋时代，可能仍有地方性的差异。周代封建诸侯，遵奉正朔，都用周历。然而，夏历、商历、颛顼历等均仍有人使用。即以《诗经·豳风·七月》所见，即有两种历法并存，其间月序，可能相差两个月。许多古代部族的后裔，及华夏系统以外的人民，可能还在用不同的岁时过日子。单以春天的节日为例，各地即未必相同，也未必以同一方式庆祝。鲁国人民可能以浴于沂水为春日祓除；郑国与卫国的百姓，则可能有相当自由的男女交往，在河边林中庆祝春日的来临。宋国在春日举办的"高禖"，则是跟祈子有关的宗教仪式。

各地的节庆，各有其特色。鲁国的社庆，举国若狂，国君也忍不住出去观看。这一社庆，未必是鲁国官家的社神祭祀，倒更可能是土著祭祀的亳社。宋国的桑林，是一个神圣的地点，古老的传说与当时的庆典，都可与桑林有关。别的国家，也可能有类似的圣地，例如鲁国的泰山，晋国的霍泰山……只是史料不足，难以窥见其中细节。

总之，中国古代，各地的生活资源及习俗，都在交流与传播之中不断融合；然而，即使上层社会逐渐有同质化的趋向，地方性的特色，仍保留于下层。战国时代，中国的文化，仍是多姿多彩，未见一致。秦汉的统一，在政治上定于一尊，但人民生活方面，不论日常起居，还是岁时节庆，依然是多元并存。


## 九、中国古代文化发展的特色

在本章涵盖的时代，中国地区的各地区文化，逐渐融合。经过商、周两次整合，中国地区的北部，已有强大的王国，将其他族群，纳入同一政治秩序。同时，一个优势文明也将各地统治阶层转化，吸纳于同一文化秩序。春秋战国时代，接续已经发轫的动力，扩大了这一文化与政治秩序的领域，北及草原边缘，南逾长江，不仅收纳了不少本来各自为政的族群，经过交流与深化，这一文化秩序的内涵，也更为丰富。更堪注意者，中国文化的本质，在这一时期，也呈现其主要的特色。此后又有两千余年的成长与变化。

在同一时期内，中东地区，亦即两河流域与尼罗河流域的两个古代文明，都经历了由灿烂归于衰败的过程，然后由两个边陲的波斯与希腊文明，接替了历史舞台主角的角色。两河流域与尼罗河流域本来是颇有活力的文化核心区，但没有扩而大之，走向一个庞大而持久的文化圈，却是从此以下，不断分分合合，以致两大古代文明，终于淡出历史。到后世，考古学家才从倾圮的遗址及遗忘的文字中，重新找出这一段往古的史迹。

先从中国地区与上述中东地区的地理形势，讨论两者发展轨迹的差异。中国北方以黄河流域为主体，晋陕甘黄土高原、黄河中下游的黄土平原，与渤海湾沿岸的冲积平原，三者联为一体，虽有山地，都不是难以逾越的天险。南方长江及汉淮，又是一番地理景观，河川湖泊，处处有之。五岭以北，均由河川联系，虽有山岭，也不成障碍。南北两个地区之间，也彼此密接。只有四川盆地，有高山峻岭隔绝内外，自成格局；西南及西北各地，也不在上述南北两大区域之内。长江与黄河两河中下游代表的南方与北方，因为自然生态不同，各别开发在地的生活资源，形成各自的文化特色。两区之间，因为彼此密迩，交流频繁，所以南北两个不同的文化系统，经常接触，也不断抗衡，其引发的刺激，遂可成为文化发展的动力，最后却又同中有异、异中有同，融合为一个内容丰富的复杂文化系统。这个文化系统更以其融合后的庞大能量，构成一个动能强大的核心体，不断吸纳四周的文化，不断成长，也不断深化。

中东两大古代文明的地理形势，则大不相同。两河地区，北有高山，南有燠热的阿拉伯沙漠，均难以逾越。向东是波斯湾，有海边狭窄的陆地，通达今日的伊朗——古代的波斯。朝西北方向，地形逐步升高，是今日土耳其的安纳托利亚高地。西南方向，今日巴勒斯坦等地，在地中海与阿拉伯沙漠之间，构成一条海东的走廊，通向尼罗河流域的埃及。

埃及在尼罗河谷地，两侧都是山岭，外面不是干旱的沙漠就是石碛山地。尼罗河上游，是水流湍急的峡谷。两河与埃及相加的面积，其实也与中国江河汉淮诸河的古代中国相当，只是，两者之间隔了一个大沙漠。绕行红海，海程太远；穿越海东的通道，中间道路崎岖，只有几条通路。是以，两个古代文明，虽有相当接触，不能有中国南北之间那样的密集交流。在这一段历史时期，亚述帝国曾经侵入埃及；埃及新王国，曾经统治海东。日后波斯帝国及亚历山大的大希腊，曾奄有整个中东。然而，凡此征服者，都只能马上取天下，而不能有文化的涵化能量，将这些不同的文化系统，融合为一个可大可久的文化核心。

中东地区各地方文化，各自发展了独特的文字系统。两河的楔形文字，其原始形态也是图像，终于成为拼音文字，为许多邻近的族群用来书写自己的语言。埃及的图像文字，发生的时间，晚于两河的文字系统，造字原则完全不同。这

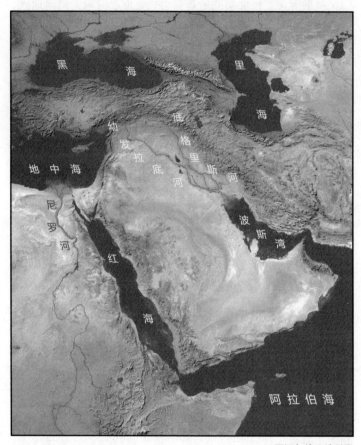

黑　　海

里　海

地中海

底格里斯河

幼发拉底河

尼罗河

红

海

波斯湾

阿拉伯海

两河与埃及地形图

两个文字系统，各有独立的发展过程，始终无融合的可能。相对来说，中国地区，只出现一套延续下来的文字系统。中国文字的起源，可能早在新石器时代，即已肇端。商周时代，中国文字一系相承。南方文化与北方文化交会时，南方可能并无自己发展的文字，于是接受了北方的文字，以致后世楚国文献，均用同一文字书写。战国的列国体制，是政治上的多元，各地出土的战国文书，其实都用同一系统的文字书写，虽有一些字形歧异，但大体相同。中国地区只有单一书写系统，实与中国文化的融合，有密切的关系。

从中东两大文明所见的思想方式言，两河流域的文献中，显示二元对立的观念：淡水与苦水，山雨与干风，农耕与牧养，以至光与暗，生与死……无非难以调和的对比与对立。终于，琐罗亚斯德（Zoroaster）提出的二元信仰，成为后世中东宗教的基本观念。甚至后世的基督教教义中，死亡与复活，上帝的善与魔鬼的恶，也未尝不是渊源于此。

埃及古代文明的宇宙观，则可以解读为定于一尊的多元系统。尼罗河灌溉区内，自成一个自足的格局。在这一天地，凡事物都整合为一个系统。法老与太阳神，二位一体，是一切事物的主宰。神祇有地方性，但又隶属于同一神统，各有职司。日夜、生死，都是轮替与延续，并不是对立与冲突。埃及自我充足的宇宙观，于封闭在尼罗河流域时，可以予人自满自信。但在新王国时代，埃及人向外扩张，接触了异地的文化，这一套观念即难以自圆其说，也使埃及人失去了信心。

　　相对于中东的两套观念，中国地区的古代文化，也逐渐形成二元融合的基本观念。阴阳、男女、上下、动静等都是对立的，却又是彼此互补的。可能在周初成形的《周易》，以相对二元，彼此消长，彼此调和，作为事物的本质、现象发生的动能。这一套观念，迥异于中东两大文明的宇宙观。也许因为周人秉持这种想法，周人于取代商人主宰北方时，能以封建制度吸纳商人族群，随同分封的王子，在各处立国，并且周人与当地的"野人"，亦即土著民族，可以共存。于是，周人的政治秩序及文化秩序，其实都是多元的。这一个定于一尊，但又多元的格局，较之尼罗河流域格局，虽然类似，但有很大的包容性，以其消长与变化，解决对立之间的矛盾。

　　春秋时代，孔子提出了"仁"的观念，将人性与宇宙之间的道，结合为以人间秩序为主轴的思想体系。于是宇宙、人世、心性等都可统摄于儒家的思想之内。人类自古以来，对于天人之际、生死之间、善恶之分，都有所关心，即所谓的终极关怀。德国哲学家雅斯贝尔斯（Karl Jaspers，1883—1969）指陈，人类历史上，对于这些超越性的问题，有所处理者，即文化的大突破。雅斯贝尔斯指出，人类的几个主要文明，都是由几次重大突破所产生。他以为，在轴心时代，亦即本节涵盖的时代，佛陀、孔子、希腊诸贤人、犹太教诸先知，都是重要的划时代人物。雅斯贝尔斯认为，这些圣哲提出的观念，各别为其后世发展的文化，定下了基调。可注意者，亚述与埃及于轴心时代，都未有足够的大突破；反在中东两大文化的边缘，希腊与以色列，出现了一系列的突破，然后两个文化系统合流，汇合为基督教信仰的丰长传统。

中国地区能有文化的大突破，自有其前面的酝酿，例如商、周之际的天命与道德观念，及《周易》呈现的动态二元观念，都对于孔子及先秦诸子，立下了许多哲学命题的基础。在同一个文字系统内，中国的哲人，互相辩诘，遂有延续不断的思辨。埃及的阿克那顿法老（Akhenaton，公元前1380—前1362年在位）曾推动过一次宗教改革，提出了唯一真神及一切事物都受真神赐予生命。这种唯一真神的思想，以及两河琐罗亚斯德的善恶斗争、民间信仰的生命复活，都为犹太教与基督教的大突破，预留了伏笔。但是，中东地区大突破的出现，终究是曲折的演变过程，发生于不同文化间的交流与刺激。

中国地区的情形，综合言之，广大地区的古代族群，在密切接触的过程中，有同一文字系统为文化发展的载具，遂能有源远流长的发展。在大突破终于发生之后，人间的关怀，二元的动态及互补，遂成为中国文化系统内主要的思想模式。

第三章

中国的中国（公元前3世纪—公元2世纪）

中国开始蜕变，从中原的中国不断向四周扩展，成为中国本部的中国。秦汉帝国的制度，建立了"天下国家"体制，而精耕农业、市场网络与文官组织，也成为中国文明的特色。由于普世帝国的稳定性，中国在历经一次又一次与北方游牧民族的冲突对抗后，仍能延续而不崩解。同时，新进的佛教挑战了儒道体系，这外来的信仰终于融合在中国文明之内。

### 一、普世国家体制

秦王政，循秦国三世经营征伐，从公元前 230 至前 221 年，十年之内，吞灭六国，终于统一了当时中国文化涵盖的地区。在他治下，确立了郡县制度，统一度量衡，书同文，车同轨。中国历史上，秦始皇占据了一个划时代的位置。

若从战国时代的情势看，中国的统一乃是必然的发展。孟子早已有了天下终究"定于一"的观念。当时六国，都有兼并宇内，统一天下的野心。政治的统一与文化的统一，又是难以分隔的平行现象。春秋战国，经过各国间密切的接触与交流，中国的文化已经逐渐成形。百家争鸣，显示知识分子已汇合为一个社群。考古资料显示：各地工艺，虽有地方性的特色，基本上差别不大；各国文字，从出土的简牍与铭辞看，也呈现大同小异的现象，秦始皇统一文字，不外标准化而已。

战国时代，战国七雄都有清楚的边界，各自坚持自己的主权。它们的人民对自己的国名，也有清楚的认同。这样的领土国家，与前期封建制度的封国有很大的差别，在性质上，其实已与起源于欧洲的近代主权国家理念相当类似。秦始皇在全国建立郡县，其实也只是延续战国以来各国已纷纷进行的政治改革。秦帝国无非是将基本结构类似的七个国家，合并为一个庞大的国家而已。

秦帝国的本质，仍是秦国的延续。始皇自择"皇帝"的称号，只是将周代的王号，升了一级。改制度，以六为数；尚黑色，则是五行家宇宙秩序中，秦自以为代表的秩序。皇帝秉承天命，仍与天子受命的观念相当。

秦代的地方官吏，多以秦国的军人担任，这是征服，不是包容。始皇生前治陵，庙寝东向，秦陵兵马俑的阵势也东向布置。碣石离宫与芝罘相对，宛若帝国的东门两阙。始皇出巡五次，于中原地区，只是路过，其行程重点，都在边缘地带：陇西、碣石、会稽——似乎都在确认帝国的边界。秦筑长城，绵延北疆，也是确认边界的意义。凡此诸种现象，显示秦帝国是一个有边界的政治体，还不是真正包有六合的普世天下国家。

我界定的天下国家，比如古代的罗马、波斯，以及此处讨论的古代中国，是指当时观念中把全部人类世界都当作一体，从中央到地方，只有主权的委托，而没有主权的分割。在当时的观念里，天下国家是从天边到天边，其中只有统治权的顺位，没有边界的区划。从传世琅琊刻石的铭辞看，秦始皇又自居为六合之内的共主，"西涉流沙，南尽北户。东有东海，北过大夏。人迹所至，无不臣者"，隐含了四方、四海诸意，代表了天下国家的观念。这些观念，将于汉代有更为具体的发展。

汉初制度，承袭秦制，未有十分显著的差异。经过四代休养生息，至汉武帝的时代，汉皇朝才在各方面界定中国是天下国家的普世性质。

汉代中国的政权，逐渐走向开放的方向。刘邦起于平民，并无自己原有的基业，因此也就没有以一隅征服整个中国的心态。在汉初，功臣集团及宗室构成一个统治阶层。天下的二千石，大致出自这一集团，丞相也出自列侯。汉制，非军功不能封侯，这是一个封闭的团体。高帝吕后，削平异姓诸侯王，全国除长沙国王吴氏之外，只有刘氏子孙分封各地。七国之乱后，宗室也渐渐失势。于是，汉代的中央及地方官吏，都由别的途径晋用，不是恩荫，就是察举。统治阶层遂是开放的。

汉武帝时代，察举尚未制度化。然而，朝堂之上，有各种不同出身的人物；地方长吏，有当地的贤豪，甚至由当地人士出任二千石（例如，会稽的朱买臣）。汉承秦制，边郡有"道"一级，亦有属邦，治理新开辟的地带，首长常是土著领袖。西域各国，只有都护监督，西南夷及匈奴，都有所谓"归义"的豪酋。这一制度，沿袭为唐代的羁縻州府，明清的土司。中国的政权，因此常有一个主权模糊的地带。这是天下国家与主权国家之间明白可见的差别，而其系统化结构，则肇始于汉代。

因此，汉代对待四周邻居的关系，不是划境自守，而是开展。长城是防御线，却不是天下国家的边界。和亲政策，常与文化侵略配合；招降收抚，更是战争的目的。上述模糊的边界，也不断移动。在外缘的边地，属国逐渐汉化。在内地有些地区，经由土著的汉化，或汉人的移殖，中国的文化与政治权力同步地填实了原有土著居住的空隙。自汉代以后，中国的土地人口不断扩张，基本上依循同一轨迹进行。

四百年的长期安定，汉代各地区之间，人才、观念与物产都经过不断的流动与周转，各种资源匀散于全国各处，形成中华文化共同体的内容。于是，中国文化的主要部分，至今称为"汉文化"。中国人口的大部分，即使渊源不同，也自认为"汉人"。这个名称，在汉代政权已经终结之后，仍旧长期沿用，以至于今。

汉代的皇帝制度，与秦始皇设计的皇帝制度，有两项不同处。一是察举制度与文官制度相辅而行，从此中国有了一个相当专业的官僚阶层。而这一阶层，相对于世袭贵族，又是开放的，可以不断吸纳有用的人才，相对程度地保持一定的质量。这一文官集团，经由察举制度，也在相当程度上代表地方参加中央政府的统治机制。以此特质，汉代的文官政府对于皇权，有时是共生互利，有时又是对抗制衡。汉代许多制度的发展或政治事件，与皇权、文官二者之间的紧张有关。

汉代皇帝制度的另一特色，则是皇权不能避免更迭的观念。秦始皇盼望自己是始皇帝，从此以后二世、三世，可以至千万世。西汉的皇帝们，却不断面对天命更迭观念的困惑。五行相生相克，阴阳不断交替，凡此观念，都加强了天命靡常的含义。儒生为主体的汉代文官集团，以这一政权轮替的规律作为制衡皇权的武器。同样的，儒家政治体系，也因此无法避免政治化的倾向，不能构成一个单纯的学术传承。然而，汉代挑战皇权的思想，却未能在中国历史上继长增高。东汉结束以后，文官制度仍与皇帝制度共存，由于东汉禁止再讨论谶纬之学，皇权更迭的观念不再具有道德的约束力，进而节制皇权。

秦汉庞大的帝国体制，是一个极为复杂的体系。正如任何复杂系统，其中核心与边缘、上层与底层，以及不同平行的次级系统之间，都会有不断的调适过程。秦代的政治权力十分坚实，独占了资源，但也浪费了资源。秦代祚命短促，汉代不断以此为戒。

汉初的贾谊、陆贾等无不以秦亡为讨论的主题。核心与边缘之间的势力消长，也常为汉代历史的重要课题。强干弱枝，常是中央政府的策略，但是，一旦中央核心有了问题，地方势力即会向中央挑战。政治权力与经济资源之间，有其紧张关系；农村的农业与城市的工商业之间，也有其紧张关系。汉代的社会与政治之间，有对立，也有互济。家族组织为前者的主要成分，更是与政府冲突的焦点。

综合言之，秦汉中国，经过春秋战国的分裂，终于形成大一统的格局。这一庞大的复杂体系，因其中的开放性，而有不断扩张与调节的空间。然而，也正因其可以调节，其复杂性得以加强。开放性与复杂性，使中国的皇帝制度与天下国家经常呈现调适的不稳定及弹性。

## 二、精耕农业与市场网络

中国文化是以农业为主要生产方式。新石器时代的农业，当以游耕为主。商周时代，农业生产形态的发展行程，各地参差不齐。春秋时代，领主的庄园生产，隶农为主要劳力，生产积极性不会很高。周代封建制度崩溃，庄园经营制的农业之外，也随之而有小农的独立农业。不论是庄园解体释放的佃农，还是垦拓山林取得耕地的自耕农，农户生产所得，减除赋税，都归农户自有。于是，农夫生产的积极性提高，一方面愿意投入劳力，以求更多收获；另一方面也尽力改良农具的效率，提高土地的肥力，以求更佳的生产量。

这一发展趋势，在战国的文献资料中已渐有端倪，例如《吕氏春秋》即有讨论土地肥力、作物密度诸种项目的章节。凡此发展，终于形成劳力密集的精耕农业。在人类历史上，中国当是精耕农业出现最早，也延续最久的地区。

秦汉时代，因为各地生态条件及文化水平不同，农业技术也自然有地区性的差异。汉代休养生息，人口增殖不少，有些地区，例如关中、黄河中下游、山东半岛，人口相当密集，每人平均可耕地的面积，相应的也比较窄小。劳力多，耕地少，必然会发展劳力密集的精耕农业。

精耕农业在生态方面，要求足够的水分与良好的土壤，有灌溉、施肥、改良土壤……在农具方面，要求精良的质量及专业的功能，有犁铧的改良犁，播种的耧车，不同形式的锄、镰……在工作方面，要求有效使用土地及充分利用生长的季节，有套种、轮种、深耕、细耘、中耕除草……在作物方面，要求高产优良品种及作物种类多元，有选种、育种及引进新品种……汉代农业最为发达的地区，农夫大致已针对上述要求，有了相当程度的成就。

西汉的"代田"，即尽量以农田田间管理，精细地规划垄沟间距，并不断以沟土填垄，以收培护作物的功效，并可有良好的通风与灌溉。下一次作业，则以沟为垄、以垄为沟，垄沟易位，又不啻就地轮作；加上轮作、套作，则更可不断改良土壤肥力。区种则是肥力密集，劳力密集，使小面积土地，能有高产的功率。区种是相当特殊的耕作方法，后世的果蔬园艺，不再有区种之名，但遵循相同的原则。"代田"的耕作，在后世也成为例行的方式。

精耕农业要求投入大量劳动力。在农忙的季节，投入的人工尤为密集的巅峰。忙季与闲季之间的劳力需求，既有相当差距，农家就必须储备足够的劳力，供忙季之用，又要有足够的非农工作，吸收闲季的多余劳力。汉代的血缘组织，

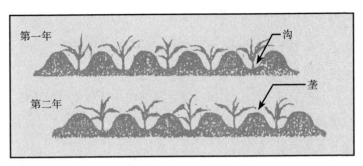

第一年

沟

垄

第二年

代田沟垄易位图

可能即以大家族的形式，构成一个共同体，以储备大量的劳力。男女分工，所谓男耕女织，则是以妇女为后备劳力，于农忙时从事农作，平时则操持家务，也生产以纺织为重要项目的农舍手工业。事实上，农事稍闲时，男子也将多余的时间与精力投入手工业生产，以博取非农项目的收入。汉代的农舍手工业生产项目，与后世的农舍相差不远，其中包括纺织品、工具、陶器、食物加工，以及地方性土产。

畜养家禽家畜，也是农舍收入的重要项目。汉代养猪的猪圈及养鱼的鱼塘，均附属于农舍。牛羊狗鸡，当然也是农舍畜养的六畜之列。中国农村，除房舍之外，一切土地，均用于耕种，却没有欧洲农村保留为牧地与林地的土地。中国农夫只有养畜于家宅附近的动物，动物性蛋白质的供应，不如欧洲的农业。因此，中国人的食物中，主要依靠豆类与麦类提供营养所需的植物性蛋白质。这一选择，使中国的农业，中国人的食物，及田野的生态，均呈显自己的特色，迥异于欧洲，却又蔓延于东亚各地，形成东方型的农业。

精耕农业与农舍手工业之间，相辅相成；前者提供食粮，后者补足粮食以外的生活必需品。同时，农舍手工业的产品，也可以作为商品，为农户增加非农业性的收入。战国到汉初，城市经济相当发达，《史记·货殖列传》中的富人，颇多由工商业致富。汉武帝时代，政府采取压抑工商业的政策，征敛重税，以致从事城市作坊生产的工商业大受打击，中家以上，大多破产。于是，农舍工业的商品填补了市场的需求，成为一般生活必需品的供应者。这一转变，的确符合重农抑商的政策，使中国长期以农村为商品的主要生产基地。迄于晚唐五代，作坊生产复见，始有显著可见的变化。

农舍手工业的产品，散布于广大的农村，必须有集散的机制；各地地方性的特产，也须有流通机制。为此，商品营销与流转，遵循道路运送，市集交换集散，遂构成一个经济交换体系。在《汉代农业》一书中，我即以此为主题，讨论汉代农业性市场经济系统的形成。这一经济体系，建立在逐级集散的市场网，并有相应的道路网络，联系各处的市集与城镇。地理学的中心地理论，及杨庆堃、施坚雅（G. William Skinner）提出的市场经济与市场网，都讨论相似的现象。

战国时代以来，中国已有一个干线道路网。《史记·货殖列传》即已有相当清楚的描述。这一道路网的干线，以长安与荥阳为两个中心，联成一条中原地区的东西干线。西侧有联系河套的直道、南向四川的褒斜道与子午道；中间有北

达晋北，南走南阳、荆州（汉水—长江）的南北大道；东侧
有太行东麓的大道及南下直入长江下游的大道。东西干道东
端入山东，西端入河西走廊；四川的干道，在通西南夷之后，
又可进入西南；中线的南向大道路，过长江进入华南；东侧
的南线，则过了长江下游，分别进入今日的江西与福建。

汉代的大都市，全都在这一网络的干线道路上。由干线
分岔，则是各地区性的道路网络，例如成都平原即有以成都
为中心，辐射四方的道路网。这些道路上的连接点或终点，
即郡、县所在的城市。在各地城市，又各有其道路网，联系
各处的乡聚。乡聚之下，又有分路岔道，通往大小农村。道
路网的密度，相应于人口密度而有不同。这一庞大的交通网，
随着时间有所变动。但是，其中干道的路线，至今仍是公路
铁道及重要水运航线。

中国各地，经由市场网，有商品的集散与流通。市场网
依附于道路网，以经济交换功能，将中国凝聚成为一个难以
分割的经济共同体，其整合的坚实，竟可超越政治权力的统
合。遵循同一个道路网，政令由此传达各处，信息由此上通
下达，人才也由此周流于中央及地方。在道路网络上，干道
所经，取精用宏，掌握的资源、人才及信息，最为丰富。相
对而言，离干道越远，上述各项资源也越贫乏。穷乡僻壤，
远离大路，居于网络的末梢，即使在中原地区，也与边地同
样穷困闭塞，资源不足。这种大路之外的末梢，可称为网络
的隙地。

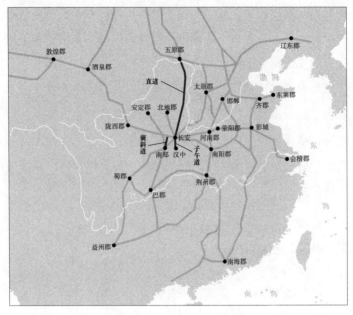

汉代重要城市及交通路线图

可注意者，隙地可能在直线距离上离城市不远，却形同化外，往往为政令之不及，教化之不达。相对于中央，即在内地，也是边陲。上一节所谈的天下国家体系，因其庞大复杂，其实不是经常处于稳定的状态。边陲与隙地，即往往是庞大复杂体系中，最不稳定的部分。秦汉历史上，农民揭竿而起，其冲击可以颠覆朝代。这些农民的变乱，陈胜、吴广起于云梦，新市绿林起于南阳乡聚，所谓"大泽中"或"离乡聚"都不在大路上。五斗米道起于汉中山区，黄巾初起于青徐的农村……他们起事时，官方可能一无所知，到星火燎原时，已难以措手。然而，起事的农民军，若不能进入道路网络的干线，也大致不能成事。重要的决战，通常也在干线大道的战略地点进行，以决定农民变乱的成败。

综合言之，秦汉时代发展了精耕农业，也由此发展了以农舍工业为商品生产基地的全国性市场经济体系。庞大的市场网，依托于一个联系全中国的道路网。在这一个巨大的网络上，僻远地点成为边陲，而边陲的隙地，则是网络系统最不稳定之处。

### 三、中国文化体系的整合

春秋战国时代，自从孔子开创以人为本的儒家，中国的思想家们，有延续，也有对立，百家争鸣，各擅胜场。秦政之时，独重法家，其他学派无不遭受压制。汉兴之初，人主与民休息，黄老之学是主流，百家也渐有传人。汉武帝以后，独尊儒学，又压抑了其他学派。一般历史，大致都如此谈。然而，如从另一个角度思考，秦汉时代毋宁是经历了一次全盘整合；先秦思想学派，如百川汇海，终于综合为中国文化的思想模式。

这一整合工作，实与前两节政治秩序与经济网络的形成同步进行。战国时代，庄子、荀子、韩非子都曾评论当时各家思想，指陈其特点。凡此评论，虽是彰显殊相，其实也是为稍后的整合做了由分求合的准备工作。"天下恶乎定？定于一。"这一观念，大约并不仅限于政治上的大一统，也当见于思想上的整合。

《吕氏春秋》与《淮南子》，当是整合工作的两次尝试。这两部书的内容，都糅合儒、道、法、阴阳、五行……其讨论的主题，也都包罗天文、地理、人事、政治、礼法，堪谓百科全书式之作品。

《吕氏春秋》的篇目编次，即一套规整的格局。全书分为十二纪、八览、六论。十二纪由孟春到季冬，每季分为三纪，全年四季十二个月，即以一年完整的时序组织其思想。三春论生命，三夏论礼乐，三秋论兵刑，三冬论死亡。其中各节，分别讨论相关的人事与哲理。这一安排，本身即代表宇宙的整体性，也代表天人相应的观念。八览由本体谈到现象，其排列格局不如十二纪明显以时序反映宇宙，却也有其分配的逻辑。六论则专论人事的各方面，涉及的行为包括伦理以至农业生产，大致都着重在调和的原则。《吕氏春秋》是由秦相吕不韦门下学者合编，其参加撰述的学者，来自诸子百家。这部书虽包罗万象，综合众说，内容却相当一致，显然是一部经过调和的作品。

《淮南子》也是一部糅合诸家的著作，而以道家学说为主调。《淮南子》的篇目，没有《吕氏春秋》那样的规整，但篇名之下题有"训"字的二十篇，由《原道》开始，有《天文》《地形》《说山》《说林》《人间》等诸篇，全书兼顾自然与人间，也有着以宇宙涵盖人事的大格局。

这两部书的篇章安排，其实是时代性的观念。儒家的今文学派，标举"春王正月"，彰显"大一统"，即以春代表宇宙的秩序，王代表人间的政治秩序，万民奉正朔代表两者之间的一致性。这种思想模式，当是与政治上天下国家的出现互相呼应。

董仲舒的《春秋繁露》，论编排格局，不能与《吕氏春秋》及《淮南子》相提并论。然而董氏天人感应的理论结构，则融合儒、道、法、阴阳五行为庞大复杂的系统，诚不愧为综合先秦诸家，集其大成的学说。在这一系统中，天体运行，四季递换，人间伦理，政府组织，以至人身生理与心理，都是一个又一个严整的系统。上述系统与系统之间，秩序井然，层层套叠，彼此相关，牵一发则动全身。于是，在这一整体套叠的诸项系统之中，常态是各部分的均衡，也就是阴阳与五行的均衡。阴阳，表现于上下、尊卑、男女、君臣……凡此相对关系，如有过分或不及，即变态。五行，表现于诸种自然力量的相生相克，以其轮替而有运行，其间如有过分或不及，即变态。天然影响人事，人事也影响天然；社会影响个人，个人也影响社会。

这一套颇似系统论的理论，结合了当时的宇宙观、术数、原始巫术、儒家伦理、法家政府结构及功能、道家的本体论与阴阳五行学说……熔铸于一炉。在这一有常有变的动态宇宙中，微小的局部变动，可以反映大系统的失衡。相对的，正如巫术的运作，人可以经由小小运作，影响宇宙的秩序。在如此井然有序的系统中，一切都是可以预知预见的；一切离开常态的变化，也是可以经过适当的安排，重新回归正常。从以上的描述，董仲舒的宇宙，竟与近代牛顿的物理世界有相似之处：两者都是有条理可循，能为人理解，人力也能有所影响的宇宙。

董仲舒的宇宙观，对西汉的学术与政治均有深刻的影响。他的信徒深信朝代的天命，也有当令与不当令，汉皇朝秉受的天命，在汉德已衰时，即应当由新的受命者取代。王权在人间秩序上有其权威，但在宇宙秩序中，正如季节轮替，也必须时时更新。天灾人祸，都是德命将有变动的朕兆。汉武帝以后，不仅学者有人对此深信不疑，甚至皇帝也针对天命更新的理论，时时有所措施，以求符合宇宙运行的常规。武帝晚年，经常换年号，通常每隔六年或四年即有一个新年号，象征新的开始。哀帝改号为"陈圣刘太平皇帝"，只为了刘氏再受命。王莽代汉，造作大量祥瑞，以证明自己是受命的新君，国号也改为"新"。起兵反对王莽的刘玄，年号"更始"，也是"从新开头"的含意。

这种周而复始的周期观念及一切都有一个源头的观念，也充分表现于汉代的历法。先秦历法，各地不尽相同，至少有夏历、商历、周历及颛顼历，同时并行。一个封国的疆域内，国君与臣民使用的历法，也可能不同。所谓"奉正朔"，即接受王室所用的历法。汉代开始制定新的历法，武帝时落下闳等人制定《太初历》，以细密的数学，力求调节岁实（太阳年的长度）、朔策（太阴月的长度）两个周期，在一个太阳年的周期内，以增加闰月之方式容纳十二个太阴月。西汉末，刘歆又根据《太初历》，制定《三统历》，不仅寻求太阳年与太阴月的公倍数，还加上日、月及五星运行的周期，求其在假设的轨道上，有一个共同的开始。那时是正月初一又是甲子之日，七曜（日、月、五星）排成一直线，这种理想的宇宙，是从数学上寻求各种周期的共同开始。汉人持此理念，以制定天象与人间生活交汇的历法，其精神也同于董仲舒等相信的天人关系。司马迁撰《史记》，自述其观点为"究天人之际，通古今之变"，宇宙的大系统与人事的小系统，古代与今天，都统摄于一个整体的格局内。

凡此理念，使儒家学者在吸纳当时各家学说之时，会自我期许掌握了天地古今的知识，而且以此知识的权力，应有代圣人立言、为人间规划的能力与责任。正是在这一自我期许的使命观下，儒家的今文学派，有了托古改制的愿望。他们的圣人，当然即孔子——没有皇冠的素王；他们的经典，不仅是儒家的经书，还造作不少启示性的预言，即所谓"谶纬"，以辅翼经书。儒生则自居宇宙秩序的解释者与代言人，以宇宙秩序的信息，批评政治，针砭君王，并且提示未来的发展。董仲舒的再传弟子，曾因此招了杀身大祸。然而，一代又一代，仍不断有人跟进，也不断有新的谶纬出现。今文学派的经学家，以师门家法传授，有其独特的知识分子传统。

在西汉，上述风气愈演愈烈，终于有王莽篡立之举，甚至反对王莽的群雄，也不断以谶纬建立自己起兵的合法性。

西汉儒家，几乎组织了一个宗教：有教主，有经典，有启示，也有教士。这是中国古代知识分子的一次尝试，尝试以当时的知识，转化为解释宇宙秩序的权力。这一次长达一百余年的运动，推源根始，当在汉人肯定宇宙秩序的整体性及可以推知的规律性，其精神仍是本节讨论的主题——汉代的知识分子，不断努力建立一个庞大的知识系统，以与大一统的人间秩序互为表里。

东汉时，儒家清理经典，排除了今文学派不够严谨的神秘色彩。学术的归学术，儒家经典研究的工作，由烦琐的考订与华丽的辞章，挤压了寻求义理及解释宇宙的志愿。于是，东汉仍有社会批评者（例如王充），仍有知识分子的集体抗议（例如党锢之祸的太学生），但西汉儒家自以为掌握知识权力的豪气已经不见了。

## 四、民间的信仰

上节所述秦汉时代的文化系统，是当时知识分子所建构，为此后中国文化的内容留下了重要的影响。在上述思想系统之外，民间还有一些古老的信仰与观念散见于各地。这些信仰、观念，既是地方性的，也往往相当素朴不文。大一统的帝国，曾经数次尝试统一各地的信仰；正由于凡此尝试，历史才保留了民间信仰、观念的一鳞半爪。

据《史记·封禅书》，秦并天下，政府所属的"祠官"

排列了全国祭祀的位序。这些天地、名山、大川、鬼神，都
是各处早已存在的信仰。雍州一地，即有日、月、参辰、南
北斗、荧惑、太白、岁星、填星、二十八宿、风伯、雨师等
超过一百处的祭祀，首都长安以西又有数十处。全国其他地
区，总数以千百计。

《礼记》的《祭义》《祭法》两篇，曾列举各种山川祭祀，
总结其特征为出云气异状之处，即百姓祭祀的对象。名山大
川，随处都有，其地方特性，理所当然。然而，以"帝"为
称号的祭祀，或以天地为对象的祭祀，也各处各有其名号，
则只能说是古代各地族群所持信仰久而不替，依然存在于民
间。秦汉一统帝国，为了协调这一矛盾现象，也尝试以上节
所述的文化系统收编各地原来独立的信仰，例如关中有多处
"帝"祀，遂整合为五方五色的系统。

汉高祖时，皇朝政府又一次尝试整合全国的地方信仰，
除了将各地奉祀的祭典纳入官家管理之外，还将各地的巫觋
也收罗于宫中，例如：梁巫、晋巫、秦巫、荆巫、九天巫（胡巫）、
河巫、南山巫等各地的巫师，都归于中央，却似乎又容许这
些分歧的信仰，各自保留其特有的礼仪。

各地也往往各有其崇拜的英雄，即所谓聪明正直及有功
德于人的人物。据《礼记·祭法》所举，其中有古代的部落
首领，有能够序列星辰、编排历法的人，有有功于发展农业
的人，有勤劳至死的人……单以平息水患的人物，即有鲧、
禹与冥三人；发展农业的人物，即有弃与柱二人。由此可知

这一奉祀的名单，原是由不同来源凑成的。凡此特殊功劳人物，在汉代还不时会有人民奉祀，例如城阳景王刘章，在两汉之交，即有其民间建立的祠祀，也有其奉祀的巫祝。这一类地方性信仰，未进入历史记录者，应当还不止刘章一例。

奉祀星辰山川，均是自然崇拜，其神祇可以人格化，也可以与英雄人物转化的神祇，融合为有名有姓的保护神。汉末，建业（今南京）的山神，即曾为地方官吏的蒋子文。凡此诸例，今日民间信仰，还比比可见。人民心目中的神圣地点，其条件是出云气，或其他怪异。"云气"一词，为秦汉时代常见，望气襪祥，即秦汉方士的专业。考古所得的文献中，望气之学颇有记载。敦煌有一卷占云气书残卷，讨论解释不同形状的云气，及其代表的兵象，是行军候望云气的参考书。马王堆出土的西汉帛书《天文气象杂占》，也是同一类的资料。云气，又可简称为"气"，例如王气、天子气等都常见于秦汉记载。

"气"的观念，既有这一类象征特殊力量的氤氲之气，又有孟子所说的浩然之气。前者代表宇宙间超越的力量，后者代表人体的禀赋。结合两者，秦汉时代的中国文化，有了以"气"为名的流动能量观念。人与宇宙两个层次，都有流转其间、变动不羁的能量存在。董仲舒学说中有"气"的观念，《淮南子》的学说中也有"气"的观念，两者之间存在差异，董氏系统中的宇宙能量，可由人类力量参与，但《淮南子》系统的宇宙，则是"无为"的：人只能顺从，人力的参与，只是干扰了宇宙的运行。中国的医学，已与养生保健不可分，针灸、吐纳、导引与体能运动，从汉代至今日，均不能离开"气"的观念。

这些有云气的山川，就是神圣的地点。据《山海经》的描述，山林川泽之间，处处都有珍禽异兽，更有许多形象怪异的神物：人身兽面、兽身人面、一身多头……《山海经》都给予名号，并且形容其特性与能力。在长沙子弹库出土的楚国帛画，绘有这一类的灵怪形象，并且也有附加的说明。先秦典籍中，其实也不乏山林精怪等类似的传说，《山海经》无非是集合各地传说，分别编列于四方山海而已。前述秦汉时代的诸项地方性祭祀中，也有一些是这种精灵怪异。例如，秦国的陈宝是当地传统的奉祀对象：这一精灵，既是两个儿童，又是两只刺猬，又是一对雉鸟。七百年来，陈宝又时时以"光色赤黄，长四五丈"的形象来临，来时不仅有光，也有声音，野鸡都闻声响应。

这些传说反映先秦以至秦汉时代，中国人的灵异世界。种种异常现象，有的是祥瑞，有的是预告灾害。皇家祭祀，为了祥瑞灾异；平民也为了行止起居，时时注意祥瑞灾异，庶几逢吉避凶。精灵的世界与人间的世界，密接交缠，几乎难以分隔。这种观念，迥异于董仲舒的理性秩序，有阴阳的平衡，五行的轮替。人类能做的，不是修齐德性，而是以适当的仪式，禳除不祥，保持安吉。

古人相信，一旦取得足够的精神灵气，人的生命可以延长，以至长生不死。秦皇汉武，都尽其一生努力，寻求不死之药、长生之术。皇家不断收纳民间奉祀的神灵，也不外为了罗致一切神灵的力量。海外的仙岛，各地的灵山……都是有神异之处，都可能有长生不老的仙灵，为人主准备不死之药。

汉武帝封禅泰山，号为国家承当天命的大典。这样的大事，理当有一定的公开仪式，为人瞻仰。但是，封禅的礼仪，至今不见于记载。封禅的最主要部分，皇帝之外，只有奉车霍子侯一人陪侍，下山后不久，这位随从不明不白地死了。其中似乎又隐藏了以此人为牺牲，借子侯的生命，延长武帝的生命，亦即寻求长生的努力。

帝王如此，平民也未尝不盼望长生不老。汉代铜镜铭文，最常见的词句，即延年的愿望。王子乔、安期生等都是不老的仙人。对镜自照的人，盼望在镜中出现的容颜，是"上有仙人不知老"。

人终究不能长生！为了延年，秦汉养生之术，都围绕着养气的观念，发展为医药及呼吸吐纳之术。死亡终于结束了长生在世的愿望，人还是努力为死后造设人间世界的延长与永恒的存在。秦始皇的陵中，帝国的版图永在，秦俑的方阵，也永恒地捍卫君王。满城汉中山靖王的王陵中，金缕玉衣包裹了主人的肢体，一切生前的起居必需用品，无不陈设在那一座山巅的石穴内。甚至，一个又一个酒罐，还供给君主永远饮不尽的美酒。汉墓的陶制明器，画像石棺，以及墓壁上的壁画、画像砖、画像石，都是墓主的一生生活冻结于封墓的俄顷，不啻以电影的停格，将变动的时间永恒留驻于静止。
汉墓中的地券，更是将人间的财产权延伸到另一个世界，那
一个世界也有人间社会一样的官僚体制，由地下的官员执掌
地下的管理。

　　生与死，毋宁是由此延伸到彼，因此不是两个隔绝的世
界。于是，马王堆帛书上，天界的生命之树分为三栏：上栏
有《山海经》描述的日月与飞鸟；中间一栏是人间，以及由
侍女随侍的墓主轪侯夫人，步向永恒；下面一栏，是由力士
托起的世界。从上到下，这三个层次，由生命之树与缠绕的
龙蛇联结为一体，其间有分别，但不是截然隔离的三界。

　　中国文化的上层，是知识分子以理性和逻辑思辨建构的
宇宙论、知识论与伦理观念。各家学派虽有异同，却无不以
人间为其关怀的主题。同时，人间的秩序又叠合于宇宙秩序
之中，成为套叠的复杂系统。于是，天地之间，凡百事物，
都只在人间层次见到其意义。这一系统，正如帝国的政治秩
序一样是整合的，也是统一的。

　　另一方面，本节描述了民间的宇宙观：那是由远古流传
下来，对生命的珍惜与依恋，对不可知神秘力量的畏惧与尊
敬。气与精，都不仅见于活着的生命，也是生命本身所象征
的能量与其体现。世上各处，无不有种种灵异之物，代表这
种生命所系的精气。人间的生与死，无非生命的不同方式，
死后的生活还是现世生活的延伸，由动归于静，由变化归于
永恒。

## 五、北疆游牧文化与中国文化的接触

本节所指的北方，包括蒙古大漠南北草原与新疆天山南北及内亚的广大地区。这些地区的生态环境及居民，并不相同，只是相对于中国本部而言，这些地区的文化有其草原文化的特色。

一般人以为，草原上都是逐水草而居的游牧部族。其实，游牧生活，也是逐渐发展的特殊经济形态。农耕与畜牧，都是人类生产食物的方式，由此始得脱离采集食物的阶段，生活资源始得稳定。农耕与畜牧也往往共存。中国传统的农家，除了耕种栽培作物，必有六畜，至少畜有猪、鸡两种食用动物。欧洲的传统农村，通常兼有农地、牧地，甚至林地，栽培、畜养与采集，三种生涯，同时并存。内蒙古及新疆草原上，除了牧养牲口，也往往有小规模农业，栽培耐旱的作物，例如莜麦（一种裸燕麦）。

蒙古与新疆的游牧，移动距离也不一样，其理由则在蒙古地区气候更为寒冷干燥，牧草的生长缓慢，无法迅速再生长，持续供应牲口食料。游牧生涯是为了适应作物生长期短促的生态条件而产生的。人类中的一部分人群，当是在优良生态环境被别人占尽之后，才发展这一形态的生产方式：由食物生态链上的中间一环（能长程走动的牲口），不断移动，寻找其前一段的环节（牧草）。

蒙古地带有其细石器文化的传统，即以渔猎为手段的采集食物方式。蒙古地区新石器文化的遗址中，农业的出现，比较迟晚，而且滞留在相当粗放的初级农业阶段。游牧的生活方式，可能是在面对农耕族群扩张，使居住在今日农牧交接地带的人口，被挤在生态条件较差的地区，不得不改变定居农耕，转而驱赶牲口，追逐水草而居。内蒙古赤峰附近，敖汉旗的英金河一带，考古发现一系列的堆石堡垒，是距今四千年前夏家店下层文化的遗址。苏秉琦认为，这些建筑隔绝了两种不同生活的人群。这一条防卫线，恰是落在后世农牧交接转移的地带，亦是后世长城线上。因此，东亚地区的游牧文化，其远祖可能即在距今四千年的夏家店下层文化时代。

游牧生涯，移动距离长，移动频率大。于是一群牧人与另一群牧人之间，即可能不断接触。经由接触，各地的产品、生活资料（例如工具）、语言、思想观念，也都会因此而不断交换，终于在欧亚草原的广袤空间，不同地区居民的生活方式、语言及信仰，都会大同小异。有此条件，草原上的居民可能聚集为较大的族群，有时甚至结合为庞大的军事团体，秦汉时代的匈奴，可能即人类历史上第一个游牧帝国。后世成吉思汗的蒙古大帝国，则是另一次草原族群的大结合。除这两个例子外，北亚与内亚的游牧族群，时聚时散，不断组织了迅速移动的武装力量，对抗邻近的农业国家。

今日新疆的族群，有城居的维吾尔族及草原上放牧的哈萨克族。在汉代，当张骞与班超进入西域时，西域也有居国与行国两种政治组织。大致言之，居国是绿洲上的城邦，务农为生；行国是草原上的部族，放牧为生。西域的生态环境，相对于蒙古，比较良好，因此其游牧族群不必跋涉长途即有水草。西域的人群组织形态，当是分散的许多族群，中间又有城市点缀于绿洲，农耕、游牧两种不同形态的组织，犬牙交错，不具蒙古草原上游牧生活的同质性，因此不易出现匈奴型的游牧大帝国。两汉开辟西域，也正是借绿洲城市国家之助，始得以断匈奴的右臂。这些绿洲的城市，形成交通路线上的固定据点，遂能一站一站传递，形成历史上著名的丝道，联系东方的中国与西方的文明大国。

扩大地看，东西交通路线，并不只有由河西经西域的丝道一线。北方也有一条沿着内蒙古草原直达天山与乌拉岭的大道，其东端深入今日的东北与西伯利亚，向西直入今日俄罗斯，也可南下抵达中亚诸国。这条道路，毋宁是更为古老，也更为直接的交通路线。在丝道未开以前，东亚、内亚、欧洲地区的贸易与文化交流，大多是在这条道路上，以接力的方式，一站一站间接联络。人类以驴马驾车，最早见于两河流域，然后分别传播于东亚、南亚、北非与欧洲。中国地区始用车辆的最早年代，尚待论证，大致是距今四千多年前。车辆传入，最为可能的路线，即沿这条北方草原的北路，进入东亚，进入中国。冶炼青铜与铁的知识，大约也是沿这条路线间接传入东亚。

此外，还有一条西南丝道，经过川、康、滇的纵谷，连接今日青海的草原，与丝道衔接，南向通往今日的缅甸、印度。这一条道路，跋涉山川，不易行走，但仍有作用。四川广汉三星堆文化，时代相当于殷商，其青铜面具有中亚风味，而出土的贝壳，则是南方海产。相当于汉代的云南晋宁石寨山滇文化遗物，则草原风光明显可见。张骞见到的蜀地产物，可能即经由此道传去印度。

　　经过这些通道，中国与中亚、内亚及南亚，已多有来往，间接也与西亚、北非及欧洲有了接触。族群的进退移徙，至少就中国西、北两方的域外，每有彼此之间的影响。新石器时代，河西走廊上，中国地区的文化，逐步向西推进。在北面，后世长城线上，中国地区族群，也一步一步推向草原。王国维考订，玁狁（猃狁）、荤粥等北方族群即匈奴祖先，但是这些族群的活动地区，都在今日山西、陕西的北部，犹在长城线以南。春秋战国时代，秦赵燕代，都向北开拓，更将中国文化族群的北界推向北方。匈奴游牧帝国，是在中国的压力下，逐渐聚合匈奴、东胡、丁零等族群，合而为横跨蒙古地区的庞大势力。在中国的西陲，大月氏原来的居地是在今日甘肃一带，承受不了中国文化族群及匈奴族群的压力，才西徙于内亚与中亚，日后建立了中亚的贵霜王朝。这些迁徙，都有其连锁效应，一处动，别处跟着动。到了东汉，匈奴为中国击溃，其残余西迁，一步一步吸收所经之处的土著族群，终于成为欧洲的大威胁。匈奴王阿提拉（Attila，约406—453）兵临罗马帝国，已是匈奴离开蒙古故地四百年之久了。这一族群移徙，后波逐前浪，牵动整个欧亚大陆的族群分布。

欧洲史上的蛮族入侵，即这一串连锁反应的后果。

除了战争之外，族群之间的频繁接触，即使是间接的，也带动贸易及文化交流。大家熟知的丝道贸易，原是中国开发西域的结果。从汉代开始，中国不断输出丝绸，输入西方产品。葡萄、胡葱、西瓜之属，成为中国的常用食物；胡琴、眩戏（今日的魔术）等也成为中国生活中的常见事物。这些都已在一般史书中有所陈述，此处不赘。

本文拟稍多陈述的事迹，是一般史书着墨不多之处。例如，中国地区的栽培作物，原以黍稷稻粱为主。麦类作物，源自西亚，进入中国地区，为时已在新石器文化的晚期。在东汉之前，中国人处理麦类食物，基本上是以粒食为主，或蒸或煮，炊成麦饭。到东汉时代，中国人先前从西域学来的粉食方法已经十分普及了，于是东汉出现大量水碓、水磨，都是为了将麦粒击磨成粉。东汉末季，文献中常有汤饼，亦即今日的面条，不是今日的大饼。胡饼则可能即烘焙的面饼。这一饮食文化的革命，逐渐由大麦、小麦与黍稷稻粱并列，成为中国北方的主要食品。

另一项文化交流的后果，则是有些西方疾病进入中国地区。东汉多大疫，一次又一次大规模的瘟疫遍传南北。1 世纪末出现的大疫，死人无数，其来源可能是在西边丝道上的军队将疾病带入中国。同一时期，罗马也有安东尼大疫（Plague of Antoninus），也是由在东边与安息（Parthia）作战后回去的军队将疾病带入环地中海地区。一东一西，两大疾疫，是

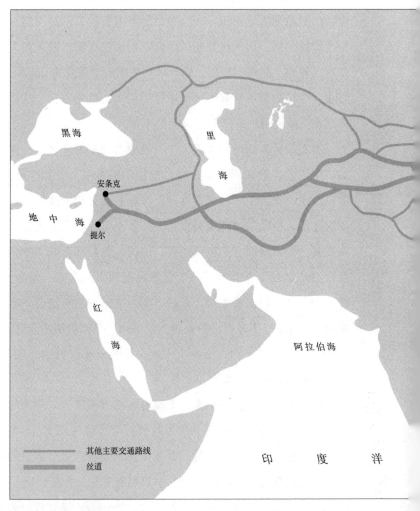

汉代中外交通路线图

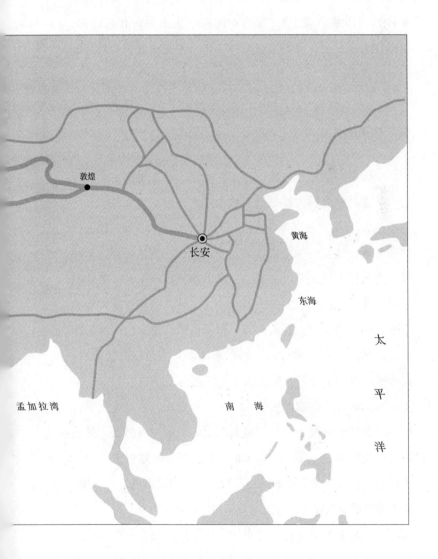

敦煌

长安

黄海

东海

太平洋

孟加拉湾

南海

否同一病症，难以考证。然而，东汉的大疫不断，终于有了
张仲景《伤寒杂病论》，实为中国医学史上划时代的作品。
中国在大疫之后，北方人口大减，未尝不是南北重心转移的
一个转捩点。


## 六、走向南方

中国走向南方的经验，与走向北方、西方是完全不一样
的。北方、西方因为都是以畜牧为主，中国的农业经济几乎
打不进去。南方的世界，在汉朝时有许多汉族以外的民族居
住在各地，族群的种类也很多，并不统一。整体而言，长江
以南的稻作文化，并没有到达很高的精耕细作水平。各地的
耕作，还是以相当粗放的山林农业为主体，当然各地发展的
水平也不一致。汉人进入南方，整体说来，是一个全面向前
推动、渗透、同化的过程。相对来说，北方是冲突和敌对，
南方是一步一步地归并到汉族文化区之内。

战国时代，洞庭湖以南，已归楚国管理，不过行政单位
很少。秦朝统一天下，在洞庭湖以南的地区设有郡县，最远
的可以到岭南，可是行政单位的治所，只是交通线上一个一
个据点。主要交通干道的两边，都还在少数民族的掌握之中。
最大的一群少数民族，当然是在东南沿海和南方的百越。百越
是不是一种族？可能是，但不能肯定。他们也许和今天的越
南人有相当关系,甚至和今天所谓的"南岛语系"(Austronesian)

也有关系，但犹待肯定。秦朝向南开拓，征服了广东的南越，建立郡县，可是等到秦覆亡时，南越自己又独立成为国家，由汉人官吏带领着南越本身的族群，建立南越国。此外，福建、浙江也都有越人。这一些越人，在汉人记载内称他们个别建有小型的国家，实际上还未必有国家的组织。

武帝时代向南开发，让这几个沿海岸边的越族，正式全部收罗到汉帝国之内。更可注意的，就是越人族群，大批迁移到淮水和长江之间。准确的数字，并不清楚，至少有一次迁移四万余人，另一次迁移可能有二三十万人之多，这在古代是相当大规模的人群迁移。越族迁移到江淮，他们居住的故地，并不是全部空虚的，还有许多越族在那个地方继续生活。这个地方的汉人移民，也分布在各处，不过汉族的居住区基本上还是在大路的两边，没有深入到深山谷。

西汉的晚期与东汉的上半段，开发南方还是大事。这时可见两种族群，一种称为"蛮"，一种称为"山越"。他们居住的地区，都是在大路两边。蛮与山越的关系，大概是有区别的，山越可能是原来越人的后裔，蛮人可能是从西南中国填补了越人剩下的空虚地方——最主要是在湖南和江西。这两群人抵拒汉人殖民，有相当长一段时间。

汉人在北方的人口，移向南方最大的一波，很可能是在 1 世纪晚期到 2 世纪初期。这时候北方有相当多的瘟疫流行，许多北方汉人往南方逃亡。但更可能的原因是，在北方管理严密的行政组织之下，老百姓不能逃避税赋，而他们迁移到南方，就可以远离政府的控制。这些移民人口的总数有多少，并不清楚。但一个可见的现象是，从东汉初到东汉晚期，南方郡县的数目越来越多。汉帝国政府的行政力量，已一步一步深入到山谷，从几条干道，变成了一个网状的分布。这一发展的过程，相当稳定，也相当广泛，汉人并不是常常能占到优势。譬如，东汉初年向南方开发的时候，汉朝的军队便面临蛮人的抵抗，其中五溪蛮抵抗相当激烈，而汉军在这个山林地区无法躲开南方的瘴气等种种疾疫，造成大量伤亡。瘴气可能是今天的恶性疟疾，其他的疾病可能包括来自水里边的一种寄生虫病——血吸虫病。

没有经过官方许可，一批批向南方开发，潜入山林去开拓新天地的汉人，一定也曾遭遇过同样的命运。更可能的是，这些向南开发的汉人，和当地的越人、蛮人混合起来，而终于把他们同化了，成为尚未纳入汉帝国行政区域的一些社区和村落。所以等到汉帝国在这个地方成立郡县的时候，是把已经同化，或相当程度同化的当地居民，加上移殖到南方的汉人，统归入汉帝国的统治。

最后大规模地清理洞庭湖、鄱阳湖以南，以及皖南和东南沿海丘陵的大片山林地区，是在三国时期的吴国。吴国的很多军事行动，实际上不在北方进行，而是在南方做开拓的工作，亦即收服山越。吴军进入山区，把大量的人口、财富变成可以动员的资源。吴国能够抵抗北方强大的魏，靠的就是这些新开发的资源。

西南方面，"开西南夷"是汉代，尤其是汉武帝时代的重要工作。如大家所知，汉武帝要向西南中国开发，主要目的是希望经过中国西南部，再由此转入西域。当时汉代的地理知识，不了解印度和西域之间有一个几乎不可跨越的西藏高原和喜马拉雅山。有这样的错误，当然也不是偶然。中国和南亚之间，的确有一条通道，那条通道就是上一节所说的西南丝道，经过横断山脉的山谷、草原和西南中国联系成一片。总之，汉武帝想经过西南中国到达西域的目的没有完成，但汉武帝开发西南中国，所谓"开西南夷"，把西南山林地区的整片土地和人口收入了汉帝国范围。

汉代初期，所谓巴蜀，实际上只是四川盆地里面的两小块，一块是成都平原，一块是沿着长江的谷地，并没有深入西南地区。开西南夷才把这条路打通，不仅是向南走，也向西走，进入了今天青藏地区，所以西南夷的开发是分两条路的。

《汉书·西南夷传》上面所说的哀牢、邛都、滇等许多西南地区各种民族的文化，包括他们的衣着、生活方式、族群名称，因为资料相当简单，不容易和今日西南的族群配对。我们必须了解，今日西南族群又经过了一两千年的迁移和融合，不可能等于当年的族群。西南中国山林密布，山高谷深，自古以来一定是每一个地区都有不同的族群。以今天的族群分布来看，像云南地带，山顶上是一种族群，谷地里是一种族群，山谷之间的高山湖谷地又是一种族群。

　　向西南夷开发的三条大路，实际上都从成都辐射下去。第一条大路是向西南进入了澜沧江；第二条是向南进入了红河以及西江，然后向西联系到缅甸，向南联系到广东；第三条则是正西方，朝向青藏的一条大道。这三条大道在汉朝逐渐变成网状，许多新的郡县出现。但是这个网的密度，和前述的湖南、江西、广东、福建的网络相比，要稀疏得多。换言之，这一个网络并没有大量的汉人人口移入，只有少许移民进去，使当地人同化，或是汉帝国强大的军事和行政力量，收罗了这些少数民族，然后使他们在汉帝国的行政治理之下逐步同化。

　　必须要提醒的是，汉朝的交州，也就是今天越南的北部，那边的郡县，主要是与广东地区联系，只有一小部分是和西南夷联系。汉帝国政府在交州的行政网络，比西南地区细密。这是个很奇怪的现象，离汉朝本部更远的交州，反而有更密的行政网，其缘故就是西南地区的山地交通困难。

　　开发西南地区有一个特殊的现象，就是行政单位叫作"道"。道是一条直线，不是一个点，也不是一个面。从一条线，慢慢扩张，然后成为一个面，建立一个行政单位。这个过程也许是跟着贸易一步一步向前走，紧随贸易活动跟进去的是移民，移民后面跟进去的是军事力量和行政力量。汉帝国的扩充，是线状的扩充，线的扩充能够掌握一定的面时，才在那个地区建立郡县。这种扩充方式，在后来新开发的地区，如东北、西北，都有类似的发展。不过，西南的发展模式非常清楚，是由一条线，变成一个面，然后设立郡县，纳入汉帝国的行政网之内。

开发西南的过程中，早去的移民，担任了相当重要的角色。开发西南夷的第一步，也就是开发四川地区时，早来的移民如卓王孙以及他的女婿司马相如，在不同的时代都担任过汉人向西南扩充的马前卒，或是前卫工作。司马相如和他的妻子卓文君的家族先人，是秦朝建立时被发配到四川开拓的六国人民，工作包括采盐、冶铁，以及深入少数民族地区做贸易，甚至掠夺少数地区的人民，贩卖到汉人的地区做僮仆。同样的，在汉代开发东南地区时，例如会稽郡（今天江浙地区），进入山地的也是早期到达的汉人。当时著名的朱买臣，就是一个移入越人地区的汉人，后来帮助汉帝国开发这个地区，担任了会稽太守。

受到汉帝国扩张影响的，是无数的少数民族。少数民族因为经济水平比较低，基本上还只是山林地区的粗放农业，无法抵拒汉人的经济力量。汉人的开拓力量，第一步是贸易，接下去是垦殖，最后是汉人的军事和政治力量。

这些少数民族有没有剩下来的遗留呢？应当还有。譬如说，晚到唐代的时候，湖南的道县，还有一种非常矮的居民，肤色黑，个儿矮，显然与汉人种族很不相同。我个人认为今天的海洋小矮人就是他们的同种。今天中国台湾地区赛夏人的传说故事里，也有一种矮人传说。这些零零碎碎的资料，使我们知道山区真正的原居民当还遗留了相当长久的时间。

不过，在他们语言、文化都被汉文化同化以后，当然就没有办法找到他们是谁了。

上一节说到，中国与匈奴向西方的开展，触动了内亚、中亚和东欧的大批移民运动，最后形成欧洲历史上的蛮族大入侵。蛮族大入侵碰到了欧洲的古代文明。欧亚大陆族群向南移动开拓，跟着潮流移向南太平洋列岛的大规模移民，可能就是今天的南岛族群。跟南岛族群相逢的，应是从印度半岛下去的南亚古代文明，但南亚古代文明似乎没有走得很远，在古代似乎未与南太平洋地区的文化有深远的交流和相互影响。今天南太平洋地区广大的南岛语系人群，其最早的源头，竟可能是中国的南方。到今天，南方的方言仍是非常复杂，过一个山谷，语言就不一样。这些方言保存了许多古代族群语言的遗留。南方的开发，过去一直以为只是一些少数民族的同化，以及汉人的开展而已。往远处想，我们可以想到许多更重要的，可以成为世界史上的一个课题。

## 七、佛教传入中国与道教的形成

佛教进入中国，是中国文化史上的一件大事。中国文化第一次接受另一个人类重要文明的影响，相当程度地改变了自己的文化特质。在佛教进入中国以前，中国人的信仰，是对神祇的祭祀与对祖灵的崇敬。神祇通常是自然力的神化；祖灵是由生殖而衍生的慎终怀远，也是亲子之情的扩大。神祇与祖灵的信仰，没有深刻的教义，对人生种种终极关怀，不足以提供普世超越的解释。来自印度的佛教填补了中国文化的这一空缺，而且在其刺激之下，中国传统的神祇信仰，也发展为本土的宗教——道教。

　　佛教何时进入中国？至今仍旧聚讼未决。传统的历史资料中，汉明帝时，佛教见于记载：明帝曾有金色神像的梦，群臣中或以佛像为答复。这一故事本身，其实反映了当时人对于佛教已有相当认识。考古学上，四川乐山崖墓的佛教刻像及江苏连云港孔望山的岩壁刻像，都属于西汉中期，是以佛教进入中国当在东汉以前。湖北天星观二号墓出土的战国时代文物，据说有类似佛教妙音鸟及莲花座的艺术造型，其究竟情形，还有讨论余地。此说如果属实，则佛教进入中国可能更早到战国之时。然而，历史的发展，总是渐进的，一个宗教系统进入另一文化体系，应有相当漫长的发展过程；从初次进入至发挥影响之间，必有相当时间的落差。史学工作者注视之点，当是历史事件发挥影响之处。

　　丝道开通，佛教在当时的西域已经十分兴盛，只是自张骞以下，似乎都未注意到当地的宗教，是以史书记载，例如《史记·大宛列传》《汉书·西域传》，于佛教全未提及，更遑论其传播中国的事迹。佛教进入中国，大致是由丝道上的商贩带来其信仰，而在中国民间逐渐传开。这一过程是在小民百姓中进行，社会上层的文人学者，未必注意及此。于是东汉重要的学者，如王充、王符、仲长统之辈，都未于议论时事

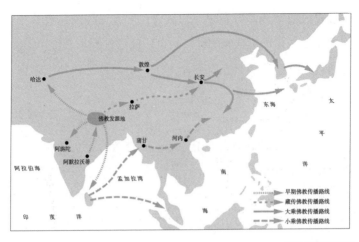

佛教传播路线图

的文章中提起佛教信仰。相对地说，当时民间已有严佛调这样的人士接受了佛教而出家剃发为僧。楚王英与笮融设立的道场，规模已经不小，其参加仪式的人数，竟可以万计算，是以有些地区接受佛教的一般百姓已为数不少。

东汉儒家思想发展，颇受官方注意。西汉晚期，谶纬之说盛极一时，也常于政治权力斗争场合，被人用作宣传得天命归属的工具。东汉皇室不愿思想界有威胁皇权的潜在机能，为此两度以皇权主持学术讨论，钦定了儒家思想的范围。

儒家阵营中，也有清除谶纬荒诞不经之说，及审查经文真伪的内在需要。儒家经典研究，从此以章句训诂为重，一字一句地考证，可以动辄数万言。烦琐学风，不能满足知识分子的心智需求。在这一条件下，东汉以至魏晋学者重新捡起长期搁置的老庄之学，以探讨形而上的哲学命题。东汉魏晋的玄学，其实是跳出儒家经典以外讨论认识论与本体论的一些论题：才与性的分合、无与有的同异……

玄学之兴，遂使佛教有所假借，一则佛教的教义，原来即讨论现象真幻、本体有无，有关人生终极关怀的议题；二则玄学的词汇适足为佛教借用，用华言表达佛教的思想，亦即所谓"格义"。目前所知佛教早期的文献，当以《四十二章经》为最早，其经文支离零碎，不足以代表佛教主旨，大约只是传教所用的简单说明。此后佛教经典译成华言，不借老庄名词，几乎不可能使中国人领会玄旨，"格义"用久了，正如借人衣服，久假不归，竟成为自己的形相。

佛教进入中国以前，中国人虽有宗教性的活动，却没有抱持一定教义的宗教信仰，也未见具备一定组织的教团。对于神祇与祖灵的奉祀，是国家的祀典。这些信仰中，"天命"观念确与道德要求配套，有发展为超越性宗教信仰的可能。然而，天命观念终于只停留在政治层面，作为国家权威是否合法的借口。天、地、山川，以至各种神祇，在国家祀典列为制度之后，凡此超越性的自然信仰，都成了国家政治权威的附属，又终于在政府组织官僚化的过程中，成为管理系统的一部分。祖灵信仰来源颇为古老，既有生命的关心，也有死亡的怀念。中国人生活中的祖宗奉祀，也有浓重的宗教情操。然而，由于"神不歆非类"的排他性，祖灵信仰不能成为普世的宗教。

在中国思想史上，墨家有极强烈的宗教情操：有主神上帝，有"巨子"以下组织严密的墨家学派，几乎可以转化为教团。西汉天人感应的学说，与"谶纬"活动相配，奉孔子为"素王"，有了教主与预言，若其发展为有组织的教团，则那时的儒家，也未尝不可能转化为宗教——而且可能是凌驾政治权威的宗教！这两次机缘，学派都有可能转化为宗教，却终于都没有实现！在汉代，印度的佛教进入中国，中国不仅有了宗教，而且有了两个宗教：外来的佛教，本土的道教。

道教出现，与太平道、天师道的活动密切相关。东汉末季的大规模农民反抗之举，有其前例，亦即秦末陈胜、吴广的革命与新莽时的赤眉绿林军起事。那两次前例，除了"篝火狐鸣"之外，庞大的农民武装行动，并没有宗教信仰为维系的力量，也没有任何教团为核心组织。太平道与天师道则是以宗教信仰主导的大规模群众运动。在太平道与天师道起事前，即已有教团传播信息，组织群众，然后才诸方同日并起，互相响应，举国骚动。天师道的活动规模较小，但是组织更为严密，也更为持久。汉末农民群众的大规模组织活动，由宗教活动催生，也因为这种活动，而终于转化为道教，一个本土性的教团。

在太平道与天师道的时代，先秦道家的思想，未必已成为道教教义的有机成分。道教初起时，其内容大致是收罗中国传统的神祇，例如天官、地官、水官、雷神、泰山神诸种代表自然力的功能性神祇，组织为类似政府官僚系统的神廷，再加上巫师为灵媒的传统，以交通众神。西汉天人感应的观念，遂可与这两个成分焊接，构成一套联结人神圣凡的信仰系统。于是，在前节已提起的望气禨祥的方术，以及吐纳导引的养生，均可容纳于这一系统之内。两汉方士之术数，以役使鬼神为手段；其修身养性，以长生为目的。道教结合这两个层面，于是形成后日道教中的符箓与丹鼎两支。

在仪节方面，道家的焚香礼拜，甚至后来道观的清规，大致均由佛教借袭；静坐思过、拊首自责这一类反省的行为，则兼采佛教与儒家的修养功夫。后世道教的发展，当以南北朝为最重要的阶段，东汉时代，其教义、教规与组织都还未十分完备。

汉末的道教，若以太平道起事前的《太平青领书》号召言，是求太平，亦即诺斯替教（Gnosticism）所企求的"千禧年"一类的劫数观念。中国的五行相生观念，在秦汉政治上表现为五德转运。世运转移与劫数观念，也可说有相类之处。然而，启示的劫数，终究与机械的转运不同。太平道领袖张角，自许为"黄天当立"的代表人，毋宁是"救世主"的身份。劫数与救世主观念，均为中亚启示性宗教的特色。印度的原始佛教转化为度人度世的大乘佛教，其转化过程是在中亚形成，当亦可能是吸收了这一成分。汉中天师道，更是意图在人间经营一个新秩序。然而，新秩序的神权，不是以人间秩序为满足，其终极目标，仍当是经由救赎，脱离劫难。

以上所述，道教的形成与发展，应可视作反映佛教进入中国，中国人有的接受了外来宗教，有的人受佛教的启发，糅合中国文化中的若干成分，组织了本土的宗教。这一宗教的第一波发展，仍当是在原来方士、巫术的传统中，焊接上劫数、救赎与救世主诸项外来观念，奉祀传统神祇，发动群众力量，以寻求新秩序与新世运。

因此，佛教进入中国，对于中国而言，其重要性不下于基督教进入地中海世界，而且大有过之。因为佛教未能完全笼罩中国，却激发了一个中国的本土宗教。自此以后，中国人的精神生活，始终是儒、道、佛三家互相激荡，互相影响的结果。

## 八、秦汉中国人的日常生活

秦汉时代的日常生活，可从文献史料中勾勒轮廓，但是却不及考古资料中所见。考古资料，主要是画像石与明器，提供了不少生活的细节。尤其不同阶层的生活状况，文献资料所载，不无偏于上层社会，考古资料所见，远较文献为丰富。本节大致由衣食住行诸方面分别叙述。

秦汉衣着，在统一之初，犹有地区性的差异，例如，楚人的冠服即不同于北方。刘邦乃楚人，喜欢小冠短服；统一以后，这种楚制也进而成为常用的冠服。秦俑的冠服，都是军装，但是结发形制却有不同种类，则又反映个人的选择了。战国时代，赵武灵王胡服骑射，衣服形制是窄袖，并且以裤代替裳（一种多幅叠合，类似裙装的下半身服）。秦俑所服的下衣，因为覆盖，不显。然而，从短衣之常见，则裤已相当普遍。

文献所见，汉人衣服宽博，画像石所显示，的确也是右衽的宽袍大袖。至于仆役一类人物，显然衣袖比较狭窄，其故在于方便工作。劳动人员，例如成都都江堰出土的持畚石人，则是短装，上下衣均为短制，衣襟对叠，也不甚宽博，更是为了工作实用。北方及西南地区的刻石，常有少数民族的形象，于是各种不同于华人衣服的装饰，每每出现。不过，诚如邢义田指陈，汉人刻画胡装，已有一套先入为主的刻板形象，以为胡人即当如此装扮，以致有时混淆了不同族群的特征。

妇女衣服，远比男性衣服多变化。妇女发髻及簪饰，尤其多姿多彩，此是女性爱美天性，古今皆然。大致说来，妇女高髻长裙，衣服斜襟右衽，衣袖下垂，束腰较高，表现体态，并不如后世那样的宽博掩盖。

汉人衣服材料，图画中不能显现；文献中所见，则是丝、帛、褐、麻为主要种类。冬日衣裘，也只有富人可以服用。鞋类的制作，种类不齐，大致进屋即须脱去履屐，当然必须有袜子，才可以登堂入室。

汉人的饮食，考古资料及文献颇多彼此补足。湖南长沙马王堆一号西汉墓出土的实物显示，富贵人家的食物种类，颇多野物。相对的，东汉《四民月令》所载中等人家的食物，大多是栽培作物及畜养的禽兽，野物比例不大。这两批史料的对比，也许社会阶级的差异大于时代性的变化——但是也难以断言。

汉人画像石，常有饮宴图及厨房做菜的题材。可以显见厨中烹饪，送到宴席，席前只有供膳的器用，例如杯盘匕匙，不见鼎镬之类的炊具。画像石上，供奉墓主的座前，也只有供膳器皿，不见列鼎列簋的制度。由此可知，汉人饮食方式，不同于先秦以大型铜器罗列席前的即席烹制。汉人明器中，灶为常见。灶的形制，有火门，有灶眼，有相当于烟突的装置。越是后期的灶，灶眼越多，灶面的料理面也越大，有时在料理面上，还刻画刀叉铲匕诸炊具以及鱼肉图像。凡此显示，在下锅前的料理，包括切割手续，均属必需。汉人词汇，蒸煮烤炙等诸种烹饪方法均是古已有之，只是有一个“熘”字，可能即今日的“炒”字，当系包括急炒的烹饪方式。如果这一假设成立，则中国最独特的烹饪术已见于汉代。汉代的锅具还是相当厚重，但也有越来越薄小的趋向，大致也是配合“炒”菜的方法，必须迅速提高炒锅的温度。这一以先将食物切割细小，便于急火烹调的发展，可能是为了较为节省燃料。

汉人主食，仍是黍、稷、稻、粱及麦、豆。处理麦类，先是粒食，到东汉时期，粉食已相当普及了，前节已经叙述，此处不赘——这也是通西域之后的发展。豆类，先秦也是主食之一；汉代虽仍有豆饭，似乎逐渐将豆类作为佐餐的菜肴了。豆类加工品的豆腐，自古相传是西汉淮南王刘安发明的，可是文献资料中，无法找到佐证。河南新密打虎亭的一件石刻，有人以为是制作豆腐的图像，但此说仍待进一步证实。豆类与麦类发酵做豉酱，却是常见于文献。

饮料方面，自以酒浆为主。中国酿酒均由五谷酿制，从《周礼》郑注看，酒浆分别等级，似由浓度决定，浓度似不是指酒精浓度，也许以兑水的比例为准。东汉时还不知蒸馏，只用过滤去除酒糟。这样的酒类，不可能十分浓烈，兑上清水又更为稀释。在谷类发酵的酒类之外，当时西域是用葡萄酿制水果酒。中国人由西域引进葡萄，但是葡萄酒并未成为常用饮料。

茶作为饮料，于南北朝时已经风行。茶的原产地是中国西南部，汉代的"槚"，实是茶的原名。在王褒的《僮约》中，四川武阳的茶已是商品，则饮茶也可能在汉代已是常事。

汉代屋室，于明器及汉画像石中有相当多的资料。文献中所见，富贵人家，居住高厅大屋与亭台楼阁。验诸实物图像，有些多层结构，似是高台，上下层之间，并无内部可通的楼梯。明器之中，则俨然有望楼，显然是重楼层叠的结构。汉代建筑，斗拱为常用的木结构，足以将重量分配于列柱。这种结构，足以支撑上层的重量，是以楼与台两种高层建筑均可为之。

晁错奏议，边郡移民区应有居室的安排，其标准格式是一堂二内。汉代一般民居，似即如此布局。从明器的屋舍模型判断，长宽比例也足以容纳一堂二内。明器的房屋，往往附有屋旁的猪圈与厕所，猪圈内有时塑有母猪小猪。这种安排，似是农家以厕所的人肥充家猪食用。有些水田明器，附有水塘，塘中还有菱荷鱼鳖之属的造型。凡此布置，均反映农家资源循环的生产形态。

富贵人家的宴饮图，往往列置座席，宾主相对，中间排列杯盘器皿，旁有歌伎舞女，所绘的场所即大户人家的厅堂内部。有的厅堂，还有槛栏台阶，但堂与室的关系则未能表现于这一类的房屋模型。画像石的房舍，也可有一个院落的图像，其中的厅堂、两厢及中庭，均历历可见。前述望楼的明器，是防卫性的工事，有时还有武士造像。但是，望楼与主要院落的关系，也未能确定。

画像石上，有街市的图像，大致表现为十字路口，四角都有市肆店面，这种市场的布置又与居室的安排迥异。曾任边郡首长的墓主，其画像石上，有时有穹庐图像。云南石寨山滇国铜器群，有干栏式的房屋模型。凡此均是少数民族的居住方式。

行的方面，画像石上颇多车马图像，明器中也有车辆的模型。大率乘人的车以单辀驾于车辕，以马拉车。乘车双轮，安车四轮。载重的车辆，双辕夹在拉车的牛身两侧。这种牛、马驾车的不同方式，在秦汉时代，分别相当清楚。南北朝以后，单辀的马车不再能见，无论御马驾牛，车辆都是双辕了。

汉代的舟船模型及图像，并不多见。在水陆战斗的图像中，舟船是小型的船只。明器中的塘陂模型，有时有小型舟

板，当是采集水产之用。描写南方的船只，则是有多人划桨
的长形船只，类似竞舟，有旗旐，也有指挥。这种船可能也
用于水战。汉军征南越，戈船之类当是类似的船只。但是汉
军也有"楼船将军"的称号，楼船的结构，却未有实物模型
传世。顾名思义，楼船大约是高大多层的船只，也许是一种
方舟，以当时的造船技术，楼船可能只是将领的司令部，未
必能迅速灵活地用于战斗。

　　汉代画像石的内容丰富，有些图像，例如耕作、弋猎，
甚至取盐开矿等均是百姓生活的写照。文献中也有日常生活
的记载。前述《四民月令》，即东汉士大夫庄园中的一年行
事历，详细地说明主人老小、农夫、仆役诸般人等的起居作
息，包括：农夫的耕地、播种、耘草、灌溉、收获、种植蔬
果，主人的祭祀、亲族聚会、收购出售各种产品，儿童的上学、
放学……全家的活动，士农工商的工作，无所不及。又如前
述王褒的《僮约》，虽是游戏文章，也将四川地区一般人民
的农业与市集生涯，做了生动的叙述：一个成年男子劳动力，
一手包揽田间农事，农闲时的家内生产，畜养牲口、挑水砍柴、
赶集贩卖，终日劳作，全年不休。文献资料与图像资料对照，
许多望文生义的问题，都可有图像印证。例如，同样是伐草
及收获的农具，长柄与短柄的铍镰与铚，其使用方法，由图
像一望而知。又如，播种的耧与耕地的犁，也只有经过图像
知其分别。

　　秦汉人民的生活，以其平日的活动及生活的水平而言，

在同时代的人类社会中，颇称优裕。这种种生活方式，也确立了后世两千年的基本形态。

## 九、秦汉帝国与罗马帝国的比较

秦汉帝国与罗马帝国东西并峙，都是历史上前所未有的大帝国。两个庞大帝国之间，没有直接接触，然而彼此都间接地知道远处有这样一个大国，广土众民，文化灿然。中国人称罗马帝国为"大秦"，俨然视为遥远的另一个秦帝国，其推重可知！丝道的起点在中国，终点在罗马，两端之间不过转运站而已！相对于这两大帝国，印度雄踞南亚，也创造了极为重要的文明，却从来不能与这两大文明所在的大帝国相提并论。中国与罗马，其盛衰的历史过程毕竟大为不同，本节的着重点也毋宁是讨论其各自的特点。

在秦汉统一以前的战国时代，中国即已走向统一。孟子在回答梁襄王"天下恶乎定？"的问题时说"定于一"，原是当时的共同理解。秦灭六国，不外是一个历程的终点；汉室代兴，也无非是完成这一历程，并加以充实而已。罗马统一地中海，也是延续泛希腊文化的弥漫各处；罗马也无非是接过了已经发动的历史过程。文化的统一，早于政治的统一，实为两大帝国兴起时共同的现象。东西两大帝国的统一大业，均由本处于边陲的势力凭借优势的武装力量，以征伐完成——这也是双方共有的形式。

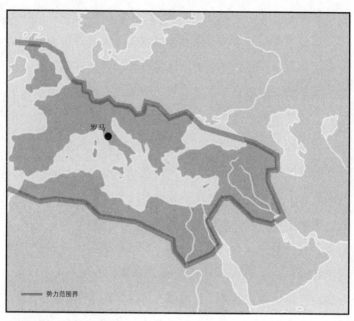

罗马帝国势力范围示意图

　　两个帝国的征伐过程则不相同。秦灭六国，杀伐甚重；六国既灭，未闻秦军戍守六国故地。湖北云梦县睡虎地 11 号秦墓出土的秦简，其墓主喜，曾是秦军军吏，派在楚地，只是一个行政官员，不是戍军的军官。秦亡，一时起义的诸侯军队，灭秦之后，兵锋南下，也未闻戍守秦国故地。刘项相争，刘邦得了天下，汉兴之后，早期郡守大都是由勋旧出任。武帝时旧时将吏均已凋零，天下二千石才不再由功臣集团中选任。然而，也未有汉军戍守内地的历史记载。此后中国的历史中，只有外族征服中国，方有戍军入驻国内之事，例如金代的猛安、谋克，元代的签军与蒙古军，清代的各处旗营。

相对于中国的情形，罗马军队是由本国农户组成。罗马大将率军出征，罗马兵团大多随统帅将领留戍征服地区。于是，一批又一批罗马子弟离开意大利半岛，却在新得的领土落户，成为当地的统治群。意大利半岛的人丁日少，不能不输入奴隶担任生产工作，以致本部人口的成分也为之改变，并且时时提升奴隶的身份，赋予罗马公民权。这一吊诡现象，其缘故在于罗马大帝国始终不脱武力控制的本质。

中国、罗马两个地区的不同处，当在中国早就有了郡县制度。春秋时代，秦、楚、三晋，都在扩大领土的过程中派遣流官治理新获土地，不再实行世袭封建。秦统一天下以前，七国均已纷纷建立郡县二级的地方行政体系。秦汉地方长官，通常不由本籍人士出任，但地方掾吏则为当地俊秀。中央又有刺史监临督察地方官员。这一套制度，起源早，发展时间也颇长久，因此运作相当顺畅。中央有了这一套统治机制，完全不必依赖军队即足以统治广土众民。

反观罗马的情形：地中海地区是泛希腊文化的天下，也是罗马帝国的本部，但周边地区，包括今日的中东及欧洲大陆，其族群成分处处不同，各地的政治单位也各有不同的组织形态。希腊亚历山大建立的大帝国，为时短促即已分崩离析。于是，罗马军团兵锋所至，每一地区都有独特的情况，罗马不能建立类似中国的郡县制度，只能在各地以不同的方式，与当地原有势力取得合作，以宗主国的地位，依赖戍军控制属地。罗马军队马背上取得的天下，还是只能从马背上统治。这一形势当然极不稳定。日久之后，分戍各地的罗马军团，亲近自己利益所在的戍地，对宗邦故国，未必忠诚不贰。强藩率军回朝，或是近卫将领专控朝政，都使后日罗马帝国长期沦于军人专政的痼疾。

再由文化发展的角度看。战国时代虽然百家争鸣，主流思想毋宁是儒家。秦以法家治国，其实法家不过是儒家的变种；汉兴以后，黄老曾经短暂得势，汉代终究以外儒内法为根本。儒家士大夫不断凭借政治与社会的优势地位，推行儒家教化，以致儒家思想深入人心，民间的民俗文化也逐渐与儒家融合。甚至边远地区，地方官员不断努力于教化工作，其涵化的力量十分强大。再加上中国文字是视觉文字，足以克服方言的隔阂。于是，虽然广土众民，地方性的差异不少，中国能保持相当一致的文化同质性，政治权力可以更迭，文化认同则足以维系共同体的延续不散。

罗马文化本是泛希腊文化的一支。罗马上层社会的思想，在基督教弥漫以前，斯多噶学派也是主流。这一学派思想的内容，其实颇有类似儒家思想之处。今日读西塞罗（公元前106—前43）诸贤的言论，我们仍会觉得理念相通。但是，罗马以军事力量控制庞大帝国，并不存心以教化的力量建立主流思想。于是，各地的故有文化，以及凡此故有文化的知识分子，都各行其是。犹太地区仍是犹太教的教士们，挟罗马的力量维持犹太教为主流正统。犹太教士在罗马总督的许可下，将耶稣钉上十字架，这一故事即足以为上述情形的例证。拉丁文为拼音文字，罗马帝国与属地的上层阶级都能读拉丁文，一般不识文字的基层百姓，仍持其故有语言，拉丁文也就不能为教化工具了。

君士坦丁大帝（F. V. Constantius，306—337 年在位）之后，基督教逐渐得势，以其普世宗教的说服力，为罗马帝国注入一股强大的文化力量，足以凝聚旧日异质的罗马世界，成为一个相当同质的文化共同体。但是，不旋踵之间，东罗马自己有了东正教，后世中东伊斯兰教兴起，又使一大片帝国故有领地成为另一文化体系的共同体。北方自从所谓"蛮族"入侵之后，这些外来族群服膺罗马的基督教文化，也有数百年之久，却终于因其故有族群认同的复苏，拆散了罗马帝国的躯壳，也改变了基督教文化共同体，以致欧洲终于成为多文化、多民族的列国体制。相对于中国，罗马的问题不在朝代更迭，而在于有脱胎换骨的蜕变。

在整个欧洲成为基督教的天下时，这一制度性的宗教，虽有普世的理念，却又有强烈的排他性，顺我者昌，逆我者亡，将异端赶尽杀绝。于是君主、武士与教士，构成一个三角统治集团；教会与政府之间，既联合，又对抗。基督教的神祇，吸收了异端的诸神，基督教的仪式与节日，袭夺了诸族群的仪式与节日。欧洲长期笼罩于定于一尊的意识形态及精神生活，容不下任何不同的理念。教廷势力高涨，教士就是文官，却没有一个专业的文官系统。

相对而言，自汉代以下，中国是儒家的天下，却因为儒家是人间的理念思想，更因为儒家留下形而上及宗教关怀的空间，遂有道家与新兴的道教及外来的佛教，填补了这一空白。儒家其实没有真正的唯我独尊。儒家思想，与佛、道两个宗教，互补而共存，在精神生活的领域，中国人其实还多一些回旋的余地。中国的士大夫与君权之间，也是既对抗又合作的关系，一方面以儒家理念约束政权，另一方面又以专业文官的身份为政权服务。儒家的理想社会，不在天上而在人间，儒家士大夫不在朝为官时，在野为士绅与知识分子，于建立这一秩序，可能比基督教的教士有更多着力之处。于是，在人类历史上，近代以前，中国平民百姓的生活，可能比罗马治下（及其欧洲诸国）的平民百姓较为舒畅，也较为优裕。

从经济的层面来看，罗马与秦汉帝国，都曾将广大地区的地方经济，组织于一个庞大的经济体系中。在"罗马的和平"（Pax Romana）之下，舟车来往，无远弗届，各地物产，互通有无。地中海是罗马帝国的内海，地中海地区是罗马的中原。然而，各地物产的交流，主要的大宗生产品，例如橄榄油、葡萄酒、皮革、食盐……乃至一般家用的物品，其实还是在地方性的市场圈内解决。

相对而言，汉代中国的庞大经济网络，已在另一节有所叙述：其中资源交流，由农舍到城市，一层一层集散，实与一个道路系统密切相关。大路、支线以及河流航道，编织为一个相当固定的交流网络，将中国本部紧密联系为互相依存的整体。罗马谚语"条条大路通罗马"，其实只指涉意大利半岛及北面的东西大路。地中海的航道，船运虽可由一个港口到另一个港口，纵横自如，但不会构成固定的网络。两者相较，中国经济体系，一旦编织成形，可以扩张，却难以裂解。如果分裂为几个地区性的网络，仍会回到整体大网。因此，中国历史上，国家分裂时经济的重新整合，常早于政权的统一。罗马则不然，地区性的经济网络是构成庞大交换网络的成分。地区网络与地区网络之间，可以彼此来往，无须依赖一个固定的交通网，也无须依赖固定的资源供求。因此，罗马的庞大经济体系一旦破裂，其中个别的成分便没有再求重整的迫切需要。

从政治、文化与经济诸项层面，罗马帝国与秦汉帝国有其相同之处，然而更多各自的特色。综合以上情形，中国的大帝国、文化圈与经济网络，彼此叠合，互相加强，遂有强固的凝聚力。罗马帝国秩序的稳定性不如中国，凝聚力不能持久，欧洲及中东、北非以致在罗马帝国之后裂解为多文化、多族群的列国体制。

第四章

东亚的中国（2世纪—10世纪）

滚滚江河奔流不息，中国又跨步向前，晋身为东亚的中国。在此阶段，四邻民族内徙与外来文化影响，改变了古代中国的面貌，也使中国的文化内涵更显丰富多彩。而这一连串的变动，让中国式的衣食住行有了新样，就此奠定后世中国人的生活方式。

## 一、秦汉帝国的崩解

秦汉帝国的灭亡，不仅是一个庞大政治体的分裂，也是中国古代秩序的结束。中国文化圈，在秦汉时代，已扩展到后日中国本部的主要地区。事实上，中国本部的疆域是在这一时代界定的。甚至中国民族中主要成分，一度自称为"秦人"，后来代之以长期沿用的"汉人"一词，也是在这一时代界定的。

东汉经过半个世纪的扰攘，演变为三国，又因外族入侵，南北长期分治，然后才有隋唐的新秩序。中国文化在这期间，经历了崩解与重整的过程，先是分裂，然后又经由政治、文化、经济等各方面的整合，将其涵盖的地区推得更远，形成东亚各族群共同参与的中华文化圈。

这一发展过程，在世界史上，颇与古代罗马的转变相似。古罗马秩序结束，基督教文化圈代兴，其涵盖范围也超越古代罗马的地中海世界。吉本（1737—1794）注意到古代罗马帝国的衰亡，讨论其缘由，撰写了著名的《罗马帝国衰亡史》。本节仿照吉本的分析角度，也将以秦汉秩序的衰亡为主题，略述其梗概，并讨论两者异同。

先就秦汉帝国内部各区域的地方主义论帝国的分裂。中国政府结构，自从秦朝彻底实施郡县制度以来，较之罗马治下各地区，中国各区域并没有强大的政治独立性。秦亡，六国之后皆不能成事；汉兴以后，削平异姓诸侯王；经过七国之乱，刘氏诸王国也不再有实质的力量。王莽时代，中央失去控制，全国并未分裂，群雄起兵，也无分裂中国的企图。凡此情形，实与罗马各地异族古国纷纷有脱离而去的形势不同。

秦汉郡县制，诸郡面积、人口有限，不足以自成格局。东汉的州，由监察单位演变为有实权的行政单位，其实力相当庞大。然而，州的首长仍是由中央委任的流官，再加上东汉实施相当严格的回避制，当地人士不得在本籍担任首长。是以，各州虽有足以自主的资源，其首长还是不能擅自割据。

汉代地方力量渐趋强大，主要因为政府组织之外的社会力量，亦即地方大族，日益壮大。儒家理念，在汉代以前，仁义为先，但在汉代则"孝"的价值跃升为伦理观念之首。这一转变实与宗族组织的发达有重大的相关性。汉代宗族，与先秦封建制下的宗族不同，而与邻里乡党的地缘单位彼此叠合。宗族成为唯一可以约束帝国专制君权的社会力量。汉代文官制度与君权之间，本是政治权力中两项相辅相成的因素。但是，汉代文官又与儒生集团二位一体。儒家的理念，有其理想社会的成分，本质上并不甘于单纯为君主服务。于是，这样一个文官组织，以其理想的儒家理念，有时也有制衡君权的作用。汉代地方政府，首长由外籍人士出任，掾吏则由本籍贤良出任，这些地方政府的幕僚，其登用与执行职务，必须有当地宗族支持，形成地方层次的政治权力与社会力量之间的平衡。同一地区的宗族，以"孝"的理念维持其凝聚能力，又经过婚姻与友谊结合为社会力的联盟。东汉州郡为实际掌握资源的地方单位，于是上述强宗大族的结合，可以借出任掾吏的本籍人士，实质上掌握了统治州郡广大地域的权力。

汉初功臣集团独占了中央政府的丞相职位及地方政府的二千石职位，但自武帝以下，功臣集团的势力渐减。武帝的经济政策，扼杀了富商大贾的发展空间，而早在汉初，三选七迁的政策，已将地方富户及具有社会影响力的人士（所谓游侠、乡里豪强之辈）均铲除殆尽。因此，如上所述，士大夫的宗族是唯一可与君权抗衡的社会力量。武帝以后，察举贤能渐渐制度化，这一制度赋予文官体系以自我衍生繁殖的机制。门生故吏与举官之间，关系十分密切，形成休戚与共的网络。虽然察举可由中央大吏征辟，究竟经过地方掾吏的阶段，逐级上升更为常规。于是东汉士大夫的宗族，具有相当强烈的地方性。东汉后半期，地方意识逐渐浮现，不少地区都有当地的舆论，亦即所谓"乡评里选"。地区性的自我意识，也见之于州郡人士自我揄扬，相对的，对其他地域则讥嘲贬抑。这一类的文献大多已佚失，只在史传中偶见篇名及片段，例如《冀州记》《襄阳耆旧传》……

凡此州郡为单位的地区，行政权力及地方意识的出现，都是逐渐开展的过程，其间并无特定的历史事件作为明确可见的转捩点。然而，这一趋势已十分明显，东汉末期的中央政府也致力于防堵地方势力取得合法的行政实权。于是，中央政府严格执行回避本籍，甚至不许本籍人士的亲戚出任该地区的行政首长。大势所趋，地方势力强宗大族已经盘根错节，牢固地控制了地区性的资源。黄巾（太平道）起事，更予这些强宗大族组织武装力量的借口。董卓入洛阳，中央解体，地方名豪巨室纷纷举兵，风飘云会，千里赴会，形成汉末各地割据的局面。三国鼎立，其实力基础也都在这些地方豪强的力量。这一情势，为汉末中国所独有；罗马的崩解，没有这种植根于文官制度与察举制度的宗族力量及地方意识。

罗马衰亡的过程中，有军人专政的现象。汉代却并没同样的问题。宦官掌握禁军，挟制政府，实际上是产生于君权的变态，导致中央政府的瘫痪，却未必足以拉垮整个秦汉世界的秩序。董卓率凉州兵进京，造成一片混乱，的确是军人干政的现象。但是，董卓、曹操之前，汉末的重要将领，都没有干政的记录。东汉从未有过罗马三日一帝的军人专政之事。中国历史上，反而是晚唐五代的节度使，称帝者有之，篡位为天子者有之，与罗马衰亡时军人篡位的现象相似。

罗马衰亡史上，吉本颇注意于基督教兴起。东汉佛教进入中国，经过数百年的发展，成为中国主要信仰之一，并且刺激了本土的道教，也向占有文化主流的儒家挑战。就某一宗教取得举足轻重的社会与文化影响而言，中国的佛教兴起与罗马的基督教兴起，两事的确可以相提并论，但儒家并未因佛教兴起而在中国渐灭；同时，中国又有了一个本土宗教（道教）兴起，这一宗教多元化的现象实与罗马世界蜕变为基督教世界，有相当显著的差异。

罗马衰亡时，边陲外族已侵入罗马，这一现象也与中国历史上五胡乱华之事十分相似。诚然，东汉曾费力处理北边的匈奴与西边的羌族。西汉时，中国挟庞大的资源，拉垮了匈奴在草原建立的游牧大帝国。东汉末年，匈奴不再是严重威胁。西羌人数不多，侵犯中国的力量也不大。羌人对于东汉造成不少的困扰是事实，但是中国为了羌祸动员的力量，仍远不如两汉耗费在匈奴问题上的规模。羌人渗透中国本部，除了西部的川甘等地外，大致都在今日陕西、山西两省的局部地区。其他外族进入中国，所谓"五胡乱华"，是在秦汉秩序已经崩解之后，当是其后果，不是其前因。

在经济方面，先秦至汉初，本有相当发达的城市经济，但自从汉武帝以后，中国逐渐形成以小农经济为本的农舍手工业及市场趋向的经济体系，借全国性的道路系统整合为一个整体网络，各地的互依性甚高。从此以后，这一经济形态常存于中国地区，经济体系的整合，也加强了文化秩序的内向聚合。相对言之，罗马的地中海世界，其经济枢纽是若干交通要道上的大城市，大宗远道来的货物在城市间流通，罗马帝国经济基础并不在农村。近东一带的经济又可以分头与中亚、南亚、北非结合，未必必然与地中海经济整合为一体。东罗马脱辐而去，在经济与文化两面，均有其因缘。两个秩序相比，中国的秩序因有经济的整合，应较罗马秩序稳定。

秦汉时代形成的中国文化秩序，其实并没有因为东汉帝国的分裂而有根本性的改变。相对而言，罗马衰亡以后的欧洲，其变化十分剧烈而深远。中国在汉代以后，经过三百余年的蜕变，再度整合成为隋唐的文化秩序。汤因比（1889—1975）称隋唐以后为"中华第二帝国"。这一新秩序，也如秦汉秩序一样，具有普世帝国及普世秩序的性格。相对的，罗马的地中海秩序，蜕变为欧洲的基督教世界及列国体制。基督教世界仍是普世性秩序的性格，而列国体制之下，逐渐出现近世的民族国家，已不再具有普世帝国的性格了。

因此，秦汉建立的中国文化秩序，并未随东汉覆亡而消失。三国两晋与南北朝三百余年，正是重整这一普世秩序的过程。隋唐秩序是秦汉秩序的延续，也是秦汉秩序的扩大。秦汉秩序的若干成分，在这一重整过程中，有相当程度的增减、转变与调适，却不是彻底的改变。


## 二、中国与周边民族

秦汉秩序的崩解，引发了东亚诸种族群分布的大幅改变。

这一线索，当从南北两个方向讨论。

先从北方言之。秦汉帝国与草原上匈奴游牧帝国之间，角力数百年。东汉时，匈奴分为南北两部，北匈奴旋即解散，其中一部辗转迁移，历时数百年，最后进入欧洲，阿提拉的部众，曾使罗马恐惧失色。这一长程的迁徙，经过中亚，所至骚动，引发了中亚族群的重组；分合之间，匈奴也因为不断吸收当地民族成分，在到达欧洲中南部时，其内涵的族群成分，已不再是离开中国北方草原时的匈奴。

南匈奴逐渐移入中国边塞，也逐渐汉化。"五胡乱华"时代，羯族也是匈奴旧日别部。匈奴与羯建立五胡政权中最早占有中国北方的胡人政权。

匈奴势力渐灭，中国的北方，自西往东，出现了其他族群的活动。西方羌氏的兴起，也是逐渐发生的现象。这两个族群，在丝道的旁侧，逐步向东移动，渗入东汉的边郡，趁中国北方人口减少的机会，先是为汉人佣佃，人数渐多后遂成部落。羌人移徙的路线，竟可沿关中河谷，渗入山西高原，甚至远达今日的河北。在五胡乱华时代，羌、氏也建立过强大的政权，其中苻秦还几乎统一中国北方。

中国东北方的鲜卑，在漠南空虚时，由今日辽河流域与大兴安岭山地，分批进入匈奴故地及中国的幽冀诸郡（今日的河北地区），其中一支横穿漠南，折而南下，到达河曲，其行程之远，殊为惊人。鲜卑族在五胡之中最后占了上风，拓跋氏建立北魏，又由宇文氏与高氏分裂北魏，建立北周、

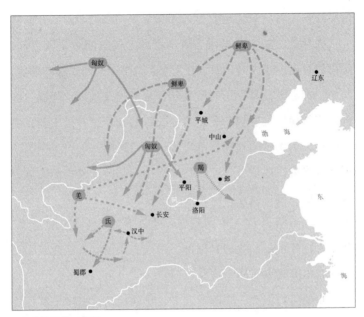

五胡内徙路线示意图

北齐，三者总称为"北朝"，将五胡十六国的分裂局面，合为一个北方中国的征服王朝。隋唐帝国再度统一中国，毋宁是北朝的延续。

　　在这一段时期，中国北方收纳了来自各方的诸种"胡人"。东汉末季，天灾人祸，加上不断的疾疫，北方汉族或是走了，或是死了，人口减少。究竟减少几许？史料不足，无法有一确数。单从史料中所见的现象推测，幽、冀、青、并、司诸州的汉人，在东汉末季到五胡乱华，可能减了三分之一至一半！各种胡人入侵，既填补了汉人地区减少的人口，同时也因为他们入侵，更多的汉人流亡南方。这一次为时两百年的人口变动，在中国历史时期，实为规模最大的一次！

胡汉族群的混合过程，因时间与地区而有不同。十六国时期，胡人政权并不稳定，留在北方的汉人，聚集于乡间，在一些大族的领导下，结为坞堡以自保。他们深沟高垒，形成一个一个自治的社区，延续汉人文化，抵拒胡人侵略。但是日久之后，胡人定居了，渐渐汉化，坞堡中的大族也逐渐参加胡人的政权。胡汉文化融合的过程，时有反复，总体则是一步一步涵化为中古北方的新文化。涵化的方向，大致是胡人汉化。例如，北魏政权的汉化，即相当显著，拓跋贵族几乎都与汉人大族通婚，读汉文经典，运用汉人的官僚制度治国。然而，留在北边的六镇，却保持胡俗，近塞居住的汉人，也因此沾染胡风。六镇反身袭夺洛阳，俨然是北方胡化集团袭夺了中原汉化集团。种族不是分野，划分彼我的界限是生活方式！不论北周、北齐，其胡化的新贵族，在进入中原后，也不能避免与汉人文化同化。这一趋势，延续至后世，安禄山、史思明起兵于边塞，安史之乱后河北藩镇的统治地区，其实也是汉人为胡人同化。

五胡一批一批进入中国北方，广大的北边与西边，则不断有新兴的草原族群迭为雄长。高车、柔然、突厥、回纥等前后成为草原上的主人，党项、吐蕃、吐谷浑等也兴起于西面。唐初的北方，突厥帝国声势之盛，不下于匈奴，唐末五代则又有契丹代兴了。吐蕃雄踞西藏高原，一度足以抗衡大唐，疆域奄有青海河湟及四川、云南的若干部分。云南的南诏，本是吐蕃属国，却也踞有南土，俨然一方雄长。回纥兴起于西边草原，也有能力插入唐朝与吐蕃之间，蔚为不容忽视的强大族群。隋唐建立朝代，突厥曾经干预两朝的纷争。安史之乱，唐室也仰仗回纥与吐蕃的兵力与资源。

从表面上看，唐代之盛，俨然天可汗，中国的羁縻州府，遍布于北边及西边。胡人酋长，几乎无不接受中国封号，中国也往往动员这一族打击那一族。然而，深刻地观察，这一段中古的中国历史，已经纳入东亚与东北亚的列国体制，中国不能自外于周边的列强，中国也不过是其中角色之一。棋局上多角竞争，迭兴迭衰，中国并不是唯一的主导力量。

南方的发展，呈现另一模式。东汉一代，北方郡县人口持续缩减，相对的，长江流域不断增设郡县，亦即不断有人移向南方，中央政府的控制也日益充实。南方的少数民族，承受汉人南移的压力，时有反弹。今日湖南地区的五溪蛮乱事即一例：东汉政府动用不少军队，经过长期战争，在巨大损失之后始得平息。类似的大小个案为数不少，汉人移民与本地土著之间的私斗，更未必列入历史记录。

东汉移民潮，可能由于北方的人口众多地区（例如中原与关中）人多地狭，但更可能是由于北方生态环境不如南方，单以农作物生长季及日照雨量来说，长江流域的单位面积农业生产量，高于黄河流域，只是长江流域多山林湖沼，开辟农田的工作，所需人力不少。南方开发的路线，以遵循河谷为常态，增设郡县也往往是线状南向，再循支流河谷向大路两侧延伸。东汉行政地图，可以有郡县辖区遍布版图，其实偏远地区的汉人还不多，居民当仍是当地土著。

长江流域及南方的山越、溪洞蛮獠，名称随地而异，未能说明族群渊源及种属。我们只能假定，他们在先秦及秦汉时代早就分布各地，也许与古代越人有相当关系，也许与后世苗黎诸种有相当关系。然而，目前可以依据的民族学及考古学资料不足，任何假设都未为定论。唯一可说者，土著承受汉人南来压力，有些被消灭了，有些更往南移，大部分土著人口则于汉化之后，与南移汉人混合，再难分别彼我。这一过程，在中国向南开发的历史中，一代又一代不断重复出现，台湾平埔族融入汉人族群，则是眼前发生不久的事。

北方人口南移，有过几次大规模的南徙。东汉北方曾有数次严重疫疾，可能引发逃避他乡的迁徙。黄巾之乱，青徐骚动；三国时代，北方战争不断；两晋八王内争、永嘉之乱，中原板荡；南北朝时，淮河流域是战场；隋唐承平不久，安史之乱后，幽冀青徐、中原、关陇，战祸连年。凡此，都引发北方汉人大批南移。

这些大批南下流民，大率以大姓为核心，挟带依附人口，成群移往南方。三国时代，吴国的一些大族，不少即以这一方式形成地方势力，支持吴国的政权。永嘉之乱，南下的大族，例如王、谢，是大群移徙人口的核心，但因三国时代的朱、张、顾、陆之属已占了吴郡地盘，遂只能向会稽等处发展。至于向今日湖南江西移动的流民，如果没有著名大姓领导，也会有领导人物出现，当时称为"行主"，实际上就是"流民帅"。在南方，来自同一原乡的流民人口众多处，依东晋的体制，设立侨郡、侨县，穿插于当地行政疆域之内，这种区分毋宁延迟了北人与当地居民的融合过程。至东晋及南朝宋、齐、梁、陈各代土断，始整合于同一行政系统之中。

北人南移的路线，如前文所述，遵循交通大道南移。大致说来，东晋青徐人口，经过淮上进入吴郡与会稽，其中包括南朝的社会精英。留在江北的人口，则是北府兵的兵源。中原与荆州的人口，在三国时代，一部分入蜀，一部分渡江。永嘉以后，这一条道路上的流民，沿湘、赣诸水逐步开展，大率先到者占了近便地区，后到者便须移往更远更偏僻的地区。这是一个长期逐步南徙的现象，汉人终于填满了中国东南及南部沿海。

最后一批大规模的南徙，当是隋唐五代，中原纷乱，南来移民充斥粤、闽。后来所谓客家，很难肯定是上述八百年中的哪一批，毋宁是持续进行，却又在定居一处，子孙繁衍后，又必须分派丁壮，更往南行，蔚为从未间断的向南移民浪潮。移民与土著之间，有斗争，也有融合，中国南方的少数民族，大多终于为汉人同化。然而，仍有不少少数民族居住在山岭深处，保留了自己的族群文化。这些族群，例如苗、瑶、壮、彝，至今依然存在。此外，如三国时代蜀汉开发南中，以南中少数民族为兵源，征发北戍汉中与巴蜀，则又是若干少数民族成群北迁了。

无论在北在南，中古时代的族群移动从未间断，族群之间的掺和融合，也不断进行。整个过程，不能全遵循哪一个方向。固然一般的移动方向是北方胡人徙入中国北方，中国北方汉人徙入南方，一般的文化涵化是北方与南方都经历汉化。但是，各地的反复也经常出现，一些人口在个别地区之间迁徙，也不为鲜见。北方胡人汉化过程中，一样也有汉人胡化的时期及汉人胡化的地区。隋唐中国人的生活方式，事实上掺杂了不少胡人文化及南方文化，已与秦汉时代的中国文化大不相同了。

自东汉以至南北朝，中国社会呈现阶层结构，世家大族的力量十分强大。东汉时代，大族正在形成，有其当时的原因。东晋以后，北方的汉人大族据守坞堡，南方的汉人大族，统率移民，都拥有群众的力量，政府力量不能插手。另一方面，北方胡人移入中国，往往仍以部落为其组织的基本形式。部落豪帅大人，在定居后仍占有人口，称为"大族"。南方移民的行主，会转化为地方豪强。土著族群的酋长，也会转化为土著的地方领袖。凡此诸种力量，分割了政府的统治权力，形成社会压过了国家的现象。南朝的政府，必须仰大族及地方势力的鼻息，其故在此；北周重新编组政府，也是为了迁就已存在的形势。隋唐国家权力伸张，唐代门第势力才逐渐衰退。因此，中古社会结构其实与族群移动有相当密切的关系。

### 三、佛教的影响

中古时代，佛教的发展，当是逐渐"本土化"并最终完成外来文化移植的过程。大致言之，第一个阶段是外来文化与中国文化间的对话，使两者扞格之处取得调和与适应。第二阶段则是在中国文化的土壤上，茁壮为华化的佛教。

在南北朝时，中国的北方是胡人建立的政权，与佛教同是由外面进入中国；北方的中国知识分子转化为据守坞堡的地方大族，儒家已失去"官学"的政治支持。于是，佛教的僧侣无所顾忌，颇有挥洒余地。至于南方的政权，也受制于地方势力，没有庇护旧官学的力量。凡此，都使一个外来宗教有了发展空间。

佛教经典原用梵文，译成中文，自然有文法、语意种种隔膜。最初，不论译经、讲经，俱由来华胡僧担任，其中以鸠摩罗什（344—413）之辈，一无依傍，而能将佛教经典移译华语，功不可没。在学问高明的华僧参加译经工作后，他们更能深切体会其中困难。是以，东晋的道安特揭译经的"五失本，三不易"，说明语文及时空差异，必须十分慎重。南北朝译经事业虽有不可忽视的成果，但唐代玄奘再度进行大规模译经工作，既因要有更好的佛经版本为依据，也为了订正一些旧译为人误解之处。然而，佛经中当年因格义而定下的华语名词，终究不能完全摆脱文义意译的负担。佛经中颇多梵文的音译，当初自然也因为难以找到完全切合的华语。

阅读佛经，音译名词的原义，仍不易知。意译可能失真，音译可能隔膜。两个文化系统相遇时，郢书燕说，望文生义，凡此困难，实在难以避免。

佛教是外来宗教，其在中国发展过程中遭遇抵拒，在所难免。南北朝时，颇多外族君主敬礼佛教的胡僧。在中国士大夫心目中，用夏变夷，不免触及文化民族之义。同时，佛教初入中国，所谓西方净土，又易与天竺地方混淆。浅识之士遂有疑问：华人往生，是否必须先在天竺转世，多此一周折？这些本来不成问题的问题，日久之后，也就逐渐消失了。

在礼制方面，沙门是否应该礼拜王者，也惹起不少议论。在印度，婆罗门（僧侣阶级）的社会地位超过刹帝利（武士阶级）。佛教僧侣的地位，犹如旧日婆罗门，也不必向国君致敬。然而，中国的统治者是"天子"，普天之下，莫非王土，率土之滨，莫非王臣，人人都是天子的臣属，僧侣怎能不拜王者？相当于这一问题，则是僧侣出家，有悖孝亲的儒家伦理。于是，佛教僧侣的行为，遂与中国的名教有了直接冲突。东晋名僧慧远，对这两项问题都委婉解释，提出调和的理论，主张区分出家的僧侣与在家的信徒，而出家人既已出世，即不受世法的约束，而为了顾及中国的传统文化，慧远指陈，"忠孝之义，表于经文"。凡此辩论，时日既久，中国的政治权力容忍了佛教僧侣的相对自主权，免除出家人服役付税的义务。相对的，唐代以后，僧侣属于政府专设的单位管理。

至于出家与孝道之间的冲突，据慧远的说法，一人得道，其功德"泽流天下",即使内乖亲子的关系,也"不违其孝"。佛教果报不论现报、生报或是后报,本来都是个人的事,但是在中国以家族伦理为重的文化环境下,果报不仅可以此生、来生、生生世世,终有承负,也可以在一个家庭内父子相承,代代承负果报。凡此由严重相悖而演变为调和之道,到唐代时已昭然可见。例如,中国的目莲救母,不论故事,抑或是仪式,都已将孝道观念纳入果报观念之内了。

南北朝时,一个引起讨论的议题是神不灭论。轮回往生是佛教理论的重要部分:今生的人死了,灵魂还在历经一世一世的六道轮回。寂灭之后,始能脱离苦谛。中国文化中也有灵魂观念,不过,王充诸人也都质疑灵魂能否存在于形体之外。这一议题的辩论,以范缜《神灭论》最为激烈,以为刀在,有锋利;刀不在,锋利何所寄托!最后梁武帝以皇帝的威权动员许多人士著论反驳。佛教界的解释,仍以慧远的说法为例,则以薪尽火传为喻。其实,这一比喻并不完全契合佛教十二因缘之哲理;而且,薪火之喻也未必能驳倒刀刃与锋利之喻,两者都只是借喻形神,不是以认识论的角度,直接解决形神之间的关系。终究,生命的意义,我们至今也未能从已有的生物科学参透。

4世纪时,佛教在中国已经生根。华僧已取代胡僧,成为译经、传教及组织僧团的主要力量。其中尤以道安、慧远、法显、道生诸人最有贡献。过去胡僧以原居国名为姓(如竺、康等)的习惯,已代之华僧以释为姓。华僧赴印度求法,可考的人数不下数十余，其中以法显为最著，而且他可能是确实到达印度、在当地留学并且携回佛经的第一位华僧。此时取回的经典，大、小乘均有，大致已相当完备，译经也不少，信徒已不愁经文零碎。寺庙组织及戒律也已大致完备。佛教教派不少，在4世纪时，后日在中国最重要的几个宗派：净土宗、禅宗及律宗，均已萌芽。举例言之，竺道生发为"人人皆有佛"的论断，开启一切众生都能成佛的理论。在他作此惊人之言时，可能受了法显带回六卷《泥洹》的暗示，也可能与孟子所说人人可以为圣贤的观念暗合，而这一论断，于《大般涅槃经》的汉译本传到南方后，众生均有佛性的观念遂得证实。竺道生的顿悟论，也可能有孟子学说的影响。后世禅宗实由此肇始。

当时佛教声势大盛，《洛阳伽蓝记》记载，洛阳处处有寺，而江南佛寺之盛，也有唐代诗人杜牧"南朝四百八十寺"的诗句为证。不论南朝梁武帝佞佛或是北周武帝灭佛，都反映了佛教信徒众多，声势浩大。

唐代玄奘前往印度取经，佛教经典大备。玄奘译经是伟大事业，不仅于弘扬佛法有功，也将印度学术思想（如因明学）带进中国。从南北朝至唐代，佛教界出现许多宗派，或依经典区分，或由理论判别。然而，诸宗竞争的结果，理论性甚强的宗派，例如唯识宗，未能长存，留下来的是教义较为简单可行的宗派。唐代禅宗的发展十分快速，先是北宗兴盛，神秀号为国师；南宗大起于后，六祖慧能竟将禅宗推到极盛，从此以后禅宗、净土、律宗三家成为中国化的佛教，也成为中国佛教最有势力的宗派，而且又转输朝鲜半岛及日本，以至佛教俨然成为东亚文化共同特色之一。从佛教初入中国，如以公元前 1 世纪计算，到唐代结束，经过一千年，佛教终于完全融入中国文化。

佛教进入中国，道教组织成形，二者同步进行。道教既是中国文化对外来宗教的反应，也借用了佛教的制度与仪式，超越了民间信仰的有限格局。道教内涵极为复杂，收罗了中国文化中许多不同来历的成分，例如：神祇巫觋、方士术数、命运承负、阴阳五行、吐纳导引、长生不老……而以先秦道家的清静无为崇尚自然，笼罩上述诸项。凡此过程，均在南北朝时逐渐开展。

东晋时，天师道盛行于滨海地区，高门如王羲之的家族，也世奉天师道。孙恩、卢循、徐道覆等人领导的五斗米道，以中下等人家领导农民起事，转战江海，历时十余年。这两个例子，显示道教宗派能跨越社会阶层，包含不同社会地位的人士，正是因为道教内容复杂，足以满足不同人群的精神需求。两晋南北朝时，葛洪、陶弘景、寇谦之、陆修静这些道教的理论家，建立了神学体系、修行炼丹的方法、教团的戒律规矩，道教的理论与组织，遂蔚然可观。

大致言之，道教的符箓一派，接续中国传统信仰中驱鬼役神的巫术部分，在南北朝时当是由汉末民间宗教发展而成为道教活动中一个重要成分。丹鼎一派，接续战国以来寻求长生不老药的传统。秦始皇、汉武帝都曾沉溺于这一梦想的境界。求外丹，是经由服食丹药求长生，当与医药有关；求内丹，则是来自呼吸吐纳及锻炼体质的养生之道。而由丹鼎之学，又衍生了一些化学的知识。这一类的考古资料已颇为不鲜，其时代也可远溯至先秦。葛洪、陶弘景应是丹鼎一派中的外丹家，而寇谦之当是其中的内丹家。汉末道教，尚在民间信仰阶段，未有神学系统。道教的神学与先秦道家的老庄哲学接轨，当也在南北朝时逐渐完成。自此以后，崇尚自然与崇拜自然两个观念竟成为道教的基本教义。至于道教的行为规范，则承袭儒家的伦理与道德，显示了本土宗教的色彩。

黄巾之乱以来，道教之中也总是不乏救赎与劫运的观念。这一启示性宗教的特性不绝如缕。南北朝以下，道教的李弘之类末劫救世的憧憬，常是民间大规模起事的动力。孙恩、徐道覆领导的天师道，虽没有特别标出救世主，然而其"水官"与往生的观念，既是传统自然信仰（天、地、水三官）与佛教往生观念的结合，也表达仰望救赎解脱的启示观念。

唐代皇室姓李，攀附老子，遂特尊道教，崇礼扶植，不遗余力。但是，也正因为唐代道士养尊处优，除了仪式踵事增华，于教义方面，颇缺建树。道教的另一次突破，是在宋金元明之时。

自中古以来，道教的丹鼎一派，为上层富贵人士寻求长生，其副产品是化学与医药方面的成就。符箓一派，为小民百姓驱鬼役神，也因此往往成为农民武装起事的核心成分。

先秦道家哲学提供道教神学基础，其修心养性的理论，为知识分子采撷，以补儒家理论之不足。道教在南北朝的发展，堪谓中国传统文化的大整合，糅合了儒家伦理、道家哲学及民间信仰，又加上佛教的仪式与借自佛教的僧团与寺庙组织，遂成为聚集各种成分的复杂宗教系统。至于道教神祇系统，以神化自然力量及有功人间的人物为原则，但是，神祇名字已不同于古代，自从中古以后，这一神廷不断扩大，而且与佛教诸佛彼此重叠，遂形成佛道交融的民间神统。

儒家与佛、道，自中古以后，均是中国文化的重要成分，三者之间，佛、道两家，既有竞争，又有交融；儒家与佛、道，则是入世与出世两途之间，互相背反，却又彼此互补。这一局面，至今犹见其余绪。

## 四、文学与艺术

东汉时，秦汉帝国的政治秩序已趋老化，古代儒家经典又因烦琐学风而逐渐丧失其文化的主导性。随着两汉权威的衰退，个人的自觉性也渐有涌现的空间，东汉玄学讨论才性离合，可谓在思想上寻找个人的特质；社会上特立独行之士受人重视，则是对于个人人格自主性的肯定。这种风气当然对于文化的创造力会有所影响。

从东汉以至唐代，中国在政治上经历了分分合合，百姓身受战乱之苦。然而，这一时代也正是中国文化与外来文化剧烈激荡之时，冲击所及，又留下了许多个人可以发挥才智的空间。凡此因素，表现于古代文化的发展，文学、艺术及音乐等均是成绩卓然。

在文学方面，东汉至唐代，五言七言的律诗与绝句，从出现以至成熟，形成中国传统诗体的主流。即使宋代诗人颇有可观的成就，终究未能超过唐诗的水平。

在东汉以前，中国的韵文，北有《诗经》，南有《楚辞》。《诗经》以四言为主，内容包括礼仪用的歌诗及来自民间的国风。在孔子的时代，诗三百首已经定型，成为上层社会知识分子的文学教材；古代经典几乎未再见过个人发抒感想的诗创作。《楚辞》中，有宗教祭仪的歌诗（例如《九歌》），也有发抒个人感想的创作（例如屈原的《离骚》），然而屈原以后的楚辞作家（例如宋玉）则步武前人，而且数量也不多。

《诗经》以四字句为主；《楚辞》诗句，长短不一，又常夹衬感叹之声（兮、些等）。南北两个传统，均未有五言七言的诗体。汉代乐府，则多五言七言。史籍偶见引用的歌辞也多五言七言。例如汉高祖的《大风歌》为七言，汉武帝时李延年的《佳人歌》是五言。大致中国语言是单音节的字符，合为词句，两个音、三个音停顿一下，是为节；两三节一顿，可成一拍。又单双节拍轮替，既有变化，又不嫌冗长——可能即由此而有最短的配合，成为五言或七言。民歌五言七言当是天籁，通常顺从自然，歌之咏之，不加雕琢，也没有必须遵守的规律。

这一形式，在东汉末期渐为文人学士采用以创作诗句，发抒情感。建安诗人，佳作不少，内容动人处大多是对于人生的感叹。自此以下，两晋南北朝的诗风，又渐渐扩大其内容，抒怀咏志，以至讨论玄学哲理，其中自以谢灵运、陶潜、庾信、鲍照等人的著作，最为后世传诵。

这一时代，正值佛教进入中国。梵文经典是以多音节的语言撰写，印度文学有咏叹唱赞的口述传统。梵文辞句译为汉语，必须用一个个单音节的汉字来代替拼音字母，传达一些专门名词或只可意会的观念。这一需要，遂开启了中文的"翻语"，翻语也称作"语""反音""翻切"或"反切"，即用两个字来拼出第三个字的音。每一个中文字的字音可以分解为声母、韵母和声调。拼音时，取反切上字的声母和反切下字的韵母及声调。如"田，徒年切"，"田"的字音，由"徒"字的声母和"年"字的韵母及声调拼出来。声母和韵母与今日所谓的子音和元音虽然都用来拼音，却是不同的概念。有了韵母的观念，方可出现更为妥切的押韵——而押韵是中国诗歌的重要成分！

另一方面，汉语是一种有声调的语言。大约正因汉语的单字是单音节，必须借声调的抑扬顿挫，增加其区分的功能。在南齐永明时，沈约订为平上去入四声，后来平声又分为阴平、阳平，而南方方言还有多于四声者。有了这番对声调的认识，中国的诗句遂有平仄的对称，使上下两句发声交替，互为对称，增加音节的音乐性。至于辞句用对仗，原是中国文字排列的特色，两晋思想空疏，建安风力已尽，永嘉之后情不胜辞，文字追逐形式。对仗正是一个排比文字之巧的技术。自此以后，律诗的形式讲究平仄与对仗，以八句为一首，规范大备。唐诗为诗作全盛时期。唐以律诗为根本，可以排韵百十，成为长诗，杜甫最为胜场。截取律诗四句，则是绝句，其中可以有一对或两对对仗。绝句短小精悍，言简意远，虽是小品，却颇可摆脱形式主义的束缚。

　　律诗规律严谨，在规律之中求变化，原是诗人必须面对的挑战，是以即使名家作品，律诗，尤其排律，也有时难免堆砌。于是李白、杜甫均有著名的古体诗，脱离律的规范。盛唐以后，元稹、白居易提倡新乐府，追求自由，重内容而不在乎形式。乐府，原是民间的歌曲，由口语转为诗篇。唐人的乐府，则大多是诗人的创作，借此跳出规律之外。晚唐又有长短句，更卸下五言七言的限制，开后来词曲的新形式。这一段律诗的演变过程，反映了规律与自由的辩证关系：文学本应以内容为主体，但又追求美的表现形式，于是在规律的范围内，表达丰富的内容，也是一番对诗人功力的考验。形式的规范用老了，则诗人必须突破原有规范的约束，再以内容为主，尝试建立新的规范形式。这是周而复始的突破—提升—再突破。本章所涉的时代，在中国文化史有过强大的文化动能，八个世纪内诗风与诗律的转换，见证了这一动能的作用。

　　律诗的姊妹文学品种是骈体文。骈体文的前身是汉赋，而汉赋的前身则是楚辞。汉赋注重铺陈，辞藻华美，引典博洽，但论述理论不能用赋体。汉赋大体仍是散文，魏晋以来，文以抒情，笔以应世，文笔之分别，又是在内容与形式之间。终于在形式主义的潮流中，散文一变而为骈体文，不仅辞藻华美，而且逐渐采取文句的对仗，甚至也顾到声韵的可诵可咏。辞章形式之外，骈体文又着重引用典故，用隐喻的类比委曲地表达信息。于是读者必须有解释信息的能力，方能从一连串故事中抽绎若干隐喻叠合的共同点。这种文体当然不能直接传达作者意旨，也不能准确地叙述事件与观念，毋宁是一种信息译码游戏，由具有同样训练的贵族知识分子，操持同样的信息工具，以炫耀渊博的知识及优雅文字功夫。这一抒情、叙事两不相宜的文体，居然绵延八代之久，直到韩愈才高举古文运动大旗，提倡以秦汉已发达的散文代替骈体文。从此以后，骈体文只用于礼仪的场合。韩愈掀起的文学革命，在中国文化史上，可与近代的五四运动前后辉映。

律诗与骈文的发展，都是文人过分追求规律，以致形式掩过了内容，甚至不再注意内容。两者都可能由于文人以其个体的自觉，愿意致力于写作的技巧。在士大夫成为社会特权阶层时，他们拥有知识，也占领了写作的舞台，他们的竞争遂是在一个狭小的竞技场中，努力做到华丽与细腻，不再顾及文字原是交换与传达信息的工具。这一竞争终于做到尽头——盛唐、中唐出现了改革，而唐代的中叶恰是一个转变的时代，文士突破世家大族在文学与知识的垄断。文人学士的基层底盘扩大了，文学又恢复成了传达信息的工具，不再是贵族的文字游戏。

同时，文学以外的文化因素，也相对地影响了文学的发展。印欧语系拼音文字的佛教经典来华，中国人才知道用翻切拼音与汉文声调的特点，从而出现声韵之学，为律诗奠定平仄与押韵的基本特色。乐府只是一个笼统的名词，不同时代与不同地区的民歌，不断提供活力，使诗人有更新创作的资源。

类似的情形，也可见于其他文学品种。故事与小说，古代列入稗官，不能登大雅之堂，却一直在民间以口述耳食，传流不断，有的也居然形诸文字。志怪小说在两晋南北朝颇为发达，其中缘故颇可探讨，至少有一个可以思考的方向：佛教经典中本有许多故事，传教讲经常以这些故事说明经义。儒家一向不谈怪力乱神，但在佛教弥漫各处时，中国的文人学士，也会致力于描述灵异事件。佛教讲经，每有一段说故事，以楔入正文，民间有此需求，文人即有创作的动机。志怪之外，琐闻传说也可形之于笔墨，供人谈助。唐代人民，都市人口众多，生活殷富，市井街坊更是孕育民间故事的温床，于是盛唐、中唐以后，传奇小说也成为文学的新品种，红拂小玉、太真莺莺、昆仑奴、聂隐娘，以至南柯黄粱……数量质量都远远超过南北朝的志怪小说，并且由此开启宋人说故事、元明撰长篇的传统。

从文学的变化来看，魏晋至隋唐之间，都是参与文学活动的人群不断因应内外情势而扩大了文学活动的范围，也改变了这些文学品种的性质。再从文学以外的文化活动观察，也可显见类似的变化。

先说绘画。汉代绘画，见于今日者，不外楚国帛画及各处汉墓的画像砖与画像石。现存最早的传世艺术名作仿本，是顾恺之的《女史箴图》。以这一件人物画的衣裾与唐代的"吴带""曹衣"的画风相比，显然灵动飘逸颇有不及之处。北魏敦煌的佛像及近来出土的青州龙兴寺北朝佛像，其衣褶都甚为细致灵活。绘画、雕塑本来相通。自两晋隋唐，中国的绘画艺术有长足进步，佛教艺术的影响，当有启迪刺激之功。两晋已有山水画，但似乎仍在起步阶段，不能与唐代大小二李（李思训、李昭道父子）的青绿山水相提并论。从敦煌佛画观察，山水是由人物画与故事画背景逐渐演变而终于自成艺术品类。这一演变，也与佛教艺术脱不开关系。佛教艺术既有外来因素，又是民间传统，于是两者对于上层士大夫艺术的影响，既在借外来文化的刺激，也在于扩大了艺术创作与欣赏人群的社会基盘。

在表演艺术方面，外来文化的影响更为可观。东汉晚期以来戎胡内侵，佛教信仰又迅速扩散，中亚以至丝道东端的外族歌舞传入中国，不仅乐器多为外来，乐曲舞姿也大量为中国接受。北朝音乐大致为天竺、龟兹、西凉三部，唐代雅乐十部，分别来自印度、西域、中亚、南方（骠国与南诏）及朝鲜，中国自己的音乐只居其一！这些外来的影响，十分深厚，基本上已取代了中国固有编钟编磬及箫鼓琴瑟的旧传统。外来乐舞，既见于宫廷，也见于民间，大致上打破了过去上下雅俗的界限。

综合言之，两晋到隋唐的几个世纪，中国人的文化生活，不论是在文学方面，还是在艺术乐舞方面，都经历了巨大深远的变化。外来文化的影响及社会结构的改变，丰富了文化活动的内容，也扩大了参与文化活动人群的社会基础。这一时代的文化风貌，已与秦汉古典时代大不相同，却开启了宋明近世中国文化的传统。

## 五、天文、数学与医药

在现代学术领域中，数学、天文学与生物学几个学门，都曾在中国文化史上有相当可观的成就。当然，古代中国的学者，并不以现代科学的方法学与观点进行其观察与研究。中国文化特有的宇宙观，是多层套叠的大小系统。自从董仲舒综合了古代的知识，组织为庞大而内外上下互相呼应的宇宙系统以来，中国人的思维方式，长期受这一套天人相应互动观念的影响。本节所述，也正是在这一影响下，中古时代学者提出的傲人科学成绩。然而，我们必须认知，凡此成就并没有奠定近代科学在中国文化中出现的基础。中国中古的科学成就，终究有其文化与历史制约的局限性。

中国古代的天文学与历法，两者密不可分。中国的历法，记天象，授民时，互相关联，因为天体的运动即计时的大钟。中国传统历法是太阳年太阴月的阴阳合历。但是，由东汉确立"浑天仪"的宇宙论，迄于唐初李淳风编定的《麟德历》，各时代的历法都是尽力设法将岁实（太阳年日数）、朔策（太阴月日数）、五大行星的运动周期，加上年月日的三个干支周期，一并计算各种周期的公倍数，回溯"时间"的起始。这种历法观念其实是形而上的宇宙系统论。为了计算各种周期，历法家发展了天文观测及由此制造的运动模型——表示各种天体运动轨道的浑天仪。从汉代张衡至唐代的一行，无不着力于此，于是中国天文学中衍生了许多中国数学计量的课题。

另一方面，自从《周髀算经》等早期集合数学算题的经典以来，中国有一套实用算经的传统，用来计算土地面积、粮食与土功的体积、里程与时间、若干不同项目集合群的合计……各种为实际用途而发展的加减乘除四则计量，及由此发展的平面几何、立体几何、三角学与代数学。从汉代以至唐代，累积了至少十种"算经"。在唐初，政府设立训练数学专才的算学馆及进用人才的算学博士科，校订注释了十种算经：《周髀算经》《九章算术》《海岛算经》《孙子算经》《五曹算经》《夏侯阳算经》《张邱建算经》《五经算术》《缀术》与《缉古算术》。于是中国古代的数学传统有了一番整合，为宋元以后的理论数学奠定基础。

两晋至唐代之间，祖冲之（429—500）计算了圆周率（π），得到七位小数的近似值（3.1415926与3.1415927之间），这是当时全世界最精确的圆周率值，直到15、16世纪，才有伊斯兰数学家与法国数学家取得更为精密的数值。祖冲之父子根据《九章算术·少广》计算球体体积的问题，不仅解决了计算的方法，并且提出幂势定理，相当于17世纪意大利数学家卡瓦列里（B. Cavalieri, 1598—1647）提出的卡氏原理，而后者正是近代微积分的重要基础。祖冲之还能计算二次方程式与三次方程式，但此事虽见于《隋书·律历志》，算法却已失传。祖氏父子的数学，合编为《缀术》一书，唐代算学馆列为教材，并曾经传布于日本、朝鲜，但后来该书失传！

王孝通是唐初的数学家，编纂的《缉古算术》列入十部算经之中，该书收入了实用题二十道，除一题是推求月球赤纬度的算法外，大都是修堤筑坝、开沟建仓之类量度计功的实用题目。王孝通的几何学，发展了代数三次方程式及双二次方程式的解法。在西方，同样以数值解三次方程的解法，要到13世纪始出现。

从祖冲之父子及王孝通的例子来看，中国中古的数学，一则是实用取向，再则是解题取向，两者均不是由观念的演绎开展数学理论。于是，中国的数学受本身特性制约，即使有非凡的成就，早于世界别处数百年即跻高明境界，却只是突出的个例，不能继长增高，发展出理论系统性的现代数学。

中国学术传统中，医学与本草学是重要的领域。中国医学理论与天文学的情形相似，也是形而上学的宇宙论。人体

经脉是大宇宙系统中的小系统，而且，与自然大系统互相感
通。东汉张仲景撰《伤寒杂病论》，则是由症候讨论的实证
著作。但是，中国医学理论，始终未能摆脱阴阳五行的形而
上学观念，以致只能结合症状与方剂，从累积的经验求取治
疗良方。两晋至唐代，著名的有葛洪的《肘后方》（又名《肘
后救卒方》《肘后备急方》），陶弘景的《肘后百一方》，以至
孙思邈的《千金方》等都是将诸种病症的症状分类，开列已
经证明有效的"验方"。孙思邈的《千金方》，列有数千件验
方，分属各项疾病。《千金方》是《千金要方》与《千金翼方》
的合称，两书各三十卷，分门别类包括内科、妇科、小儿、
五官、口腔、寒热疾病、外伤、接续、急救，以至食疗、养生，
又有专门讨论切脉诊断、方剂（相当于今日的药学）及针灸。
自唐以来，中医奉孙思邈为"药圣"。

　　中国医学的理论，形而上之，玄之又玄，若没有从临床
诊断用药结集的经验，中医未必能数千年行之有效。中医是
从实践中发展的，因此，从《肘后方》到《千金方》的传统，
都是临床效果总结的经验，即使脱离玄学理论，仍可卓然成
为源远流长的治疗系统。中国医学与中国数学一样，采取"问
题取向"及"实用取向"，两者都有卓越的成绩，但也难以
超越医术与算术，腾跃为以病理学与逻辑思维为基础的学术
领域。

　　这一长时期内，知识分子追求自我的主体性，不仅见于
文学方面的发展。在科学方面，致力于学术研究的人士也不

会甘于解决实用问题，他们一样也努力从逻辑思维，演绎为抽象的观念。在数学方面，祖氏父子求圆周率，求球面积公式及幂势定理，其意义超越了实用意义。刘徽由"极限"的观念，借圆内接正多边形面积，求取逼近于圆面积，其思维方向即近世解析几何及微积分的基本观念。虞喜的《安天论》，提出天虚地实，天体运行各有其规律，超出浑天论的局限。唐代李淳风的《麟德历》，扫除历法蔀章大周期的纠缠，径以岁实朔气为计算年历的数据。一行与南宫说等人测量各地日影差距，北至河北省蔚县东北，南至越南中部，以实测结果纠正文献记载的错误，并根据其测得数据，估算出了地球子午线一度的弧长。如能由这一结论更进一步，其实即可推知地球为圆形。

　　在医学与药学方面，除了大量记录验方，中古医学也有追究病原的努力。隋初巢元方等人编辑的《诸病源候论》，1739 条病候分别说明各种疾病的病因、病理、症候及病情变化，除了近 300 条导引疗法外，几乎完全不涉治疗方法——其实是归纳病例所做的病理学、症候学讨论！

　　本草是中国药学的重要经典。汉人留下的《神农本草经》可能是张仲景等杂辑资料的药学著作。陶弘景指出其内容庞杂，分类也混糅，因此整理为 365 项，又加上自己搜集的名医用药 365 项，合为《本草经集注》，虽然仍是药典，实已有矿物、动物、植物的分类学规模。

　　唐初，苏恭（苏敬）集合当世专家二十二人，修订《新

修本草》，采录已知的药物，参照各地采集实物，分为玉石
（矿物）、草、木、禽兽、虫鱼、果、菜、米谷及"有名未用"
的药物，九个大类，叙述其形状、特性、用法，并附有图形。
这部完成于 7 世纪的药典大全，实际上已是一部博物志，其
中尤以植物为多。其分类方法开明代李时珍植物分类学的前
驱——唐代本草学，实已超过实用药典的意义。

凡此数学、天文学、医学与药学诸方面的成就，俱反映
当时追求知识的心智活动，并不全为问题取向与实用取向约
束。学者在解决实用问题时，不断有提升与开拓。这种现象，
当由于学科专业化，既有专业学者群的合作，也有个别学者
深入的钻研。两晋南北朝，学问为社会上层人士所垄断，当
时实际上已有一个学术人士集合的社群，足以互相切磋。隋
唐时代，既有国家设立的专门学府，国家又经常支持专家合
组团队，编制专书，如《新修本草》。有了这种学术力量凝
聚的临界点，才可有集体的研究工作，将学术发展推上一
层楼。

唐代对外接触频繁，印度文化随着佛教东传，其天文、
数学、药学、医术都因此进入中国。要言之，在上述几个学
科的范围内，印度学术或有刺激与补足的作用，但这几项中
国的学术自有其内在的发展因缘，印度文化有一定的影响，
却未能产生中国在宗教哲学与文学园地曾承受的同样强大
冲击。

## 六、中古的衣食住行

在中古时期，由于不断有外来的影响，不论是外族入居中国，还是中外接触带来新的生活资源或生活方式，中国人接受了相当程度的冲击，在日常生活方面经历了许多变化。

在饮食方面，面食逐渐流行是一个重要的转变。自从新石器时代出现农业，中国北方的主食是黍稷粱粟，即今日通称为"小米"的各种支属。自先秦以来，麦类也在主要的谷类之中，但是并不如小米普遍，汉代依然是以小米为最常见的谷食。麦类食用方法，正如大米（稻）、小米，先以粒食为常，蒸煮为麦饭。麦粒麸皮粗糙，不易消化，可能是麦类未能推广的重要原因。东汉时，磨麦为粉已渐趋普遍，已如前章所述，兹不多赘。

"饼"字是不少面粉制食品的泛称，包括今日薄饼、馒头，以至面条……宋本《太平御览》引晋束皙的《饼赋》，"饼"字作"䴵"，可见是麦类制品。西晋文学家束皙列举不少食品种类，其实际制作方法不易蠡测，但是他特别说明，这些名称或者来自里巷，或者出于殊域，而且指称古代食麦而未有饼，制饼为食，"其来近矣"。所列安干、粔籹之类中，安干又名"安干特"，当属外来语的音译。北魏《齐民要术》有《饼法》一章，引了《食经》的各种制饼方法，可知有制饼的饼酵，是则有些饼是发面制成，也有不发面的硬面饼。

制法包括烤、煎、煮、蒸……各种形状大小的圆饼、圈饼，也有溲面成一尺长条，压薄入沸水煮熟，或是以二寸大小的面段，急火煮食，甚至抟成小块面块，煮熟晒干，俟食用时再入沸汤烹煮。至于束皙所称"曼头"，当是有馅的包子；"牢丸"可能是肉馅加料，有汁有汤的"汤包"一类食品。汤饼则是有汤的面条。面条做法，是压擀成皮，刀切为条（如今日的刀切面），抑或是烤贴成饼，然后切成条状（如今日的烩饼），即不易推断了。三国两晋时，富贵人家常截断水流，以水力推动磨、碓，其中一部分可能为了自己家用，然而也未始不可能以此营利。总之，当时水磨、水碓，大多应是研碾麦类成粉之用，因为大米、小米均不必粉食。由水磨、水碓之常见，也可以观知面食之普遍。

三国时，羌人大量种麦，蜀汉姜维的大军可以就食羌麦。唐代高昌及河西的户籍记录农稼以麦为主，指出麦类的农业在中国西部相当发达。麦类最早是在西亚两河间驯化，向东传布，亦当经过中亚进入中国。是以，东汉以来，羌氏大量移入中国，或也有助于麦类成为中国北方的主食。

汉代以至唐代，市上已有饼类零售。至于胡饼，当是芝麻烧饼之属，已是十分普遍的食物，由其名称，更可见是外来食品。

在佐餐的菜蔬方面，西路进入中国的品种也不少。以今日常见的项目言，菠菜、芸薹（俗名油菜）、莴苣、芹菜（药芹）、胡萝卜，均在南北朝至唐代时引进。南路进入中国的项目则更多了，《南方草木状》一书，专列中国南方以及东南亚的蔬果品种，其中较为有名者如荔枝、槟榔、芭蕉……唐代编制的本草，甚多外来蔬果食物，不必并述。至于烹饪方法，第三章曾述及的炒菜传统，在中古更为普遍，但是北方外族（如五胡）进入中国，以及外来移民（如唐代流寓中国的外族人口）则往往仍用烧烤之法，想来对于中华人士的饮食，也有相当影响。

南北朝时，北方饮酪食牛羊肉，南方饮茶食鱼，南北彼此讥嘲异方风俗。唐代则地方差异犹存，只是互相渗透，不再有所界分。以茗茶言，茶的原产地当在中国西南，汉代王褒《僮约》，已提列茶为四川的市场商品。南北朝时饮茶盛行南方，渐渐遍及南北。唐代陆羽《茶经》记载茶叶品种、茗茶方法……是茗茶文化的经典著作。考古证据最为著名者是陕西扶风法门寺地宫出土的唐代茶具，包括研茶、过滤、烹茶诸种用具。大致言之，唐人饮茶，是研茶叶为细末，沸水点茶，再加烹煮，其中还可添加配料。今日客家擂茶，犹仿佛有其遗风。东汉末季，中国曾有大疫，当时南方林莽未辟之处仍多，地方潮湿，传染病最易传布，沸水饮茶的习惯，无形中有了一道卫生防线。自此以后，中国未再有过汉末那种规模的大疫。

酒类也是饮料中一个重要项目。陶潜善饮，饮的酒大约是用小米（黍）酿造的。唐代诗人，李白善饮，量以斗计，当时尚没有蒸馏酒，谷类酿造的酒而未经蒸馏，酒精强度不

会很高。今日陕西的"稠酒",可能仍是以中古遗留的方法酿制,
强度高于酒酿而已。葡萄早在汉时已循丝道进入中国。唐代
西州户籍,常见葡萄为农家作物。唐代诗句"葡萄美酒夜光杯",
至今传诵,想来酿造方法也是从中亚传入的。长安市上胡姬
如花,少年豪客,指点银瓶尝饮的好酒,十分可能即葡萄酒。
夜光杯,不知确指何物,可能是玻璃杯。玻璃是西方(欧亚之间)
的产物,隋代何稠将制玻璃工艺引入中国,中国遂有吹制玻
璃器皿的工坊。总之,唐代的饮食习惯,较之汉代,已呈现
极大差异,其中外来成分相当重要,而且从此融入中国的饮
食文化,与自己发展的粒食、黄粱饭、米饭、茗茶等并行传流,
至今大家习焉不察,不再追究本土外来了。

衣着方面,汉人宽袍博带,发髻带冠。虽然自从赵武灵
王时,胡服已引进中国,而且短褐、犊鼻裈也便于工作时用,
但中国服装仍以宽博为主。南北朝至唐代,北方胡服,随着
外族进入中国,中国的衣服渐渐走向窄袖贴身,上身着衣,
下身着裤。固然每一个时代有其风尚流行,尤其妇女服装,
自古即经常变换时尚。总的方向,中古衣服水袖长裙,比汉
代服装称身。男子首服也由冠逐渐改变为幞头,亦即原为布
帛裹头的软巾,一步一步演变为有了固定式样的帽子。南北
朝以至唐初,妇女骑马出行时曾以幂,亦即纱巾,蔽罩全身。
渐渐演变为在帽檐上加一层下垂至颈部的拖裙,称作"帷帽"。
中唐初,更改着"胡帽",露出面容,随即露出发髻,不再
有蔽首的东西。妇女衣服,由水袖长裙逐步解放,中唐以后,

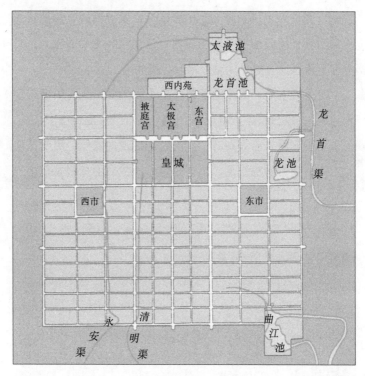

唐代长安坊里图

露颈袒胸，风气十分开放，这也反映了唐代妇女生活相当自由的风气。

汉人的鞋子，以履为常，厚底的称作"舃"。舃底内装木楦的是复舃。出门行路则着屐，屐为木鞋，底有两齿，可以践泥。西周初已有戎装皮靴，汉人更有织成女靴。南北朝时南方流行着屐，北方则着靴，亦即今日连底的皮靴。靴统颇高，则是为了便于骑马。中唐以后，靴统渐短，则演化为日常的鞋子了。南方着屐的习惯，也渐渐转变为着靴屐。日本习于唐风，着屐之风至今未改，堪为唐人生活的写照。

汉人的衣服，大多为丝料或麻葛，此外富人可于冬天穿着毛裘。皮革只是用于甲胄，不用于日常衣服。毛毡用于帐篷，也未见于衣服。唐人则有动物毛纤维织成的衣服。更为重要的变化是南方的棉织品，主要是用木棉织成的棉料，已相当

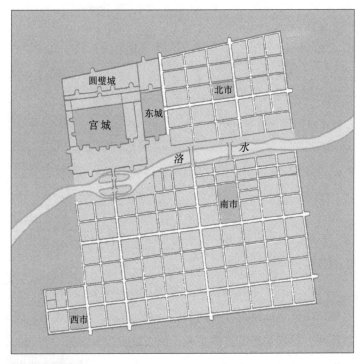

唐代洛阳坊里图

普遍。从考古资料，棉料已可织成厚密的棉布及棉绒。北方的毛料织物，南方的棉料织物，渐成为一般人民的衣服原料，丝织品遂渐渐转变为较为贵重的衣服材料。复杂的织法及绣花的方法，使中国丝绸制品，蔚为精美的艺术。许多从"丝"部的汉字，如绸、缎、绫、罗等都反映了丝织品的分化。

在起居方面，南北朝以至唐代的建筑，木结构建筑已可以有多层的高楼。佛教建筑的塔，外观可达八九层之高，实际楼层至少也可达三四层高，住宅楼居已不为罕见。不仅皇室贵族的宫殿有庭园，一般富人也有私家园林。道观、佛寺附设的庭园，竟似公共园林，一般民众也可入内游赏，不啻是公园的前身。城市之中，大多划分为坊里，一个一个方形聚落，考古所见北魏洛阳、唐代长安，均是如此布局。日本仿照唐制建设平安奈良，今日日本城市以"町"为单位，犹存唐代遗风。

室内居住方式，也有重大改变。古代席地而坐，入室必先脱履登席，室内家具以案几为主。三国时，北俗入华，带来胡床交椅，凡此坐具都是离地高座。相对坐具的提高，案几也提高为桌案。胡人着靴，登堂入室，不再有脱履的习惯。这一转变，渐渐及于全国，唯唐代床上还是有座席及依靠的隐几，一般作息已是成套的桌椅案凳与床帷枕席。例如，唐初乐舞俑还是席地奏乐，五代南唐画家顾闳中的《韩熙载夜宴图》则宾主围桌列坐。这一变化的过程，明白可见。

在"行"的方面，车制的变化极为显著。古代不论战争用的乘车，还是平时舒适的安车，都以马拉动与轴相属的辀；而载重的车辆，则以牛马置于两辕之间。南北朝开始，中间单辀的车辆渐渐消失，一切车辆皆以畜力驾辕。战车绝迹，唐代房琯曾采用所谓的"春秋车战之法"，使用了两千辆牛车攻敌，结果大败而回，终成笑柄。南北朝时，北人骑马是日常生活，南人则畏马如虎。唐代则骑马已是常事，男女皆然。唐人骑术水平不差，是以马球也是常见的运动。马球名为"波罗球"，显然为中亚名称的音译。驴、骡是一般人民乘骑，唐代有赁驴，相当于今日的租车，可以租赁做长途旅行。

中古时代的舟船，由单舸至楼船，大小俱备，内河外海，帆樯无所不至。唐代海外交通发达，番舶来自波斯、阿拉伯、印度及东南亚，而广州、扬州、明州都是国际港口。中国大型海船已使用平衡板及中轴舵。印度船只似也仿照这种设计安装方向舵，但是中国的船只似乎未从阿拉伯学来三角帆。南朝曾有过脚踏车轮的"千里船"，但此制在中国也未推广，唐宋记录偶一见之而已。

综合衣食住行各方面，中古中国人的日常生活都已迥异于古代，而其中变化的关键，大半是由于承受外来文化的影响。而且这一变化幅度十分深广，经历的时间跨度达七八百年之久。凡此变化，不少由北方开始，然后逐渐波及南方。其中缘故，一则北方不断有外族进入，二则当时的中亚文化，经由丝道进入中国，数百年未尝间断。这一时期中，中国人生活方式的变化，大约只有在近代百年内中国经历的变化可为比拟。

## 七、经济形态的转变

人类经济生活一旦有了交换行为，即已发展为生产与消费的互相作用，而以市场为其中联系的枢纽。消费数量当然以人口数量为基本要件，市场又以交通为其重要因素。消费量大，即会刺激产品的生产数量与产品多样化。中国中古时期的前半段（两晋南北朝）与其后半段（隋唐时期），经济形态大不相同，似乎即前后两个时代的人口与交通两个条件均有了重大的变化。

两晋南北朝时，中国分裂，先是五胡乱华，继而有南北的长期对峙，战乱频仍，人口难免减少。而且，无论汉人还是外族，地方豪强割据田地，霸占户口，形成封闭的社区。这样的人口结构，相应的即收缩为自然经济。汉代以货币为媒介的市场经济已相当发达，城市颇具规模，但在中古时期的前半段，丝帛与粮食既是交换媒介，又是可供消费的实物与商品。城市经济功能衰退，生产及有限的交换以农村为主。于是，那时虽然也有一些手工业生产的产品，如瓷器、丝织品，但无论质量与数量，都不能与中古时期后半段的隋唐时代相提并论。

隋唐时代经济能够突飞猛进，当由于两个因素，一是人口增多，一是交通方便。前者提供消费市场，后者加强交换机制。先就人口增多一点言，南北朝的户籍制度极不健全，尤其户数与口数的比例极不相称，自然是由于隐蔽人口逃避赋役所致。而且，中国土地上经常有两个或更多的政权并存，全国总人口数根本不存在。隋代统一之后，检括户口，所得户籍资料，以大业二年（606）的统计，全国约有九百万户，四千六百万口。这个数字，当属南北朝转变为统一帝国时的户口数字。其后各个时期，户口数字或有起伏，巅峰当在玄宗开元天宝之际。天宝元年（742）时，户口数字为九百六十余万户，五千三百万口。但是，《通典·食货七》指出，实际户数当在一千三四百万户，以同样比例计算口数，即将近八千万口！唐代盛时，均田制尚未败坏，人民生活家给户足，消费能力必然比离乱时代更为强大。唐初，还有对外战争，武后至开元之间，国家太平安定，政府收入也丰，因此官方的财力也相当富裕。在这样的人口基础上，消费量大，必然会刺激生产力，导致产品质与量的提升。

　　有关市场发展的另一项条件是交通网络。此事又可由隋唐行政区划的设计，觇见当时道路网络的观念。秦汉行政单位以郡为单位，郡下设县，又有中央派出的官员巡察地方长吏：在秦为御史，在汉为刺史，东汉的刺史演变为大区域州部的首长，长驻于治所，然后又改名称为"州牧"。两晋南北朝，州郡县三级地方制，循汉之旧不改。这一种制度是将全国切割为大块小块空间的区划。隋唐时代，则有"道"制出现。

隋时因事制宜，设立一些称"道"的行台，例如：河北道、河南道、淮南道，但似乎并未固定。顾名思义，这些"行台"是中央单位的临时延伸，按照交通的路线行进移动。所举诸例，更显著可见是沿着黄河、淮河的南边或北边的道路移动。东汉建立以前，光武帝皆以北方为"北道"，意指北面一线，同义"东道"是东面一线。唐代地方行政区划遂以道为一级单位。太宗时，因山川形势规划为十道。此后有增有减，多到十五道、十七道，但大致情形不外沿着山谷河道规划为大地区。

玄宗时十五道，分别为京畿（长安）、都畿（洛阳）、河南、河北、河东、陇右、山南东、山南西、剑南、关内、淮南、江南东、江南西、黔中、岭南诸道。长安、洛阳是两个中心，由此辐射成两个网，又互相叠合。益州（成都）与扬州分别为西南与东南扇状网的枢纽。唐代曾有五京五都之设，先后废置不一。除了长安、洛阳外，有五个大都会：凤翔、江陵、太原、河中（蒲州）、成都。这些都会均是次级网络的中心。更降一级，则洪州、潭州、大名、苏州、广州又在另一层次的地区中心。此外，各处人口众多，位居冲要的都邑，则成为繁盛的州郡，又是更下一级的中心了。综合言之，唐代最盛的开元天宝年间，中国有四个层次的交通中心，成为全国庞大道路网络的联结点。

至于道路系统，陆路之外，水路有可以航行的河川，还有人工开凿的运河，例如通济渠、永济渠沟通不同的水系。

在这一庞大网络上，人货移动，转输各地，为市场交流提供良好的条件。配合交通网络，驿站及民间的旅邸客舍设施完备，甚至有出租的赁驴。在富裕、安宁的岁月里，即使是千里长行，不必携粮，也不须持兵器自卫。人客远程旅行，非常方便，货物流转，自然可以畅通。

隋唐流转商品之中，最大宗仍是丝帛。均田制的农户受田，有永业田及园宅田，后者之中除住宅用地外即桑麻田。农民缴纳国家的是租庸调，调是丝、绢、棉、麻。因此，生产丝帛的地区，遍及全国，不限南北。在南北朝时，丝帛有实物货币的功能。隋唐的货币制度，有健全的铜钱，币信不坏。但丝帛也仍可流通，作为偿付货值或工资的代价。尤其对外贸易及赏赐，丝帛是主要项目，驼铃渡碛，中国的丝帛循丝道远达中亚，再经过改制，销售欧洲各地。丝帛也是中国在西、北两边购马的交换品。凡此项目，大致都仅是丝束或粗织的素帛，由农户于缴纳调布时，稍为加工，未必算得上制造业的产品。

丝帛成为货品，自然已经有了更进一步的加工。官府丝织品的生产工作，似以中央政府的少府监为主；私家生产则有农舍手工业的小规模生产，通常由农家妇女操作。大规模的作坊，担任较为专业的生产，规模之大者可有绫机五六百床，以熟练的工人专业生产织绫。

唐时纺织业的分工精细，以官家作坊言之，少府监织染署的工作程序，分为织纴、组绶、紬线、炼染四个部门。产品等级也有区别，绢分为八级，布分为九等。产品的分类繁多，纺织品本身，至少有布、绢、绅、纱、绫、罗、锦、绮、褐……在这些个别产品项目下，又有因工艺水平及制造技术而分门别类，此处不及细述。兹举数例为证：邺中有三交五结的织法，用八枚织梭，织成八梭绫，当时纺织技术已完全能够掌握平纹、斜纹、缎纹三种基本组织。纬线提花的方法也很常见。考古所见唐代织品的实物，种类繁多，织功细致，染色刺绣均有可观，证明当时纺织的水平已十分成熟。单以陕西法门寺出土的薄纱为例，轻而薄，数丈面积，不过一握！

唐代纺织产品，不限于丝帛，棉纺、麻纺及毛纺也已跻高水平，考古实物不少，可为证据。棉料织布，唐代名为"白叠布"。织棉花为布，始自西域，渐渐传布于中国西南部，又渐渐传入中原。唐玄宗时，长安市上已有白叠布出售，但仍视为两广特产，称为"桂管布"。毛织品用于地毯，称为"地衣"，其细软者也用于衣着。诸种织料都可染色，夹缬、蜡缬与绞缬是常用的印染技术，成品鲜艳夺目，考古的实物，如敦煌所见佛教画幡，即精美的手工艺作品。

茶、酒、糖是三种与农业有关的商品。茶在西汉即已在市集贩卖，王褒《僮约》曾提到四川武阳（今四川彭山区东）买茶之事。两晋及南朝，南方流行饮茶，已见上节，不多述。唐代种茶与制茶都成专业技术，剑南、江南遍处有名茶为特产，制茶作坊已成专业，脱离了农舍做茶。茶的种类繁多，也有集中的茶市，白居易的著名诗篇《琵琶行》，提到浔阳的茶商，离家前往浮梁买茶，数月不得归来："暮去朝来颜色故……老大嫁作商人妇。商人重利轻别离，前月浮梁买茶去。去来江口守空船……"茶作为有价值的商品，销售数量也大，唐代政府竟可在出茶州县及运茶要道路口，收取茶税，每十税一。据《新唐书·志第四十四·食货四》贞元九年（793）开征茶税，一年可得税钱四十万缗，可知当年茶的销售量，有至少四百万缗的价值。

酿酒是中国固有技术，自古以来，五谷均能酿酒。唐代自高昌引入葡萄酿酒的技术，是水果酒之始，"葡萄美酒夜光杯"名句传诵至今。酒的商品价值当亦可观，是以唐代政府早就榷收酒税。

中国古代的甜味用料是蜂蜜、麦芽糖（饴）及蔗汁。从蔗汁熬制砂糖，是唐初印度传入中国的技术。这一商品，不是农舍可以生产，必须有相当规模的作坊，从制作到贩卖，都是专业。

瓷器是中国特产。世界各处人类，早在新石器时代，即分别发展了制陶技术。但是用高温烧制高岭土的瓷坯，加釉，形成半透明的表面，这种真瓷，则是中国发展的特殊工艺。在中古时代，西至南亚，东至朝鲜日本，无不有中国瓷器行销。这些地方的工匠也设法模仿，却不能成功。中国的真瓷，汉代越窑已有之。中古前期，南方青瓷质量渐佳，但产量不多，未能普及。隋唐时代瓷器制作，大为发达，用釉及控制温度的技术臻于成熟。更重要者，南北各有名窑，而以北方邢窑的白瓷，及南方越窑的青瓷为最著名。

此外，北方耀州、定州、汝州，南方鼎州、婺州、岳州、寿州、洪州，均有当地名产。中古时期，北方名窑颇多，后来则以南方为主要瓷产地，北方瓷器逐渐式微。南方盛产高岭土，制瓷业发达，自有其原因。唐代北方仍有名窑，可能是由于北方曾经民丰物阜，当地有足够的市场需求，促使就地烧制瓷器。安史之乱后，唐代经济重心南移，而且外销瓷器的海运港口都在南方，以致南方各地如浙江、江西、福建、广东、湖南，都有制瓷工业。外销市场扶助了南方名窑，相形之下，北方诸窑的势力就渐渐不如南方了。

烧制瓷器是十分专门的技术，必须有作坊作业。又因受瓷土及燃料来源的制约，瓷窑必然集中于一些具备特定条件的地区，于是形成一些瓷窑的工业区，产品也必然具有强烈的地方特色。瓷器外销，因为重量与易碎的特殊情形，陆路运输成本太高，以致必须经由水路外运再转海舶。南方内地产瓷地点，往往有河流可以运载，如洪州、岳州即分别经由赣水与湘水南运至泉州、广州出海。

纸张是中国另一特产。史籍所记，以为东汉蔡伦发明造纸。但是考古所得实物，西汉已有纸，甚至早到战国也有可能解释为"纸"的古字。晋代仍有竹简，则其时用纸还不普遍。隋唐时，纸已普及，官私纸坊遍布全国，然而以南方为多。唐代规定向朝廷进献纸张的地方，除了巨鹿、蒲州之外，均在今日江苏、浙江、江西、安徽、湖南、四川、广东。制纸材料，包括藤、竹、苔、麻、葛、桑皮、楮皮及瑞香皮。此外，败絮破网也仍可用于制造纸浆。各处纸张，因地制宜，各有特色，有些地方的产品，更有其特殊用途。

造纸技术，已有生纸、熟纸之分，抄浆烘干即生纸，经过砑压、捶浆、填粉、施胶……则为熟纸。若再有加色、洒金……则可为特种纸张。麻纸加筋，坚牢不坏，则用于公文及诏书。竹纸轻滑，则用于书柬。涂蜡染黄则免于蠹害……甚至以纸制成纸衣、纸甲之类葬仪。

中国造纸方法，很快即传入朝鲜日本，至今这两处制纸仍有相当传统的特色。唐玄宗时，大将高仙芝在怛罗斯战役败于阿拉伯军（751），唐军的造纸工匠被俘，将中国造纸技术传入阿拉伯，自此撒马尔罕纸闻名欧亚，取代了羊皮及埃及莎草片。自此，造纸技术逐步传入欧洲各地。

本节叙述了中古时期的经济生活，大致的趋向是由前半段的停滞在进入后半段时，竟一变为活跃。此中动能，似乎是在中国回到统一局面，人口增多，消费力强大，安定的国内秩序提供机缘，出现了一个资源、人力均可借此流转的交通网。国内市场的消费能力足以刺激生产，活泼经济。

汉代的商品生产力，自从武帝以后，一部分藏在农村的农舍手工业，一部分由官方的作坊占了优势。相对而言，唐代的商品，如丝织品、陶瓷、纸张、茶、酒、糖，都以民间作坊为生产主力，官方则以榷征与进献的方式敛税。民间作坊集结劳动力与资金，积累为改良技术的产业传统。由于原料或市场出路的条件，同一产业往往集中于一定的地区。这是宋代以后商业城市出现的张本。有了足够的国内市场，丝帛、陶瓷、纸张都有余力转为外销，遂将中国的经济经由陆、海两途，带入亚洲地区，形成亚洲的经济圈。

在这一经济圈内，甚至有今日所谓技术转移的现象，例如中国从中亚学到制造琉璃（玻璃）、熬制砂糖及酿造葡萄酒的技术，中亚及西亚从中国学到了造纸、烧瓷与丝织的技术。而日本与朝鲜更大量吸收许多中国产业的技术，转化为自己的传统。中古时期后半段的唐代，中国的经济已由贸易与技术转移，超越国内经济，融入一个亚洲的区域经济了。

## 八、民族关系

东汉后半期，西、北两边边境民族已逐渐渗入中国，开启中古时期五胡乱华的序幕。同时，黄河流域人口迁徙江淮以至岭南，也发动中国人口重心南移的浪潮。

东汉南匈奴款塞，是游牧人口迁入长城之始。然而更为显著的现象，则为羌、氐人口渗入中国。羌人居住西面，本来没有复杂的君长组织，只有地方豪强为部落领袖。这些散户的少数民族，常为汉人役使。汉代后半期，中原颇多大疫，人口可能减少了，这些受汉人役使的羌人，在西州充当劳力，为开拓边地的汉人大户做工。后来，从《后汉书》的有关列传看来，羌人踪迹由西方诸郡，渗入关中，东向进入今日山西，沿着山西的河谷，甚至远达太行山东麓。这一地区，在东汉时户口减少较为严重，大量羌人东移，无异于填充劳动力之不足。当时进入中国劳力市场的，必然不仅是氐、羌，一些其他族群的人口，例如北边的匈奴与羯人，当其部落组织分解时，也会有人流徙中国，以劳力觅食。这一族群离散，零碎流入中国的现象，当然隐含相当程度的文化冲突与融合。进入中国的少数民族成员，无疑会接受汉文化，但也形成中国北方州郡人口的多元性。

从来五胡建国，以刘渊为例，于迁入中国后重建部落，遂成为匈奴人的领袖，其领袖的权威在最初毋宁是建立于汉人政权的支持上。刘渊自己颇知诗书，又自托为汉人和亲后裔，甚至冒姓刘氏，凡此都说明涵化与冲突的现象。石勒的身世，是另一有趣的个例。这个羯人青年时，曾经在并州充汉人大户的佃客。那时太原诸郡，匈奴胡人佃客多者一处数千人。乱世之时，石勒曾经与人计议诱骗胡人到冀州(今河北)找工作，打算乘机卖人为奴。然而他自己又被人虏捉，两人一枷，卖往山东为奴！刘渊、石勒的故事，颇能反映汉末魏晋时中国北方（今山西、河北诸处）族群解散，搅拌为一个混杂人口的过程。

五胡在北方，散乱地进入中国，又集合为"汉""赵""秦"诸国，其僭号称帝的同时还必自称"大单于"。这些"国家"的成分，其实也不是匈奴、羯或氐的政权。他们统治的人口，往往即一个混杂的人群。

　　五胡中的鲜卑，情形与其余四种胡人不同。鲜卑原是东北地区的民族，魏晋时已有鲜卑部族移居幽、冀（今辽西与河北东部）；八王之乱，这些鲜卑族群段、宇文、慕容诸部参加内乱，各有选择。慕容部还在中国北部建立了国家。然而，鲜卑民族的活动范围相当广大，今日的内蒙古地区，都有鲜卑人居住。其中有一支慕容部的支部，在永嘉前即长程西移，在今日甘宁地区，结合当地的羌人，尤其是党项人民形成新的混合民族，称为"吐谷浑"。这是另一形态的民族混同。

　　五胡进入中国后，北方草原上出现了鲜卑族人的拓跋部。拓跋原来居地在大兴安岭，经历数代，逐渐迁移到今日内蒙古。诸胡已入中原，漠南无强大的游牧国家，拓跋部遂有了发展机会，形成"部族联盟"型的庞大组织，终于入侵中国，建立北魏，实质上统一了北方。无论在进入中国以前，还是在建立北魏以后，拓跋、鲜卑都是民族融合的人口。草原上的惯例，一个强大的力量出现时，许多原来各有族属的部众都会以这一力量为核心，建构共同的民族认同。古代的匈奴，后来的突厥和蒙古，无不如此，拓跋、鲜卑也是如此。

　　北魏在中国建立政权，取得北方汉人的合作。北方汉人大姓与鲜卑政权之间，以实质上的共生关系维持了一个相当稳定的朝代，汉文化与鲜卑文化之间，有密切的涵化过程。北魏孝文帝迁都洛阳及全盘汉化，当然是一个高潮。相对而言，草原文化对于汉文化的冲击，也留下相当深远的影响。

生活起居的方式，由席地而坐转变为据案坐倚，就是一例。这一文化涵化的过程中，自然因胡汉通婚之普遍，人口的血缘关系也有所融和。隋、唐两朝皇室的血统都是胡汉混血的。

相对而言，北边汉人则相当程度地胡化。北魏末年，北方六镇原是鲜卑留住在老家的军人，迁入中国的鲜卑人高度同化于汉文化后，与这些鲜卑人有了文化的隔阂。北魏分裂为二，北周宇文氏原出鲜卑宇文部，却尽力融合胡汉；而北齐高氏，据说是渤海汉人，反而扬胡抑汉，以致河北的华化不如关陇。隋唐之世，河北常如化外，安史之乱起于渔阳，不是没有历史背景。六镇的反叛中央，其实也是一次草原文化的族群袭击中国。更当注意六镇人口之中，不仅鲜卑而已，其中既有草原上别的族群，也有胡化的汉人。六镇与洛阳的冲突，当解释为两个背向进行的文化涵化，导致又一次胡汉的决裂。

中国北方与西北的草原上，不同民族不断更迭，一代有一代的游牧政权出现，柔然、突厥的统一，倏兴倏灭，其实是草原牧人人群不断重复进行"组合""分解""离散""重组"的过程。这些草原上的部落联盟与中国的政权，也不断有着或和或战的交互作用。一些为新起势力击败的族群，也会叩塞降伏于中国，迁居中国，终于同化于中国。唐代不少侨设的羁縻州府，往往即为了集体安置某一边外部族的余部，让他们移居中国内地。中国北方诸地，这种迁徙移居中国的部众颇不在少数。

　　唐代安置移徙外族最多的地区是灵、夏、朔、代、幽、蓟诸州（今陕甘、山西北部、河北北部及内蒙古南边诸地）。例如灵、夏、庆、银诸州曾有侨州府一百余所，安置突厥、铁勒、党项、吐谷浑，及昭武九姓（粟特）诸族的内移人口。幽、蓟、营诸州（今河北的东北部与辽宁西部）有侨置州府二十余所，安置突厥、靺鞨、奚、契丹、室韦、新罗等族归附人口。

　　唐初国力强盛四边宾服，不少归附人口，虽无侨置羁縻州府，也大批安置于中国境内。例如，太宗时，突厥首领阿史那社尔率一万余人来降，安置于灵州；李思摩率十余万人出塞，这些部众相继叛散，则散居于胜州、夏州。吐谷浑为吐蕃击败，中国安置其部落于灵、庆、夏、延诸州，后来又散入朔方河东诸处。开元年间，回纥、仆固、同罗、拔野古诸部，分批大举南迁朔方河南诸地……大致言之，西起今日陕甘的北部，东延到今日内蒙古东部、河北东北部、辽宁西部，处处有外族人口，其中有的集体迁移，原有的部落组织还未完全离散，有的则是散居的人户。最后，这些入居中国的外族学习农耕，接受汉人文化，融入中国之内。

　　然而，在同化过程未完成之前，杂居内地的胡人往往即唐帝国的兵源。唐代边将，原是胡人后裔者，比比皆是。安史之乱的作战双方，不少将领都是胡人蕃裔。安禄山自己即营州杂胡，他的姓氏则是昭武九姓的安姓。甚至在安禄山未举兵反唐以前，卢龙、范阳两节度的将领已全是蕃将。相对而言，政府将领如李光弼、仆固怀恩、哥舒翰等也都是胡人。郭子仪的朔方军，得回纥兵马之助，方能平服安史之乱。

安、史死后，河北诸镇拥兵割据，仍举安、史为"二圣"，河北居民甚至不知孔子为何人。由此可知，河北胡化程度甚深，虽然名义上是奉唐正朔，文化上却有如异国。唐末契丹兴起，五代时石敬瑭割燕云十六州于契丹；从此以后辽、金、元三代，河北不奉中原正朔达数百年之久。回溯过去，安史之乱的根本性质，其实不是强藩反叛中央，毋宁与北魏六镇之乱相似，乃是胡化地区对汉人中央政府的反扑。唐皇室平乱，甚至借回纥、吐蕃兵力，中国则任外军掠取子女金帛。于是，这一场战事不啻是不同族群的胡人蕃族在中国土地上争夺了。

西北方面，民族关系十分复杂。唐代大量羁縻州府属于安西北庭，其实是各地民族的虚衔，中央号令很难下达。当地民族突厥、昭武九姓、回纥等兴衰更迭。东西之间一条丝道的大路，则是河西走廊。这一古代称"凉州"的地区，自汉代以来是中国防守的要道。河西走廊自古有大军戍守。因此，不论西域如何变化，中国力量在这一条通道上常能保持一定的优势。永嘉之后北方大乱，凉州吕光却能在西陲为中国文化留一片基地，典章文物，足与南朝相比。甚至经过隋、唐，吐蕃雄张，唐末五代，沙州、瓜州还能自保，可能正因为河西走廊汉人文化基础深厚之故。另一可以相比的例子是

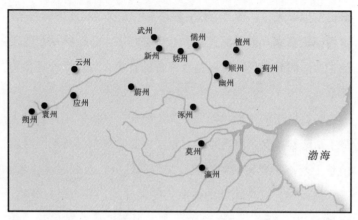

燕云十六州位置图

西域的高昌。在遍地均是胡人族群的环境，本地居民也是许多族群杂处，高昌麴氏政权却长期保留唐风；由考古所得资料，高昌田制仍依均田制度。此中缘故，可能由于高昌是丝道上的重要据点，汉人留居者不少，遂能保持华风。

四川盆地一度也多移入的外族。三国蜀汉，诸葛亮开拓南中，将南方"刚狠"蛮夷编为部曲，其中颇多北移蜀地及汉中的南方族群。蜀亡，不少蜀人又被迁往内地，例如薛氏一族迁入山西，蜀薛遂为三晋强宗。西晋大乱前夕，大量氐、羌流入四川，布满山谷，当因蜀地人口外移，留下了诱人的发展空间。唐代剑南号为膏腴之地，唐室有难，玄宗、僖宗两次幸蜀，可知蜀地是关中的后方。但在吐蕃兴起，南诏立国，四川又腹背受敌成为前线。吐蕃侵入剑南时，经常大掠汉人，驱赶入番地。即使没有这一强敌，分布在四川山地的当地部落也常掠取人口，转卖为奴，辗转易手多次，从此不能回来。川西凉山彝家，曾有黑白之分，黑彝是主人，白彝是被奴役的人众。溯其来历，可以远至中古的转卖人口及奴役降伏的邻部。

长江以南的情形，与北方大不相同。东汉以来，北方人口不断南移，汉人遭逢的南方原居族群，在东汉及三国时以山越为盛，东晋南朝则有较为细致的区分，至少有溪、洞、蛮、僚诸种。这些民族的体质人类学分类，甚至语言分类，今日已难以考订。大率言之，南方土著都是农耕生活，在汉人强大的文化与经济优势挤压之下，大多迅速同化，成为编户齐民。然而，总有一些或是原来分布山岫岭谷的聚落，或是有意迁移逃离汉人开拓的人群，凡此即唐以后仍见于长江以南，岭表海隅的苗、蛮、瑶、洞、黎、畬诸种，只能在分割为小块的地区存活。因此，南方的民族关系，不若北方紧张；当然，汉人南下，冲突还是在所难免，只是痕迹不如北方之深。

汉人南下，自己以先来后到仍有类聚群分，冲突也时时有之。三国时江南已大有人众；永嘉之乱后，南渡的新移民建立了东晋政权。江南旧人并不心服，东晋能立足江南，经王导努力调和新旧，始得吴地人心。东渡大族终于不能在吴郡置产，只能在会稽发展——这也是汉人之间先来后到的紧张关系。北方渡江人口，若不是大族集体行动，也须聚众结帮。所谓"行主"是逃难道路上的领袖，可以称之为"流民帅"，一旦定居，他们即转化为地方豪强。南朝中央政令，通常不能下达今日江西、湖南，更遑论广东、福建。流民南下途径，大致沿湘、赣二水逐次南移，或循支流河谷歧路分布于可以开垦的地方。若以此原则寻索，几条大路必是沿河谷、越山垭，成树枝形开展。而大路及重要的分支路线，就是都邑次第出现之处。道路网络间的隙地，则往往即土著较多的郊野山岭。大路上语音可通，隙地则方言繁杂。这些方言，或相当受原来土著的语言的影响。今日客家移徙轨迹，其实都在大路上，他们与"本地"的紧张关系，殆自永嘉以来常在"集体记忆"之中。

西南及广州、交州的土著民族，种类多、分布广，中古时代的汉人移徙，还未能深入。当地聚落，各有地方豪强，接受中央封号，是另一形式的羁縻而已，高凉州冼氏是一个明显的例子。云南的土著，诸葛亮经营南中，也只能与地方领袖合作，至多将孟获接到成都任职，当地地方势力，根深蒂固，不易动摇。至于南诏兴起，则应在中古国际格局中讨论，不必在本节赘述。

总结本节，中古时代，中国经历七八百年的民族重整过程，原有"汉人"的中国人口，在接纳无数北方、南方的外族成分，形成一个新的庞大而多元的民族。这个民族不是由血统界定的种族，而是认同于一个文化传统，却又呈现多元性的人群。

## 九、中国对外关系

中古前期，中国承受西方、北方与东方三方面胡人入侵。中国北方长期沦为战场。这些外族在入侵之初，或是刚从有组织的政治实体崩解（如匈奴），或是还未结合为大型组织（如羌人）。后期入侵的鲜卑拓跋部，则是在形成大型部落的过程中进入中国，又因应中国的帝国模式，经历了相当程度的改组，以致既有离散部落，将人众纳入"编户齐民"之外，又有北边六镇军人逆向保持胡化，反扑已经汉化的中央，又再经历第二次的汉化。因此，在中古的前期，中国北部对外关系承受着诸族入侵的交互作用，每当草原上的主力进入中国后，接续就会出现新的力量重新组合草原上的余众。最为显著可见的现象，即拓跋部进入中国后，漠南有柔然与突厥的兴起，中亚有昭武九姓的活动。这些新兴力量还未成为强大的草原帝国，对于当时的中国，除了形成塞外的威胁，并未构成列国体制秩序。北魏与其继承者北周、北齐，只是延续中国传统的策略，双方战守互市，也时有借突厥制柔然的远交近攻策略。隋唐未统一中国前，北边已有了统一草原的突厥，东至海，西至中亚。

西面的丝道交通不绝如缕，即使这条路线上的大小政治实体，时起时落，转口的商运依然可以将商品递送到两端及沿线的市场。那时中亚并没有强大的帝国，只是先后笼罩在柔然与突厥的势力之下。中国西陲则有吐谷浑遮绝丝道。波斯帝国与中国的北魏与北周，中隔中亚的许多民族，彼此没有直接关系。吐蕃还未强大。中国的西南地区，三国蜀汉留下的统治机构，在南朝时渐失功能，然而南中（云南、贵州及四川南部）也还没有强大的势力，足以为一方之雄。在东方海外，日本承受中国文化的程度，还未有跃进。朝鲜半岛分裂为三个国家，则与东吴及南朝已有浮海来往。是以至今日本名词中还有冠以"吴"称的事物。总之，魏晋南北朝时，中国的情势还是内陷的格局，各方面的民族聚集于中国，却没有发扬扩大的气势。

中古后期，隋唐统一了中国，中国周边也发生了许多变化，围绕中国逐渐形成一个以中国为中心的亚洲秩序。

第一个重要的变化是中国与草原民族之间力量的相对消长。突厥是一个庞大而强盛的草原帝国。北朝晚期，突厥曾经是亚洲最强大的力量。中国统一前夕，隋唐都曾与突厥角力，各有胜负。隋末中国纷乱，群雄逐鹿，北边的地方势力，包括唐高祖，都曾向突厥称臣，希望依突厥为后援。但是突厥旋即内乱，分裂为东突厥与西突厥。西突厥又分裂为十姓部落。东突厥则为唐太宗击败，颉利可汗被擒，突厥解散为许多服属于唐的部族。贞观四年(630)，四夷君长上唐太宗"天可汗"的尊号，并且请求开辟"参天可汗道"的驿道，其实即跨越今日内蒙古到中亚北部的丝道北线。这一"天可汗"的尊号，史无前例，象征中国掌握了草原上的绝对优势。然而，天可汗的优势也未能维持很久，安史之乱以后，中国不

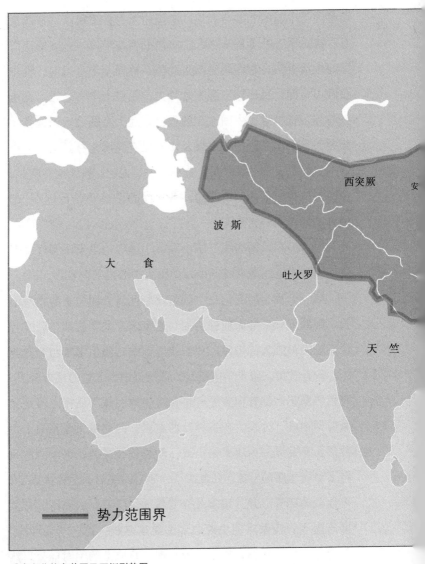

西突厥

安

波斯

大　食

吐火罗

天　竺

—— 势力范围界

盛唐文化势力范围及亚洲形势图

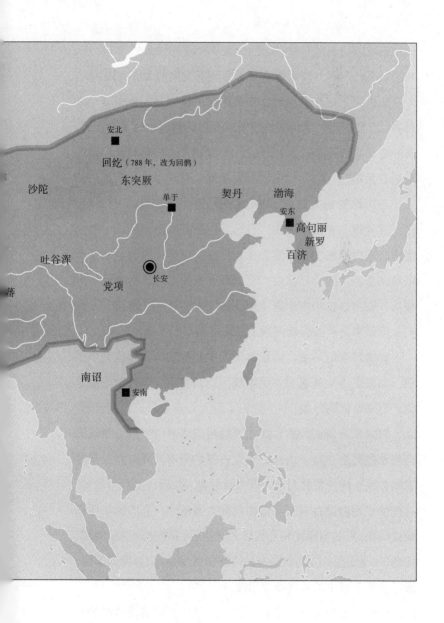

安北

回纥（788年，改为回鹘）

沙陀　　　东突厥

单于　　　契丹　　渤海

安东　　高句丽

　　　　新罗

吐谷浑　　　　　　　　　　　百济

◎长安

蕃　　　党项

南诏

安南

能控制北方边防线。铁勒、回鹘渐成中亚的强大势力；唐末，东北的契丹兴起，终于组织了兼具胡汉文化的北方大国。

唐太宗平定东突厥时，在突厥故地设定襄、云中两个都督府。唐室在边外降伏的外族土地上设置羁縻州县及都护府，其长官仍由该部族首长充任，并为世袭。这种羁縻州府实际上是自治单位，唐朝中央政府只是赋予首长勋位、官位的名义，与内地的地方政府不同。羁縻州府有都护府、都督府、州、县各级，隶属于关内、河北、陇右、剑南、江南、岭南诸道。东西两极边，事实上未能持久为唐帝国所有，高宗朝以后，东西两边均已内缩。玄宗开元天宝之际，唐帝国势力最盛，安西四镇仍在中国手中，并有军队戍守。东边安东都护从朝鲜半岛西撤至辽河边上，未能再回到平壤的治所。

羁縻州府的制度，可以解释为中国对于四邻外族的宗主权。如果以内地诸道为中国本部，则羁縻州府是外延的延长线，形成本部的外围。

羁縻州府所属外族，如在当地民族斗争中失败，唐政府会将那些外族迁徙于内地，建立侨置的州府，其首领仍是原有的首领。内迁侨置州府，以今日甘肃、陕西、山西为最多。这些侨置州府维持真正自治的时间久暂不一，有的很快即离散或同化，有的则保持相当程度的自治，可有数代之久。例如，回鹘于9世纪内乱，其中一部分内徙山西太原，长期保留部落，最后合并于唐末的沙陀李克用部。

羁縻州府的制度，未见于汉代。汉代在西域设的都护是中央官员，功能为监督西域诸属国；屯田戍卒，如河西敦煌居延各地的侯官，属于边塞防御系统的一部分。汉代内地有少数民族的郡县，则有"道"的单位来管理新附外族，如蜀郡有拊循蛮夷的若干"道"，日久之后，这些道也改制为县。少数民族的首领，或有封号，如"归义越侯"之类。唐制并非完全首创，隋代已有少数前例，但未大规模普遍设置羁縻州府。明清的土司制度，则与唐制相当接近，唯以有少数民族分布的内地省份为多。明代在东北设立卫所，以当地首领充任长官（如建州卫），同时又不属内地的卫所，与唐制最为接近。

　　唐帝国更向外延伸的一圈是一些册封所及的外国。朝鲜半岛的三个国家，自古与中国关系密切，中国也屡次介入该地的事务，隋唐两代多次征辽失败。但在唐太宗以后朝鲜各国与中国来往频繁，接受汉文化的程度十分深刻，自此以后，常为中国册封制度中最为友好亲密的国家。日本侵犯朝鲜半岛，中国也出力救援。

　　日本是另一个独立国，但属于唐代册封体制圈内。南北朝时，日本与南朝的刘宋颇有来往。隋代开始有遣隋使来中国。日本大化改新(645)以后，建立以唐制为模本的律令制度，组织了汉化的政府，派遣学生、学僧、工匠等来华学习，并且在中国文字基础上创制了"假名"作为拼音字母，是朝鲜半岛三国之外，一个深度汉化的国家。东北边外的靺鞨族则建立了渤海国，其政府制度也仿唐制。

中国东方的这几个国家，高句丽、百济、新罗、日本及渤海，都曾接受大批中国移民。朝鲜半岛的箕子传统之外，东汉以至南北朝，中国内乱，辽东为内地人民避难之地；半岛上曾有汉代设立的乐浪、带方、玄菟等郡，内地移民当亦可到。隋炀帝征伐高句丽失败，陷失隋军不少，都在半岛落户。在弥生时代，曾有大批大陆移民陆续移居日本，在九州地区为多。日本传说，秦始皇后裔弓月君曾率中国人经过朝鲜移居日本，这些人民被称为"秦人"；又有一位号为汉灵帝王子，名为阿知使主，率领汉人移居日本，这些人称为"新汉人"。今日日本姓氏，还有秦姓、吴姓，自称为秦人、吴人之后。更可注意者，遣唐使的出发地常为九州，而使团人物也以九州人士为主，是则中国移民之后可能是促进日本输入中国文化的重要推手。

凡此东方诸国，其与唐帝国的关系，政治上为册封体制，文化上为模仿中国。工艺方面也是如此，却又各有自己发展特色，例如朝鲜的织锦、日本的冶炼，精美程度还胜于中国产品。朝鲜与日本的儒学与佛教，发展十分迅速，既承受中国的传统，又开展出自己的传统。但是，中国与这些东方国家的贸易关系，从来不能与中西之间海陆两路丝道之规模及影响相比。其中缘故，当在这些东方国家的物产与中国的物产同质性甚高，缺少互补的需求，遂不能有经济上的互相依存关系。

日本与朝鲜半岛诸国，在汉代以来，即曾接受中国封号。

以高句丽为例，汉封"高句丽王"，东晋则封授为"使持节、都督营州诸军事、征东将军、高句丽王、乐浪公"，兼有中国官职名衔及五等爵。日本在汉代受"汉委奴国王"金印。在南朝宋代，日本贡使转持国书，自称为"使持节，都督倭、百济、新罗、任那、秦韩、慕韩六国诸军事，安东大将军，倭国王"。刘宋不许，仅授予"安东将军、倭国王"。其时，百济国王已有"使持节、都督百济诸军事、百济王"的封号，从这一事件看来，日本早有扩展野心，希冀以中国封授的虚号取得合法控制朝鲜的权力，亦即一方面接受中国为宗主国，另一方面狐假虎威，建立自己在邻近地区的霸权。册封制度，在当时不是空洞的仪式，而是具有实质权力分配的层级组织。唐代实力比刘宋强大，但对于日本并不假以羁縻州府职衔，是以不将日本列入帝国结构的第二圈，而置之于第三圈的朝贡属国之列。

吐蕃、南诏与唐朝间，又是另一种关系。吐蕃是羌人在西藏高原建立的大国，其兴起时间相当隋唐之成立统一大帝国。唐初，吐蕃已颇为强盛，唐太宗以宗女文成公主和亲弃宗弄赞。吐蕃王除了娶唐朝公主，也娶尼泊尔的公主，正反映其在文化上与政治上居于中印之间的地位。唐初，唐朝击败东西两突厥，"天可汗"的威胁，西端远达中亚，安西都护的四镇是唐朝势力的西端末梢。吐蕃在内部统一，并击败尼泊尔后，曾尝试伸张势力于西域。但是为河西走廊至安西四镇的实力所阻，只能经由喀喇昆仑，西南下山，接通旧的东女国取得食盐的商道，伸入西域南部。唐高宗、则天两朝，唐朝多次失去四镇，又取回四镇。唐朝的策略是以这一条国防延长线隔绝吐蕃与突厥诸部之间，保持丝道畅通。

其时，波斯萨珊朝已受新兴阿拉伯帝国（中国史籍称为"大食"）北上的威胁。中亚形势遂成为多角的斗争。其中各方战略考虑，未必全为丝道上的经济利益，可能更重要的原因是领土扩张及控制中亚这一片四战之地。丝道的经济利益之受益者，是绿洲上的小国及草原上的游牧部落。吐蕃、大食与后来先后介入的突骑施与回纥，都志在收取丝道上诸国的税收。唐朝则以东亚大帝国，始终力图保持西域的霸权。唐朝削弱了突厥及草原其他势力的力量，但西北一路，孤军独悬，补给线太长，于是虽有王孝杰、郭元振时的大胜，也有高仙芝在怛罗斯城的大败。中国在开元、天宝时，国力最盛，安史之乱，陇右及西域军队都内调投入内战。朔方兵与回纥马，全力东顾，吐蕃在西陲有了扩张的机会。安史之乱后，吐蕃成为庞大帝国，凤翔以西领土均为吐蕃占领。吐蕃还一度攻陷长安。建中四年（783），唐蕃会盟，北方以泾陇为界，南方以大渡河为界。唐代与邻居的关系，经常是宗主身份，受制于吐蕃，是为仅见。在中亚的多角斗争中，唐代曾有远交近攻的策略，打算联合大食、回鹘以制吐蕃。德宗朝名相李泌即有此计划，但终未能实现。河陇长期为蕃有，河西张议潮叛蕃回归朝廷。然而，宋代西边，难得跨越维州（后更名为"威州"，在今四川的西北部）。藏地文化方面，藏传佛教结合本土与印度文化，中国文化也未有发展机会。

南诏是中国西南的新兴政权，据称是汉代哀牢夷后人，原有六诏，亦即六个领袖管治下的部族，分布于云南、贵州及川南。民族血缘上应与今日的泰国有关，文化则是在土著文化上添加汉、藏两个文化。六诏中的蒙舍诏于唐玄宗开元末统一了六诏，玄宗封为云南王，德宗时改封为南诏王，其疆域包括中国西南及泰、缅、越、老挝的邻近部分，逐渐将东西两翼及西南诸蛮合并为一大国。唐盛时，在这一带设了不少羁縻州府，隶属剑南道，吐蕃兴起，南诏因其文化渊源，遂服属于吐蕃，助其侵轶剑南，并吞诸蛮。南诏位于西南，群山之中有一条贸易路线，今日称为"第三条丝道"，联系中国西北与西南，延伸到中南半岛及孟加拉湾地区。贸易方式主要是区间转输，不是直接贸易，商品种类以换取北方及中国产品的南方的盐、铜为主。

吐蕃与南诏在唐帝国的大圈子内独立性相当强，不像东方朝鲜半岛诸国，纳于册封体制。这两个国家形成于唐时，但延续颇久。南诏后来是宋元时代的大理，长期维持相当程度的独立，元时为梁王封地，明代始为行省。西南诸地的土司，颇多源自元代者。

综合言之，隋唐的中国是一个庞大国际网络的核心部分，中国以其文化与经济的优势支持了军事活动，一度将北边游牧民族压服，形成一个无可匹敌的大帝国。经由羁縻州府结合外族的帝国外围，经由册封制度吸纳邻近国家依附于帝国体制。然而，更外一层则是吐蕃及回纥一类独立的势力，时友时敌，和战不定。以中国为首的东亚世界，与先后由波斯、大食为核心的中亚及西亚，在中亚颇多接触，国际上也以远交近攻的策略，发展为多角的关系。至于以印度为中心的南亚世界，于中亚有文化与经济的交流，但于东亚则以文化交流为主，最可见的部分即佛教先经过中亚传入中国，后又有海陆两道与印度交通，中国直接输入佛教及印度文化，并转输朝鲜半岛及日本。东亚世界的商品经由海陆两道，与中东交易，并转运到欧洲。陆上丝道的利益，为中亚及中东诸国分润。海上交通的受益者是波斯、阿拉伯、犹太及印度的航商。中途的港口诸地所承受的影响，则是在航线上的诸小国，但其蔚然成为富裕的东南亚，还须在唐宋之际及以后。

中古时期前半段，中国是内敛的，于积累足够的文化与经济能量后，在中古后半段，中国是开张的，遂成为东亚文化经济与政治秩序的中心。

### 十、唐帝国与阿拉伯帝国的比较

唐帝国与阿拉伯帝国属于同一时代，只是阿拉伯帝国阿拔斯王朝延伸到1258年，时间跨度比唐帝国长。这两大帝国，既是政治秩序，也各自代表一个文化圈。两个帝国的疆域，在中亚相接，两个帝国的领土横跨亚欧非大陆，以致当时的文明世界，只有地中海以北的欧洲与南亚次大陆的印度不在

两大势力的统治范围之内。唐代中国与伊斯兰世界之间曾有
过正面冲突，那时阿拉伯的阿拔斯王朝开国不久，初试啼声，
就击败了中国远征中亚的戍军。然而，伊斯兰文化笼罩的江
山，却是被来自中国北方的蒙古大军冲垮！

　　如众周知，伊斯兰世界在穆罕默德手上，由一个阿拉伯
半岛的新兴教派，迅速扩张，终于膨胀为地跨三洲的庞大帝
国。这一宗教特性，在人类史非常罕见。在穆罕默德 632 年
逝世前，伊斯兰已经征服了阿拉伯半岛的一部分。他的继承
人四大哈里发，事实上是宗教领袖，其政治权威却是次要的，
重要性甚至远不及他们在军事方面的功能。四大哈里发都是
穆罕默德的亲戚与创业伙伴，他们经由选举才有此权威。有
选举权的穆斯林（伊斯兰教的信徒），最初只包括穆罕默德
在麦加与麦地那两地的信众，然后才扩充及皈依伊斯兰教的
阿拉伯人。

　　倭马亚王朝（661—750）是穆罕默德亲属部族建立的，
哈里发的继承，由现任哈里发指定自己儿子接位。倭马亚王
朝是阿拉伯的朝代，阿拉伯穆斯林地位最高，别的民族的穆
斯林次之，未皈依的一般外族又次之，奴隶（大多数是战争
中掳获的俘虏）地位最低。

　　阿拔斯王朝的皇位继承，是父子相继。阿拉伯文化在阿拔
斯王朝已是伊斯兰世界的共同文化。外族，不论是波斯人，还
是欧洲人或非洲人，在这一普世的庞大文化体系中，却也是可
以参与的成员。当然，穆斯林与异教徒之间的地位仍旧不同。

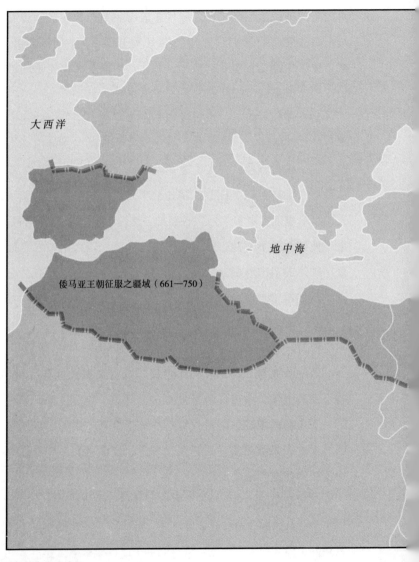

大西洋

地中海

倭马亚王朝征服之疆域（661—750）

阿拉伯帝国疆域图

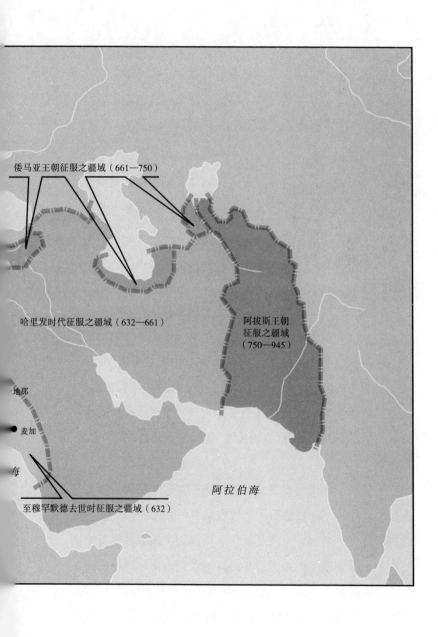

倭马亚王朝征服之疆域（661—750）

阿拔斯王朝
征服之疆域
（750—945）

哈里发时代征服之疆域（632—661）

地那

● 麦加

每

阿拉伯海

至穆罕默德去世时征服之疆域（632）

相对而言，唐帝国的社会结构就不同了。唐代以前，诸民族间的战争，曾有南北朝时民族间的不平等，甚至中国人之间，还有世家大族与一般庶民的不平等。经过数百年的激荡与消融，唐代的社会基本上又回到汉代以编户齐民为基盘。唐初，胡汉的区别已经泯灭，唐代中叶以后，世家大族的优势地位逐渐消减。经过考试进入文官体系的儒生，逐渐构成一个新的士大夫阶层。进入这一阶层的门户，基本上是开放的，即使财富与社会地位，不可避免地仍使贫寒之士难以与富贵子弟对抗，但唐帝国的阶级分化，还不似伊斯兰世界的情形严重。

伊斯兰世界的政府结构，最初相当松弛。四大哈里发时代，每一个新征服的地区，除必须缴纳重税之外，当地的统治各随其俗，仍由原有的统治阶层接受伊斯兰中央的指令。倭马亚王朝的治理方法，承继波斯与拜占庭两个来源的影响，将帝国的庞大公民划分为几个省份管理，而每一省份的治理方式，仍保留相当程度的当地传统，倭马亚王朝是"分而治之"的皇朝。

阿拔斯王朝则已发展成为中央集权。这一朝代是靠东部霍拉桑（Khorasan）地区，大致包括今阿姆河上、中游以西的阿富汗中、西部，土库曼斯坦东南部和伊朗东北部等地区支持的。虽然整个伊斯兰世界迅速地阿拉伯化，阿拉伯语文是全国共同的语言文字，然而帝国各处，都是哈里发的子民。哈里发大权独揽，他是真主安拉的代言人，宗教权、司法权、军权、行政权集中于一身。中央有执行上述四种权力的个别部门，各省也是四项权力分立，各自听命于中央。中央政府有侦伺消息的情报警察系统，配合一个无远弗届的驿传制度，传递信息与指令，中央政府的控制是相当牢固的。

唐帝国的政治系统则继承中国已发展甚久的一套制度，皇帝承受天命治理天下，由一个文官体系辅佐。这一文官为主的行政组织，在中央实行决策、执行与考核监察的三权分立。后来，决策的中书省与考核的门下省长官，合组为集议制的宰相群（中书门下平章事），执行业务则分属六部掌理，司法权却独立向皇帝负责。当时的宗教，佛、道共存，而儒家的理念是文化主流。中国没有相当于伊斯兰的宗教权，即使道教号为国教，道士与佛教的僧侣却都受礼部专设司官的管辖。

至于军人的地位：伊斯兰初创时，教众人人皆兵，教团本身是一个战斗体。倭马亚王朝的军队，人数增多，穆斯林未必都服兵役，其他族群军人组成作战单位，由穆斯林军官指挥。常备军已职业化，领取一定的军饷。但有大征战时，穆斯林还受征召出征。阿拔斯王朝有一支皇室直接指挥的禁卫军，战斗力最强，先是由一些阿拉伯部落柏柏尔与贝都因的战士充任，后来则从东方各族选募勇力之士。最后，最能作战的军队是突厥族的专业军人，甚至军官也渐渐由突厥人出任。有些禁卫军的指挥官是宫中宦官。阿拔斯王朝后期，突厥将军跋扈，任意拥立废黜君王，年轻的哈里发如同傀儡。

各省总督也往往割据自立。"苏丹"(指挥官)的名衔竟如君主，后来伊斯兰世界的国君，遂以苏丹为号，不再是哈里发了。

唐帝国的军人之地位，竟也有类似的演变过程。先是沿袭北周的府兵制，世袭军人来自有地位、有恒产的府兵家族。无事时农耕，免去赋役，有事时征召入伍。玄宗时开始有了招募的彍骑，由职业军人担任皇室直属的常备军。边境设有节度使，其指挥的军队颇多胡人，安史之乱即东北边疆的胡族军人进犯中央。安史之乱后，不仅河北藩镇割据，内地也设了一些节镇，遂启五代的分崩离析。皇室又有由宦官指挥的神策军，这一支禁卫军，不断废置君主，宦官专擅朝政，唐终于因此灭亡。两大帝国都有开疆辟土的大征伐，而军人权力之扩张，以致不可制，东方西方，若合符节。

东西两个帝国，都孕育出辉煌的文化。伊斯兰教原是阿拉伯沙漠的宗教，但能够吸收波斯祆教、基督教（东正教）及犹太教的教义，组织以简单一神信仰为主体的宗教体系。在其扩张的过程中，伊斯兰政权又大量翻译希腊与波斯和印度的文学、哲学与学术著作为阿拉伯文，使新起的阿拉伯文成为内容丰富的语文。他们在这一基础上取精用宏，更上层楼，既有继承也有创新。阿拉伯文化在天文学、数学、历史学、文学等各方面的成就，令人佩服。

印度文化随佛教东传中国，中亚的祆教、摩尼教、基督教也随外商进入中国。唐代承南北朝之后，以中国文化为主流，并且收纳了北方胡人及外面输入的文化因素，同样取精用宏。唐代中国的文化成就也是灿烂可观。唐代社会开放，外来人才颇有发挥余地，高丽人可为将（高仙芝），越南人可任宰相（姜公辅），日本人可服务朝廷（晁衡）。这一现象也与阿拔斯王朝进用各族人才，有异曲同工之妙。

这两大帝国都有强大的动能，活泼的开创性，以开放的胸襟吸纳外来文化的精华，因此能涵盖广大地区，凝聚不同成分，同化许多地方或族群文化，遂缔造为中古的普世秩序。

中国与伊斯兰，两个普世秩序，都能维系庞大人群达千年之久。若从其中心思想言，两者大相径庭。伊斯兰文化的中心思想是人对唯一真神的无条件服从与尊崇，人的地位十分卑下，但又因为这一种真神是独一无二的，伊斯兰信仰本质遂是排他的。儒、道、佛三家融合为中国普世秩序的中心思想，"人"是尊贵的，"人心"是宇宙万物观照与理解之所在。佛教"境由心造"与儒家"事在人为"两项观念，在中国融合为一。将伊斯兰文化与中国文化相对而言，前者借重于人以外的神力，后者注视于人的内在完美。

两个文化系统不易比较。上面的对比，已可显示中国文化与伊斯兰文化之间，差异太多。若有一些相同之处，例如军人的跋扈，却也不是巧合，应可由组织系统中分工与功能平衡的角度分析，其实未必与任何文化系统的本质有所关联。

第五章

# 亚洲多元体系的中国（10世纪—15世纪）

中国文明更进一步扩大到东亚以外。面对其他文明的挑战，冲突与融合是最常上演的戏码。许多外来民族的扩张，尤其蒙古西征，将东亚的中国与西方之间，建构成一大片交流融合的地区。于是，中国的经济网络扩大了，而中国型思想也更坚实地形成一个完足的思想系统。经过这一次转换，中国与东亚几乎已不可分隔！

## 一、中古后期的中国与列国体制

一般中国历史的排列方式，唐宋联称，视为中国的统一王朝。实质上，宋代中国是当时国际社会中的一员，不能与唐代早期的中国相比。在第四章中，我们已说过唐太宗至玄宗时代的形势，中国是当时东亚最强大的帝国，在"天可汗"的秩序下，中国建立了许多羁縻州府，收揽不同的外族于大唐帝国的霸权之下。但是，也正因为大唐帝国包罗四方，有些外族遂得以自由进入中国。中亚与北方草原上民族斗争中，有些失去故有土地的部族，即以备置羁縻州府的方式移徙中国内地，分布地区遍及今日陕、甘、晋、冀各省。北边沿边的胡族，依塞居住，在安史之乱以前，或贸易，或充军伍，与汉人杂居。中国北方（今内蒙古、辽冀诸省）胡化甚深，安史之乱即胡化地区挑战中央，而安史之乱以后，河北藩镇形同独立，延续了胡化的文化传统。在这一基础上，中原与北族对抗的形势，遂由长城代表的农牧交界，南移为以北方中间地带分隔的南北对峙。

五代虽有五个朝代之名，其中后唐、后晋都是沙陀军事集团建立的，后汉、后周（宋代开国之君所隶属的集团）毋宁仍是上述胡汉混合军事集团蜕变的势力。五代的中原，既是混战的局面，也始终承受北方契丹的压力。宋代建国，也不能摆脱受制于契丹（后来改名为辽）之困境。后晋割燕云十六州之后，宋代的国防线退到今日河北中部与山西东北部。辽为女真（金）取代，金又为蒙古（元）取代。中国的北方国防线一步一步南撤到黄河，又南撤到江淮。在蒙古已兴起，女真犹未灭亡之时，中国由北而南，有蒙、金、宋三个地区的抗争。

南宋能在江南偏安，其实也只是依靠南方在安史之乱后发展的丰厚经济力量。五代十国中，九国（吴、闽、南唐、吴越、南汉、荆南、楚、前蜀与后蜀）实质上是汉人在南方建立的国家。宋与辽金元是长期胡汉对峙形势。在对抗的过程中，宋人始终处于劣势，屡败于辽，澶渊之盟以后，辽宋之间有过百年和平，这是以大量岁币换来的！宋辽之间的名分，虽没有后晋儿皇帝的窘况，也未免自称弟位，受尽委屈。宋于金元，当然更为可怜，北宋亡于金人，南宋亡于元，虽欲称臣而不可得！

宋人西北，有一西夏，本是唐代吐谷浑故地。吐谷浑是一个鲜卑贵族统治羌人的部族国家。西夏地居蒙古草原与西藏高原南北接之处，本来是五方杂处的地方，西夏党项部族唐古特，其实也是多民族的混合。西夏以蕞尔小国，存在两百年之久，竟也成宋人西陲大患，宋对西夏战争不利，不得不以岁币换取和平。

西藏高原的吐蕃，在唐代逐渐兴起，吸收了中印两大文明，蔚为唐代的西方大国。安史之乱，吐蕃侵略河西陇右及今日四川的西北部，唐蕃八次会盟，双方大致是平等地位。但是吐蕃军队曾多次侵入关中及剑南，唐人也是无可奈何。宋代的吐蕃，由于不断受回鹘的侵削，实力大不如前，终于向辽人称臣纳贡。宋人与吐蕃之间，纠纷不多，然而宋人也至多无须受败亡之辱。

在西南方，南诏于唐代兴起，统一今日云南的六诏，文化上兼收唐朝、吐蕃与南传佛教的影响，自成一个格局。宋代初起，玉斧划江，将西南置于域外，在这一汉代已入帝国版图的西南地区，段氏大理继南诏而为独立国家存在三百多年（937—1253），到蒙古取道西南迂回伐宋时，大理才为蒙古征服。

中国的东方，朝鲜半岛长期接受中国文化，汉化程度很深。经过隋唐多次征伐，朝鲜半岛上的国家，新罗、百济、高句丽都受唐廷封号时常朝贡。宋代的朝鲜半岛已为高丽统一，对于宋、辽、金、元都朝贡不断，即使南宋已偏安江南，高丽仍由海道保持与宋人的来往。高丽汉化虽深，却不再是宋人的属国，所谓朝贡，毋宁是为了贸易。

日本大量接受中国文化，大化改新以后，日本在文字、官制、律令、宗教方面都抄袭中国。隋唐时，日本当局还要求中国册封，以取得当时东亚最大帝国承认其政权的合法性。宋辽金元时期，日本却已不再领有这些大陆政权的封号。

中国东南海外，最为邻近的地区是交趾支那半岛（今中南半岛）。这一地区的北部，在汉代即已设立郡县——交州。南朝时，交州也在疆域之内，隋唐时亦是中国直接统治的地区。唐末大乱，中央政令不能及于交州，该地区形同独立。先是占城真腊屡年进贡，宋人于1119年及1120年先后封其国主为国王，亦即承认其独立自主的地位。南宋立国之初，更封交趾的统治者为交趾郡王，又于1162年封李天祚为安南都护南平王，多少还是羁縻州府的地位。1174年，宋改封李氏为安南国王，从此中南半岛不复为中国郡县。

因此，环顾中国内外，宋人于辽、金、元、西夏，都处于劣势，于高丽、日本、大理也没有天朝上国的地位。中南半岛之国，虽对宋人有频繁的朝贡来往，而且接受宋人册封，实质上朝贡只是官方的贸易关系，宋人的宗主国身份并无实力为后盾。

宋人不再是东亚世界的中心，而面对北方的强邻，宋人可谓居于弱者的地位。东亚世界显然已是一个列国共存的国际社会。在这一国际社会中，合纵连横，盟会与战争，都取决于国力的强弱，也受经济利益的影响。岁币是以财富移转的方式换取和平，而相对地位的安排，例如朝贡与册封，可维持稳定的贸易关系，则又是以国际关系换取经济利益了。

汉唐的中国，有一个多重同心圆的网络，以安排中国与四邻的关系，遵循古代文化秩序与政治秩序叠合的理想形态，五服或九服的结构中，中国居于中央，由此一层一层推展不同的政治单元与中国的相对关系。册封朝贡的制度由此而编织列国于天朝上国的四周。汉代的归义侯王及唐代的羁縻州府，加上屯戍的军队，也都是维持普世帝国秩序功能的运作方式。唐中叶以后，这一理想秩序已明显崩溃，宋代的中国本部已不再有普世帝国的格局，中国其他部分的辽、金、元，都是由部族国家进入中国。在制度方面，他们必须保留自族的传统，又难免吸纳帝国的框架，却终于是两者的凑合，不能发展为普世帝国。虽以蒙古的狂飙欧亚大陆，建立了一个空前的庞大军事帝国，却不能整合为一个普世秩序，终于难免分崩离析，解散为几个地方性的汗国。

宋人地处中国本部，继承中国政治文化的传统，普世帝国的朝代，终究只是历史上留下的记忆。唐代帝国的华夷胡汉意识并不强烈，宋人则于夷夏之辨十分认真，而民族意识于普世帝国理念，终究如圆凿方枘，不能兼容！

中亚地区，已超越中国的内部及近邻；于中古时代的晚期，中亚的列国关系竟也与中国地区的发展，彼此影响，息息相关。唐代国力强大时，安西、北庭两个都护府及所属羁縻州府远达中亚，其势力可以达到今阿富汗的河中地区。唐代中衰，不再能顾及中亚，中亚又成四战之地。

中古时代中亚的纷争，大致有两个重要的现象：一是挟伊斯兰教而兴起的阿拉伯帝国，由中东扩张延伸到中亚地区，改变了当地部族国家的发展形态；第二个现象则是中国北方草原上，不少游牧帝国（或部族联盟）此起彼落，在北方草原上失败的部族余部，都往中亚迁徙，一波又一波投入中亚列国的斗争。

若没有上述第一个现象，中国北方流徙中亚的部族，可能正如古代西迁的匈奴余众一样，逐渐与当地其他民族混合，甚至更往远处移动。但在有了第一个现象，亦即阿拉伯人在中亚建立了庞大帝国，从中国北方移徙进入这一地区的部族，也必然组织强大的帝国，并且从此落地生根。于是中国漠北回鹘大汗的游牧帝国覆亡后，其西迁余众遂于伊犁河及锡尔河（七河地区）建立了喀喇汗王国（840—1211），虽有兴衰起伏，却也存在了将近四个世纪。喀喇汗王国不断与操伊朗语的伊斯兰政权萨曼王朝斗争。祖居也在中国北方的突厥人，有不少成为阿拉伯帝国的军人，其中有一支的领袖，担任阿拉伯帝国在东方（霍拉桑）的总督，却于 962 年割据自立，建立吉兹尼朝（962—1041）。突厥人的后代与回鹘人的后代，又在中亚对峙许久。而喀喇汗王国的领袖自称"桃花石汗"，在中亚语汇中，这一个名词即指"中国"，可见西徙的回鹘即使已在此立足数百年，还是自认来自中国。

在辽国覆亡时，辽宗室耶律大石率众西迁，在中亚建立西辽（1124—1218），他们的对手则是来自中亚的塞尔柱人。西辽带来的"契丹"一名，演变为今日西方语言中的"Cathay"，当作"中国"的名称。

最后最严重的一次冲击是蒙古西征。从中国北方的草原，一波又一波，蒙古的铁骑征服了中亚诸国，兵锋直指阿拉伯帝国的心脏地区。

上述喀喇汗国与西辽进入中亚的历史，如从广义的"中国"讨论，则是来自中国的民族因迁徙中亚，卷入中亚的列国斗争。这一地区终于伊斯兰化，但是当地的大小政治势力，并未因为伊斯兰普世宗教的影响组织了普世性的政权。民族的认同，也在中亚呈现为列国竞争的多国体制。

五代至宋代的中国本部，北方的强大游牧国家以及东方与南方新兴的大小国家，构成中古后期的列国多元社会。当然，这一国际社会的诸国，虽已不在普世帝国的秩序之中，却也没有经历欧洲前近代民族国家的形成过程。东方中亚与东亚的列国社会，终究未曾发展为近代以民族为主权国家实体的国际社会。

## 二、北族政权与汉人世界

契丹、女真与蒙古三个族群，曾在中国建立了三个王朝：契丹人建立的辽（947—1125）、西辽（1124—1218）；女真人建立的金（1115—1234）；蒙古人建立的元（1271—1368）。重叠的年数不计，只从辽代到元代终止，已有四百二十余年，元代顺帝北返蒙古故地，成吉思汗的子孙仍为后元。成吉思汗第十五世子孙达延汗曾统一蒙古，迄于 17 世纪，汗号犹存，但是部落林立，势力分散，蒙古不复是一个可以确认的政治体。在这一段过程中，瓦剌也先在土木堡之变俘虏明英宗（1449），以至俺答接受明朝封为顺义王（1571）；其实蒙古与汉人的明朝，仍是南北对峙的情势。因此，若以 10 世纪到 16 世纪，看作中国近古史上的南北朝，也未为不可！

这三个族群建立的征服王朝，在汉人为主体的历史系统，通常列为外族入侵，不入正统。但是，四五百年的南北激荡，而且大片中国疆域曾由北族统治，中国人群成分与文化因素，无不经历相当程度的改变，中国的历史也不能不于此有所关注。

中国文化的涵化力强大，外来族群进入汉地，居住久了，大致都接受汉化。然而，汉人地区之外，这些征服王朝还有相当广大的土地与人民，单从汉化着眼，往往也有失真之处。尤其成吉思汗建立了帝国，其因为蒙古狂飙而纳入一个庞大统治体系之内的人民，有复杂的文化背景。中国汉人地区，其实只是几个大汗国之中偏于东边的一部分而已。辽金势力逊于蒙古，但是他们统治的模式，当为蒙古制度的前例，此处也可一并论列。

穹庐生涯，迥异农耕。北族取得长城以南的土地人民，必须有一套分别治理的方法。辽人在后晋割让燕云十六州后，统治机构分为南、北两个枢密院，北院管理已经改编的北族诸部，南院以汉法治理汉人州县。燕云十六州的百姓，仍是汉人文化的生活。这种二元管理的形式，金、元都遵循，未有很大改变。金人留在东北故地的人不多，汉化较为迅速。蒙古的情形则不然。成吉思汗灭金之后，将征服中国汉地的任务交托给木华黎，让其以"国王"名义治理中国北方，大率也循金人故迹，以中国原有的州县为治理机构。

在这些原有州县的管理之上，金人曾在各处驻扎戍军，称为"猛安""谋克"。蒙古也有"探马赤军"，戍防冲要地点。元时河北关陕，遂有汉人军万户，以地方豪强的武力为之，但在万户之上，必有蒙古人担任"达鲁花赤"监督地方军政。这种驻防戍军制度，在清代也有驻防旗营，由满人出任将军驻守要地。

蒙古征服南宋是在西征大事扩张之后，因此蒙古自己的军队已大都分散在中亚、中东与西北。当初，随木华黎进入汉地的蒙古军队，只是大汗武装力量的一小部分。经过西征分兵四讨，后来由蒙哥、贵由、忽必烈诸大汗经营中国的军队，很多是从西北与中亚征发的"签军"。因此，驻守各地的探马赤军，实际上已是不同族群混合的部队，其族群成分极为复杂。明代兴起，蒙古政权回到大漠南北的人众只有六个"万户"，那些探马赤军的后裔都留在汉地了！中国的人口，也因此吸收了不少外来成分。

不仅中国汉地有此人口成分的改变，蒙古西征常将一批新征服领土的壮丁签发征军，参加下一步的征伐。成吉思汗时如此，后来西方几个汗国也都如此，用此方法不断征服，不断扩张。欧亚大陆中间这一大片，今天称为"内亚"的地区，经过蒙古狂飙，其人口成分实已大为混合，无复中古时期的旧貌。

不仅蒙古的征讨有此效应，即以西辽而言，辽国为金人灭亡，耶律大石率领余众西奔，建立西辽于楚河流域，一度成为中亚强大的势力。直到蒙古别部乃蛮部为成吉思汗击败，乃蛮王子屈出律依托于西辽，然后反噬又灭了西辽。有了这一经历，西北诸族原来的形势也为之混合与改组。整体看来，辽、金、元三代出入中国，迭起迭亡，对于东亚、北亚及中亚的国族与人口都有深远的影响。

草原上的人民，通常分散为部落，平常自有放牧地区，部落之间也散漫无所归属。至于族群认同，通常在出现具有强势领导能力的人物后，会以横扫之势统一原本分散的各族，建立一个共同的族群意识。秦汉时的匈奴，北朝的鲜卑，隋唐时的突厥，都是如此统一草原的游牧大帝国。这些庞大帝国，经历了一段时期，又会再度分散，不再有共同的族群，直到另一位强权领袖出现，再一次统一草原——如此一再循环。在阿保机、阿骨打、铁木真三人之后，草原上先后有了三次衔接联属的统一局面。辽、金、元三代都从中国吸收经验，蒙古还从回鹘与西藏吸收更适合于游牧特质的文化因素，虽然蒙古在明代退回故地，这几百年来的涵化过程并未停止。后元既与明代的汉地中国激荡，也受到了西藏发展的藏传佛教影响。于是，在政治制度上，后元虽然再度分散为若干部族，却又能以藏传佛教信仰及蒙古新旧文字相互联系。从此数百年来，中国北方与西边的草原上，只有一个蒙古族群。

同时，虽然女真的霸业为时短暂，即为蒙古代兴，但是中国东北的女真故地，却在明代继续与中国汉地政权激荡，终于在努尔哈赤手上，满洲又成为东北地区的强大力量。满洲与蒙古之间，虽也有过斗争，从大的方向看，两个族群的关系，合作多于对抗，这两个东北林野的渔猎族群与草原上的游牧族群之间的联系，当以藏传佛教的涵化为重要力量。其次，满洲文字承袭蒙文，也促成了两个族群的共同意识。清代入关，在形式上，毋宁重演辽金的经验，但满蒙关系之密切，则是过去几次征服王朝未曾经历的。这是近古以来亚洲北方形势非常重要的变化，从此以迄近代，草原上不再有过去不断出现的聚散分合。

相对而言，成吉思汗分封诸子建立于西边的几个汗国，既与中国附近的元朝对立，彼此之间也斗争多于合作。这些汗国虽然有过耀武扬威的强大势力，却终未能走向统一，甚至在文化上也逐渐为当地文化同化，尤以伊斯兰文化的涵化最为彻底。在中亚崛起的帖木儿，虽然拥立察合台系下的"黄金家族"子孙为汗，自己则采用了苏丹为名号。同样的，印度的莫卧儿帝国，实际上是伊斯兰国家。东欧与俄属的鞑靼，也不再有共同的蒙古族群意识。

中国汉地经过三个征服王朝的统治，也承受了相当深刻的影响。中国北方，中古以前是中国文化的腹地。近古以来，以儒家文化为主体的文化活动移向南方。安史之乱以后，河北为藩镇割据，燕云十六州割为辽有之后，北方更长期为北族统治。辽人用汉官治汉地，韩延徽、刘守光之辈，在辽国发展为盛族，韩、刘、马、赵均是勋贵之后，横行一方，其性质与隋唐世家大族迥异。辽金元三代交替之际，山东、河北的地方豪族，处于三朝易代、南北对峙的夹缝中，遂分别发展为地方军阀，号为"汉军世侯"，其中严、史、武、张、李、汪、董诸族割据一方，经历数世，敌友主从常常变易。不仅河北、山东，关陇之间也有这种地方势力，元末的孛察罕（察罕帖木儿）及其义子王保保（扩廓帖木儿）父子出身西域色目人的探马赤军户，结集民间武装力量，二人势力足可与蒙古功臣世家答失八都鲁与孛罗帖木儿父子抗衡，而尤胜之，最后竟成为维持元代政权的最后一支武装力量。这些军阀，也与元末红巾以下，包括朱元璋、陈友谅、张士诚等人的性质一样，都是起自民间，无所凭借。朱元璋取天下，为刘邦以来所仅见，却与魏晋以至隋唐诸代的更迭大不相同。其间缘故，当是宋元以下，过去以世家大族累积势力的情形不再见于中国。三个征服王朝抹去了中国北方大族的传统势力，而南宋疆域之内，自从六朝以后，早已不见世家，遂致以社会精英家族力量为基础的社会势力从此式微。凭借民间宗教为组织核心的社区力量，则此起彼伏，挑战皇权。

简言之，三个征服王朝，一个接一个，累积的长期效果，其遗留于北族与汉族社会的影响，有其长远的意义。一方面凝聚了北族的共同意识，另一方面也导致汉族社会性质的若干改变。近古以后，中国汉地与草原族群的关系，以及汉地南北分野十分显著，大约都与这四百年来的变化有关。

### 三、东亚经济圈的形成

在"天可汗"的秩序为列国并存的多元体制取代之后，东亚各地区的经济关系却并未随之而疏远。相对的，宋元时代，东亚诸国发展了相当密切的经济网络。

安史之乱以后，中国北方成为战场，几条平行的东西通道则可能仍有发展。北方几个庞大游牧族群频繁互动，有战争，也有物质的交换及人口的移动。中亚的区间及区内有粟特商人来往各处。考古所见，常有多种语文的契约文书与账册，可以窥见活跃的商业活动。交通中心，例如高昌与瓜州、沙州的河西走廊，都以蕞尔一地，颇能自立于当世。这些地方，在剧烈的族群斗争中，居然能卓然自立，全由于位置冲要，具有一定的经济实力。

中国北方、西北与中亚，先有突厥与中国争夺霸权，后有回纥、吐蕃、大食（伊斯兰势力的阿拉伯国家）与中国在这些地区的纵横捭阖。虽然道路不如在同一政治权力圈内畅通无阻，然而随着战争而来，必有相当数量人口与物质的移动，信息的交换也必然十分频繁。在中古后期，中国北方逐渐凝聚为几个强大的政治体：辽、金、西夏、元及蒙古的汗国，中亚也经过伊斯兰化过程，逐渐整合为庞大的帝国。这些政治势力保持了自己控制地区内的安定，也能以集合体的力量，进行大规模的官式交易。最显著的个案，则是中国以丝帛交换草原的马匹。唐代与回纥之间，这一项目的交易，数量是相当巨大的。宋代与辽及西夏之间的条约，包括大量的岁币，以中国的丝帛换取和平。茶马的交易也不断在边界进行。中国付出的岁币，数量极大，动辄一年数十万匹丝帛。辽与西夏，必然又将这些丝帛转贩于西方世界，博取利润。是以，这样的国际条约，实际上是强制性的攫取长程贸易的商品。

蒙古狂飙，建立横亘东亚与中亚的庞大势力。征服的战争本是残酷的毁灭；另一方面，蒙古对于征服地区的商业活动以及手工业生产，反而相当支持。蒙古大汗世界的东西驿道，通行无阻。即使诸汗国之间有权力斗争，遮绝道路之举也只是偶尔有之，长程的商业活动大体上还是相当活跃。中亚的商人，在元朝统治的中国，号为"色目"，为元廷服务，甚至担任元廷的官职。其中缘故，即在于这些能算会写的商人，正补足了蒙古骑士"略输文采"的缺点。色目是一个内涵复杂的集体名词，意指来自西方的各种不同族群的成员：包括粟特人、阿拉伯人、犹太人，甚至欧洲人；如果马可·波罗确有其人，也当是其中一员！这群活跃于东西商路上的人物（不论是陆路还是海路），见证了一个巨大经济圈正在渐趋成形。

中国在中古时期发展的国际贸易商品，主要是丝帛、瓷器、茶与铁器。唐代是以丝帛为最大宗外销商品，但是宋代时中亚与日本朝鲜也都有了自己擅长的丝织品，中国的丝帛不能再专利于一时。宋代的瓷器生产，却有长足进展。唐代名窑，多在北方。五代以后，南方产瓷的数量与种类，都超迈前人。中国的冶铁工业在宋代也颇有发展。根据《宋会要》的记载推算，宋代冶炼钢铁的年产量达十五万吨，相当于当时欧洲年产量的一倍！宋代茶业产量大增于前，已是一般平民都能享受的饮料。茶也由北边西传，成为国际贸易商品。一些地方性商品，例如西南出产的盐，也是贩往中国北方的重要商品。

五代时，十国之中，九个在南方。一方面由于南方不是逐鹿中原的战场；另一方面，也因南方的经济力量十分充盈。上述瓷、铁、茶诸项商品，都以南方为主要产地。外销商品的路线，海道运输量大又安全，远胜于陆路千里驮运之苦。以瓷器为例，经过海道，中国瓷器销售于东南亚、印度，而终点则为经过波斯湾或红海，销售于中东，又转运到欧洲。红海起岸转运的港口，福斯塔特（Fustat）一地，残瓷堆积如丘，见证了当时中西瓷器贸易的规模。由于巨大的外销市场，南方不少地区都生产瓷器。今日湖南没有瓷窑，但在五代与宋代，湖南生产的瓷器溯水逾岭运到广州，几乎专为外销之用。考古学家在长沙附近的瓦渣坪找到大批古窑窑址及瓷器残片，残片上有专为中东市场烧制的花纹。这些瓷器可说是早期的贸易瓷了。五代的楚位于湖南，地小兵弱，居然也能自立成为十国之一，实有赖外销贸易的经济。宋代四大镇，原来都不是城市，只因为经济功能，于是蔚为大镇。四镇之景德镇以产瓷为主，佛山镇以冶铸铁器为主，两者都因特定产业而兴盛。这两项产业的产品，兼有内销与国际市场，盛况遂能持续数百年之久。

南方沿海，颇多重要的国际海运港口。广州与交州，自汉代以来即外舶云集的要港。宋代交趾已自成一国，广州则繁荣如故。广州的中东与南海胡贾蕃客，虽经历过黄巢之乱的大屠杀，却仍以广州为贸易重点。五代的南汉，政事上无可足道，却也能偏安一方，即由于广州累积的资源十分殷实。

泉州是唐宋元重要的国际港口，中东胡商颇多在此落户。今日泉州郭、丁诸姓，还可追溯伊斯兰来源。马可·波罗笔下的刺桐城——泉州，俨然是当时全世界数一数二的港口。今日福建已不产瓷器，当年却有许多瓷窑烧制外销瓷器，遗址还在诉说旧日盛况。五代闽国，国小人少，居然能割据一方，端赖其外贸的经济资源。吴越也是小国，但丝帛之利，甲于一时，越瓷名窑（如龙泉窑、哥窑）都在浙江。明州（今宁波）也是著名国际港口，因此，吴越小国，居然能有财力修治海塘，开辟水利，竟成当时安乐土，而且在十国中享祚最久。浙江曾有过摩尼教学院，当地外来文化的影响可想而知！同理，据有长江下游的吴与南唐，不但是东南财富的中心，扬州也是国际河港，海船可以溯江而上，直泊扬州。洪州（今南昌）则是由福建逾岭北上的转运站，也有国际贸易中继点的功能。南唐在十国之中最为殷富，国内国际市场提供的资源是其立国的基础。四川的前蜀、后蜀，不仅有天府之国的资源，其与河西、西藏及南诏大理的国际贸易，以茶盐易马，也是颇为有利。后来，南宋缺马，西南运来马匹，是宋代军资所需的货源。

由上面所述可知，中古时代的后期，中国在北方与南方都有国际物质（或商品）的移动。国际交易中，谁是赢家？北方的交易，中国以丝帛与茶换取马匹与毛皮及其制品。唐代安史之乱后，中国官方以丝帛买回鹘马，宋代以岁币输运辽与西夏，在这种交易，中国并不获利，岁币更是白赔！北方邻国接受丝帛，也不是全为自己的用途。大量丝帛经过中亚各国，运销于中东及欧洲市场，博取厚利。自从伊斯兰帝国在中亚与中东建立霸权，海陆两条通道运来的东方商品，包括中国丝帛、瓷器、纸张与南海的香料，其中继站的伊斯兰国家，专擅利润。阿拉伯人也在中东仿制中国瓷器，并不成功；丝帛加工，再转售各处，则利润丰盈。胡商带到中国的货物，以珠宝为多。这些宝石、珍珠、玉石有的产自非洲，有的出自东南亚，珍珠则以印度洋与太平洋的暖水为多。中东并无可以贩卖的产品，胡商蕃贾不外顺路转贩，却在中国可以高价出售。中国历史与文学作品上，颇多胡贾与珍宝的记载。因此，中东的伊斯兰世界依仗地理之便，垄断东西贸易的利润，维持了文化的发展与经济的繁荣。

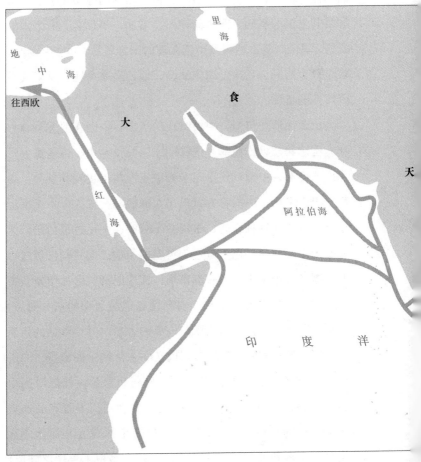

里海

地
中
海

往西欧

大

食

红海

天

阿拉伯海

印 度 洋

中古后期海上丝道路线图

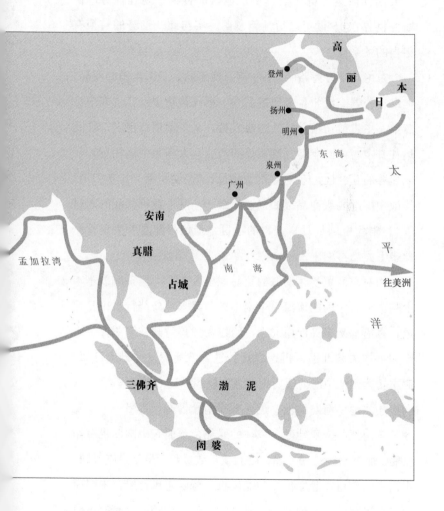

高丽

日本

登州●

扬州●

明州●

泉州●

广州●

东海

太

安南

真腊

占城

南海

平

孟加拉湾

往美洲

洋

三佛齐

渤泥

阇婆

在大西洋海运开辟之后，中东地区即丧失了地理优势。伊斯兰世界在 15 世纪之后渐趋衰落，实与此一形势的转换有相当的关系。

东南与南方海路的情形，则有所不同。中国外销的商品，丝帛、瓷器、纸张、金属制品……不仅运往中东，也在中途营销。中古航运沿着陆地边缘航行，从东南港口出发，往北运往日本与朝鲜半岛。这两处的产业，大多与中国相近，并无显著的互补性。日、韩以高级商品(如高丽织锦与日本刀剑)换取中国的高级商品（如瓷器、纸张，甚至建筑佛寺的建材等）。宋代中国从日本进口的项目，最值得注意者为铜斤！此事下面当再论述。

相对东洋贸易，南海的贸易规模大多了。这条航线基本上是由今日中国的南海沿中南半岛与马来半岛绕行至今日印尼，再沿马来半岛西岸北上，跨过孟加拉湾驶往锡兰，折南沿印度次大陆北航，再跨海直驶进入波斯湾，或进入红海，起岸转运到地中海的亚历山大港。航线经过之处，远达中东，间接连接地中海与欧洲，近者有安南、占城、真腊……以及今日东南亚与南亚地区。来往的船舶，不但有中国船也有印度船、大食（阿拉伯）船，船舶载重数百吨，虽是沿岸行驶，也已广泛使用罗盘定位。多桅风帆，可以逆风行船。中国商船已有隔水舱及中轴舵……航海的条件，已经可以有相当确定的航程，也有相当程度的安全。除了舶长（船主）自己的货物外，中国的海商也可订货位，自己随船押运到销售商品市场的某一港口售货，再搭回程商船，载回当地商品，在中国市场出售。

这样的贸易，牵涉海员、商贾、当地牙行以及政府的権关。往还于这条航线上的胡贾蕃商，颇有人长期定居于中国港口地区。广州、泉州、明州，甚至中继港的内地港口，如扬州、洪州，都有外国商贾长期居留，号为"蕃坊"。同理，中国商人也必可能定居于东南亚诸处，今日马六甲的土生华人后代，据称有可以远溯八百年之久的口传历史，则在宋元时代即已到此定居了。明初郑和七次远征，其海员及其航海知识，甚至造船技术，均是继承了宋元长程海运经验。郑和以后，明代闭关自守，但是华南民间与东南亚之间的来往，事实上不曾中断，于是东南亚各地的华人聚落也长期持续存在，形成中国与东南亚地区牢不可破的贸易传统。

南方航线的贸易，根据《宋会要》记载，通商的国家主要是大食、古逻、阇婆、占城、渤泥、麻逸、三佛齐、宾同陇、沙里亭、丹眉流……中国输出的商品为金、银、缗钱、铅、锡、杂色绢帛，以及精粗瓷器……输入的商品为香药、犀角、象牙、珊瑚、琥珀、珍珠、镔铁、玳瑁、龟皮、砗磲、玛瑙、水晶、蕃布、乌樠、药木……

上述这个货单上，最引人注意者，输入的项目以香药领头，输出的项目以金、银、缗钱领头。宋代进口香料，数量相当庞大。宋太宗时，曾権香药以补国用不足，单以乳香一项为例，广州、明州、杭州三州市舶司曾于同一年内権收乳香354449斤之多！马可·波罗形容刺桐（泉州）贸易盛况，曾谓：若有一船香料进入亚历山大港，即会有百船香料进入刺桐。马氏言多夸张，其所论数量的比例未必可信，然而如此夸张，也仍可见香料贸易之盛。香料应可分为熏香及食物配料两种。中古时期佛教及东来的其他宗教都有焚香的仪式，仕女熏香之风也相当普遍。中古前期，《齐民要术》中的食谱所使用的配料，不过葱、姜、胡芹、橘皮，宋代烹饪则已用胡椒、茴香诸料，是则中国人使用香料的情形，似乎未必逊于同时的欧洲人。

输出项目中，金、银与缗钱占了前三项，都可视为以现金支付舶来商品。宋代货币经济已很发达，唐代使用绢帛为实物货币的情形已经绝迹。金银是贵金属，本身即有货币与商品双重意义。铜铸的缗钱则完全是通货，宋代榷税以缗钱计算，铜币的使用数量相当庞大。杨联陞曾指出，宋代铸造铜币数量多于前代。宋代政府限制铜器为日常器用，即为了保证铸币的铜料够用。中国从日本与朝鲜进口铜料，也是为弥补铸币原料之不足。宋代流通货币不够，大约由于两个原因：一则中国本身的经济发达，经济体庞大，必须有足够的货币流通；二则中国货币外流成为东南亚各地的通用货币。看来，两项可能性均存在。宋代商品经济确实发达，政府榷各种商税的收入，是政府收入的重要部分，反映了宋代一般购买力强大，供销活泼。另一方面，东南亚各地，蒙长程贸易之利，经济繁荣，但各地小国都是新兴的政治体，即使有自己的货币，也未必够用。北方辽与西夏，都进口宋人货币，同时禁止铜币出境，即反映辽与西夏，甚至金、元都使用宋币。日本出土宋币甚多，可见宋币也在日本流通。中国的货币遂成为国际通用货币。从考古资料中，各地颇多宋代铜币，如做通盘考察，当可检查这一假设。

综合本节所考察的现象，中古时代的中国，不仅已纳入亚洲整体性的经济网络，而且中国在中亚—东亚长程贸易居于商品的供应者地位，而在海道方面的国际经济，中国货币更是国际通货。经由中国为中心，东方与西方的经济正在趋于整合为整体的网络。

## 四、经济与多元网络

中古时期的中国，政治、经济的中心均有转移，并且逐渐发展为多元与多中心的现象。唐代的前半段，政治中心在长安—洛阳的轴线上，但是这一地区生产的粮食，已不足供应政治中心广大人口的消耗，必须由东南漕运大量粮食。安史之乱后，两都残破，加上藩镇割据河北，吐蕃、回鹘出入陇右，首都地区更非依赖东南的经济支持不可！

宋代建都汴梁，固然继承五代的遗规，主要也是为了漕运方便。北宋时，河北与关中均成为前线：辽人据有燕云十六州后，北京（大名府）成为宋人东北的边防重镇；西夏崛起，关中、环庆、延绥均为边塞，西京（旧日长安）也是西面的边防重镇。汴梁挟禁军数十万，却无险可守，也无足以自存的经济资源。这一政治中心遂不能不仰仗东南财富。北宋时，东南不仅农产丰富，当时几项重要的产业，如丝绸、瓷器、冶铁、铸铜等都在长江以南。海外贸易的主要商港也都在南方。因此，靖康之后，南宋以半壁江山，不仅足以自存，而且殷富更甚于北宋。于是，中国本部经济中心与政治中心分开了，经济中心移向东南。

隋代开通南北大运河及发展东西向的漕运，当是因应当时首都食粮供应的实际困难，却也因此为东南农业及工业开拓了运输产品的路线，使东南产业能以北方人口为国内市场。同时，辽与西夏建国北边，其政治中心也是人口众多，消费力强大。因此，不仅宋代北方成为东南的市场，辽与西夏经过北方的转输，也成为中国东南的消费市场。这个广大的市场，对于东南经济的发展毋宁有相当的刺激作用。从汉唐中国的规模言之，一方面因为辽（及其后继的金、元）及西夏之建立，大中国的政治中心分化为多元多中心的形态。另一方面，广大的东南地区，一跃为大中国经济圈的主要生产基地、经济中心，获得了强大的影响力。

南方还可划分为几个经济区域，各自有其特色，也各有其地区性的中心。东南是最大，可能也是最富裕的地区，涵盖了长江下游，物产以丝帛、棉、米为主，五代时吴与南唐即依此富实，独立成国。这一区域，人口众多，外通海运，又有运河联系北方，区内河流湖泊构成水运的网络，大都会有扬州与建康（今南京）。浙江毗邻东南，五代时吴越在此建国，既有丝帛、鱼、盐之利，还是越瓷名窑集中之地，哥窑、龙泉窑是其中最为著名者。此地区海港有明州（今宁波），大都市是杭州，在南宋时成为"行在"，俨然南方政治中心。今日的福建，在五代时为闽国，国小兵弱，居然也能建国一方，主要凭借海外贸易。泉州是当时国际大港，马可·波罗笔下的世界第一大港。由泉州出发的商船，远至波斯湾与红海，中途又与东南亚印度洋诸港进行贸易。今日福建已不出瓷器，当时则福建本身即生产外贸瓷器。江西景德镇已是瓷窑集中地，产品经过赣水运往泉州，转口外销。同时，外来商贩也由泉州越岭进入江西北上。于是，江西是福建的腹地。洪州（今南昌）也是东南名都。南宋时，金人追赶宋人，即有一路是循赣水南侵。福建与浙江相毗邻，海上一帆可至，陆路越仙霞岭即可交通，南宋宗室不少寄寓泉州，两地的关系十分密切。由福建更往南，即岭南，五代时南汉在此立国。自秦汉以来，广州是国际港口，南海商舶云集。广东的腹地，既有西江流域的桂管（广西），也有灵渠连接湘水，将湖南生产的瓷器经广州外销。粤地殷富，自古已著名中外。这一区域的经济实力，不下于长江下游。今日越南的交州，在宋时已独立，宋室册封为安南国王，然而仍在大中国经济圈内。

　　云南的大理，在宋代始终是独立王国。该地区以茶盐之利，与草原地区换取马匹皮货。大理与宋地之间，则以铜斤、玉石为商品，也转运马匹。后来蒙古攻宋，即由此区大迁回，循西南贸易的路线抵入宋人后方。云南内部的区别，也有滇池、洱海等几个次级地区，各有其区域中心的都市。

四川盆地号为天府之国，盐及农产品的生产，自给之外，足以协济关、陇、荆、襄。北宋时，四川是关中防御西夏的后方；南宋时，四川掌握长江上游支援荆襄的国防线。四川表里山河，物产丰富，足以自成一个经济区域，其中心都市为成都与巴州（今重庆）。

以上诸区域都具有丰厚经济资源。相对的，关陇、山南、京东，以及荆襄、西淮，在北宋时是中原的外围，拱卫京畿首都，由于人口多，政府开支大，即须依仗前面几个经济区

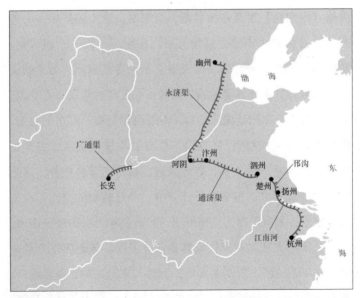

隋唐时期大运河图

的资源与财富。南宋时，京东、荆襄、两淮都是国防前线，更不能自给自足，必须仰给中央政府调度支援。

宋代经济形态，最宜注意处当在区域之间的商品流动数量相当巨大。宋代税收中商税颇为可观，一些交通要道、水陆码头，货物来往量大，商税征收额也大。全国各地，可以征收商税三万贯以上的城镇有数十处。据《宋会要》北宋熙宁十年（1077），北方的郓州、德州、大名府、真定、陕州、京北府、凤翔、并州、晋州、洛阳等十处，大约每年都可收商税三万至四万贯。南方的扬州、真州、庐州、襄州、杭州、明州、苏州、湖州、衢州、宁府、虔州、潭州、福州等十三处，每处商税在五万贯左右。这二十余处都会的商税，占了全国商税四分之一以上，再加上四川各城市，密州、广州、秦州、楚州及超级都市汴梁（开封），全国当有三十多处，商税出于城市的比例很高，或者说商税显著地集中于都会。由此推论，宋代的经济活动已是都市化现象。

此中缘故，一则各地产业因为专业而有区间互补，二则都市地区有了规模不小的官私手工业作坊。这一现象反映了工业生产不再分散于农村的农舍工业，两个因素相配合，都市中的人口数字也就增加了。

更可注意处，则是城市的结构有了重大改变。唐代承袭古代的城市传统，城内以坊市分隔为若干小区，有市门坊墙隔断。宋代城市则发展为街道的线形布局。《清明上河图》的描绘，《东京梦华录》等书的记载，都可看到沿街店铺排比，各种行业杂陈，行人熙来攘往的景象。除了工商业活动外，城市中也有不少娱乐消闲的活动，或则在空地卖艺，或则有专设的戏馆勾栏。马可·波罗所见元代中国城市的繁华热闹，也与中国文献所记相当吻合。不但宋代中国本土如此，辽、金、西夏及大理的大城市也都是同样的布局。

　　现代中国城市，大多是继承宋元留下的地点，却未必与中古城市同地。一些10世纪至13世纪发展的城市，经过明代重建，而建筑街道宛然宋代遗规者，包括大名、濮阳（澶州）、沧州、南昌、长沙、武昌、赣州、绍兴、宁波、福州；甚至南京、广州、泉州诸处也是在宋元的基础上发展为今日所见规模。因此，宋元的都市化，实具有中国历史上划时代的意义。

　　宋代南方诸地，虽有区域性的经济条件，然而竟未沦为分崩离析的地方割据，似与宋代地方官制有关。宋代地方大单位为路，次级为州、军，更次一级为县；各级地方官员，都没有封疆专阃的完整权力。同一级的官员，不是仅有一个首长，或则各有职守（如漕运、提刑、管军的使职），或则副贰相参（如同知、通判）。中央政府居中调度支配的主要力量，则是掌握财源，作为控御地方的杠杆。中央在各地设有各种监官，专司收敛各项特种产业的权税。同时，宋代各地区之间，互通有无，贸易颇为活跃，是以不仅一些行政都市逐渐发展出经济功能，而且关河津梁、山隘、港口，一些原本不是都市的市镇，或在行政都市城郭之外的市集，颇有发展为草市者。北宋时的朱仙、汉口、湖口、清江、无为等

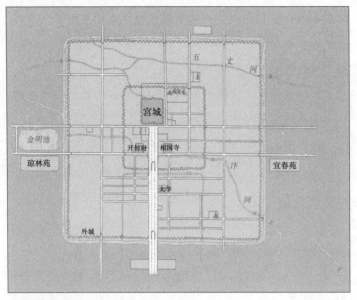

北宋开封平面图

都是著名当世的大镇，商贾云集，人口众多，风光竟盖过了
附近的行政都市。宋代大小都市呈现线形街道布局，不再是
唐代城市以棋盘式布局的区隔为坊里。著名的宋代长卷《清
明上河图》描绘了线形布局与商业交通的关系。凡此现象，
说明宋代经济实力在于各地资源流动的通畅，全国已是一个
庞大市场网络联结而成的整体。经济的互相依赖，遂是整合
全国为一个共同体的重要力量。王安石变法时，最有权力的
职位是制置三司条例司——将财政调度与法规制定的权力归
属宰辅，其权力之大，不是掌握人事权与兵权的单位可以挑

战。因此，宋代政府借经济发展，取得了整合国家的力量，即使地理上有多元的地方经济，其多元的松散却由一个庞大的市场网联结为一个共同体。

中国历史上，不断有军人据地自重，分裂国家的事迹，尤以唐代藩镇割据最为严重。宋代惩于唐代的前车之鉴，政府致力于重文轻武，大将不得据地拥兵，南宋的领兵大将（包括岳飞、韩世忠），即使忠心耿耿，仍遭迫害。但是，宋代拥有数十万禁军，后来并无作战能力，中央政府还须仰仗能作战的军队。于是边军，例如面对西夏的李家、折家，抵抗辽人的杨家，四川抗金的吴家等，仍是军人世家领导的武装集团。靖康之变后，太行忠义，两淮山水寨，以及南宋福建民兵演化的虎翼军……依旧不在少数。这些武装集团，存在于政府正规军之外，也可说是宋代中国多元性之一环。然而，这些武装集团，终究只能攫取有限的地方经济资源，也因此约束了地方割据的发展空间。到了金人与蒙古入主中国，部落军队（猛安、谋克、达鲁花赤）驻防各地，但政府缺乏宋代政府全面收夺财源的机制，于是一些地方军阀可以控制当地的全部资源，遂有发展的机会，河北诸家汉军"元帅"（例如武家、史家、张家）即应运而生。

总结此节，中古后期的中国，从大单位言，有互不相属的大小国家对峙并存，中国无复有"天朝体制"或"天可汗体制"，毋宁是多元的列国体制。从中国本部言，宋代政治、经济、军事，至少有三股力量彼此牵制，也是一种多元的复杂系统。此外，又有若干地区构成单元，存在于中国共同体之内。整合这一共同体的力量，是市场网络的经济圈，却未必是政治与军事力量。当时的中国大致是复杂系统的共同体，而由强大的经济力量提供了整合多元的动能。

## 五、宋代以来的知识阶层

经过唐末五代的武人政治，宋太祖不愿再见军队夺取政权的威胁。在"杯酒释兵权"的安排之后，宋代的政治权力，即依仗儒生士大夫所撑持的一个庞大的文官系统。重文轻武的传统，自宋以后，只有在元代一度中断，自此成为中国社会的常态。

宋代科举取士，儒生基本上是经由竞争，以经典知识与文字表达能力进入文官系统。虽然唐代由武则天以后，即已有进士科作为文士进身之阶，但是唐代世族势力历久不衰，科举难免权力介入，是以世家子弟常较寒士占有优势。在残唐五代，军人不断以武力夺取政权，世家大族方才凌夷，不得复振。宋代制度中皇家宗室与中上级官员子弟都有庇荫的起身官阶，但是庇荫子弟后来的仕途通常未必顺遂，起步时的优势在日后也就冲销了。宋代宗室，凭自己的才能在仕途上竞争，但依例宗室不能担任宰辅。终有宋一代，曾任宰相重职的宗室，仅有任开封尹时的太宗光义及南宋的赵汝愚二人而已。宋代名臣，如三苏（苏洵、苏轼、苏辙）、两宋（宋庠、宋祁）、范仲淹、王安石、文天祥……都没有显赫家世，凭着文采与知识，在士大夫中脱颖而出。宋代科举比较能得人才，推究其中缘故，当因考试制度严密，弥封考卷，关说无所插手，考者不靠真才实学，颇难躐等。

宋代优遇士大夫，胜于前后列朝。据说，宋太祖留下祖训不得诛戮士大夫。核对历史，宋代党争虽烈，失势的官员至多降职贬逐，却没有杀身之祸，甚至身陷罗网也属罕见。大臣退职，还常有提调某某祠的虚衔。相对言之，武职官员就没有如此优遇了，岳飞的系狱即一个显著的例子。

不过，换一个角度看，士大夫一旦束带立朝，终身不得摆脱公务员的身份。以苏东坡为例，他一生负盛名，入仕之初，即为社会公认是宰相之材，但是仕运不顺，除了一度担任"知制诰"的学士（皇帝的秘书），终生在贬逐之中，甚至最后远贬琼崖。若在别的朝代，他大可辞职高蹈，像陶渊明一样，不再在宦海沉浮。然而，宋代士大夫未有如此的自由。是以，宋代儒生出身的士大夫，虽受空前绝后的优遇，却也是依附政府豢养。宋代政争此起彼落，士大夫进进出出，范仲淹、王安石诸人锐意改革，也还只是在原来结构中修补缺失而已。

宋代知识阶层的地位提高，未必只是由于政权对文人儒生的尊崇，其实还在于这一阶层人口众多，形成相当广大的社会基盘。以两事为例：司马光罢相，市人为之叹息；再次当政，市人为之额手。又如，金人入侵，李纲罢职，太学生陈东纠集学生抗议，市人加入者也甚众多。一般百姓有如此反应及参与，可能反映宋代士大夫已不是高高在上与小民百姓隔绝的"贵族"了！知识阶层人口较前众多，社会基盘较前广大，大概由于教育较为普及，知识传布较为方便之故。

教育较为普及，当与学校制度有关。自从汉代设立太学，历朝都有这样一个高等学府，但其功能则未必名实相符。汉代地方学校，在《循吏传》中往往可见，在四川，文翁的郡学最为著称。魏晋南北朝中国分裂，百姓救死不遑，官设学校徒存虚名。唐代休养生息，中央地方都有学校，教学项目也不仅限于儒家经典，数学、医学及书法，均可列为学习专科。开元盛时，全国有学生六万余人。可是，这一数字在当时全国总人口中，也不过稍多于千分之一。安史之乱后，学校荒废，往往仅存孔庙而已。

宋代恢复教育，中央地方都有学校。宋代官学值得注意者，一是学校设有主持讲学的"直讲"，学生有了固定的老师；二是太学以至地方学校，往往有政府专拨的学田，供给学校开销。有教员，有校产，宋代官学不再仅为一个职司教育的办事单位，较之汉唐之世，宋代官学颇有足以自立的基础了。

范仲淹庆历改革，其中心思想是训练专业文官以救吏治，于是设立学校是改革的重点。王安石新法是以经济改革为主，于学校未多着墨。崇宁改革，蔡京又于教育颇加注意，其设计的方案是经由地方官学训练学生，择优保送中央的国学。国家设立"三舍"的奖学金，学生人数一时多达二十余万人。靖康之后，这些构想又都束之高阁，但是上述学校有校产及专设直讲的制度，还在相当程度上维持学校教育继续运作。

宋代学校教育的具体基础，在于民间有书院及依附于社区的家塾与社学。书院是讲学之处，可以为官设，也可以由学者管理。唐代佛教寺院骤增，而且往往占尽山林胜境。寺院虽在山林，经常有名僧大德讲论经义，宣传宗教。唐代儒生学者有借住寺院读书的风气，一则费用省，二则环境清静。后来儒生自己组织书院，大率沿袭寺院传统，书院的主讲人称为"山长"，即山林本色。宋人书院甚至有沿用佛寺"方丈"的名词者，更显示佛教寺院的旧惯。

书院往往有自己的田产，或由官方指拨，或由私人捐赠。书院读书的学者，来去自由，也不像今日西方传统之大学有学位的规定。书院是自由讲学之地。宋儒宗派不少，各有自己的主张，书院即一家学派的讲论与传布的基地。宋人书院之著名者，例如朱熹主讲的白鹿洞书院，陆九渊主讲的象山书院，都是如此性质的学术中心。白鹿洞订下的规范，后来成为书院讲学的模范。儒家注意言行并重，因此书院不仅有言教以道问学，也有身教以尊德性。不同学派的学者，也会访问他地的书院，互相讨论同异，朱、陆鹅湖之会，是儒家学术史上的大事。朱熹与张栻在岳麓书院的朱、张会讲，据说来会听讲学者的马匹，饮干了院中一大池水。

宋代书院，盛时不下二百余所，其中颇有历数百千年还存在的著名书院。真要比较中国与欧洲、中东的大学制度，中国方面的国学、太学未必更比书院适当。书院这种"研究院"

级的学术机构，在人类学术思想的发展上，有其一定的地位。

　　私家办学，主要是一族延师教育族人子弟。规模小的，不外是私塾，也有大型学校，由族中设立学田维持，范仲淹所设的范氏义庄支持的项目之一即教育。五代时，南唐江州的陈家，洪州的胡家，都有大量藏书供子弟学习，也开放外人使用，事实上也是另一形式的私家文教机构。前述书院，有的由地方官拨田支持，有的由私人以田产、房舍及图书支援。以范仲淹为例，即曾赠田应天府的书院。

　　自宋以后，私塾是民间教育的基本形态，而且是家族读书的学堂，照例有亲友及乡里人士附读，其实已是社区的学校。家塾及社学提供基础教育，学生能开笔作文了，才在官学与人切磋，至于书院则是探讨高深学问及砥砺志节的学府。这些教学单位，其课程以儒家经典为主，兼及诗文与简单的数学。至于经学以外的学问，如数学、历学、绘画、医药，官家另有专门学校，例如官设的画院等，但私家传授专门学科，大致以老师授徒的方式为主。儒家以外，佛、道均有自己的寺院、道观，传授经义、仪式与相关的方术。凡此情形，自宋以后，一直延续至西方教育制度传入中国始有改变。

　　宋代儒学，派别甚多，北宋时有地区性的学派，南宋有朱、陆的理学、心学之分。到了元代，朱子学独盛，四书的朱注成为正统，中国的学术思想定于一尊。至明代王阳明学派崛起，才有足以对抗的学说。

　　至于宋代知识阶层的人数及识字率两项，均无可以计算的确切数字。但从书籍的出版及流传情形看，上述识字人口与文献书籍的大量流通，有互为因果的密切相关性。中国雕版印刷的技术，滥觞于金石砖瓦上的诸种刻镂文字与画像作为拓印的模本。甚至印玺之使用，也是一种复印的方式。但雕刻反本，再印成正本，则是真正的印刷术了。传世最早的刻印文书，可能始于佛、道教徒为传布教义，才雕版大量复印。因此今日传世与考古所得最早的印刷文件，乃是 7 世纪的佛经。

除佛经之外，历书、字书及诗文之作也已有刻版印书。五代冯道主持刻印《儒家九经》，则是儒家经典有系统付梓之最早个案。后蜀毋氏刻印儒家经典及《文选》《初学记》《白氏六帖》专书，以嘉惠学者，其中后列诸书，都是为准备科举考试的参考书。五代刻书，以江南蜀中为多，当与这些地区经济发达，文化水平较高有关。北宋毕昇创为活字排印，为世界最早的印刷术。从此以后，印刷术也传播于朝鲜、日本、安南、西夏、辽、金及蒙古。

活字印刷不须逐字雕版，可以单字复制，排列组合，方便迅速，因此印刷数量大增。宋代印刷的文献，遂不再局限于儒、佛、道家的经典，印书种类，无所不包：史地、方术、诗文、戏曲、医学、方剂……均可因为印刷成本降低，而大量传布。宋代印刷业的中心，除五代以来即以印书著称的四川之外，北宋的汴梁，以及南宋的临安、福建，都有大量书籍出版，南宋时又添了湖州、吉州、苏州诸地。

私家书坊，以福建建宁地区的余家为最著名，世代相承达五百年之久。18世纪时，该地区的建安县仍有余氏书坊。12世纪时，余氏藏书达万卷之多，号为"万卷楼"，其依凭之厚，可想而知。此外临安陈家、尹家，建安黄家，麻沙刘家，闽侯阮家，以及四川、山西、江淮、湖广诸地的知名书棚、书坊，有的专印某类文献（如医书），有的出版各种书籍。元代的印刷品，则除了宗教文书外，又大量出现通俗读物（如戏曲、小说）。凡此印刷物，不仅为文字，也有插图。明代铜版活字及彩色套印技术成熟，印刷业更为蓬勃。

读者众多与读物方便易得，二者有密切的相应关系。这一众多的识字人群，毋宁是知识阶层的广大基础。宋代知识阶层人口究竟有多少？并无确切数字可为依据。然而，由宋代右文的传统、教育机构的普遍与印刷业的发达三种因素推断，若以一个世代有以千计的高级学者与官员为准，受过教育的中层（包括儒生与僧道）当不啻数十倍，下层识字人口（包括学生、商贾）又有中层人口数十倍，则宋代识字人口应当超过任何时代。

宋代知识阶层的社会地位，也较过去重要。唐代知识阶层的人数，在总人口比例上不如宋代，而世家大族在社区的地位，大致受政治影响大。唐代知识阶层因族人众多，占了地方领袖的地位，而宋代读书人则往往是以个人的身份，在社区拥有发言权、受乡里尊重。宋代乡里常有乡约、社约，其内容均按照儒家敦亲睦邻、乡里互助的原则制订。儒家社会伦理深入民间，乡间的读书人即乡约的重要分子。宋人有复古之风，古代礼器常为宋人仿制，古礼也为官方所提倡。古礼中，乡饮礼是知识阶层受乡人尊重的一种仪式。近古以来，中国读书人社会地位之崇高，也当自宋代开始，虽经元代的低落，明清两代又恢复宋代的情形了。

## 六、思想的多元与整合

中国以儒家与道家为主的思想，在汉代以后接受了印度佛教的冲击，经数百年的调节与适应，到中古时代已有相当程度的融合。释、道两教，在中古时期，常遭厄运。北周武帝与唐武宗的两次法难，佛教僧团与寺庙都承受沉重的打击。另一方面，有些道教的组织，则因为反政府的活动，也经常为政府武力镇压；道教初兴时的太平道、天师道，以至民间不断出现的秘密教团（例如李顺、李八百的活动），都是冒出头的反抗活动。儒家呢？在表面上看来，儒生总是政府文官的后备军，儒家学说总是政府的官学，但是在正统官学的桎梏与烦琐学风的笼罩下，儒学也长期不能有苗长的生机。

唐代以后，佛教兴盛，上述情形有所改变。自从玄奘大量译经，佛学理论大为昌明，从唯识宗到禅宗与净土宗，佛教宗派各有擅胜。最后，诚如陈寅恪指陈，在中国的文化土壤上，非常印度原味的唯识、法相诸宗难以继长增高，而受中国影响较浓厚的禅宗与净土宗则蔚为最重要的宗派。反方面言，道教是由巫觋信仰发展的中国本土宗教，在其早期，即因受到外来宗教的刺激而发展为有组织的教团。但正因为对于佛教的激荡，其中颇多模仿，因此道教仪式与组织都反映了佛教的影响。中古以来，道教内容无所不包，于医药、方术诸类，无不有所关涉，内容比儒家的关怀现世秩序，远为丰富与复杂。此时外来宗教，如摩尼教的启示、救赎与劫世，对道教也有所影响。道教的发展遂代表了本土思想而采纳外来成分的思想形式。释、道两家宗教，一由外面进入中国，一由本土接纳外来影响，却都能取精用宏，终成大器。

唐代文化发展波澜壮阔，儒家也不再能拘泥于一成不变。韩愈、李翱，都可说是引导儒家开拓新境界的先锋。他们面对佛教教义的形而上之学，不能不尝试在儒家现世务实的传统中，另开足以颉颃的理论。《大学》与《中庸》，本来不过是《礼记》中的章节，遂为韩愈与李翱摘出其有关性情德性的讨论，提升为超越意义的形而上学。他们又特别表彰《孟子》，因《孟子》讨论心性及顿悟，其神秘主义的色彩，颇有可以与佛家本体论与知识论互相发明之处。

宋代儒家在这一方面走得更远。周敦颐（濂溪）、邵雍（康节）从道教思想中借来了太极图及参数之学，建构儒家的本体论。邵康节以"道为太极"，又以"心为太极"，更为此后宋儒理学的道与心之间预留了贯通的余地。现象与认知之间如何融接，本是佛教关心的大事。天台宗的如来藏，华严宗的因陀罗网，种种譬喻，无非陈述这一主题。

在张载的天人合一"大其心则能体天下之物"，是将宇宙的本体与人生的伦理相互衔接。天性、人性本可有与天道一致之处，天良能即吾良能，都是由"道"相通的。他的《西铭》一文，民胞物与，生顺死宁，将人生、国家、社会、宇宙以及时间变换，生死递嬗，都归入同一系统。《西铭》虽然是一篇短文，但涵盖之广大深远，足可代表宋代以后儒家本体论与伦理学的主要成分，其重要性不下于基督教的《主祷文》及佛教的《般若波罗蜜多心经》，三者都是言简意赅的短文，都宣示了这些宗教的思辨模式。

朱熹是中古儒家学说集大成的人物，其学说要旨在于"理"是一切事物的本体。"理"即在具体事物之中，先有了"理"，始能结聚为气，形成具体的万事万物。事物之性各有分别，但是所禀赋的"理"，都不外于统摄的大道。朱子学说中的理，遵循儒家积极的立场，乃是实在的，所谓的道理迥异于佛家性空的思辨角度——这是儒、佛之间根本的差别。

朱熹同时代的陆九渊，将理看作"心"。陆氏心学，固然溯源于孟子"尽其心者，知其性也，知其性，则知天矣"，以为能尽我之心，便与天心会通。这一学派实开明代王阳明（守仁）心学的大系统。朱、陆异同，是儒家之内的辩论。然而两家的对立，其实也颇似释氏唯识宗与禅宗的两极对跖。此中因缘，一方面是由于内在逻辑的发展，势所必至。另一方面，自从唐代韩愈、李翱启其端倪以来，儒家深受佛、道两家的影响，不能不遵循同一轨迹，而有此对话与辩诘。这是多元思想系统在融合过程中难以避免的交互作用，也是难以避免的内部分歧。

宋代以下，佛教发展的趋向是从佛学高深的精英层次走向普及的平民层次。唐代的高僧宗密判定佛教自浅入深的五等，其中最为"偏浅"的三等却正是宋以后最为流行的净土宗。及至近代，禅宗只是学问中人追寻的佛教，一般信众大多只想到善恶因果，至多悟到"身元是空，空即是本"。

佛教发展趋势如此，大约与宋以后知识传布相当普及有关。本章上一节已经谈过，宋代印刷术普遍使用，而都市发展的结果是许多都市居民均能接受文字传播的信息。信众的基层扩大，佛教的教理也势难不相对地简化，以因应一般大众的心智需求。其实，唐代以来，佛教多讲经活动，也多印行图像。佛教的普及化早已开始，宋代的社会经济发展大势，更迅速地将佛教推向大众化与世俗化。在这一趋势下，儒家注重今世现实的人生态度，自然也相对地冲淡了佛教出世与抽象的玄想。

道教的发展，也在宋代以来走向大众化与世俗化。唐代道教是李氏皇室推崇的国教。入宋以后，太宗、真宗、徽宗都信仰道教。太宗年号"太平兴国"，真宗年号"大中祥符"，都透露出道教的气息。唐宋君主宠信的道士，不少是以方术为手段，其诉求为人主个人的长生。宋徽宗宠任的林灵素之流，为求富贵，其行径大致都是如此。但是，宋代以来的道教活动中，建醮仪式实是为公众祈福；不论护国安民，或者保境太平，都是为了国家、社会与社区，可谓公众的福祉。

这一趋向，遂与取悦人主，祈求个人幸福大为不同。宋代以来社会大众的地位上升，当是这一转变的原因。

靖康之祸，宋室南迁，北方沦于金、元统治。北方新兴道教宗派，开辟了道教的新方向。北方全真、太一与真大诸教都以民间活动为主，不再是宫廷术士的传统。其中最引人注目的一派，应为王重阳创于金人统治地区的全真教。全真宗师邱处机等人组织民众，在北方几乎无政府有效治理的情况下，教化百姓，开拓田亩，生聚教养，在一块一块小地区，以道观为中心，维持社会的基本秩序，也维系中国文化传统一缕于不息。全真教教旨及道士行为，引用当世碑记"其逊让似儒，其勤苦似墨，其慈爱似佛"，言教身教，俨然三教混合为一。北方沦于尚武的外族与割据自雄的军阀世家（如张、严、史、武诸汉军世侯元帅），这些道士也周旋其间，劝说教化，稍减百姓杀戮掠夺之苦。邱处机劝说成吉思汗，只是其中最著名的一事。其实，除了全真道士，北方的太一与真大两教，也都致力于保全黎民百姓，保存中国文化的根苗。太一教的道士入教之后，都改姓教主的萧姓，这是援儒家孝道来组织宗教团体。事实上，这一做法表扬儒家血缘伦理，远多于道家哲学的个人主义，其融合儒、道，以出世为救世事业的心态，超过了宗教内修的宗旨。

儒、道、佛三家显学之外，宋代以来，民间信仰构成的教团显得相当活跃。自从汉代黄巾引发了道教的兴起，中国经常有民间的信仰，时隐时现。丝道通畅，外族入侵，以及唐代经营中亚，中亚的一些宗教都有进入中国的机会。唐代景教与伊斯兰教，为其最著名者。元代的也里可温（基督教）与回回（伊斯兰教），都经常见于典章。

比较不为人注意的外来宗教，当是先后流行于中亚、内亚的祆教（琐罗亚斯德教）、光明教（密特拉信仰）与摩尼教。这些启示型的教派，与基督教、伊斯兰教有共同的性质，即信仰二元的宇宙、善恶之间的斗争、"千禧年"式的劫世、救世主的来临，以及经由信仰而得到救赎。这些成分也会侵入主要宗教，例如佛教的弥勒信仰。

启示与救赎的希望，是民间信仰的重要诉求。宋代的方腊即"吃菜事魔"的摩尼教徒，元代的红巾、明教，明清时代的白莲教，都是这一类型的信仰。平时隐伏为民间的小教团，可以倏然崛兴，卷起千堆雪，形成以农民与都市底层人物为主的巨大运动。这种宗教活动与道、佛两家的若干教派，也不能说全无关系。举例言之，全真教多次举办金莲会、玉华会……是否也与后世的白莲教有关？白莲教与中古佛教的莲社，是否也有关？元末白莲教的韩山童等人，是否因为"明教"而称"明王"？凡此都还待深入研究。

这些启示型教派，糅合了上述外来成分，与中国文化中的神秘主义（例如气、运、天人合一等），形成中国人思维方式中相当重要的特色。最可注意者，儒家思想中，妇女的地位屈从于父权、夫权，但是民间信仰中，无生老母、观音、妈祖，以致教团活动的领袖常有"圣母"名号，都是值得注意的现象。

由以上所述，儒、道、佛三家都是你中有我，我中有你，彼此采撷，形成一个庞大中国思想的系统。同时，自唐中叶以后，东汉发展的世家大族及其代表的社会上层逐渐凌夷，宋代已不再有唐初还可见到的世家大族。相对而言，都市居民（不是欧洲近古以来的市民）以及乡绅成为文化活动的主流。北方中国在征服王朝统治下，中国传统士大夫世家大族已无法存在，农村之中是以地方豪强领导的宗族维持了社区的安定。上述儒、道、佛三家思想的支撑者，大致都属于这两类人物。总的方向，近古中国文化活动的参与人群比中古中国众多，社会地位也往下移动。民间信仰更是植根于农村与都市居民的基层。凡此多元的互动，当可认为近古以来中国型思想的融合（homogenization）。16 世纪以后，西方世界挟其现代思想东来，即与这一融合后的中国型思想碰撞。

## 七、近古科学与技术的发展

宋元时代，中国的科学水平到达极盛，即使与同时代的世界其他地区相比，中国也居于领先地位。科学史家李约瑟以 1500 年为分水岭，此时以前，中国科技发达程度不是欧洲可以比拟的；但在 1500 年以后，欧洲发展了现代科技，从此人类文化一变旧貌。本节即以科技的几个方面，介绍其发展情形，或可由此检讨中国与欧洲之间的消长。然而，这一问题的因缘十分复杂，不仅要检查中国缺少何种因素，也须讨论近代欧洲出现了何种条件。科学的变化，涉及科学思想的内在逻辑，也涉及社会提供的外在条件。同样的，技术的发展，也必须由某一类技术本身演变的线索与相应的社会经济条件等多方面进行分析，方有着手之处。本节只是浅涉一些可见的现象，深入探讨不是本节可以胜任的。

科学之中，数学占据重要地位。中国数学与天文历数关系甚深，并且相当偏重实用的运算，与土地测量、粮储计数、土木工程等均有切割不断的关系。从秦汉到隋唐，中国数学有其发展的脉络，也有卓越的成就。本书有关诸章，均有叙述，兹不赘述。唐代中国数学颇接纳印度数学的影响，《婆罗门算经》《婆罗门算法》之类书籍均见于中国。瞿昙悉达介绍入华的《九执历》，介绍了希腊的圆弧量法、印度三角学的正弦函数表及印度的数码。印度的极大数（如"无量数""恒河沙"）及极小时间（如"弹指""瞬息"）的名词，以及数学中的无穷观念，都对中国数学有其影响。

整体言之，隋唐时代，国家设立训练算学人才的学校，并将自古流传的数学著作编为十部算经。数学家投注了心力，疏解注释，建立了中国数学的传统。北宋一代，国子监中"算学"一科时设时废，即使民间有杰出的科学人才，例如沈括，于数学及科学思考均有足以启发后人之处，官府也不予重视。北宋终究不是数学发达的时代。

近古中国数学，在南宋以后以及元代放一异彩。宋元四大家都有重要的贡献。秦九韶的《数书九章》(1247)，记有高次方程的数值解法及联立一次同余式的解法。李冶与朱世杰的著作也都在13世纪中叶至末叶问世，分别讨论一元或多元方程以及高次联立方程的消去法，称为"天元术"与"四元术"。朱世杰则由此更进一步，将高阶等差级数的数法，发展为插值的招差术。朱氏的发现，早于牛顿插值公式有三百年之久。南宋的杨辉把北宋沈括首创的"隙积术"发挥为"垛积术"，即高阶等差级数求总和的方法。

杨辉还编著了一些商用算学的书籍，供商人学习使用数算，这是前所未见的现象！李冶在河北避乱隐居山中，可是学生来自四方，从他学习。朱世杰比李冶年代稍晚，可能也是河北人，自号燕山，据说游于四方，定居扬州，平生以教授数学为生。二人均有数学教科书，由浅及深教授算法。

中国古代计算，通常是用一根一根算筹排列三行，拨移位置，运算加减乘除。唐宋时渐有帮助计算的歌诀，以便记忆。宋代将三层排列的算筹简约为横列的一列。元时有不少简化乘除法及换算单位（例如斤两）的歌诀，朱、杨诸人均有易记易用的算法歌诀。元代出现了算盘，以圆珠代替算筹，是为今日还见使用的珠算。元末陶宗仪《辍耕录》记载了从珠算引申的谚语，可知当时珠算已为常见。珠算创始于何时？尚难确定。既然宋元四大家均未提到珠算，而元末珠算已经流行，上下限之间，则珠算的出现当在14世纪初叶以后，元末以前。珠算的算盘出世，中国的数学盛世也终结了，二者之间有没有关系？方便而不用深思的实用计算工具，是否削弱了一般人发展数学推理能力的动机？凡此都是值得推敲的课程。

宋元四大家都身处乱世，救死之不遑，却能发为学术奇葩。尤可注意者，李、朱、杨诸人都以聚徒教授数学为生，而且都是河北人，活动地区都在今日河北西南一隅。河北一隅，俨然是数学教研的一个中心。朱世杰、杨辉等人都著有便于学习的计算歌诀，而且也有专用于商业的商用数学。此外，数学名家郭守敬、刘秉忠及刘氏门下如王洵、张文谦等人，皆是河北人。凡此现象，也可有推敲余地：人才集中于一隅，是否出现"临界多数"，同好之间可因切磋而多触发？民间实用的需求，是否也维持了一批不依靠官学的教研人才？

同时，元代招徕中亚与伊斯兰知识分子在中国汉地工作，伊斯兰数学因此进入中国，可能来自波斯的札马鲁丁（另译札马剌丁）即曾引入伊斯兰天文学。从当时的"回回司天台"内颇有伊斯兰数学书籍来看，则伊斯兰数学，包括几何学与代数学，均可能传入中国。另有可以注意之处，自古中国数学于"零"只留空白，未有数码，唐代传入之印度数码中有"零"码，却未见中国数学使用。宋元之时，"零"码始见于计算，西安出土的元代"幻方"图上所记数学，均是阿拉伯数码，包括"零"码在内。凡此现象，也值得思考外来文化的刺激是否终于突破了十种算经的传统。

天文学与数学是姐妹学科，在中国文化传统中，天文学、历学与数学更是密不可分。宋元时代，中国天文学借仪器取得了可靠的数据。沈括在《梦溪笔谈》中，即讨论以水动仪象以求取较为精密的天象资料。

元代的郭守敬既是数学家又是天文学家，在两个学术领域都有重要的贡献。郭守敬十分注意仪器观测，他制作出天文仪器数十种，包括简仪（简化的浑天仪）、候极仪、立运仪、浑象、仰仪、高表、景符、窥几、正方案……务求取得精准的天象位置与天体移动数据。在还未有望远镜的阶段，郭守敬设计的仪器是当时世界最为精密的观测工具了。

中国天文学本来就注重实测，但能达到如此精准水平，在继承传统之外，当也是承受同时代伊斯兰天文学测候方法的刺激。元代西域的波斯人札马鲁丁，年辈稍长于郭守敬，奉忽必烈之召来元廷工作，主持回回司天台的工作及编制《大元大一统志》。他曾制作了七种仪器，复制希腊、波斯天文观测的工具。札马鲁丁带来的天文学系统，与中国固有的天文学很不相同，当时元廷显然有中、回两套天文系统、两套历法及两群独立运作的观测人员与计算人员。但是，既有这些仪器存在，郭守敬中国系统的天文学家也不会不受其影响。因此，郭氏的若干仪器，尤其是"简仪"，在设计上摆脱了一些中国传统的方式（例如去除了不少叠架的圆环），改窥管为一根长尺形的窥衡，而且在百分制的刻度旁加360度刻度，似乎都是为了兼顾中、回两系的特色。郭氏制作这么多实测用的工具，又扬弃中国历法求"上元"（天体移动与时日的大公倍数）的传统，他和前述那些数学家一样，都有着同样重视实际的态度。

这些北方的学者，身处北族征服地区，也许正因为已经绝念于中国读书人的以儒术取功名，他们竟有较为自由开放的求知态度，不再为正统思想桎梏。同时，他们的学问遂偏于实用。在乱世，实用的知识，也是谋生的本领，如上所述，北方数学家中，颇多在民间教学及编制实用歌诀之辈。郭守敬的学问，不仅在天文与数学，也在以测量与计算，从事寻找水源、开通运河等事。凡此现象，似乎显示当时的中国有一批重实学的学者，其作风迥异于以吟哦书册为能事的文人士大夫。

宋元之时，经济发达，已在别节有所陈述。市场需求活泼，使生产制造技术有相当的发展。当时多元文化的接触可能也是有利于技术发展的因素。蒙古四处征战，杀业甚重，但颇重视技术人才。从成吉思汗以下，每攻取一地，都搜罗名工巧匠。凡有一技之长的俘虏，常可免死。成千成万的工匠，随军队所至，处处有机会接触别处的工艺技术。元代中央与地方政府设立许多官家的局院监所，管理列籍匠户的工匠，生产各种器具、服用等物品，其规模之庞大复杂，为前代所未见。

工匠既有彼此切磋的机会，又因为专业分工，颇可专精。官方生产单位的通弊是不易管理，工人也缺乏生产的积极动机。元廷的理财诸臣桑哥、赛典赤·赡思丁等，都以聚敛为能事，往往引进色目商人，管理生产，于是工匠颇多以和买、折直种种方式，可以有一些自己生产经营的余地。日久之后，官设生产单位逐渐变质，甚至可以让匠户脱籍，回归自由身份。

经过上述变化，元代工业生产不啻经历了先集中再分散的过程。在前一阶段，生产技术有所进步；在后一阶段，工人又可回到私家经营，足以发挥工作的积极性。凡此演变，不是有方向的设计规划，只是不期而至，得到了推进技术的效应。

以几个生产部门为例。宋代的纺织业本已有相当发展，蒙古人西征，带来中亚金线毛织品的技术，中国的织锦遂更为灿烂可观。纺织匠户不仅属于政府官有局所，贵族的"投下"也有织户。由公私单位产量总和来看，元代纺织品的生产量颇大，效率颇高，产品质量也多种多样。另有值得一提者：平民妇女黄道婆，从海南黎人学得棉花纺织的技术，推广于江南，于是江南的纺织业，在丝织品之外又加了棉织一项，更扩大了中国衣着服用的可用资源。

再以冶铁为例，宋代冶炼钢铁数量已居当时世界之冠。元代重视冶铸，生产量更增加不少。忽必烈时代的冶铁量，较北宋大了一倍，年产一千万斤之多。元代的冶铁技术也有进步，一则使用碎瓷与黏土为冶炉建材，耐火度甚高；二则能生产高碳钢，所谓"镔铁"，大约也受阿拉伯炼铸方法的刺激，但此事尚待推敲。

中国陶瓷业，一向独步世界。波斯与伊斯兰都不能生产如中国一样高温烧制的纯瓷。宋代钧、汝、龙泉诸处名窑瓷器，长久以来是外销的高价值商品。元、明两代出现釉下彩的瓷器，例如"青花"与"釉里红"，在技术上又上层楼。凡此技术，中东与欧洲都不能仿制。可是，明代青花瓷的青色颜料，长期取于中东及中亚，直到明代中叶始从南洋采购青料。若以原料来源判断，伊斯兰青花的质量固然远逊中产，中国产品仍多伊斯兰纹饰（例如连珠纹），足见青花瓷的市场还在中东伊斯兰世界。是则，原料与市场均反映中国釉下彩瓷器的生产，与伊斯兰世界有密不可分的关系。

中国是人类发展火药热兵器的发源地。宋代的火器已使用于战场。蒙古西征，挟中国的火器，加上骑兵战术，遂横行一时，建立了历史上空前的大帝国。蒙古进攻巴格达，曾使用铁瓶炸药，可能即相当于今日的炸弹。另一方面，蒙古围攻襄阳，用回回炮手操作强力的抛射器，投掷炸弹，又是合并中国与伊斯兰两种战具于一役，在军事史上有其划代的意义。中国火器本以管筒发射为主要方式，亦即类似今日火箭导弹的原理。宋人发明的突火枪与火筒，虞允文曾用来在采石矶击败来犯的金军，后来蒙古循此线索制成火铳。今日尚可见的世界最古老的铳炮类火器，是至顺三年（1332）的铜火铳。明代作战，火器已是常用的武器。只是欧洲人后来居上，明代后半段葡萄牙人制作的红衣大炮，功能胜于中国火铳。在明人与女真对抗的战争中，红衣大炮遂为决定战役胜负的利器。

综合以上科学与工艺技术诸项发展，宋元的变化，大致可归纳为多元文化的刺激、专业化的专精、市场的需求等三个方面，都有助于元代在宋代已具有的基础上，向前又推进一步。

## 八、近古中国人的日常生活

宋元时代的艺术与文学作品，有很多传留至今，因此我们对于当时一般生活情形，有相当直接的史料。例如，《韩熙载夜宴图》，反映了五代至宋初文人学士的聚会，包括衣着、器用、家具等细节，也呈现了歌女舞姬的姿态。又如，宋人张择端的《清明上河图》，虽然现在只有后世摹本，仍是汴梁生活的写真，其内容不啻一部宋人生活的电影停格。图中可见到的细节，栩栩如真。虽然文学作品没有图画具体写实，但能够反映的情绪与心态，甚至还有胜于丹青。宋人的笔记小说，为数众多，内容丰富，稗官所及，不仅有典故，也有许多生活细节。元人戏曲，其对白十分口语化，读之如见其人，尤以一般小民百姓的语气最为生动。明人小说颇有从宋元母本敷衍润色，不论是短篇的故事或长篇的说部，都有可以作为描写日常生活的资料。凡此，都为历史教材可以采撷的资料！

大致言之，宋人衣着，闲居衫袍，宽博舒适；工作服则短衣束带、半长裤管，行动自如。宋人的幞头，是由包头巾定型。一般人家居，大约即用巾网包头。女性生活最大的变化，当是五代以后逐渐流行的缠足习惯。宋人女性体态，已与唐风仕女不同。唐人丰腴健美的妇女，在宋时已变为苗条婀娜。但是，北族妇女，不论契丹、女真还是蒙古，则尚未感染汉人柔美风气。同样的，北族男子服饰，也大致保留其民族习惯，例如辽代墓葬壁画，男子有多种发式，均与汉人不同。

交通工具方面，北人不论男女，以骑马为常。南人也有骑乘，但也用肩舆。车辆以载重为主，畜力、人力均可用于拉车。汉人地区颇多牛车，行动慢，但载重量大，马车已不多见，有之，也常为仪式性的排场。日常生活中，比较少见唐人常用的载人马车。

宋代船舶，尤其南方，颇为完备。小至渔舟，大至海舶，均可从图画中见到真相。一般而言，内河湖泊大致是用橹使帆的小船，远洋航行均是多帆的巨舶。宋人巨舶的结构，可由泉州海交馆陈列的海舶见到实物。宋人航海活动，在东南亚以至印度洋，与印度人、阿拉伯人三分天下。中国船舶的中轴舵、平衡板及隔水舱，堪与罗盘、针路及观测星辰高度位置的牵星术，同为当时举世独步的航海能事。但是，中国船舶的平帆，无论数量多少，尚不能发挥阿拉伯船舶三角帆逆风行驶的功能。

饮食方面，宋人引进了早熟的占城稻，不啻多了一季的收获。而且，新品种的稻米皮薄糠少，可以食用的米粮重量也增加不少。北方及中部，麦类取代小米（黍稷粟粱）成为主要的食粮。小米及新发展的高粱，都退而为次要食粮，甚至用于饲料。古代也作为谷食之一的豆类，转变为佐餐的食品。尤可注意者，五代以后，豆腐成为家常食物，麦类与豆类富含蛋白质的制品，如面筋、豆皮等，也已是日常食用之物。这些素食的出现与推广，当与佛教禁杀茹素的要求有相当关系。

早在中古时期，中国即颇多酿造发酵的食品，例如豉酱之类。宋人及北族的食品方面，更多使用食物化学的制品，而且广泛地用于腌制肉类、水产及瓜果蔬菜。今日市场可见的各种酱、醋、酒、油、蜜汁保存的食物，都已见于宋元之时。宋代以后，中国始有烈酒，当是因为引进了中亚的蒸馏技术，始能多次蒸制为高量酒精的白酒。北族善饮，蒙古大汗的宴会中有专人司酒，据西方人及波斯人的旅行记，蒙古朝廷宴会供应的酒类，包括谷类酿造的酒、葡萄酒及北族常用的马湩酒（马奶酒）。马湩酒也见于宋人地区，当是由北方传入的风味。

古代中国的甜料，不外为蜂蜜与饴糖。虽然可能很早即用甘蔗汁为甜料，却不知制作砂糖。制作砂糖这一项技术是印度人发明的，唐末引进中国，宋代已普遍使用砂糖。中国古代烹饪，使用的香料不多。宋代则大量由南洋进口香药，香药进口价值占进口商品之首，其中包括药用、宗教用及食用。中国也出口香药于辽与西夏，想来是转口贸易。但是，中国也必已使用香料为调味及保存食物，大约今日中国烹饪所用的香料，均已见于宋元之世。香料调制及保存肉类食物，最为常用。这一时期，南北接触频繁，北俗肉食为主，当也影响了南方的饮食习惯。北方民族虽也食鱼，例如辽金都有渔猎之俗，但食用水产，南方更为常见。可能北方民族对于南方水产颇为向往，宋人款待北来使节，遂常见鱼类食物。

从《东京梦华录》《梦粱录》《都城纪胜》《武林旧事》等书所见的饮食习惯看来，在宋代都会地区，不仅有饭店酒肆供应上门顾客，也有食摊与提篮挑担的小贩，供应饼饵之类的熟食与点心。《清明上河图》中，也能找到这些现象。从各种稗官小说的资料中，宋元的菜肴与今日的烹饪方法相当接近，煎、炒、炸、烹、煮、炙、烤、蒸，无一不有。大致言之，北方肉食，牛羊为多，南方猪鸡为多。蔬果各随土宜，水果之中，柑橘及梨桃均为常见。宋人种橘，颇为讲究，竟可纂写成谱，其园艺技术的水平可知。

宋元之世，讨论食疗养生治病的著作颇多。举例言之，宋人陈直《养老奉亲书》及元人邹铉《寿亲养老新书》都详论老年人饮食应予注意处，也介绍了一些特具营养价值的饮品与食物。元人忽思慧的《饮膳正要》（1330）当是中国第一部讨论营养学的专著。忽思慧是元朝宫廷的饮膳太监，收集了不少本草、验方及食物特性的资料，也介绍了印度、西藏、西番、回鹘诸族的食品，罗列汤、饼、羹、粥等食品108种，谷、兽、鱼、果实、料物等主副食226种，分别说明这些材料的特性，药用功效及各种宜忌。凡此均是将食疗与药疗融合为一，实集食补观念之大成。

中国传统医学，可分为理论与方剂两个系统。内经一类所讨论的观念，实与玄学相近；巢元方、孙思邈等人方剂的传统，其实是积累实际的用药经验，视临床所见的病情再斟酌处方。宋人医学仍以遵循理论为多，北方的燕赵地区则另辟蹊径，遂有金元四大家出现，为中国医药史上一大里程碑：刘完素（约1120—1200）注意流行传染病，以及这些疾病与环境气候的关系；张子和（1156—1228）特别指陈古方不能尽治今病；李东垣（1180—1251）注意病人吸收营养消化功能；朱丹溪（1281—1358）也特别指出古方今病不能吻合，治病注意滋养。诸家观念，均着重病人本身体质条件及以药物调治体质，其基本观点与食补、食疗颇为相通。金元四大家均出现于中国北方，其地区与数学北方学派的地域相叠合。这一地区是汉地，却已长期在汉人地方势力与北族政权控制之下，为南宋治权所不及。这样的"瓯脱"地带，文化传统可能较弱，学者可以突破传统的思考，于是竟能别出机杼，创新观念。

综合言之，宋元时代的一般生活，由于唐末以来文化的发展方向开阔，内容也多姿多彩。此中缘故，或与文化多元及疆域所及辽阔有关。自从唐末以至南宋，汉人南向发展，五代十国，九个在南方，南宋偏安，文化聚萃于南方，是以不仅中国南方各地的资源颇多开发，东南亚的资源也因外贸为中国接纳。三个北族政权前后接踵，既据有中国北方，也广开疆域于今日的东北、蒙古、西北及中亚。蒙古建立大帝国，横跨欧亚，这一广大地区的自然资源及文化资源，都可与中国汉地所有的资源相济，取精用宏，生活内容随之而丰富了。为此，宋元时的一般人民，在和平时期的生活水平，大致丰足。明清以下，中国人民的生活方式堪谓已经定型，迄于西方工业生产与现代都市化带来冲击，始有另一波重大的变化。

## 九、近古中国与东亚转型的特色

这一段历史，传统的分期大部分属于宋辽金元时期。当然，历史是延续的。这一段历史的变化，不少滥觞于五代，甚至更可推到唐代中叶；这一段历史也不是终结于朱明取代了元朝。过去以汉人历史为主的断代史，以宋代为正统，北族诸政权为入侵中华的征服王朝。我们将这段诸国抗争的形势当作东亚诸处的密切互动，虽然也可以视为另一次"南北朝"，但把它当作东亚列国体制在亚太地区逐渐成形的区域整合，则更可整体理解这一时期的变化。参与整合的成分，不仅有东亚大陆上，农耕的汉人与游牧的北族之间，有其进退颉颃，也包含太平洋沿岸，由日本到东南亚的海域，经由文化接触与经济交换，遂与大陆的族群发展为迎拒分合的复杂关系。这次区域性的整合，不下五六百年之久。在后来的演变中，将是近世欧洲区域、中东区域与亚太区域之间，又有了规模更大、后果更深远的互动，终于在现代（我们所闻所见之世）逐步走向全球性的整合。

汉族地区的宋代中国，同样经历了复杂而深远的内在变化。都市的结构变了，城乡的关系也随之改变。汉末以来，强大的宗族组织及大族占有的优越地位，逐渐转变为血缘关系更密切的家族。家族的社会地位，也不再能与过去的大族相比。相对的，社会的个别成员，相应于上述诸现象，遂有较多的自由，也不再有过去一样可以依附的群体。

这一现象，呈现为宋代士大夫与皇朝官僚系统的密切共生关系。自汉至唐，士大夫有世家大族的背景，有地方力量足为依恃，他们面对皇权，还可以卓然自立。宋代的士大夫则既以经世济民的使命自许，又必须参加皇朝的官僚系统，希望能以此完成其使命。宋代儒家发展的理学，其实不是单纯的学术活动，其内在动机应是尝试建立内圣外王的"道"。士大夫不再有世家大族的力量为其后盾，于是同气相求，不免借讲学与交游，编织为庞大的社会关系网络。两宋朝廷每有朋党之争，学术界的派系也多壁垒，两者之间应是相应的现象。

宋代儒家据有前所未见的机缘，几乎独占了官僚系统，本来应有可以实践儒家经世的理想。然而，综考其功效，朝野党派的各种斗争，竟使宋代政治未能有实践儒家理想的成果。

另一方面，宋代儒家与佛、道两家的互动也较过去为多。凡此互动的后果，则是三家彼此融合：外来的佛教宗派为中国本土宗派取代了；在儒、佛之间，道教左右采撷，遂有新道教之崛起；儒家的理学，是中国思想史的划时代之事，其能臻此境界，释、道两家的滋养与激荡当为不可忽视的因素。

简言之，宋代知识分子不分儒、道、佛三家，其关怀都在人间，可谓由玄理转向实践，由"神圣"转向日常的人生。

北族的领导阶层原多是部族领袖及战士，心智活动非其所好，但在接触中华文化后，辽、金、元三朝均有华化颇深的人士。一般言之，辽人与汉文化接触最久，潜移默化，辽代颇有文采可观的学者。耶律楚材，身历辽、金、元三朝，最初可能借巫觋活动取得成吉思汗的信任。但其主要贡献，当在推动蒙古及元朝统治方式的汉化。在忽必烈以后，因为统治的疆域以中国为主体，其统治机构遂深度汉化。中国的科举制度及文官组织均为元政府采用，汉人知识分子经过这些管道，大量跻身精英；同时，蒙古与色目族群也出现了高度汉化的知识分子。然而，我们须注意，元廷的治理机构具有二元特性：北族军事组织的影响甚深，汉制往往流于形式。实际掌权的统治阶层，蒙古与色目人士的权力大于汉制政府文官科层结构中的官员。

至于中国以外的地区，北方草原及中亚各地均有成吉思汗建立的几个汗国统治。这些汗国也深度接受当地文化的涵化，不论心智活动及统治机制，毋宁为波斯化、伊斯兰化，甚至印度化。因此，蒙古大帝国的文化面貌是多元的，也是多样的，不宜将元人统治汉地的现象当作蒙古族群文化转变的共相。中国学者研究元文化，每以汉文文献为典要，汉文史料往往出于汉人学者之手，必须借其他文字的记载对照，庶可补救其偏颇之失。总之，元代的文化活动，既

有中国文化与域外文化的交流，也有彼此同生共存而各行
其是的现象。例如，元大都既有回回天文台，也有中国传
统的天文观测，两个不同的天文学传统，并未因此而融合
为一个新的学术体系。

这一时代的庶民生活，由于都市兴起、城乡关系改变诸
种复杂的因素，当然会有重大的变化。其中颇须注意者，是
社区共同体的组成不再以宗族为主，而由地缘性乡社代之。
中国历史上"社"的名称，源远流长，最初可能是地方保护
神信仰的组织。秦汉的"社"，则成为地方乡里行政系统的
末梢。汉末以后，大姓豪族专制乡里，地方势力封建化，庶
民沦为部曲奴客之列。唐代中期以后，这种类似封建的地方
结构，又逐渐过渡为社区共同体。

这一转变过程，或因佛教寺庙的社区活动，遂改变了社
区凝聚的核心。社区共同体，在不同的条件及需求下，会有
不同的社会功能。然而，许多其他功能也会在社区共同体形
成之后，一并附加于同一共同体的组织。以山西、陕西之间
的尧山圣母崇拜为例，这一个庞大的网络，其构成的单位，
即十一个"社"，每一"社"由十余个至数十个村落组成，
地域兼跨山西、陕西相邻的几个州县。碑铭可考的时代，可
以远溯至唐代，其集体活动可考的时代，则为宋代熙宁二年
（1069）。这一网络的活动，主要为祈雨的祭祀，但是也兼顾
了市集、防卫、水利工程等项集体合作的功能。类似的组织，
以社为名，可包括西北边防地区的弓箭社、太行山抗金的忠

义社、南宋的许多义社。河北山东地区新道教（如全真教），其道观即社区共同体的中心。佛教禅宗寺庙（例如农禅寺）也具有地方共同体中心的功能。宋儒推动乡约、社约，及族产、义田……无不意在凝聚基层社区社群，以济国家公权力不足，以维持地方性的共同体。自宋迄今，无论中国南方北方，社区共同体还往往借宗教信仰、灌溉工程、市集交换等结合为庞大的社会网络。华南的妈祖祭祀团，即为具体的例证。

北族的政权，每由部族起家，一旦扩张为帝国体制，便不能不调整其结构与组织。帝国内部，其属下人口不得不重新编组。金、元的"万户"制，即解散原有部落，改组为军事单位；更进一步，万户戍守汛地，遂形成封建制度。其所属人众，由部民转变为封地的统治阶层，凌驾于被征服的土著人口之上。这是一个集合—改组—分散的过程，分封或戍守的统治单位，逐渐"土著化"，与在地土著混合，形成新的族群认同，却疏离了当初的族群结构。

征服带来上述人口混合，意味着大小规模的人口移动。蒙古扩张迅速，在草原上的蒙古诸部，随着征服分散于广大的地区。西域"签军"随同蒙古军事行动，分驻中国为探马赤军，又与汉地人口混合，终于融入中国的广土众民，取得中国姓氏，成为中国人口中的新成分。类似的人口迁移，也见于东方人口迁徙于中亚，北方汉族人口迁徙于华南与东南。凡此糅合的过程，古代中国以血缘为族群聚合的形式，势须转变为以地缘聚合的形式。社会个别成员，亦即个人，虽然

仍可能有安土重迁的观念，实则其归属于血缘单位的先设性
(prescriptive)，已代之以自己取得的身份（ascriptive）。这一
时代，经历了相当程度的都市化，工商业也比较发达，脱离
乡村的农民，进入都市或改采工商专业，其根生土长的特性
随之减弱。反之，个人的移动，带来自主，也带来失落与疏离。

蒙古帝国内，宗王的汗国分散于广袤的亚洲大陆。宗王
之间的斗争，终于解散了史无前例的庞大帝国。宗王诸汗国，
经历数世纪的分合与重组，不再以"蒙古"为其共有认同。
各地文化传统，以宗教信仰为其旗帜，重新界定了亚洲各地
的国家与民族。伊斯兰教是大多数中亚与中东政治体的新认
同。西藏高原的喇嘛教，结合了本土的藏传佛教，逐渐扩大
其势力范围，终于成为亚洲东部草原与高原诸族的新认同。
若从宗教力量传布地区的广袤言，伊斯兰教与喇嘛教的迅速
扩张，当是近代以前世界史上值得注视的现象。

综合以上所说，10 世纪以来的四五个世纪，中国地区及
其周边所发生的变化，规模既大，影响也深刻，若说通盘地
改变了中古以来的文化面貌与社会性质，也不为过甚其词。
日本学者内藤湖南以为宋代中国已具有"现代性"，这一学
说是否恰当，还须取决于"现代性"的定义。如果把"现代
性"定义简约为西欧出现的都市化与个人化，宋代至明代的
中国，上述两点可谓已见端倪。20 世纪 50 年代中国的历史学，
努力寻找中国资本主义社会萌芽的迹象。如果把资本主义的
定义简约为工商业企业化，宋代至明代的中国，也可谓已呈

现初貌。然而，中国当时的都市，不同于欧洲的自由城市；中国的"个人自主性"的个人，仍是归属于强固的社区社群共同体之中，也不同于欧洲"个人自由"的性质。中国发展的工商业，规模及复杂性也十分可观，但是欧洲的资本主义运作方式，其实未见于中国。不论内藤理论或资本主义萌芽理论，都建立在欧洲（尤其西欧）发生的历史现象上，未必能解释中国的历史现象，更不能由此建立人类社会演变的共同性。

因应时空条件，各地区的历史发展模式都有其特殊之处。人类社会演变，虽有若干共相，但大致殊相多于共相。然而，历史研究之饶有兴趣，即在同中见异，再追究其所以有此特色的来龙去脉。宋辽金元时期的特色，正因为在列国体制中的互动，以致南北两类文化都有其发展的特殊风格。宋代的中国不能再以"天朝"自居，是以有反求诸己的内敛气象。宋人重华夷之别、正闰之辨，宋代史学著作，每多这些讨论。宋人好古，常有复古的倾向，理学思想必以上溯孔孟为标榜，宋代稽古的学风，开中国传统考古学的先河。凡此作风，都可解释为在列国体制中，寻找汉族中华文化的定位。

相对而言，北族的文化发展是外向的。征服王朝尽灭了别人，又必须将过去的"他方"并入"己方"，以致自我定位既是不断打破原有界线，又须不断重新划定界线。北族政权的领土，北族人口的认同，以及北族的贸易经济文化交流等，无不可作如此观。

南北之间，上述内敛、外向两个倾向，相激相荡，不仅影响了政治版图，也建构了东亚文化圈与经济圈。近代世界体系形成时，觇见类似的发展过程，只是过程相似，各地仍有其个别的特色。

# 第六章

## 进入世界体系的中国 上篇 (15世纪—17世纪)

中国全盘进入了世界秩序。海洋的开通和欧亚大陆频繁的陆路交通，将中国纳入世界经济秩序之内。贸易上的顺差，使中国经济持续成长三百年之久，并使中国在近代以前跃升为世界最繁荣的地区！外来的刺激，也促使中国的知识界尝试重新思考中国文化的本质——这是历史上相当于欧洲启蒙时代的努力。可惜，这一努力竟中途夭折了。

## 一、明代中国文化体系的僵化

本章的断代，上限是 1500 年，主要是自 1492 年哥伦布登陆美洲外海岛屿后，全世界不再有可以遗世独立的人群。当然，1500 年是取一个年代的整数，无非是设定巨大转变的象征，不是一个无可移动的时点！

这一设定的时点，是反映世界史的断代意义。当时的中国，还没有感觉到全人类的历史已将汇合为一。中国依然自以为中央之国，中国人依然浸润在中国文化之中，如鱼在水中。这一个时代的中国，最重要的史事，无过于蒙古人在中国建立的元朝结束了，汉人再度建立以中国为主体的国家。因此，本章叙述的历史变化，还是必须以明朝的开国为其起点，而且观察的对象，也还是明帝国内外的种种变化。

明太祖将元廷逐出长城，蒙古只是失去了在汉地的统治权。蒙古大帝国早已分崩离析，裂解为几个本土化的汗国。占据蒙古的后元，依旧是明朝北面的强敌。为此，明朝对于北边防务，从未敢懈怠。今日中外视为世界巨大工程之一的长城，其实不是秦汉以来的边塞，而是明代建筑的边墙！

这一道边墙，贯穿"九边"，由辽东山海关老龙头依山傍谷，迤逦西行，延伸到目前的嘉峪关，连绵不断，中间有些地方还有内外两道长城。中国的长城，自战国时代燕、赵、秦三国筑边塞，到秦始皇联结这些防御工事，成为震古烁今的"万里长城"。但是从长城遗址看来，秦汉的边塞并非连成一线的城墙，毋宁是纵深布置、互相支援的堡垒群：山地上是高踞山顶与岭脊的烽火台；平地上是以障塞（堡垒）结合地形（如壕沟）或植物（如大片荆棘）的工事。如见北族敌迹，即以烽火传讯——这是一个有数里至数十里纵深的预警系统，使经常集结在边防兵站（如汉代的右北平）的重兵，可以推进袭击来犯的敌人。

这样的防线，并不是一条密封的界墙。平时，胡汉贸易照常进行，汉代边郡太守，将万骑，定期行边；有大战役时，大军分道出击，以攻势为有效的防御。在心理上，北族游牧地区与中国农耕地区并不隔断，而是有进有退的开放地带。

反之，明代太祖、成祖两代雄主多次大军出击，追亡逐北，此后即不见开塞北征。蒙古来犯，明军不过据城守关。明朝中叶以后，东北边外的建州卫满洲崛起，明军防线本在关外，数次大败，遂移入长城内，但还是阻挡不了满人踏破边墙，入侵关内。这一条密封的边界，终究还是挡不住敌人。

中国历史上，唐代超越了长城线以北，北朝以及辽、金、

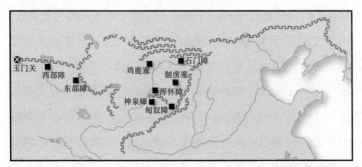

秦汉长城及障塞位置图

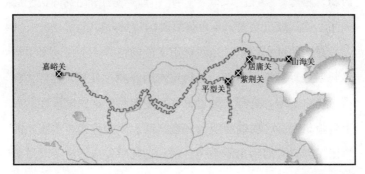

明长城位置图

元、西夏等北族漫过了长城以南。秦汉与明代都以长城为防线。然而，秦汉的障塞是开放的，明代的边墙是封闭的。城墙如堤岸，在压力甚大时，还是会溃决。在心态上，这一条边墙分隔胡汉，汉人世界自我设限，是内敛的，而不是开展的；是封闭的，而不是出击的。

面向南方的海洋，明代中国的态度则在开放与闭关之间摆动，而终于趋向闭关。洪武初，元代对外开放的风气尚在，海上交通相当畅通。洪武四年（1371），因为日本浪人扰乱海疆，中国第一次实行海禁，只开放广州、泉州、宁波三处市舶司，作为外洋贸易的港口。永乐年间，郑和率领大批船舰七次下西洋（1405—1433）。即使永乐此举的动机至今颇多议论，至少中国的对外态度是开放的。宣德年后，中国官方不再有如此大规模的对外行动。明代中叶以后，倭寇侵扰海疆，越来越猖獗。1523年，明朝政府为了断绝乱源，干脆关闭上述三处市舶司，不再许可外国商货入口。

封闭的锁国政策，当然昧于实际的情势，不仅关不了已经长期进行的海上贸易，更逼迫中国海商与日本人合作，在沿海建立基地，进行不经官方许可的贸易。这些国际性的海上冒险集团，性质在商贩与海盗之间。中国称为"倭寇"的集团，当时人即指出不全为日本人，其中夹杂了许多沿海铤而走险的中国人。

这一时代的世界，实际已有了非常重大的变化。经过大洋航道东来的欧洲人，最初是葡萄牙人及西班牙人，旋即又有荷兰人参加竞争，纵横海洋。国际贸易与交通的情势，已不再是元代以阿拉伯人为主力。

国际经济网络，已在逐渐成形，将欧、亚、非、美四个大陆与太平洋的许多岛屿（例如今日的印尼、菲律宾等）都编织在一个庞大的经济体系之内。然而，明朝政府并未察觉这一正在进行的巨变，仍以防守海疆的角度，制定官方的海禁。即使中国直接间接介入外贸的人口已遍及闽、浙、广东，外移南洋的人口已在东南亚建立了许多华人聚落，朝廷从未面对现实，只指斥为违法的活动。总之，明代中国对于海上，官方的基本心态也是防御与封闭的。

明代中国广土众民，资源之丰，蓄积之厚，为当世大国之中数一数二。如此国力，中国却在国际场合无可记述之处。对明代中国言，北方的蒙古始终是一大威胁：也先甚至在土木堡掳走了英宗；河套的俺答，侵扰三边，明朝无可奈何。若没有藏传佛教驯化蒙古，中国北边不会安宁。在东方，日本不断输入中国文化，但自从范文虎的船队败于飓风，中国未能加一兵一矢于日本。日本丰臣秀吉于1592年、1597年，两次侵略朝鲜，中国援朝，两国合力才保住了朝鲜。郑和舰队，横行东南亚，所至之处，无非小国，谁能抵抗？明军主要的战果，却是覆灭了建国异域的华人聚居地，将南洋的旧港（亦称巨港，今日苏门答腊之巴邻旁市）等地的华人首领，抓回中国。唐代以前，交趾长期是中国的郡县，宋朝开始，安南是南方边外的大国，奉中国正朔，在藩属之列。明代安南内乱，黎氏篡立，明朝出兵干涉，从1406年到1418年，两次征讨，中间一度在安南设立布政使司，但是十年战争，明朝不能取胜，还是只得承认安南黎氏的政权。

凡此种种，无不反映明朝政府守势内敛的心态。明祚二百余年，其实不能与汉唐泱泱大国之风相提并论。其中缘故，可能由于开国之初，太祖立下"皇明祖训"，严嘱子孙

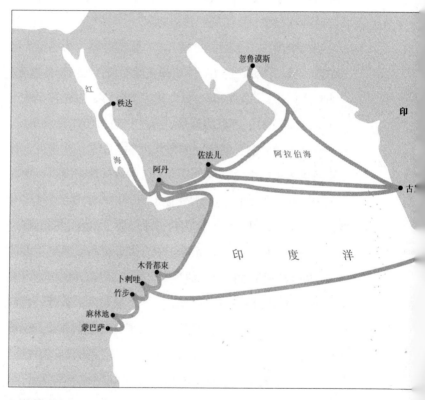

郑和航海路线图

明

榜葛剌

撒地港

遏罗

孟加拉湾

柬埔寨

新洲港

灵山

南海

南巫里

亚路

淡马锡

渤　泥

旧港

爪哇　杜板

南京

福州

泉州

东海

太

平

洋

不得轻易改变他订立的典章制度。固然后世皇帝破坏"祖训"之处不少，这一保守的基调是一锤定音，以致明代政治难有改革。

成祖永乐颇有才能，只是除了夺取帝位及迁都北京的大动作之外，其他并无更张。继他之后，仁宗洪熙、宣宗宣德两代，休养生息十年，无所作为，号为"仁宣之治"，其实是作风保守的表现。当时的辅政大臣，三杨（杨溥、杨士奇、杨荣）都是老成持重的老臣。从英宗以后，明朝就没有值得称道的好皇帝，一些能干的大臣，努力补救皇帝缺失，再也无改革政治的余力。大臣之中，只有张居正、刘大夏少数几人有治国的才能，也有治国的决心，但终究太少了些。张居正的改革，在有明一代，已属难能可贵，然而究其实际，也只能矫治文官制度壅塞瘫痪的痼疾，并未开创更高一层的境界。

自从宋代重视文人以来，中间隔了一段元代统治，明朝步武宋代，建立了一个以儒生为文官的制度。由于中国科举取材，以八股考试考儒生对于儒家经典的理解程度，而又以朱熹理学的阐释为正统的儒学，因而科举制度防弊的方法越细密，越追求对于经典理解的正统化与标准化，终于考试考的是文章形式与教条，不是发挥经典的含义，更不容许从文本中提出新的阐释。这种选士的方式与过程，发展为后世指责八股取士的病根！明代如此，清代也沿之未改！

从科举产生了政府的文官，也培养了独占资源的社会精英阶层，形成风气后，也产生了文化的保守。有明二百余年，一直到中叶以后，民间才有强烈的反弹。在王阳明以前，儒家思想囿于朱子之学；在万历文风改变以前，明代的文学与艺术、书法，都是四平八稳的作风，这可由"台阁体"的文章与书法，观见其风格！

明太祖废宰相，皇权定于一尊，于是文官与皇帝之间，无复汉代与宋代可见的制衡。绝对的皇权，保护了保守主义，以致质疑当时制度的思想，都难逃政治权力的压制。皇帝自己不能行使权力时，绝对的权力落在近侍、宦官手中。于是有明一代，自仁宣以后，宦寺鱼肉文官与儒生的事迹，不绝于史书。明代宦官专权，擅作威福，其灾害不在贪污败坏，更在于斫丧了文化与思想的元气。

明代中叶以后，知识分子及社会大众都对上述令人窒息的压抑之气，兴起各方面的反弹。那些史事，将有专节论述，此处不赘。反弹的力量与压制的绝对权力间，有各种冲突。中国的人才，以及社会的文化活力，都在这一长达百年的斗争中消耗殆尽！后果是明末的中国，不再有余力面对正在开展的世界新局。能察觉这一变局的人已经太少，更遑论思考如何适应这一即将叩关的世界形势！

总之，明代的中国，从元代脱身以后，其实并未出现新的活力，反而自囿于空洞的天朝大国框架，放下了元代曾接触的各种外来文化，一味保守中国文化，并且基于防御的心态，一切定于一尊。政治权力是绝对的皇权，思想体系是正统的朱子儒学，社会力量是占尽优势的缙绅精英——这是一个僵化的庞大文化体系，压抑了内在力量发动修正的活力与生机。一时之间，外来力量还不能撼动这一僵化体系。这个阶段，中国文化体系还保留了许多精致的特色，但是这个僵化的体系缺少调适的能力，终难避免崩解。

更进一步追索明代中国僵化的病根，似乎还是在一百余年前南宋的文化已开始内敛，而不是开展。宋代中国缔造了精致的中国文化，在艺术与文学的领域，中国文化孕育了至今值得赞叹的成果，然而这些成就大致是表现在既有规范中不断突破，又不断重组。南宋理学的思维，建立了儒学理论系统，在人类思想史上是一件大事。只是，以朱熹思想为核心的南宋理学，其重点在向内寻找"内圣"，然后再向"外王"延伸。儒生既然没有足够的政治权力，"外王"终究会落空，仅剩下了"内圣"。这一境界及过程都为明代继承，正宗阳明之学当然更是向内寄托于心性。

另一病源则是蒙古征服南宋，以其武力抹杀了中国文化精华，权力来源是武力，统治者的权力是绝对的。明太祖驱逐元廷，却在统治体制上继承了这专制集权的特色。文官系统只能为君权奴役，不能以其儒家意识形态，有效地制衡全无约束的君权，甚至不能抵抗狐假虎威的宦官弄权。儒生们抗议虽烈，不惜赔上生命，只为了坚持理念，但是一次又一次的牺牲，一次又一次扩大了抗议，一次又一次指陈了理念与精神，却在绝对君权之下完全没有对抗的能力。这种无力感，付出了人的尊严作为代价。高压的君权窒息了寻求调适的可能性，中国文化与社会只有在不变中一步一步走向僵化。万历以后，无论在学术、文化与社会几个领域，都有对于僵化体系的反抗与反思。那些扑向自由的努力，正如扑火的灯蛾，留下了值得后人钦佩的记录，也留下了后人深思的无限空间。

## 二、人口与生活资源

今日中国人口众多，约占人类社会的四分之一。其实，这一现象，是在明代以来始形显著。相伴而至，也是由明代开始，食物资源增多了。两者互为因果，到清代遂一发不可收拾，于近半个世纪乃有如此惊人的人口数字。

汉代人口，照官方统计，最多时有五六千万人，自此各代均有增减。但是，各代官方统计的人口数字，大多不甚准确。三国时代人口，数字奇少，即因大户占夺人口之故。宋代人口，数字也不准，估计是在七八千万之间。明代人口，估计明初是一亿。是以，从西汉中期到明初，大约一千五六百年之间，人口增长，不过一倍。明代中期，估计人口已有一亿五千万人，明末则有两亿左右，是则二百余年，人口涨了一倍！较为保守的估计，则是由六七千万而八九千万而一亿余，如此人口增长的幅度，在18世纪以后又加速进行。而最近五十年来，中国人口增加率又不止一倍。近来二三百年，中国人口增加幅度巨大，可说是由明代开始的趋势。

　　明代的疆域，大于宋代，至少增加了西南地区，及河北大部分与东北地区。但是，仅以这些地区生产的食粮，犹不足维持明代中叶以后增加的人口。汉唐以来，中国食粮主要是早已有之的黍稷稻粱，亦即大米与各种小米，加上越来越普遍的粉食麦类。宋代引进早熟多产的稻种——占城稻，有助于南方食米的供应。明代开始，有许多新的食粮作物引进中国，不仅中国人多了不少养生的资源，而且因其生长环境各有土宜，许多过去不能种植粮食作物的地方，也可以生产相当数量的粮食。这一因素，又不是单纯由国家疆域的增减足以说明了。

　　引进新作物中，最为重要者为番薯与玉米。番薯俗称众多，因地方而有异：番薯、地瓜、红薯、白薯……不一而足。在万历年间，福建人即从南洋将番薯引入闽南泉、漳诸处。据《金薯传习录》，番薯是由菲律宾引入番薯藤，然后在福建地区广泛栽培。同时，广东人也从越南引进番薯，广植于东莞、电白等地。不久，徐光启又从华南引进长江流域，旋即普及于全国各地，发展成为许多地方性的品种。番薯初入中国时，福建地方官员当作歉收时的救荒粮。其后，则渐成为重要的农产品。种植番薯不拘土壤与地形，因此山地、畸零地、沙地……无不可以插栽薯藤。番薯本身营养价值高，薯叶还可作为家畜的饲料，遂成为中国各地农村普遍栽培的食用作物。从 16 世纪番薯由美洲进入南洋，数十年后即进入中国，并普及于中国南北各地，传布速度可谓迅速。

玉米，是另一种很快普及中国各地的新作物。玉米又名番麦、玉蜀黍、珍珠米、苞谷，是美洲土人培养成功的粮食作物。16世纪中叶，田艺蘅的《留青日札》，即详细叙述玉米的形状，并且记载"旧名番麦"，足见它已在中国颇有一段时候。《留青日札》又谈到作者的家乡杭州，也已种植这一外来"异谷"，是则初传地区大约也在闽、粤，然后普及于包括杭州的许多地方。玉米可以在坡度相当斜峻的山地栽种，又不需要十分照顾，收获、收藏均不困难，遂成为中国各地，尤其中国西南及华南山坡地普遍栽种的作物。

花生，又名落花生、长生果，原产地是南美洲，其特性为落地入土即可存活，宜于沙地，又不厌盐碱，是海埔新生地最适宜的作物。明代嘉靖年间花生即载于江南的地方志，是其传入中国，为时甚早，不会晚于引进番薯的时代。花生富于油质，是十分优良的植物油来源，遂成为各地普遍种植的农作物。

马铃薯又名洋芋、土豆，各地名称不一。明代晚期传入闽、台一带，旋即传入中国西南各省，清代则又传入北方。但是，马铃薯的普遍性，至近代为盛，在明代远不如番薯之常见。

另一根茎作物则是芋头，俗称芋艿、毛芋，汉代巴蜀的蹲鸱，大约就是此物，在当时视作救荒作物，于饥荒可以当作食粮。芋头常见于南岛，是当地土著的主要食物。虽然芋头在中国早已有之，其在粮食作物中并不居重要地位，大约由于芋头淀粉质多，缺少蛋白质，其营养功能不足以比美番薯。

以上数种明代引入中国的新品种，当以玉米、番薯与花生最为重要。前二者富于淀粉，可充主食，以补稻米与麦类之不足；后者提供植物脂肪，为中国传统豆油与菜籽油之外，添了另一油源。这三种作物，或可在山地种植，或可在沙地栽培，将过去认为无法使用的土地，一变为农田。中国华南与西南多山，沿海、江心又多新生地——凡此都可转变为生产食粮的佳壤！是以明代垦殖多塘田、圩田、沙田。

主食之外，新引入的蔬果，如南瓜、西红柿、胡萝卜、菜豆，甚至辣椒，均使中国的食品资源更为丰富。油类作物中，明代已有芝麻、豆类，加上前面所述的花生，还有菜籽、茶籽均可榨油食用。动物油脂只用于比较考究的菜肴。纤维作物，中国固有的是丝、葛，明代则木棉、苎麻已普及各处。木棉原来是南方作物，称为"吉贝"，早已见于中国，自从元代松江黄道婆引进海南黎族弹棉去籽的技术，棉花迅速传入南北各处。原来高大多年木本的棉树，也逐渐培育为大面积农田种植的棉花。

中国耕种、树木嫁接技术，早在《齐民要术》时期即已知之甚稔。明代则有插条、接枝诸项无性生殖的栽种方法，当与种植番薯的经验有关。明代种植苎麻，甚至桑树、甘蔗，都已引用这一技术。

栽培作物的种类多了，种植的方法多样化了，是以明代中国将过去不用于农业的边缘土地，也以棉田、圩田、沙田种种方式垦拓为耕地。一方面，明代的种植面积扩大了；另一方面，因为土地使用的方式改变，边缘土地的植被改变，也严重地改变了地貌与生态。

明代人口统计，并不精确。田亩统计，用了鱼鳞册制度，一片地产的四至见于记录，颇易稽核。据估计，洪武年间，全国垦殖顷亩，由三百余万顷，迅速增加到八百余万顷，这是全国丈量的结果。此后各朝增加的数字不多，经常保持五六百万顷，明末则有七百余万顷，整体来说，数字相当稳定。全国征收税粮的数字，由明初粮米、稻谷两千万石，逐渐增加到三千余万石，弘治、万历年间又回降为两千六百余万石。明制，缙绅免去田税，诸王王府及皇庄也不纳粮税，是以全国地亩及粮税数字，都不能如实反映人口增殖及农地顷亩的增加。

当时因为缙绅免税、免役，贫户带产投靠，成为佃户，以致江南一带，据顾炎武《日知录》是十田九佃，自耕农不过十分之一。然而，地主占有的土地虽多，并不组织大型庄园，而是由个别佃农各自经营小农耕作，地主只是坐收地租而已。

明代农户，一般大约多则耕种十余亩，少则仅有四五亩田地，以当时的生产力计算，虽然主要食粮的单位产量高于宋、元，也不够养活全国人口。大约有些新垦的梯田、沙田、圩田，甚至浮在水面的葑田，架在水边的框田，都未必列入全国统计的顷亩数字之内。

一个一个小型农庄，都是多种多样的经营，最起码的情形是薪则有山，蔬则有圃，还可以在洼地挖深为鱼塘，以塘泥整高为"基"，栽种果树，形成一个小型的生态资源循环系统。华南的香蕉、荔枝、菠萝（凤梨），中部的桃李，北方的梨枣……都是如此纳入农业生产的网络之中。当时政府法令，奖励农户种植果树。明初，政府多方鼓励生产，规定民间种桑麻木棉，甚至凡有田地五亩至十亩的农户，必须有半亩栽种桑麻木棉，十亩以上者加倍。又命令各卫所屯田军士，每人种桑百株，随地方土地所宜，种植柿、栗、胡桃。凡栽种桑枣果树，不论多寡，都免征若干税赋。这些栽种果树的规定，正式的理由是"以备荒歉"，栽种桑麻是为了"衣被天下"，实际上则是鼓励百姓多种经营，以增加生活资源。

明代人口的分布状态，可能也与食物资源的分布有相应的关系。南宋以来，中国江淮以南的人口，已经相当庞大。有元一代，北方兵旱不断，人口锐减，明初曾将江南人口大量迁移到黄河、淮水中下游地区，补充当地人口之不足。永乐迁都北京，北直隶的人口增加，卫所军屯及配合"开中"政策的北方沿边民屯，均导致相当数量的人口北移。然而，明代中叶以后，全国人口的分布比例大致是：南方数省人口占全国一半以上，北方诸省只有南方三分之一。西南各省，也居然有全国四分之一到三分之一的人口。明代新引入的粮食与蔬果，都是先在华南发展，然后蔓延于全国。江南与西南毋宁也比北方先受惠于新进作物，以致整个南方（包括江南、华南、西南），虽多山地，却能维持庞大的人口。

综合言之，明代人口、田亩的增加是互为因果的发展。

在生活资源方面，明代初期是休养生息，以官方政策鼓励增加生活资源。明代中叶，新引入中国的外来作物，增加了食物的种类，也增加了田亩面积。小农庄的多种经营，从精耕细作的基础上发展为家畜、水产食品、肥料供应与土地利用，都结合为一个整体的生产系统。

### 三、大海波涛

在本章第一节，已略述明代中国对海疆的态度，本节再予申论，重点则在中国人在海上的活动，其中又涉及台湾一岛进入世界历史。

15 世纪后叶，欧洲人开始探索东来亚洲的航道，其动机是因为奥斯曼土耳其帝国于 1453 年占领君士坦丁堡，隔绝欧、亚路经中东的贸易路线，西欧诸国不得不另寻航道东来。于是，葡萄牙人迪亚士于 1488 年、达·伽马于 1498 年绕航非洲，进入印度洋，由此到达印度、东南亚、中国与日本。西班牙王室派遣哥伦布循大西洋，寻找到中国的航线，却意外地发现了美洲。凡此诸事，均为众所熟知的史事，毋庸赘述！

大洋航道的开拓，终于将全世界人类社会，经由经济网络联结为一体。中国东邻太平洋，本来即欧洲东来的主要目的地，面临这一世界新形势，中国承受的变化，其实甚为巨大。其中影响最为深远者，则是中国人走向了海洋，在亚洲—太平洋地区，加入了海上势力的角逐，也开辟了许多华人聚居的地点。

　　早在宋元时代，海上丝道畅通，波斯、印度、阿拉伯等诸处商舶来往于中国与中东的红海、波斯湾之间，中国商舶也驶往中东地区。元顺帝至元六年（1340），摩洛哥人伊本·巴图塔（Ibn Battuta）曾在今日印度的加尔各答，搭乘返航的中国大型海舶前来泉州。当时的泉州港中停泊了十三艘中国船，船上有五层甲板，可容纳千人。宋代中国文献也记载了泉州巨舶载货不绝于途。这种大型船舶的实物，可由泉州出土的一艘宋代海船见其规模。明成祖派遣中官郑和七次下西洋，后人对于郑和所率舰队的巨大船型，颇为称道。其实，宋元时代海道畅通，早已有打造巨舶的技术。郑和时代的造船能力，并不是空前的。

　　宋、元以来，中国与中东间的航路，已经被各国船舶走熟了。这一条航线大致是由泉州、广州等口岸，沿中南半岛沿岸航行，穿过马来半岛下端，经过马六甲，进入印度洋继续沿岸航行，经过锡兰（斯里兰卡），驶往加尔各答，或分路驶往波斯湾或红海，也或驶往非洲东岸的蒙巴萨。在这条国际航线上，中国、印度、阿拉伯等各国的商人与海员，还可在几个重要的中继港接驳转运。东西贸易的沿线各站，于宋元以后颇多商业利益，凭借这些资源，东南亚与印度洋沿海，涌现了许多新兴的小国。中国前往南洋（明代的西洋），并不经过沿海的台湾与海南两个大岛，于是台湾的发展并不在宋元，也不在明初，却须在大洋航路开通之后。而海南岛甚至不在大洋航路上，也就始终只是中国南海一岛而已。

沿着宋元已经发达的航道，有些中国人遂在海外定居落户。洪武二年（1369），明代征各国来朝，也规定日本、朝鲜、大琉球、小琉球、安南、真腊、暹罗、占城、苏门答腊、西洋、爪哇、彭亨、百花、三佛齐、渤泥共十五国为"不征之国"。洪武四年（1371），诏令滨海人民不得私自出海。当时福建兴化卫指挥私自遣人出海行贾，诏谕责备。洪武七年（1374）罢泉州、广州、明州三处市舶司。凡此措施，基本上都反映了闭关的心态。这一基本政策，执行时或有张弛，但主调没有改变，迄于隆庆元年（1567）方开海禁。

有明前半段，中国政府禁止人民外移。然而人口移动实际难以禁绝，而且宋、元以来已移居海外的人民，早就形成社区，只是朝廷不予承认而已。从一些零星的资料，还是可以窥见中国人在海外的活动。例如，建文四年（1402），明廷遣使以即位诏谕各国，回来的使臣报告，诸夷多遁居海岛，"中国军民无赖者，潜与相结为寇"，于是明廷又派使往谕各国，遣返中国的逃民。

成祖即位，永乐二年（1404）即下诏禁民入海，民间原有下海的船只，都改造为平头船。次年初遣使往南洋旧港，招抚广东逃民梁道明等人，这事还在郑和启航（当年六月）之前！从旧港回来的使者，带回了"头目"梁道明等人来朝，及进贡的马匹与"方物"（土产），政府也赏赐梁道明等人衣纱丝绢。这一仪注，不下于小国朝贡之礼，可见旧港的华人

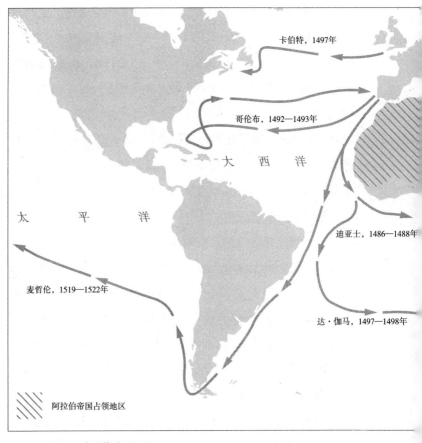

卡伯特，1497年

哥伦布，1492—1493年

大 西 洋

太 平 洋

迪亚士，1486—1488年

麦哲伦，1519—1522年

达·伽马，1497—1498年

阿拉伯帝国占领地区

15、16 世纪之际大洋航道开拓图

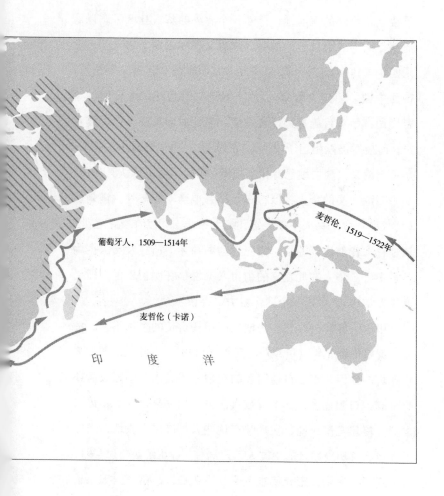

葡萄牙人，1509—1514年

麦哲伦，1519—1522年

麦哲伦（卡诺）

印　度　洋

已建立了可观的聚居地，俨然一个海外的华人社区了。以后数年，旧港"头目"梁道明、陈祖义不断派遣子弟入朝。永乐四年（1406），郑和却又捕捉"旧港海贼"陈祖义等三人，带回中国，朝廷"悉命斩之"。同年，明廷在该地设旧港宣慰使司，命头目施进卿任宣慰使。明廷对旧港政策，反复不定，而最后仍以相当于内地土官的职务，赐予当地华人领袖，足见旧港华人聚居地已有相当规模，明朝不能不承认其存在。

旧港一类的华人社区，在南洋各地当不止一处。满剌加（马六甲）位于马来半岛尖端，绾太平洋、印度洋交汇之处。该地在大洋航道开通后，曾先后为葡萄牙、荷兰及英国据为转运中心。华人在此建立的街市（据说早在明初以前，即已有华人定居），经历三个西洋势力，存留至今。

中国人在海外居住，为地主国担任贡使的个例不少。例如，英宗正统元年（1436）与三年（1438），爪哇几次派遣来华朝贡的使臣，都是自请回乡的福建龙溪县人。中国政府还给予脚力口粮还乡，其中有数人回乡在祠堂祭祖之后，仍回本国。福建龙溪一地，在爪哇有这些人可以出人头地，当由于爪哇已有相当数量的中国人落户居住了。正统四年（1439），榜葛剌国的左副使宋允请求造船并赐敕护持，诏命因宋允是中国人，一切许之。这一个孟加拉湾的小国，也当有中国人在彼落籍，才可能有人奉使来华。

明代前半期，移居海外的人口在商路上建立的华人社区，大致均在航道冲要之地，例如满剌加、旧港、三佛齐诸处。

这些人离乡背井，大约都是与海上丝道的贸易有关。明廷实行海禁，海商回家再出国，并非容易，于是出现了上述"逃民"的现象。大洋航道开通后，海上活动更为活跃，也更为国际化，当时海上各种势力，除西方诸国（葡、荷、西）之外，还有日本积极投入竞争。这些海上的投机分子，追逐利益，海商与海盗之间，其实并无区别。中国沿岸居民也卷入这一波涛大起的潮流。

于是，在明代官方防堵海疆时，海商的利润更大，以致民间有大量人员与资源，投入海上的投机冒险。

中国海商／海盗的活动，与历史记载的"倭寇"，有相当密切的关系。所谓倭寇，意指在中国沿海的日本海盗。大洋航道开通以前，日本在东西贸易路线上，居处偏僻，即使马可·波罗称日本为金银岛，其东方贸易的地位，至多只是一条分支；日本与中国之间的贸易，从中国的角度看，也不重要。日本商舶来华，官方准许的"勘合"（许可证）之外，商人必须挟带私货，方有利润。走私活动原属非法，公私纠纷，在所难免。于是早在洪武二年（1369），明诏谕日本建交时，日本的反应是既遣使朝贡，又送回了从明州、台州等处掠去的人口七十余人。但是，日本人在沿海的剽掠，并未中止。明初，日本足利氏幕府当权，武家文化正在成熟，好勇斗狠的藩士，经常外出掠取财富，也是常事。因此，中国漫长的海岸线上，不得不处处设立卫所，执行海禁，防护海疆。

大洋航道开通以后，风帆所至，无远弗届。葡萄牙人设立基地于马六甲，西班牙人立足于吕宋，荷兰人建府于巴达维亚。他们可到达中国，也可以到达日本，日本遂跻身于国际海运的网络，不再是支线的末梢而已。日本密迩中国，日本人对中国沿岸国际走私活动有其方便之处。于是，日本人一跃而为中国外海海商／海盗活动的重要分子。嘉靖以后的**倭寇**，忽然大炽，中国沿海烽烟四起，此起彼伏，为时将近十年，其中缘由，还是在于上述海洋贸易的新形势。

倭寇之中，据当时记载，真倭不过十之三，从倭者十之七，中国人占了很大的比例。利之所在，自然有人冒死趋逐。投入海上冒险活动的商人，最初只是闽粤沿海居民。以早期的官方记载，弘治十四年（1501）江西信丰县居民李招贴引诱爪哇国人运送番物来广东贸易；正统五年（1440），满剌加的贡使是江西万安人萧明华；徽商许氏兄弟许一、许二（许栋），挟其巨资，在广东造船航海，还是嘉靖通倭头目徐海、王直的前辈。嘉靖元年（1522）广东人方甘同，下海通番，劫掠居民，当是华洋合伙的早期个案。嘉靖十三年（1534），直隶、闽、浙海盗私驾船舶通市番货，杀人拒捕，则是海商活动已蔓延各处了。

当时葡萄牙人已夺取马六甲，嘉靖十四年（1535）又贿赂广东官吏，取得澳门为对华贸易基地。自嘉靖五年（1526）起，浙江宁波的双屿已是葡萄牙人、日本人等海商会聚的贸易港。华人海寇李光头是其中巨擘。到嘉靖二十七年（1548）浙江福建巡抚朱纨遣将"大败双屿海寇及佛朗机（葡萄牙）

番寇"，又于次年击败盘踞泉州浯屿、漳州月港的余众。这次战役之后，国际海上风涛并未稍息，继起者则是前述王直与日本人联合的"倭寇"活动。1569 年，长崎成为日本国际贸易的中心。西班牙占领吕宋，筑城于马尼拉，中国商舶驶入马尼拉，从此常有华商来往于中国与马尼拉之间。华人前往垦殖及经营商业的人口多达数万，万历三十一年（1603）西班牙人屠杀华人，即有两万余人之多，可知华人居留之众。

　　17 世纪，荷兰人加入东洋的海上贸易活动，日本丰臣秀吉取得政权，不久英国也将进入东亚。这些背景使太平洋上

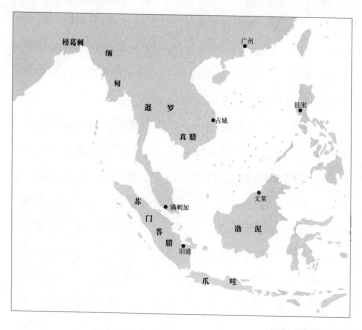

明代"西洋"略图

风云变幻，更多事故。中国人在海上自成势力者，当以林凤的船队为最早。万历二年（1574），曾经以台湾魍港为基地的林凤，为明朝水师追逐，率船队驶入马尼拉，又为西班牙人逐出。万历四年（1576），中国水师王望高联合西班牙人，败林凤于海上。

中国人的海商／海盗船队，林凤只是其中之一。此外还有陈老、林道乾、袁进、李忠、李旦、颜思齐、刘香、郑芝龙等人，都在海上与国际海上势力周旋，发展了庞大的船队。他们的基地，有的在沿海离岛，有的则在前述的长崎、马尼拉等国际港口。他们的运作方式，是跨国的亦商亦盗。兹以李旦为例，这位泉州冒险家在吕宋与长崎都有事业，天启四年（1624），当荷兰人打算在澎湖建立基地，而被优势的中国舰队严阵以待时，李旦引导荷兰人转帆驶往大员（今安平），荷兰遂在台湾建立了殖民政权。

海商／海盗武装集团诸人之中，郑芝龙可以说是集大成的人物。他曾任荷兰船上的通译，本是李旦的部下，据说以义子的身份，甚得李旦信任，并在李旦死后，接收了李旦的财富及人众。在自立门户后，郑芝龙以台湾为基地，屡次劫掠闽、粤沿海城市。他接受招安，却又回头做海上生意，还在家乡泉州安平建立海上势力的指挥中心。他以明廷水师将领的旗号，扫除昔日友人刘香、杨六、杨七等势力。满人入关，在北京的明朝覆亡，明唐王在福建称帝，主要依仗郑芝龙的海上武力。1646 年，这个短命的政权存在不过一年，即被清军摧毁，郑芝龙贪恋富贵，投降清廷，却被挟持北上。郑芝龙的儿子郑成功继续抗清，郑芝龙于顺治十八年（1661）在北京被清廷处死。

郑成功开台的历史，已是家喻户晓，毋庸赘论。他能掩袭鹿耳门，取得荷兰人已经经营多年的台湾，一则因为台湾已有不少汉人居住，其中有些务农，有些从事商业，当初颜思齐、郑芝龙等人以台湾为海上活动基地时，汉人即陆续来台了；二则建议郑成功取台的通事何斌，原本也是海商人物，习惯周旋于荷兰人与中国人之间，经由何斌的引导，郑成功的船才能通过大员的鹿耳门航道。

明代末期，华人的海上武装集团，周旋角逐于西方列强与日本的强大竞争者之间，又须承受中国官方的禁令与取缔，居然发展为可观的力量。在郑芝龙势力盛时，有了郑家旗号，中外商船方能顺利通过中国海域。郑成功据台，其反清复明的事业，主要仰仗郑氏"国姓爷"往来海上的千百艘海舶。凡此海上武装集团，都利用诡谲的国际形势，纵横捭阖，以求生存求发展。在武装方面，这些武装集团的船舶设计与配备的火力，堪谓当时的最高水平。在商务方面，他们都从国际多边贸易博取厚利，将中国商货（如生丝、丝织品、瓷器）转运给西方商队，也将东南亚各地产品（如鹿皮、樟脑及香料和香药）转运中国、日本……而墨西哥与日本的白银，则是平衡差价的贵金属。凡此转口贸易，其先决条件是中国与日本的锁国政策。又当国际经济网络正在成形的过程中，这

些法律之外的冒险人物，始有其存在的机遇，以其亦商亦盗
的特色，撬开缝隙，而他们也获得丰厚的利润。

在西方列强角逐于风涛之间，强力建立殖民帝国时，明
对于已在海外有基业的中国人，取缔防范，甚至如郑和械
送旧港头目，回国处死！以致华人只能以非法手段，全仗民
间财力物力，与西方诸国及日本抗争于海上。过了 16 世纪，
中国遂不再有参加海上竞争的机会了。


## 四、第一波西潮

中国接触欧洲文化的第一波冲击，当是 16 世纪由天主
教教士传递的西方文化。这一波西潮，影响所及，除基督教
教义之外，则是西方科学工艺，以及中西双方彼此有了初步
的认识。天主教教士中，沙勿略（1506—1552）是尝试来华
传教的第一人，但未能进入内地，即病逝于广州的上川岛。
嗣后罗明坚（1543—1607）与同伴利玛窦于 1579 年到达澳
门，并设法获准进入肇庆，于 1583 年建立第一座天主教教
堂。罗明坚旋即奉召返罗马，未能再来中国。利玛窦则成功地与
中国士大夫徐光启、李之藻诸人交好，并将西方文化介绍给
中国的知识分子，其影响巨大深远，堪谓中西文化交流的肇
祖。此后陆续来华的教士，不下八十人，大多是耶稣会会士，
接续利氏工作，以他们的学问与中国士大夫交往，服务于政
府的钦天监，也同时介绍西方文化。另有圣方济各会及圣多

明我会的会士，则在南方闽、粤、浙传教，其接触对象是商人、海员及一般百姓，未能与知识分子多所交往。这两股传教士的学问与工作方式，大相径庭，以致彼此有教义解释的差异；在康熙年间，终于爆发礼仪之争，使利氏建立的文化交流，不得不中断许久。

兹将天主教教士们的活动，就三个方面讨论：传教工作、介绍西方科学工艺，及担任中西彼此认识的媒介。

先论介绍基督教教义。罗明坚在肇庆仙花寺传教，即印刷中文《祖传天主十诫》与《天主圣教实录》，以阐述基本教义——此是天主教第一批中文宣教文献。罗氏虽通中文，似乎还未擅中文写作，文字尚未通顺。然而有一些重要观念，如天主、天神、圣水、十诫、三位一体等均有中文词汇，于基督教在中国的发展，有重大的影响。

利玛窦在中国二十七年，结交的中国知识分子不少，其著作《天主实义》发表于1595年，申论基督教教义，借用了中国典籍中的若干名词。利玛窦介绍教义的方法，正如汉末魏晋佛教传入时，借中国道家的词汇为"格义"，他也借了儒家名词，于是其教义深受中国儒家观念的影响。利玛窦借用古代经典《尚书》与《诗经》中的上帝、天、帝与道诸名词，以阐释基督教教义中唯一真神及"真理"，虽然有助于中国人理解这一西方宗教，其中比附之处，也不免导致误解。利玛窦去世之后，龙华民（1559—1654）接掌耶稣会在中国的宣教工作。当时教士颇质疑于"上帝"与"天"是否准确地说明了"天主"（神，Deus）的意义，并且质疑中国古籍究竟是否曾有对于天主、天使及灵魂诸项基督教教义同样的观念。熊三拔（1575—1620）认为中国文化中并无同样的理念，龙华民自己在与中国学者徐光启、杨廷筠等商榷后，也认为基督教的"神"，应译为"泰初"（"泰初有道"），不能以中文的"天"与"上帝"当之。龙氏著作《孔子及其教理》一书，即阐明儒家的理念，以示中西理念上差异。在礼仪方面，利氏认为中国人祭祖、祭孔，并非崇拜，而是纪念。凡此理论与礼仪的问题，实开康熙时代"礼仪之争"的先河。

利玛窦等人在华宣教时，宋儒理学早已确立其思想主流的地位。明代中期以来阳明心学如日中天，方兴未艾。儒家开拓所及，早超越先秦儒家的内容，而且儒家与佛、道两家长期激荡，彼此吸纳精华，各成体系。中国思想界讨论的主题及辩证方法，已建构了一套内容丰富、理论严整的形而上学。佛教入华的汉末魏晋时期，中国思想初遇印度佛学刺激，颇难抵挡外来的影响。相对比较，明代中国思想，其贫乏之处在于政治、经济与社会领域，而未必在形而上学方面；天主教的教义，面对中国思想体系，并不具有强大的吸引力，也不须借此外来思想，填补自家缺失。天主教宣教工作，是以并不容易。那些耶稣会会士自己都是饱学之士，也亏他们在如此背景下，还能卓然有其成就！历史的吊诡之处在于：19世纪基督教新教随着西方经济与武力优势进入中国，传教士竟不须有深厚学术与思想的辩论，即可在中国所向披靡！

真令史家扼腕叹息。

其次讨论西洋科学工艺被引入中国的过程。这一波外来科学进入中国，围绕着天文学为中心，包括数学、地理，逐渐延及农学、机械、火器与医学。中国传统宇宙观是三向度（三维），宇宙与人事及生理互相影响。"敬授民时"不仅与农事的时间密切相关，而且时间轴上的变化，也常反映人事与生理：世间诸事是否协调和洽，可从天象与季节窥见其中变常。是以自古以来，编制密合时令与天象的历法，总是国家的大事。自汉代以来，中国自有一套解释天象与历法的理论，也相当依仗实测，纠正历法的偏差失误。唐代引进印度天文学，元代引进伊斯兰天文学，各有不同程度的影响。

明代耶稣会会士，学识渊博，当时欧洲学界又正在地球中心论与太阳中心论激辩之际，这些饱学的教士，对天文学也有相当认识。徐光启以西法观测日食，证实西方历学的优点，遂以徐氏主持引进龙华民、汤若望等人参加修历工作。他们编制的《崇祯历书》，因明亡未及施行，但在清代颁行《时宪历》，嗣后不断有耶稣会会士任职清代的钦天监，西法影响中国历法的程度，甚为深远！

耶稣会会士的贡献，最足注意者，当系以几何的观念计算天体运行。中国传统治历，则是以代数的观念，计算各项天体运行的周期。几何学的方法，于实测更易精密，其预测结果自亦较为准确。不过，天主教教士终究不能脱离教会内部的约束。教廷狃于教义，不能接受伽利略（1564—1642）

的地球绕日理论，在华耶稣会会士也就不敢（或不愿）引用伽利略与哥白尼（1473—1543）的学说，只能介绍折中托勒密地心系统与哥白尼日心体系的第谷（1546—1601）之说，仍以地球为中心，月绕地球，五星绕太阳。这一折中，当然是学术史上的遗憾，却也有其独特的时代背景。

为了天文学的计算，耶稣会会士不能不介绍几何学。利玛窦与徐光启合译的《几何原本》，是欧氏几何入华之肇祖，至今已成为数学经典，许多中文的数学名词，源于此时。他们还合译了一些用于测量的数学，例如《勾股义》《测量法义》，则是三角学入华之始。利氏的《坤舆万国全图》，实为中文第一部世界舆图。其中的中国地图，也是第一次以投影法编制的中国地图。

在实用工艺方面，熊三拔的《泰西水法》介绍西方水库与以唧筒、虹吸等水压转输的方法，为徐光启《农政全书》中灌溉方法的母本。熊氏介绍蒸馏方法，也于中国的制药方法，有相当影响。邓玉函（1576—1630）在来华以前，已是欧洲著名学者；他与王征合撰的《远西奇器图说》（1627），当是第一部讨论西方物理学、建筑学与机械工程的中文著作。

人文学科方面，金尼阁（1577—1628）的《西儒耳目资》，以拉丁化拼音，拼切汉语。南北朝以来，受了翻译佛经的影响，中文以反切注音。明代以后华音可以拉丁字拼音；方以智（1611—1671）撰《旋韵图》及《四韵定本》，实为近代中国语音学的始祖。方氏受西方学术的影响，注力融会贯通，于哲学、科学、音乐、医学，无不有其自己的见解，其著作《通雅》《物理小识》等均为贯通中外的集大成之作。

天主教教士宣传宗教，又介绍了西方的学术，其中颇多不合于中国传统知识体系之处。中国学者自然也会有人不满。南京礼部侍郎沈潅即两度（1616、1621）攻击这些教士，逮捕教士、教徒，并驱逐教士，命令押回澳门，幸得徐光启等人上疏救援，天主教中人士，称之为"教难"。后来康熙时代的杨光先等人攻击公历及此后"礼仪之争"，当然和这次"教难"比起来是更大的反扑。

第三项值得讨论的历史，则是中国与西方之间彼此有了较为全面的认识。大洋航道开通以前，西方对于中国等地的了解，全仗中东及内亚诸处居间介绍，只有《马可·波罗游记》等少数实地经验的报告。大洋航道开通，葡萄牙、西班牙海商直接与中国接触，但对华知识，限于商业活动，又只及沿海，于内陆并无所知。当时西方商人与海员，学术修养有限，除了贸易有关事务，于中国政制与文化，也没有清楚的认识。凡此情形，从海商所制东方地图，即可觇见其缺失。至教士来华，以其学养，能逐渐探索中国文化内容；深入内陆，也能看到海港以外的地理与人民生活。经过长期而深入的观察，这些教士对于中国山川形势、政治制度、思想方式均能有深刻的了解。

利玛窦自己著作《中国札记》（后经金尼阁补充），向西方全面地报道了中国地理、物产、中央与地方政制、风俗习

惯、科学工艺、宗教信仰、哲学思想……殆为近代西方对华
研究的嚆矢。利氏十分注意儒家思想，首试译书。经过他的
介绍，西方才初步认识东方这一古老文明的大概内容。他在
《坤舆万国全图》中，编列了中国部分的地图，因其精准与
确实，此后西方海商所持地图，遂大为改观。曾德昭（1585—
1658）以葡萄牙文撰作《大中国志》（1641），旋即译成西班
牙文、意大利文、法文、英文诸版本，全书记述周详，地理、
政制、社会、生活、工艺、语文、族群……无所不及，也详
述教会在华宣教的种种活动与遭逢的困难。这一本大书，堪
谓当时最完整的报道。金尼阁、曾德昭等人，都曾返欧述职。
他们在欧洲各地广泛旅行，向教会及学界报告在华见闻，使
西方对中国与中国文化，有较真实的了解。

　　传教士们也向中国介绍了西方的自然与人文地理。利玛
窦的《坤舆万国全图》，地名用中文对音，这是中国学者第
一次见到西方现况及中国与西方的相对位置。艾儒略（1582—
1649）撰著《职方外记》（1623）则是配合上述万国全图的
文字说明，记述当时五大洲民情风俗及历史大事。他另一部
著作《西方问答》则是有关西方的全面介绍，于风土人情、
典章制度、天文地理……巨细靡遗，堪称百科全书。艾氏所
著《西学凡》，介绍欧洲大学的学术项目，列举了修辞学（文
科）、哲学（理科）、医科、法律（法科）、基督教经书（教科）
与基督教神学（道科），相当完整地说明了西方学术教研的
内容。

　　经过这些天主教教士的中介，中西双方的有识之士，方能避免道听途说的虚妄，对于大洋另一端的世界，掌握较为具体的信息。明代来华天主教传教士，其人数不过八十余人，所幸均是知识渊博的学者，又与中国学者徐光启、李之藻、杨廷筠、方以智等人互相切磋，于是以少数精英，达到沟通中西文化的伟大成就。这些中外学者好学深思，不存偏见，又愿意苦学对方的语文，如此深广的文化交流，在人类历史上，诚为罕见！清代康熙时的"礼仪之争"，教廷因教义不准在华教士迁就中国风俗，清廷因此也限制教士的传教活动。中西之间，从此不再有建立在学术基础上的文化交流。19 世纪以后，西方帝国主义大举侵略东方，天主教会与新教各教会挟经济与武力优势，进入中国，于是主客易势，双方的交往呈现极度偏差与扭曲！因而第一波西潮的特殊风貌，于是更值我人回味。

## 五、明代的工业

　　明代讨论工艺技术的大型丛书，有宋应星的《天工开物》、徐光启的《农政全书》及茅元仪的《武备志》。讨论生产技术的大书，密集地出现于明代后半期，本身即值得注意的现象。一则，生产活动，不论是手工业、农业，抑或是武器制造业，都有彼此支援之处；二则，工艺生产已是生产业的重要成分。

　　以《天工开物》的章节分类言，当时的生产业有：作咸（制盐）、甘嗜（糖业）、膏液（榨油）、乃服（纺织）、彰施（染料）、五金（矿冶）、冶铸（铸造）、锤锻（打造器物）、燔石（煤炭）、杀青（造纸）、丹青（制墨）、佳兵（武器制造）、曲蘖（酿造）、乃粒（五谷）、粹精（粮食加工）、陶埏（陶瓷）、舟车、珠玉十八个类别，既是技术专业的分类，也是工作行业的分类。行业还可细分，明初谚语，工匠有三十六行，明末则已有三百六十行之说，专业的分工，极为细致。

明代沿袭元制，政府与皇室掌握了相当数量的官家作坊。官家作坊制造但求精美，不惜工本，技术方面每有精益求精之处。江西景德镇发现明代官窑窑址，从遗物可知，百件中只取四件上供御用！明代百工有兼值当差的制度，民间工匠可从当值期间，接触官方掌握的技术。民间生产工业逐渐发达，官方作坊的工匠也会转业民间。明代工艺技术，常有进步，可能由于手工业发展的技术，不断转移于民间。当然，广大的市场会刺激生产，使技术的质量提升。本章下一节讨论明代市场经济，当再有论述。

纺织业无疑是明代生产事业之中最为发达者。官方的织造业分布全国各处，而以江南为最多，也最为重要。民间的纺织业，不论丝织、棉织，也以长江三角洲为生产中心，密集于一地，业者尤有从竞争中切磋的机会。以苏州盛泽一镇言之，大家小户，人为杼轴，"以其工巧""衣被天下"。山东、山西、四川、福建、广东，也各有其特产，以丝织品的种类分，有丝、绢、绫、罗、绸、缎、锦、绮、绒、纱……

但在"罗"一类，更可有五六十种专项产品，例如花罗、素罗、乃罗、秋罗、硬罗、软罗之类，在丝织品之外，还有大量棉、毛、麻织品，各以地宜，成为专业的产品。

《农政全书》与《天工开物》，都记载了丝织品的工作程序。缫丝的阶段，一人司煮茧，一人打丝头，一人抽缫，但煮茧的人可以兼管两组，分工细，又节省人力。缫丝是以一人脚踏缫车，理头绪，功率胜于手摇的缫车。织机有小型的腰机，用腰尻之力，控制多重经纬。"花机"则是大型的提花织机，结构复杂，可以织出多层穿花的纹样。花机必须两人操作，一人踞坐机顶，专司提起应予织入的花线，一人坐在机前，脚踏织机，两手理线投梭。花机的复杂者，可有四层结构，称为"改机"。

棉织工具也有改良，《农政全书》所谓搅车或纺车，是一种轧花机，脚踏踏板，左手转动曲柄，右手維棉花，工省而效率高。纺车改良为脚踏，另以一手握多管纺线纺纾。织布之后，则是染色，又是另一项专业；单以色彩而论，蓝色即有数十种，青红翠黄，也多分别色调，大率是植物染料。织造在松江，浆染在芜湖；地区性的分工，相当显著。整理布匹的最后一步工序则是在"踹坊"中，工匠足踹巨大石磙，压平布料，使布质紧密细薄，又有光泽。再下一步骤是以布制造衣鞋袜，不是仅由家庭妇女担任女红。举例言之，松江产的龙墩布，轻细洁白，店家用来制造"单暑袜"（夏天的薄袜），是分包于制袜的妇女，再由店家收购的。

明代的陶瓷业是另一重要生产业。明代陶瓷业分布，南北均有。北方的磁州窑，承袭宋代北方瓷器的传统；福建德化、广东饶平，均出产外销瓷；浙江龙泉是宋代名瓷，也延续至明代。江西景德镇，以其高岭土原产地的优势，在明代发展为中国制瓷业的中心，至今不衰。明代瓷器，胎质细致，一则高岭土白净细腻，二则烧制温度高，是以胎质轻而坚，叩击如有磬声。釉色纯净，不带杂质，较之宋瓷带青或带灰，明代的白釉，晶莹如玉，光泽均匀，颜色净洁。在这一基本釉色加彩，不论青花或彩绘，无不精雅。明代青花是世界名瓷，青色色调，永乐一种，宣德一种，因为所用特别进口的金属化合物原料不同，而各有其特色。成化斗彩，则是用了铁、钴、锰等不同的化合物颜料，呈现鲜艳的彩色。青花是釉下施色，斗彩可以釉下、釉上加色，产生光影流动的效果。永乐的白釉，薄如蛋壳，见釉不见胎，号为"甜白"。永乐、宣德的宝石红、宝石蓝，都是以高温还原焰烧制，而成化的孔雀绿与弘治的娇黄釉，则是低温烧制的单色釉瓷。嘉靖五彩，更是多色斗彩，冠绝一时。

烧制瓷器，控制火力是关键。明代窑制，以龙窑、蛇窑为多，都为了提升累积的温度而延长火道，又以烟道与烟口调节同窑各处的温度。窑中温度过高，烧制过程中碎裂的制品可能增多，成功的概率反而降低。如何恰到好处，非老练的技工不能掌握个中分寸。烧窑须有高温，于是烧造耐火砖作为建窑材料，以及砌窑的方法，无不有赖长久累积的经验。景德镇能成为天下名窑，历数百年不衰，自然由于拥有这些累积的技术与经验。

制作陶器，如宜兴的紫砂壶，是另一套技术。虽然不用高温，但掌握良好的陶土、制造优美形制、掌握适当的温度，也是一门复杂的工艺。同样的，河南的澄泥砚，原料是澄底的河泥，淘洗的功夫非常讲究。甚至建造宫殿的大青砖，也是澄泥烧制。凡此与陶业相似的工艺，在明代均已到达高度艺术与实用的水平。

凡此工艺，其共同的现象，则是细密的分工程序。以烧制瓷器而言，澄选高岭土、揉泥、作坯、拉坯、整坯、剔纹、绘底样、上彩、上釉或釉上再加颜料、入匣、进窑的排列、封窑、煨柴、开窑……凡此过程中，《天工开物》所谓"共计一坯工力，过手七十二，方克成器"。每一步骤都有专门技工担任，一步错了即前功尽弃！

冶铸工业是明代重要的产业。湖北大冶是矿铁的主要产地，产量占全国三分之一，而佛山则是冶铸铁器的中心。白银与锡，云南出产占全国产量三分之二以上，锌的产地则在湖南。凡此诸地，均在西南多山地区。

明代炼铁主要是竖炉熔炼，以木制风箱，正送逆抽，都能以活塞的作用，鼓送风力。大型风箱，四人合力拉曳，可达300毫米的水银压力，是当时世界功率最佳的风箱。炼铁的熔炼阶段用萤石（一种桃红色石块）同炼，以降低熔点的温度。中国炼铁的过程，一向使用木炭作焦炭，至明代大量使用焦煤，生产的生铁，论纯度可能不及焦炭，但是因可以使用高度较高的竖炉，所以产量较大。据方以智《物理小识》，中国明代炒生铁为含有较高碳质的熟铁，系因柳木棍拌搅掺杂泥灰的生铁熔液。柳木棍在拌搅过程，成为碳质，增加了熟铁的硬度。铸钢的技术则是用"灌钢"之法，以生铁、熟铁合炼，或则以熟铁片夹生铁入火，或则以生铁熔液糅入熟铁熔液。这些方法，较之宋代的熟铁盘裹生铁，当是更为省事，又增加产量。炼焦煤是炼钢工作的一部分，明代炼焦的长方形炼炉，其设计实与烧制瓷器的长窑相似，也是应用火门控制温度，闷烧煤炭为焦煤。

红铜加锡可得青铜，加锌（中国称为倭铅）则是黄铜。黄铜因其易于打造，可以铸器，用途大于青铜。明代以来，铸铜币全用黄铜，铜制构件也用黄铜。大型铜件，莫如昆明的"金殿"和武当山上的"金殿"。明代取锌，用蒸馏法，《天工开物》记载明代的取锌方法，不用倒置的蒸馏器，而是接以斗形坩埚，由上部冷凝，还原为锌，纯度也可达97%—98%，方法甚为便捷。

广东佛山镇是铁制品的生产中心。在佛山，遍地冶坊，火光日夜不熄。然而，各种专业的分工极为细密。铸造锅具的作坊，不从事锻造刀具，甚至在铸造锅具的作坊中，有耳的铸件与无耳的铸件，也由不同的工坊制作。

冶铸工业，正与前述陶瓷工业一样，有极为细致的专业分工，工作的过程，一步一步各有熟练工人专司其事。工作程序的分工，本是从"专精"的技术层面出发，但在明代又由工人的行会制度，在组织方面确认工作的"专利"，以保障工人的就业机会。凡此情形，不仅见于上述两项手工业，也存在于其他手工业，例如制造漆器或制造家具的行业。中国传统的工艺技术，经过这一形态的专业保护，工人有精益求精的意愿；但是，另一方面，手工业者也易有故步自封的习惯，更由于师徒相承，或父子传代，一门手艺不易推广，甚至易于失传。

综合观察明代中国的工艺水平，盱视当时的其他文明，可谓遥遥领先。不过，中国手工业不能进入后来欧洲出现的工业化，实是值得深思的课题。至少，就使用的能源言之，中国始终以人力及畜力为主，虽然也有使用水力的情形：例如水磨、水碓，终究不及人力与畜力普遍。明代已广泛使用煤炭为燃料，但是从未有将热能转化为动力的尝试。一般以为，中国的人口庞大，不必担忧劳力不足，以致从未发展其他能源以节省劳力。然而，从上述几项传统工业的发展过程观察，中国手工业也颇有"省功""多产"的愿望，并由此落实为各种巧妙的技术与器械，是以，人口众多、劳力充沛，未必是这一问题的答案。也许，中国工业的细密分工，造成太过零碎的分割，工作过程中每一个环节各自为政，不能有全貌的设计，而且每一环节的生产，基本上是小单位的生产（或为家庭，或为小作坊），也并不具备足够的财力，投资于开发新技术。

明代天主教教士携来不少欧洲的工艺知识，上一节中提到的《远西奇器图说》，以及徐光启的《农政全书》，都介绍了那些技术。但是检查当时的生产事业，这些外来的新知，其实并未对有关的专业工艺有可见的冲击。举例言之，欧洲的机械颇多铁制，而中国机械则几乎一概是木制；欧洲的机械中，传动轮与螺丝钉都有特殊用处，中国木制机械缺乏螺丝与传动的配件，不易使用热能源，不能发展为高速转动的设计。由此可以觇见，介绍西方工业技术的徐光启、王征诸人，都是儒生士大夫，平日与一般工匠并无直接的接触，以致外来的新知未能传递于实际从事生产的产业界。简言之，中国传统的知识分子与生产事业脱节，以致学术与工艺之间，缺少彼此刺激的机制；也许，这是明代以后中国终于在工业化方面脱队的原因了。

## 六、明代的市场经济

中国史学界曾经热烈讨论所谓"资本主义萌芽"的课题，一般以为明代中国的经济形态，已呈现资本主义经济的特色。然而，假如那时中国已有资本主义萌芽，又何以终究未能茁壮成长为西欧式的资本主义体制？这一问题，牵涉的项目十分复杂，也涉及"资本主义"一词的定义，凡此均非此处能够详论。本节所述，只是明代，尤其明代中叶以后的经济状况。

南宋以后，中国海道贸易渐趋发达。明初郑和下西洋，

舰队帆影所至，大率即当时的海道贸易路线。循此航道，中
国输入的货品仍是香药（如龙涎香、乳香）、香料（如胡椒）、
象牙、玳瑁、珍珠、宝石之类。中国输出的商品，则是丝绸、
瓷器、铁器、漆器之类。丝绸与瓷器远销中东、欧洲，系以
波斯湾与红海转运，铁器之属则在东南亚各处销售。凡此情
况，自宋、元以来，已成常规。

　　16 世纪开始，大洋航道开通，高桅大帆船分别经由绕航
好望角的航线与跨越中美洲转驳进入大西洋的航线，将中国
商货及南方岛屿的香料，径运欧洲市场。东南亚各地（如吕宋、
苏门答腊、马六甲）都是转运中继站。中国输入物品，除了
如同过去一样的南洋产物，最重要的交换品，则是美洲大量
的银。大洋航道之上，日本与西方贸易，也经过中国沿海口
岸，而中日之间的贸易也较宋、元时代活跃。明初即有"倭寇"
之患，中叶尤其猖獗；如果以这种非法贸易为指标，同样可
以反映明代中日贸易，实际已不是朝贡制的贸易能够涵盖的
规模。

　　不论合法的，抑或是非法的，对外贸易兴旺，必然刺激
商品的生产。中国的外销商品，既以丝绸与瓷器为大宗，生
产这些商品的工业，自然也随之发达。明代中国的江南，是
丝织工业的基地，江西、福建与广东，是瓷器工业与冶铁工
业的基地。是以，当时东南及华南地区的经济，都有大幅度
的成长。

　　江南手工业产品，技术精巧，花色繁多，海内外都爱用

三吴产品，三吴产品遂越精美，价值越高。工人精益求精，附加价值又随着提高，这一循环使江南产业资本迅速累积，生产规模日益扩大。以纺织业言，中国传统生产是男耕女织的农舍制造业，在明代，江南纺织，则已发展为作坊工业。业者投入资本购置织机，雇用劳工，以相当专业的分工，生产供应市场的商品。举例言之，苏州、吴江、盛泽诸处，市镇居民无论男女老幼，大多卷入丝织业。富人为雇主，作坊之中有长期雇用的熟练技工，有论天雇用的散工，有收购转售的牙行，甚至童稚也会帮助挽花。明代小说《醒世恒言》描写一家织户由养蚕发迹，逐渐购买绸机，终于成为拥有数十张绸机的作坊主人。虽是稗官小说，却反映了当时一般现象。据当时笔记记载（如张瀚《松窗梦语》），精工织品获利可有"当五之一"，亦即百分之二十的利润！

在丝织业外，元代江南开始发展的棉织业，因为棉布是大众用品，需求量庞大，遂成为江南农村的手工业。棉花产地在北方，棉布产在南方。据徐光启《农政全书》的记载：北方气候干，不宜纺棉，南方湿润，纺棉纤维不易断裂，织成布匹，细密耐用。这又是地区性的分工，带动了国内市场的交换网络。

地区性产业的兴旺，还见于江西景德镇的瓷器工业。据当时记载，该地数十里之内，处处有窑，火光烛天，烟雾蔽日。窑主集资千金，雇工千百成群，运送原料与燃料，不绝于途；四方贾客，满载舟车，分途运销海内外。同样的情形，还有广东佛山的冶铸工业，刀剪、农具、工具，集中在佛山生产，产品分销国内与南洋各地。该镇的人口，几乎都与冶铁业有关。铁匠的行会，也因为钢铁制品分销，遍布于水陆码头。

上述诸种产业，原料未必全在当地出产，正如江南棉布的棉花产于北方；山西潞州的丝织品，蚕茧出自四川；佛山的冶铸，生铁来自湖北大冶……凡此诸例，都促成国内区间贸易。工业地区劳工人口众多，当地农业人口也有不少转投入工业，以致工业地区的粮食必须仰仗别处输入。江南自古鱼米之乡，但在明代，江南的食米来自湖广，面粉来自黄淮。同样的，北方棉布由南方输入。古代北方也有名窑产瓷，但在明代则全国饮食器皿，大多产自江西、浙江、广东、福建诸处，尤以景德一镇为全国产量最大的供应地。

上述几项工业的规模庞大，不是单由内销获利，利润之中外销所得，为数应当相当可观。大洋航道开拓之后，不论合法、非法、直接、转口……丝绸、瓷器两项无疑是外销贸易的翘楚。本章第四节所涉及的西洋与日本海商，从中国海商取得的商品，最常见的项目是生丝与丝织品。在瓷器方面，"贸易瓷"是为了外销烧制的，常见伊斯兰纹饰，例如连珠纹以及阿拉伯文吉祥语；或则欧风花样，例如圣母图像，欧式建筑的街景。今日红海岸上福斯塔特的中国贸易瓷残片，都是由海道起岸转驳陆路时留下的废品。近来打捞南海沉船，常见数万件明瓷。

凡此都可觇见，外销贸易换来的美洲白银与过去外销换来香料、香药与珍宝相比较，白银之利，不仅巨大，而且具体地惠及百姓。明代东南、华南即因发展外销工业而致富，也因此带动了国内区间资源的交流，例如从北方或长江中游输入粮食。

明代商贾与工业的经营方式，颇有"现代"意义。投资人可以数人合股，成立类似今日股份公司的机构，另聘专业人才，操盘运作，类似今日的专业经理人。有些企业，例如百货业，每一项货品都有专设的单位经营管理。钱泳《履园丛话》中的"孙春阳"条，记载这家苏州的"南货铺"，设有"南北货""海货""腌腊""酱货""蜜饯"与"蜡烛"六个部门，分司收购发卖。无论不同企业之间，抑或是同企业内部，专业化已是常态。四柱记账，进出项目及收支数字，每日结算入账，也与今日复式簿记制度，并无差别。

明代活泼的商业，在外销利润足供挹注之外，还另有融资的来源。明代盐业是政府专利，但政府还是必须仰仗民间承保。最可见的例证，则是政府以盐引（卖盐许可证）的特权，招商运粮于北边，以给军需，是谓"开中"。商贾取得卖盐的特权，招募屯户，在北边屯田，以其收获，给付军粮，商人省了运粮的费用，赚了卖盐的厚利。南北物质交流的过程中，这些卖盐取得的资金，遂为商贾汇兑或借贷的融资。擅长这项活动者，北为晋商，南是徽商。晋、徽两地都是农地不足，养成外出寻觅生计的传统。于是山西票号，徽州钱庄、当铺，均担起后来银行的功能。明代徽人汪道昆的《太函集》中，包含不少各地商贾的交游情形，可以觇见当时经济活动的网络。

这些游资，不仅在国内是融资的重要来源，也会有人挟资投入国际贸易。大致晋商经常操作北边与西边的陆路生意，将中国货品换取皮毛类的商品。安徽商人，以其富力投资南洋海商活动。本章第三节叙述早期海商，即有徽人许氏兄弟，出资打造广东出洋船只。

宋代社会，儒生与商贾之间，可能颇有分流：前者以内圣外王自我期许，志在经国济世；尤其理学家们不屑言利。明代中叶以后，风气颇为不同，江南士大夫，如有余力，也会投资商业活动。一个士大夫家族，兄弟数人，可能有人出仕，有人经商，有人在家管理田庄。于是，不仅一家的财富与社会关系在三种职业之间流转融通，而且儒家的理念，也一样渗入商贾圈中。余英时曾指出，商贾经营事业，其"创业垂统"的自我期许，实与儒生经世济用的观念相通。他称之为"士魂商才"的精神，可能贯注于一些商贾活动。韦伯在讨论西方资本主义兴起的现象时，指出基督教新教加尔文派的工作伦理，实为资本主义活动的原动力。这一原动力，不在勤劳俭朴等项德目，而在此等人自我期许的使命感。明代商贾活动，波澜壮阔，余英时指出商贾自觉意识，当亦可与新教伦理相提并论。

讨论资本主义萌芽课题时，都市化也是常提到的现象。检视明代都市发展的性质及分布，大致仍是宋元以来的延续。那些主要城市，仍是处于交通要道的集散中心，加上若干工业中心的城市。在政治性城市方面，则多了北京少了杭州，南京也只是在明初有过短期的首都地位。明代都市化现象颇堪注意之处，当在江南地区（杭嘉湖、苏松太）小市镇密集，使人口密度颇高的环太湖长江三角洲，联结为一片工、商、农各业都极为发达的地区。这一地带的水道也在明代编织为密集的网络。在这一地区，城乡的差别依旧可见，但较之中国其他地区城乡差距，该区城乡差距，以生活水平为例，已显著拉近。

从货币使用的情形言，宋元时代出现了纸币，元代的宝钞制度，明代也沿用。但是，明代政府掌握了银矿与铜矿较丰富的云南，再加上大洋航道开通后，美洲白银大量流入中国。中国货币又改为银铜并用的金属货币，避免了纸币因为大量发行引发的贬值问题。

中国不断生产外销商品，白银不断流入。中国享有长期的贸易顺差与伴随而来的经济成长，在"龙头"地区（江南与华南）发展到一定程度时，波及的其他地区也有了当地前所未有的产业。例如，本来北方棉花南运，在松江织成棉布布匹，又运销北方。若干年后，河北、山东开始自己织布，供应近处市场。这种现象与现代世界第三波工业化的"雁行理论"所描述的形态相似。

综合言之，明代的经济发展，大率是宋元（尤其南宋）发展过程的延续。其中新出现的因素，则为大洋航道开通之后，中国的外销市场扩大到欧洲与美洲，中国获得顺差是大量白银。这一变化的主调是中国卷入初期的世界经济大网络。从中国的经济本身论之，南方，尤其江南直接获得实际的顺差之利，快速地形成中国经济发展的龙头地位。中国国内区间的差异加大而"波及"的效应，也带动了一些地区的经济发展。凡此变化，在庞大的中国文化—社会—经济复杂系统中，其形成的效果，还不足撼动整体的稳定。资本主义萌芽了，却还不能茁壮。

## 七、南北经济社会的差异

中国幅员广大，各地发展情形不可能一致，是以自古即有地域性的荣枯差异。在南北朝以前，中国最繁荣富庶的地区是中原。广义的中原，包括今日所谓北五省（河南、陕西、山东、河北、山西），狭义言之，则是黄河中游以洛阳为中心的地区。自唐中叶以后，北方多经战乱，渐渐凋敝，南方则战乱较少，加上气候温和，发展农业的条件较佳，于是浸浸然在人口与财富两方面都超越了北方。

明代的南北差异，十分显著。南方经济发展、市镇密集，已在另节有所说明。此节仅就北方的发展，有所陈述。

元朝统治汉地，本就分为两区，北方是从金人手上接下来的部分，南方是南宋的原有疆域，元廷称为"蛮子"。《马可·波罗游记》中，北方是契丹，南方是蛮子，俨然两个国家。在元代，金人旧地由"汉军元帅"及蒙古驻防"万户府"分别割据，而南宋旧地则仍沿袭宋人州县地方行政系统。二者的差别，北方的地方行政制度不如南方安定，是以南方有休养生息的机会，北方则终元之世，百姓经常有差役的负担。

元末，北方战争频仍，南方虽有数支反元武装力量逐鹿天下，但战争大多是在江、淮、河、汉交接处进行，南方腹地战事不多。明军北伐及燕王南侵（所谓靖难之役），战事也大多在中国东部诸省的南北交通线上，南方腹地承受的影响不大。

明初，北方已相当凋敝，黄淮之间又因黄河经常决口，尤其多灾多难。北方人口流失不少，往往百里无人烟。明太祖曾大量移民充实北方。迁移人口的模式，最初为移江南人口填实他的老家凤阳濠泗一带。但移民人数多，而且次数频繁，则是以山西高原的人口移往山东、河北、河南三省的交接处。这一地带，不仅是北方兵灾最烈，也是旱涝灾害最甚之处。明代在潘季驯（1521—1595）治理黄河有功效以前，此地的生态条件恶劣无比，必须不断移民填补。此处移民传说，祖先都来自山西洪洞大槐树下，即百姓记忆中的大批移民运动。

明太祖设立卫所，以军户屯田养兵。明初曾有三百万人分别屯戍边疆卫所。卫所最多处，在北方长城一线的九镇，即辽东、宣府、大同、延绥、宁夏、甘肃、蓟州、太原、固原九个军事重镇，以及山东以至广东的海疆防线。其中仍以北方，由东北到西北，卫所的人口最多。这些军户人口，也可以说是集体迁移的移民。中国北疆，水土条件不良，到了明代中叶，卫所管理制度败坏，卫所军户的土地不是盐碱化，就是沙漠化，北方军户的生活为之困乏。

明代有"开中"制度，以"盐引"为报酬，鼓励商户在北方军事要地及首都附近输粮实仓。商户开中，即在北方民屯种植粮食。这些民屯的田地，为了就近输粮，也大致分布于北方，尤其河北、山西、陕西及辽东。民屯自各方招募贫民耕种，农户缴粮之余，也只是仅足温饱，难有余粮。

明代中叶以后，亲王分封，多在河北、山东及河南，王府领有土地，动辄千顷。明代晚期，河南一省王府的土地，占了全部耕地的十分之一。河北、山东情形，王府田地不如河南比例大。但是，明代的"皇庄"，是皇室直接领有的农田。皇庄多在首都附近，是以北直隶的八府（今河北省）

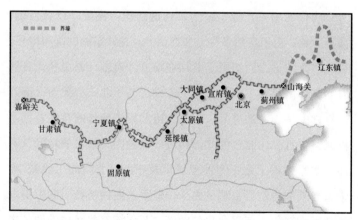

明代九镇位置图

遍有皇庄。

除了上述皇庄及王府土地，明代皇亲、国戚、功臣、勋旧，以及有权势的宦官，也多有请赐的田地。他们住在首都，请求赐地也以京畿附近为多，北直隶的田地，除了皇庄，即由这些权势之家占有。于是，北方各地农民多是庄园的佃户长工，生活困苦，糊口之外，别无可以周转的资金。整个北方，除了社会上层的消费人口，民间发展经济的资源至为匮乏。

相对而言，南方是另一局面。明朝祖制，南直隶的土地不得用于分封与赏赐。南方也并非没有当地的大地主，然而南方没有军户、皇庄、勋旧等占有土地，则自耕农的比例，当然较北方为多。

明代户口制度并不健全。从明代实录的户口数字看，不实之处处处有之。南方户口比实际的数字，短缺之数不小。这些不入户籍的户口，遂为没有税赋的人民。

明代的手工产业，最为发达的纺织与陶瓷，以及造纸、漆器工业，由于自然条件，多在南方，尤其东南的闽粤地区。棉花产于北方，而纺织工业却在南方。南方气候温和，日照时间长，雨量较丰沛，农业生产量已高于北方，更何况南方还有许多手工业的产品。因此，南北经济分歧的落差，已不再能够拉近。同时代的欧洲西班牙等处为一般农牧地区，其经济水平远逊于地中海商业城市及中欧、北欧的工业城市。中国与欧洲的情势，都是由于一些手工业经济在国际贸易发达之下，转化为前工业化的经济，与传统农牧经济的地区之间，于是有了巨大落差。

中国北方，如前所述，王公贵人依靠皇权，攫取大量土地，以致在皇庄、王府田等诸种田庄上耕种的农民，于缴租之外没有余力发展农舍工业，形成经济倾斜之势。北方只能供应南方工业生产的原料，例如，北方生产棉花，供应南方纺织业；南方输出布匹，供应北方市场的需求。这一出一入，南北的落差势必增大。在明代末期，才有商人在北方就地生产棉布，但北方的纺织业始终不能望南方的项背！

这一现象，也反映于城市化的转变。南方，尤其江南，大小城镇密布，水陆交通路线联系城镇为一个密集的网络。江南、闽、浙、粤海岸及河道地区的乡村，其生活条件与城市生活相差不远，城市信息也可迅速传布于市镇。最可见的例证，明代南方发展的昆腔、弋阳腔、海盐腔，福建的南管，广东的地方剧种，不但在城市舞台演出，也有下乡巡回的演出。相应的，南方的教育质量及教育普及程度，都超过当时北方的水平。民间思想的多元与活泼，也是南方显著可见。

在中国北方与南方交接的地区，靠东的淮海地区受黄淮水患影响，天然条件不佳，只有大运河沿线城镇不断，颇有商贾之利。靠西一片，汉水中游上下，南阳、襄樊一带，是南北转型的中间地区，不受黄河水患直接影响，又有汉水及其支流的灌溉，农业条件相当不错。这一地区的西侧，巴山、秦岭的东部山地，山高谷深，其川鄂之间的"老林"（今称为"神农架"），箐深林密，交通不便。中国北方最穷困的黄河下游居民及陕北黄土高地的居民，常以南阳襄樊以西的地区为遁逃地：这些地方还有可以谋生的机会，不得已时退入老林及川鄂边区，豫西的山地，政府也是鞭长不及。再退一步，由豫鄂南下，还可进入湘赣的山地。于是中国北方穷苦的农民，无路可走铤而走险时，即以湖广山地为尾闾，西入鄂北及川东山地，南入湘赣山区，也可以托庇于崎岖的地形，在交通大道之外的边地讨生活。

三国时代的宗部、山越，南朝的诸流民帅率领的移民，宋以后的棚民客户……大多是这种在夹缝隙地谋生的移民人口。明代自明初即常有大规模的农民起事。明代早期的白莲教，是启示型的宗派活动，其波及之地如果不是在最为贫困的山东、河北地区，即在川、楚之间，亦即上述的尾闾地区。

明末张献忠、李自成的大规模贫穷农民武装起事，历史称为"流寇"，即因其流动性强，忽东忽西。审察流寇的流动范围，扩散时遍及北方五省，窘迫时退遁"老林"，潜入川楚山地。这一大规模的农民起事，并无宗教宗派在后面组织，可谓纯粹因为生活困穷，铤而走险。出入范围，即以北方尾闾为遁逃地，发展为大群农民的运动战与游击战。燎原大火，终于焚烧明皇朝的政权。

中国南北的落差，自明代以后延续至清代。虽然清朝建都北方，政府尽了大力将南方粮食漕运京畿，有清一代终究未能将南北差距拉近。中国的政治权力，常在北方，而文化与经济的"中原"则俨然以南方为重心。若说中国的大范围内，实际上有风貌迥异的南北两大板块，也未必为过甚之词。

明末农民大起事，在北方活动，至多侵入南方边缘的山地，又旋即退去，或即消失，但始终未能进入南方中心地带。清人入关，在北方几乎未遇抵抗，而在南方，汉人抵抗至为激烈，历时甚久，甚至崎岖山地，漂泊海岛，数十年不止。南北社会风气之不同，也可由此觇见。

## 八、明代思想的转变

明代创业的太祖、成祖两朝，以功名收揽文人，担任政府的公务员。太祖进用读书人建立了一个元代未有的文官系统，从中央到地方都是由文人管理。但是他们父子都是雄猜之主，于知识及思想的开拓与发展，其实并无奖掖与鼓励。有明一代，官吏不过是佣仆，君主对文官任意奖黜，一有得罪，当朝廷杖。即使是宰执，也难得为君主礼重。后来宦官专权，文官更是受尽皇室家奴的欺凌。明代士大夫，虽在乡里为缙绅，在朝廷则未能有意气发皇的机会。

明朝开国不久，即不再重视对时务的策问，而制定科举以八股文申述儒家思想。永乐时，官家钦定《四书大全》《五经大全》及《性理大全》，制义文章大都依据程、朱的理论为正统思想。顾亭林因而感慨："八股行而古学弃，大全出而经学亡。"中国科举制度桎梏思想，实由明代开其端，而清代更积习难返，数百年来终成中国文化的桎梏。由这种正统拘制的文官系统，自然罕有特立独行的人物。明代前期的大臣如夏原吉、杨士奇、杨荣、杨溥诸贤相，大致都是庸言庸行、谨小慎微之士。早期的解缙、中期的于谦，即使有发抒才能的机会，却都不能善终。难怪明代晚期，只见权相，不见大臣，甚至如张居正也是以权相的身份着手改革，死后尸骨未寒，已遭大祸。

王阳明的心学，自然是对于正统理学的挑战。儒家学说自唐宋以来，即与佛道思想相互影响。佛教禅宗的个人自主观念，毋宁于阳明心学有其刺激作用。王阳明在仕途上有过一番作为，但是他的学说则是在贬逐之中形成，也未尝不是对于正统思想的反弹。阳明心学加上已经弥漫的佛教禅宗，对于明代知识分子有巨大冲击。宋代陆象山之学，已开心学的滥觞。然而朱、陆之间，陆学声势逊于程朱理学。何以同为心学的阳明学，在明代能后来居上，浸浸然与程朱为敌？此中缘由之一，当是高压之下，难免反动。宋代朱子学的势力在民间，明代官方借程、朱确立君主权威，其正统的威势虽有绝大多数士大夫的附从拥护，却也招致压力之下的反弹。明代思想，尤其社会思潮，其具有历史意义的部分，不在正统的领域，而是在从正统中反出来的另类思想风气。到了16世纪，寻求个人主体性的思潮，遂在文化与学术领域，发为巨大的能量。

阳明学本身，即十分宏大的理论系统，影响近世中国的思想极为深远，甚至泽及东瀛，蔚为东亚文化的重要成分。

阳明学既是中国哲学主流学派之一，各种哲学及思想的论著均有讨论。本书注意于民间社会思想，是以在此略述阳明学的一个支派——王艮（号心斋，1483—1541）创始的泰州学派。

泰州学派的人士，自王艮以下，不少来自民间，其讲学场合也在民间。泰州学派的学者，志不在庙堂，而在于化民成俗。这些人特立独行，意气风发，黄宗羲的《明儒学案》对他们的评语为："泰州之后，其人多能以赤手搏龙蛇。传至颜山农、何心隐一派，遂复非名教之所能羁络矣！"的确，在举世多乡愿的明代知识界，这些泰州学者亦狂亦狷，毋宁特具振聋发聩的警世功能，其影响也就超越学术界，而引发当时文化界的另一番气象。

王艮出身灶籍（盐场的工匠户），家境贫寒，随父经商，自己研读《论语》，随时向人请教经义，后来才入王阳明门下，然而其时王艮的思想，也已自成系统。王艮接受王学良知的观念，认为心有所向便是欲，心有所见便是妄，无所向无所见便是无极而太极，心中空寂无一物，良知便自然涌出。这一番思考的方式，与佛教禅宗的观念，其实十分相似。王艮主张修身即安身，如能有道德修养，又能修安自己此身，即能身心两安，吾身保，然后能安天下。同时，王艮认为身与道是一体，"即事是学，即事是道"，道是具体的事物之道，自身不保不安，哪能弘扬大道？道身双尊，庶几人能弘道。王艮认为道是落实于人间的百姓日用的道。儒家追寻的乐事，既是学习的快乐，也是以身心为本体，体会宇宙间鸢飞鱼跃，生机勃勃的快乐。是以，王艮主张的修身修道，都是以自己未经玷污的心为主体，投入人间，也融入宇宙，达到怡然愉悦的境界。

泰州的后学，大抵都由此向纯真自然的方向发展。如罗汝芳（1515—1588）以为赤子良心，当下就是，可由形而下的心体直接表现出形而上的性体。耿定向（1524—1596）主张百姓日用是显然可见的现象，而其中又隐藏了民胞物与的天道，心、性与天三者为一，可由自身内观，认识天地宇宙的真机。这两家是泰州学派的主流。王栋主张以慎独严意念之辨，则注重收敛的自律，又与刘宗周（1578—1645）的思想接近，竟似靠近朱子学的一边了。

泰州学派中，最为激烈的人士，当是何心隐与李贽两人。何心隐（1517—1579）以安身立本，实则由人的自然本性出发，理解人"有声色嗅味安逸"的欲望，对此欲望，应当尽天之性，不必"去人欲"，但须有所节制，以适中为度。治天下，即与民同欲。何心隐也有社会运动的理念，他设计了"聚合堂"，捐产试办共同生活的社团。他希望凡士农工商的身家均纳入"会"中，设立制度，轮流主持，然后聚集为"主会"。会首是"师"，也是"君"，君民平等，不属一家，君臣相师，君臣相友，最终可以臻于"天下归仁"的境界。何心隐提出人人平等及自发组织的理想社会，当然为明代皇权不兼容，他也终于以身殉其自由的思想。

李贽（字卓吾，1527—1602），原姓林，本伊斯兰教子弟。

他的思想较之何心隐更为激烈。他由泰州纯任自然本心，发展为"童心"之说，以为童心是"绝假存真"，童心之"真"与世俗名教之"假"、道学之"假"是相对立的。儒家本来有毋意、毋必、毋固、毋我的四毋，李贽以为摒去一般人的"意"与"必"（有所向与有所欲），同时摆脱泰州学派太过自信的"固"与"我"（自以为是与固执坚信），才能恢复童心的本来自然。从童心的"真"，达到不受声名利禄污染的本真状态。李贽的"童心"，其实是浪漫主义的憧憬。在心学的辩证过程中，童心与修身如何相联，其实也是相当难解的课题。

李贽以"童心"一念引申，遂以为穿衣吃饭即人伦物理，天下无一人不能生而知之。是以道不离人，人不离道，"人"是一切的中心。人不能无欲，凡事顺其自然，不应有礼法刑德，以约束人间应有的权利。李贽的思想，在今日看来是一种向传统礼法挑战的普遍人权思想，但在当时则是挑战伦理规矩的惊世骇俗之论。他的命运，也和何心隐一样为世俗不容，终于在狱中自杀身亡！

这几位冲决传统，勇于开拓新思想的学者，其学术渊源已全不在儒家。王阳明心学本来已与道教及禅宗有相当关系。泰州学派诸人中，出入佛道者颇有其人。耿定向即糅合儒佛，以建构自己的系统。他借喻佛学，谓宇宙即吾心，儒门止于至善，其实即孔氏万世的净土。他借心经"照见五蕴皆空"，说明儒家"喜怒哀乐未发谓之中"以释心不容己，人性的仁始得流行不息。

　　耿定向还不过是借佛家名词为喻，解说儒家理念，焦竑（1540—1620）则更进一步融合儒佛道三家，以为讨论的观念和命题。他们各有自己特定的论述，其实关心的方向和内容，彼此可以相通，不但没有冲突，而且相当一致。

　　李贽家世代信奉伊斯兰教，但在接受阳明心学后，服膺王龙溪，始逐渐留意佛家理论，也接纳道家观念，会通三教，无所拘泥。他与罗汝芳等人的态度，均为心胸开阔，不纯以儒家为正宗了。这一超脱的立场，到明末方以智会通三教，其为学得力处已不在《论语》《孟子》，而更在《易》《庄子》与天台、华严。当时西方耶稣会会士已将欧洲的科学知识介绍入华，方以智对天文历数都有研究，虽对于泰西宗教哲学并不佩服，然而相当重视欧洲实证（质测）的研究方法。是以方氏学问，可谓已脱出儒家为学术正统的拘束。

　　明代中叶以后，有了如此追寻人间个人主体性的学风，再加上南方经济发展，士大夫不再专擅学术与文化活动，于是明代后半期的文学、戏剧、艺术诸方面，也出现了浪漫精神的风气。

　　明代前半段，文学颇为拘束，"台阁体"的文章当然不足一观，即使李梦阳（1473—1530）、王世贞（1526—1590）之辈以复古的口号，致力打破呆滞的文风，终究缺少创造性。到了万历年间，袁宗道（字伯修，1560—1600）、袁宏道（字中郎，1568—1610）、袁中道（字小修，1570—1626）兄弟三人领导的公安派出，文学始得荡涤模拟古人的毛病，创为清新多变的小品文，直诉心灵，采撷民间歌谣俚语，风气为之一新。

更堪注意者，则是小说与话本的创作。施耐庵的《水浒传》与罗贯中的《三国演义》，都在明初出现，两者都由宋元话本演化而来。吴承恩（1500—1582）的《西游记》及著者待考的《金瓶梅》，与《水浒传》《三国演义》并列四大巨著。然而《西游记》及《金瓶梅》毋宁是浪漫主义和批评现实的创作，实与铺陈故事的小说，根本性质并不同类。《西游记》以丰富想象为手法，讽刺嘲弄世俗生活中的乡愿行为及观念，其思想根源多重，隐喻的层次则兼包儒、道、佛三家。在万历年间已经流行的《金瓶梅》，作者为谁至今未有确论，但该书以俚俗语言，描述男女关系，也暴露官场与士绅的腐败生活，实是十分有反叛精神的文学创作。

冯梦龙（1574—1646）的"三言"、凌濛初（1580—1644）的"二拍"，均是以白话撰写的短篇小说集。冯氏为李贽友人，颇反对理学，凌氏则是卫道人士，然而二人均以白话写作，开白话文学的先河，而且这些故事大多从市井小民日常生活取材，铺陈一般百姓的思想与行为，又从"话本"的传统多了一层文学意义。

戏剧方面，自从元曲兴起，中国的舞台艺术进入成熟阶段。明代南曲渐盛，多为民间传奇戏，却各地有各地的地方戏。明代中叶，昆曲兴起，经过魏良辅的改革，吸收南北曲艺长处，甚至引入江南民歌小调，又经江南文人学士的帮助，昆曲遂一跃而为戏剧主流。

江南经济繁荣，得到文人雅士推波助澜，昆曲不但在城乡公开演出，士大夫的厅堂也成为表演场地。文学之士各出机杼，编戏制谱。万历年间的汤显祖（1550—1616）为其中最为杰出的一人。汤氏性格刚直，仕途不顺，屡遭贬逐，晚年绝念仕进，致力于撰剧，其"临川四梦"脍炙人口，为传世名著。他受泰州学派影响，富有浪漫精神，重感情，反传统。四梦之中，《南柯记》《邯郸记》两梦，均由唐代传奇故事为母本，以世事无常的现象，楬橥佛道的淡泊。《紫钗记》也是以唐代传奇霍小玉传编剧，可说是由女子的视角指出男女情爱并不平等。《牡丹亭》一剧是昆曲之冠，不仅表彰情爱，向理学的传统规范挑战，而且女主角杜丽娘因情而死，又起死回生，使情爱之重超越生死。昆曲戏剧能发展为如此鼎盛，一方面反映当时文化风气，一方面也因为江南经济殷富，有所凭借。

在绘画方面，明代中叶以后也有类似的发展。明代早期的绘画，以院体画为主，工细规矩，而缺乏原创性。明中叶以后，吴门四家（沈周、文徵明、唐寅、仇英）著名当时，开明代文人画的画风，其中尤以唐寅（字伯虎，1470—1523）画风偎傥不群，强调个性的表现及主观的意境，与阳明学的趋势颇有呼应。稍后的徐渭（字文长，1521—1593）笔法飘逸，发抒情感，不求神似，更与泰州学派反传统、求自主的精神相符。陈洪绶（号老莲，1598—1652）落笔意在相外，俨然道家得意忘言、禅宗不落言诠，则已与近世抽象艺术的精神相通了。

明代江南造园艺术颇盛，今日苏州园林还是中国重要的文化遗产。这些私家园林，在局促的空间，有完足的布局，不是真山真水，却是设计者自己胸中的丘壑，尤其太湖石堆叠的假山，顽石本无美丑，今由观赏者自己的审美视角解读。这也是反映了造园艺术对主观与主体的尊重。

明代晚期的文化气象，当然也不拘一格，虽不全然会有上述反传统、重个性、重自由这一系列，但这一风气仍弥漫于思想、文学与艺术领域，当是对于传统权威及礼教规范诸种压力的反弹，也是在反弹过程中的反思。一时狂者进取，狷者有所不为，风气所及，即使系出朱子理学的东林学派顾宪成、高攀龙诸人，抗争奸邪，意气慷慨，置生死于度外，其行为作风也已是狂狷之流，不同于世俗的乡愿。明、清之交，国亡家破，顾炎武、黄宗羲痛心之余，对于中国的文化，包括政治制度与思想方式，均有深刻的检讨，其破陈立新的精神仍是与嘉靖、万历以来的文化风气，有传承，但也有批判。这种风气，堪称中国近古以来的一段启蒙精神。如果没有清代严酷的威权压制，斩断了这一段反思的检讨与创新的尝试，中国文化后来的演变，或未必再有三百年的僵化。


## 九、明代中国与哈布斯堡王朝的西班牙

本节比较明代中国与哈布斯堡王朝的西班牙，是为了两

项考虑：一则，两者的时代跨度几乎相当；再则，二者都承受新大陆白银大量流入其经济体的影响。然而，两个国家的政治制度与其发展模式却完全不同。

明代享祚几乎三百年（1368—1644），西班牙哈布斯堡王朝也延续了近二百年（1516—1700）。尤其16世纪至17世纪，两国在经济发展方面都有巨大改变，于国际活动方面也都十分活跃。

朱元璋建立明皇朝政权，在元之后恢复了汉族为主流的中国政权。皇帝的权威与儒家思想培育的文官制度，已在中国根深蒂固。元代是蒙古人建立的政权，其本质与中国传统王朝并不相同，即使忽必烈及其子孙的统治，已吸收了不少中国皇朝的传统特色。朱明则是恢复了中国大一统帝国的统治，其领土大致与中国前朝的疆域相同，民族成分以汉族为主体，文化则是儒、道、佛三家融合的系统。

简言之，中国的文化与社会经过长期的整合，呈现相当程度的一致性。在这一整体结构中，专制的皇权掌握了主要的政治权力，儒家理念则是中国思想方式的主要形式。明代中叶以后，南方经济十分发达，南北人口分布及财富分配都呈现巨大差异，而阳明心学的兴起，与明代后期南方文化以个人为主体的趋势，都可能挑战上述的一致性，甚至撕裂其整体的格局。但是，这些发展似乎只是削弱了明代中国的体质，却没有演化为多元性的文化与政治格局。

是以，中国北方的贫穷孕育了大规模的农民起事，"流寇"

在北方流窜十余省，终于拉垮了大明皇朝，但却只能扰及江西、湖南，不能深入富庶的南方。在满洲入关之时，八旗铁骑在北方几乎未遭遇抵抗，而南方的抗争则延续了数十年之久。然而，中国终究是一个整合的整体，北京政权解体，犹如中枢断裂了，南方的抗清活动还是不得不失败！

　　西班牙的历史完全是另一番情势。西班牙的崛起是经由错综复杂的婚姻与继承，将许多不同的区块集合为王朝疆域。腓力二世（Felipe II，1527—1598）在位时是西班牙的极盛之世。西班牙王室统治的领土，有西班牙、葡萄牙、意大利半岛中部、欧洲的低地（今荷兰与比利时），海外领土则有东方的菲律宾（从腓力的名字命名），及美洲广大的殖民地。中欧的奥地利也是由同源的哈布斯堡王室统治，神圣罗马帝国的皇冠也在同一家族手中。英国的皇室与西班牙皇室有婚姻关系，两国曾由腓力二世夫妇分别统治。法国与西班牙毗邻而居，双方竞争甚烈。哈布斯堡王朝终于由法国系统的波旁王朝取而代之。英、法、奥三个强权与西班牙的关系离合不定，昨为姻娅，今为寇仇。西班牙统治的这一大片领土中，人民种族不同，语言不同，信仰不同，经济形态不同，各地封建贵族各有其权力上的基础。西班牙是十足的多元混合体，其皇室从未有过真正号令全国的权威，也未能熔铸为一个整体。

　　西班牙战争不断。初起时，西班牙人花了不少气力将伊斯兰教的势力逐出伊比利亚半岛，但是终哈布斯堡王朝之世，

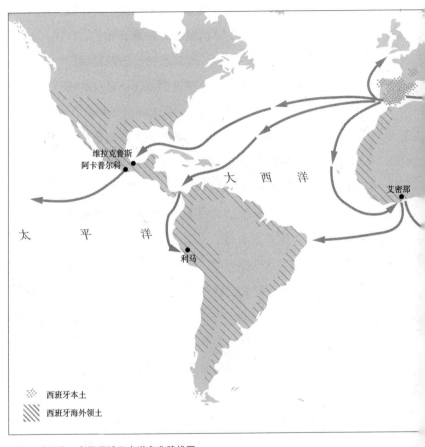

大 西 洋

太 平 洋

维拉克鲁斯
阿卡普尔科
利马
艾密那

西班牙本土
西班牙海外领土

腓力二世西班牙帝国疆域及大洋商业路线图

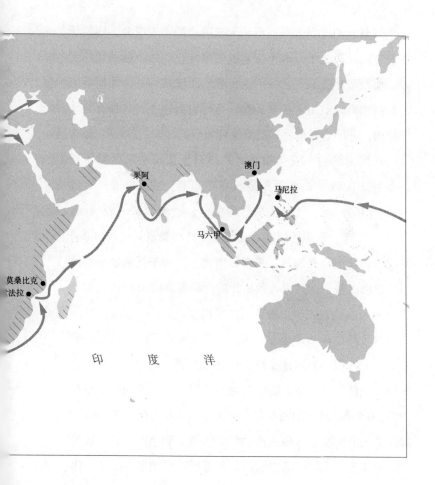

果阿

澳门

马尼拉

马六甲

莫桑比克

法拉

印　度　洋

改宗基督教的摩尔人是西班牙无法融合的不安成分。西班牙
在北方的臣民之中，有不少新教的信徒，例如中欧的加尔文
派，而西班牙王室矢志保卫天主教的正统信仰，为此而有宗
教裁判法庭，致力于压制新教。各地贵族领主，又各有其地
方势力，并不心甘情愿地接受王朝号令。

　　凡此内部的不安与动乱之外，西班牙还必须面对伊斯
兰教势力的竞争。奥斯曼帝国在苏里曼一世（Süleymān I,
1494—1566）时，其舰队横行地中海，欧洲国家不能抗衡。
直到1571年，西班牙舰队在希腊南部外海勒班托（Lepanto）
海战，击溃奥斯曼舰队，基督教国家才不再担忧奥斯曼在地
中海的海上势力。然而，西班牙的无敌舰队（Armada）却于
1588年征伐英国之役，被英国海军击溃。

　　西班牙的两百年霸权，在17世纪末叶已经黯淡。西班
牙从新大陆掠夺的财富支撑了西班牙的霸权，却没有为西班
牙带来经济繁荣。新大陆的黄金与白银，分别流向西班牙与
中国。在中国，活跃的国际贸易壮大了东南沿海的经济，丝绸、
陶瓷诸工业的发达，使东南的繁荣惠及一般小民百姓。江南
与闽粤富庶，人民生活舒适。元代与明代，使用"宝钞"作
为货币，自从新大陆的白银大量流入中国，白银代替宝钞成
为大额通货。白银与铜钱同时流通的双重币制，为明清经济
发展提供了充沛的货币。中国外销市场与货币增加，两者皆
刺激了中国南方经济，造成三百年持续增长的景气。

　　明代政府的财政似乎并未因为南方经济繁荣而有所裨

益，一则对外战事耗费不少，二则官员贪黩成风，三则政府税源仍以田赋与徭役为主，并未合理开拓商税及工业税。这三者之中，最后一项事涉财政结构，也许是关键所在。

西班牙方面的情形，则又与中国不同。西班牙与葡萄牙地滨地中海与大西洋，在开辟新航道的事业上，既是前驱，也获利最早。新大陆的黄金、白银及东方商货的利润，撑起了西班牙霸权。但是，西班牙本土并未因为大量财富流入而改变产业结构。西班牙的牧羊业，为贵族领主的传统收入，他们甚至没有将牧业改变为农业之想，遑论以财富投资于工业生产了。于是，大量黄金、白银，一部分用于皇室及贵族的豪华生活，大部分辗转流入中欧及地中海的商业城市。这些城市只生产消费品，吸收皇帝及贵族的财富，又以所得之收入投注于生产。欧洲的工商业经济，随着重商主义而增长，得益者不在西班牙，而在其分散各处的城市与商港。到西班牙势力衰退时，荷、葡与英国均以"东印度公司"的公司组织，为其经营市场与开拓殖民帝国的工具，这种运作方式与海口商港及商业城市的繁荣，有不可分割的关系。

西班牙、葡萄牙开拓了许多新航道，航海事业刺激了造船业及相关的事业，与此相关的实用数学、天文学与地理学都有相当进展。不过，在学术方面，当以天主教耶稣会为最著。西班牙皇室是天主教中保守教派的主要护法。当时耶稣会与多明我会斗争极为激烈，在华传教的多明我会教士攻击耶稣会不遗余力。西班牙皇室自始至终都护持保守的多明我会，疏远耶稣会。在中西文化交流史上，耶稣会会士介绍欧洲学问的贡献，厥功甚伟，不能忽视。耶稣会会士的通信，也大量介绍中国的知识与工业技术。但中华文化的影响，却在法国展开，而未见于西班牙。此中原因，当与天主教保守教派的反智主义有关。

在明代晚期，中国在思想与文化活动两个领域，有过崇尚个性的运动。这一潮流，出现于东南，后来未能滋长为类似欧洲的启蒙运动，更未转化为政治上的自由主义，当然有中国历史条件的限制。同时代的西班牙，其实也面对正在酝酿的族群民族主义与市民意识，前者终于成为建构民族主权国家的动力，后者在日后滋长为民主与人权的思想。但是西班牙的统治阶层，完全没有察觉二者正在逐渐茁壮，而当时的新教活动及工商城市经济实为其嚆矢。

这一现象，与中国的情形有些相似。明代皇权以宦官为税监，收夺民间财富，激发民变。这些群众活动，其实也是新兴现象。同时，明代江南东林、复社等知识分子的大规模集会结社，也是值得注视的新兴现象。明代统治阶层及知识分子中的正统保守者，都未察觉其可能孕育的动力。明代晚期的新潮，在清军入关后未有进一步开展，中国历史走入停顿。相对的，欧洲的新潮风云际会，兴起此后启蒙运动与民主革命的洪流。欧洲历史为之丕变，西班牙却失落于历史的巨变之中，终于为西欧及中欧的重大转变，挤到了历史的边缘。

西班牙曾经拥有庞大的财富，现在只有旧日皇宫的金碧辉煌，见证一时的烜赫。西班牙极盛时的巴洛克艺术风格，富丽烦琐，装饰重于内涵，倒与清乾隆时代的风格有异曲同工之处，远远不如明代家具的素朴与明代青花瓷器的淡雅！

明代晚期的文学，曾有过辉煌成绩：小说、散文、戏曲……都在崇尚个性的运动中，提出对于传统与权威的反思。相对而言，当时西班牙文学有塞万提斯（1547—1616）的《堂吉诃德》，也是针对时代的消逝，投下最后一瞥，其中既有惋惜，也有讥讽——也许是两者的混合，留下非凡的效果，颇符合《诗经》哀婉的风味。塞万提斯这位西班牙永垂不朽的文学家，曾参与过勒班托海战，而且在战火中丧失了他的左臂，由这样一位人物担任西班牙盛衰的见证人，也令人低回于历史的变化。

## 十、明朝时的台湾

台湾密迩闽、浙，但黑潮洋流经过狭窄的台湾海峡向南流，流速增加，使"黑水沟"或"黑水洋"水流湍急，一般船只不易横向截流，只能随着洋流南下；所谓"落漈"之后，即为洋流带往南方。于是，由福建出海，大多顺流而下，到达今日的菲律宾，或沿着马来西亚半岛两岸，经由中国南海，到达南洋各地。船只如果由浙、闽北航，沿着中国东海斜上即可驶入日本与朝鲜半岛南端，横渡则到达琉球群岛。这条航线上，洋流为诸岛切割，颇多回流，熟悉海流方向的船只，不难借潮流航行。这些潮流回旋曲折，水势也不甚强劲，船只并无"落漈"卷走之虞。因此，由闽、浙出海，或南或北都无须经过台湾。欧洲国家开拓新航道，以及"发现"美洲之后，台湾东方的太平洋，辟为高桅巨舶的通道，台湾遂成为东海与南海的锁钥。

台湾的原居民，最早是哪些种族，至今还未能由考古学上获得解答。若以台湾三四千年前新石器文化的特征言，则与福建地区同一时期的新石器文化有相当关系。澎湖地居台湾海峡中间，其新石器文化采石场的石料，也颇见于台湾的新石器文化制品。台湾东岸古代文化的玉器，其切割方法与浙江良渚文化的切割方法相同。又据语言学家的推测，太平洋上南岛语系的语言，其祖源可以追溯到两千余年前的台湾。两千余年前，亦即秦皇、汉武之时，中国东南的"百越"族群屡次在秦、汉大帝国的压力之下，颇多离散。那些留在原地的"百越"，与南下的汉民族混合，衍生为南方方言群的中国人；其中被迫迁徙淮汉地区的百越，则融入北方人口之中；至于居住今日湖南、江西与安徽的百越，也在三国与南朝时期终于融入汉族人口。台湾原居民的祖先，是否为百越孑遗，逐渐移徙南方诸岛？这一课题，当由考古学家与语言学家们共同探索。

历史时期，台湾与大陆可能也有一些交往。台湾考古遗址常见宋代钱币及宋瓷残片。宋代的中国，是当时东亚经济圈的中心，宋人钱币是国际流通的货币，北到草原，东到日本，

南到东南亚各地，都有宋钱为通货。当时台湾的居民，可能
也经由澎湖与福建地区有贸易交往，只是我们无法知道其间
交换的商品种类，也不知其规模如何。

　　明代后半期，欧洲海上势力进入东亚。海商贸易利润丰
厚，不但葡萄牙、西班牙海商博得厚利，日本九州诸藩侯亦
染指其中，而中国最有财力的徽商也投入海上活动，王直、
徐海都是此中著名人物。于是，中国沿海，处处有海商集团，
运出丝帛瓷器，贩来香药及金银，尤其美洲的白银，流入中
国为数至巨。明廷的对外贸易政策，忽松忽紧，有时封海，
有时开禁。这些海商集团，在海禁闭关时，即成为走私的海
寇。这些海寇成分复杂，包括各种国籍的冒险人士，结合中
国沿海居民的好利之徒，大船在深水，小船入内海，或为了
取得给养抢掠村落，或为了拦截商货骑劫货船。当时纵横中
国海域的武装集团，早期与台湾有关者，有活跃于嘉靖年间
的陈老、林道乾、林凤诸辈，他们先后以澎湖与台湾南部（今
嘉义到高雄之间）的港湾为活动基地。

　　16 世纪的台湾岛上，仍是原居民的天下。他们的聚落，
分散在西岸的平原及丘陵，后来汉人称之为平埔番的“番社”。
全岛并没有统一于一个政治体。原居民之间也有战争，其性
质不详，但往往仍保存于他们的传说之中。台湾物产足够原
居民维持一定的生活，却没有可资外销的商品，因此台湾能
够长期置身国际贸易网络之外。但在海道开通之后，大陆及
日本的海商会在台湾过境，遂将台湾的藤材、水鹿皮、硫黄、

樟脑……运往大陆与日本销售。福建渔船及海上武装集团，在台湾靠泊，逐渐有人从季节性的季居，发展为长久居住，甚至从大陆运来耕牛，在台湾垦拓定居。上述林道乾、林凤之流，可能都有这样较为永久性的基地，既便于靠泊休息，也可保持可靠的生活资源。至今，高雄还有林道乾之妹藏金银的传说。

16世纪后半期，荷兰从西班牙帝国独立，很快加入海上强权之列，东来经营。荷兰东印度公司，以国家为后盾，其经营能力超过西班牙人与葡萄牙人的海上活动。太平洋上鲸波翻动，台湾终于被卷入海上的竞争。当时西班牙已据有菲律宾，以马尼拉为活动基地，转驳经过中美地峡的商运。葡萄牙占有澳门，是其印度以东的海运中心。从马尼拉、澳门出入中国与日本，获取东方商货都相当方便。荷兰已占有巴达维亚，作为东方活动的基地，但巴达维亚远离东亚，出入不便。荷兰也想在中国沿海取得基地，他们先于1604年及1622年两度尝试占领澎湖，遭遇中国驻防人员抵拒。1623年熟悉台湾情形的华人海商李旦带领荷兰人转移到大员（今台南安平），建立基地。荷人遂在台湾筑城为久居之计。台湾的大员，是一片涨沙后面的内湾，不能驻泊大型船只，也不能维持稍多的船舰，仅是巴达维亚荷兰东印度公司的一个分支据点。荷兰人在台湾南部，先以武力征服邻近番社，继之以传教工作建立管理组织。番社自治，但必须顺从荷人公司的号令。荷人由南逐渐向北开拓，番社在荷人胁迫之下，纷纷接受荷人统治。荷人在台湾驻守人员为数不多，凡事听命于巴达维亚的总督。自此至1662年郑成功驱逐荷人，建立明郑政权，荷人据有台湾南部一隅陲将近四十年，主要仍是以此地为出入中国沿海，驳运商货的转运站及攻略西、葡海上势力的据点。除此之外，荷人似乎并无扩大其势力于全台的打算。同时，西班牙人也于1628年占领台湾北部淡水，建立商馆。荷人曾派船攻击西班牙人，未能逐退。1638年，荷人再度袭击据有鸡笼（今基隆）的西班牙分遣基地，西班牙人撤出台湾。然而，荷人也未成功地在北部建立殖民地。

　　17世纪的东亚海上形势，马尼拉、中国的澳门、大员，与日本的平户、长崎，是海上活动的中心点。同时，闽、粤地区的中国人也大批迁居马尼拉与大员，两处各有数以万计的华人，他们并非全为海商集团的人员，大多是工商渔农各业支援海上活动的人口。中国人在国际海商活动中，主要的业务是取得丝帛等中国出产的商品，也接应运送及分销外国船队带来的商货，及供应给养和其他支援。简言之，他们的地位相当于后世的"买办"。不过，因为当时海商活动处于法律与武力的灰色地带，这种华人买办也因此身处正邪的边缘。

　　郑芝龙、郑成功父子，都是明末海上活动的人物。前述带领荷人入大员的李旦，即这一行业的重要人物。李旦在马尼拉、平户、厦门及大员都有事业，郑芝龙原是他的从属。

荷人入台后，郑芝龙于1624年是荷人的通译，由平户移居澎湖，又移居大员，不久辞去通译工作，自立门户，从事海上活动。李旦在平户去世，郑芝龙遂继李旦为领袖。1626年，郑芝龙的海上武装集团袭击金、厦、东山等处，明廷官军不能剿灭郑氏，遂与荷人联军攻击郑芝龙，又不能成功。后来，明廷招抚郑芝龙，等于承认其在闽海的势力。于是，郑氏以福建安平为基地，据有金厦一带，郑家船队纵横海上，商贾必须领有郑家旗号，始能行驶海域。郑芝龙与日本平户的领主夙有关系，在日本娶妻，生了郑成功。另一方面，明廷实行闽台海禁，郑芝龙大量走私，武装运送生丝，供应荷兰东印度公司。郑芝龙又消灭了海上劲敌刘香的船舰，独占闽台贸易，并因此介入中日之间的贸易，转输鹿皮与生丝。郑芝龙的次妻，迁居大员，大员华人不少，郑氏与这些人也有密切关系。郑家与台湾的特殊渊源及其影响力，为日后郑成功据有台湾建立了一定的基础。这一时期，明廷将亡，东南海上，郑氏船队与西、荷、日本的海上势力，合纵连横，忽敌忽友，郑氏势力日益坐大。

1644年，李自成攻陷北京，崇祯皇帝自缢。清兵入关，南都拥立福王。次年，清兵南伐，史可法殉国，南都沦陷，江浙士大夫张煌言等人拥立鲁王监国，郑芝龙则在福建拥立唐王，建立政权。郑氏由海上武装集团一变为明廷残余势力的支柱，但在清人攻击福建时，郑芝龙降清，又被诱执北上。郑成功曾为唐王器重，赐国姓，郑芝龙被执，郑成功却毅然以"国姓"身份，收集余众，继续抗清。他仍以金、厦一带为基地。唐王死后，鲁王投靠郑成功。郑氏政权局促海隅，延续明祚，力图复兴；1658 年兴师攻南京，却因战略错误，兵败江南，退回福建。这一连串事件，终于导致郑成功转战台湾，建立明郑政权。

在此时前后，荷兰在与西班牙的竞争中后来居上，已俨然是太平洋上的重要势力。荷人在东方活动的中心仍在印尼的巴达维亚，但大员已是东亚航线上的主要据点，有军队驻守，也有船舰停泊，大陆沿海的商货源源流入台湾。虽有传教士的文化工作怀柔原居民，荷人政权仍以武力侵略不服的番社。1636 年，荷人攻伐台湾南部萧珑社及小琉球，番社人民全数被杀，正与 1621 年荷人屠杀班达居民一万人的作风，如出一辙。荷人于南台湾推行荷式的治理方式，在番社中选择亲荷人士，组织议会，却罔顾番社唯长老马首是瞻的传统。南台湾已有不少大陆渡台汉人，荷人歧视他们，以为他们是明廷或郑氏的人，不予信任，税课也重。同时，荷人船舰常有劫掠福建滨海聚落的行为。1622 年，荷人曾洗劫漳州地区，将厦门鼓浪屿这个小岛上的耕牛、猪只、鸡鸭搜劫一空，以补充其食物给养。同时，西班牙人曾于马尼拉两次大规模屠杀华人，华人一次死了两万余人，另一次也死了一万余人。中国人虽知西、荷是两个族群，但对他们都无好感。

郑成功兵败南京，退回金厦后，在大员担任通译的何斌曾陪同荷人与郑成功交涉解除郑氏对台湾的封锁。1660 年，何斌又来厦门献上乘潮驶入鹿耳门水道的策略。于是，郑成功以其优势军力于1662年围困荷人的大员要塞，迫使荷人投降撤离。

1662年，郑成功在台湾建立明国姓延平王的政权，奉桂王永历正朔，延已倾的明祚于海外，至1683年施琅率清兵入台，明郑政权延续二十二年之久。

郑氏来台人众，军民不下十万人，再加上这二十多年内，由浙闽沿海来台的人口，及早已在台的人口，汉人人数估计有二十余万，大都集中在台湾南部（嘉义以南至高屏地区）。台湾北部则仍以原居民为主，汉人向北移居，还须在清人领台时期才逐步展开。

郑氏在台湾设立一府二县，建立明政府的行政体系。然而，郑氏人众，本是军事编制的作战单位，到达台湾之后，不少作战单位仍以原有编制驻防屯田。这些单位的原有名称，仍可由今日地名见之，例如：左营、新营、前镇、后镇、前劲（前金）、援剿（燕巢）……都是郑氏诸镇屯戍的据点。这些屯戍据点，最初大都在南部，但也有若干人分戍于中部、北部，开拓田亩，建立聚落，成为后来向北开拓的先驱。郑氏政权与这些聚落的关系，毋宁是由军事编制转化为军事殖民的"封建"制度。

郑氏政权的核心，仿照明制六部，分设文官，但实际情形则又不是真正的文官系统。郑氏部下，原少文士，那些狎弄风浪的海上人物，即使有文官系统的职称，郑成功的政权仍是以一个毅勇的强人为领袖，结集了善战的战士建构而成的军事政权。郑经的参谋陈永华及由浙江投奔郑氏的鲁王旧属，在明郑政权中终究只是少数，不能改变郑氏军事政权的本质。

郑氏二世纵横海上，以对外贸易为利薮。郑成功到台之后，为了确保生活资源，在南台湾开拓田亩、建设水利，种稻植麻之外，也种茶、采樟脑，种植甘蔗制糖。但是，对外贸易仍是其经济命脉。郑氏早先在杭州设立金、木、水、火、土五家收购丝帛商货的五商，在厦门设立仁、义、礼、智、信五队运输外销商品的船队，大规模博取贸易的厚利。1663年，清军攻击金厦，郑氏全军撤往台湾。清廷设立海禁，迁移沿海村落，打算断绝郑氏生路。然而，严禁之下，走私更有厚利，郑氏并未因此缺了商品来源，反而因此独擅商机，欧洲及日本的海商，都仰给于郑氏。郑氏能在金厦台澎挺住数十年，对外贸易的利润是其重要财源。郑氏盛时，郑氏及其诸将手下的船队纵横往来于日本、印尼、吕宋、马六甲等地。郑氏覆亡之后，有些船队随同降清，不少船队则为日本九州诸藩接手，增加了日本人国际贸易的实力。

郑成功本人是儒生，然而在投身抗清事业时，焚儒服改戎装，其治理台湾也以军事为重，未暇教化。郑经继位，以陈永华为辅，则颇注意文教，在各地设立学校，教化百姓，大陆的宗教信仰，无论佛、道及民间宗教，也普及台湾。更可注意者，郑氏治台，原居民渐渐与汉人移民融合，即使其间过程不能避免冲突，却未有过与原居民之间的阶级之分。

这是欧洲殖民地未有的现象。

郑芝龙由法律边缘的事业起家，郑成功孤忠抗清，开辟台湾。明代的最后这一幕，从中国历史及世界历史言，都值得专节叙述以彰显中国历史终于与世界历史接轨，从此中国与世界发展的脉络不能分割。

# 第七章

## 进入世界体系的中国 下篇 （17 世纪—19 世纪中叶）

相对于快速发展的西方，进入世界体系后的中国，发展过于缓慢。自中古以来形成的完足文化体系，开始固定、僵化。曾经出现知识界对中国文明的重新思考，竟也不能在此时延续下去。这是中国传统文化与传统政治制度，还能运作的最后一段岁月。

## 一、清帝国的性质

中国历史，颇多王朝从北方入主中原。它们是由边境的强大部落进入中国后，建立为时久暂不一的统治权。

这些王朝中，有从北方草原进入中国者：匈奴与羯建立了五胡十六国之中的两个王国；蒙古则建立了震古烁今的庞大帝国，在欧亚大陆分封汗国，中国地区的元朝不过是其中一国而已。但是，蒙古的统治既不能持久，也未见制度。相对而言，来自东北森林、草原、河流地区的族群，在中国先后建立了相当持久的王朝。鲜卑的北魏及其衍生的北周、北齐，统治中国北部数百年；契丹的辽雄踞北方，长期与中原的宋并存；女真的金，继续辽的地位，占了半个中国。

鲜卑—契丹—女真一系，其实即满人的同族先驱，清朝却在组织方面有其特色，建立了最为持久的皇朝。这些东北系（通古斯语系）的族群，均兼具农、牧、渔猎生活方式，相对于北方族系的游牧生活，东北系族群在文化与经济形态上，都与务农为生的汉人比较接近。清朝在入关以前，其部众都已在村落定居，而且与汉人有相当程度的贸易，也已相当熟悉汉人文化，是以清朝较元朝更能适应汉人生活方式。

北方族系进入中国，常有二元的统治机制。五胡在中国建国，每一位国主都兼有汉人皇帝与胡人单于的称号。他们大致是以军法部勒北族战士，以汉人郡县统治汉人。当然，那时的汉人，实际是以具有结合豪族乡党的地方自治组织——坞堡自卫。北魏孝文帝自平城迁都洛阳，解散部落，推行三长制，其目的是建立一元的统治。尔朱氏以六镇戍兵，夺取政权，则是北方戍军不甘被抛置于一元结构边缘之故。北周组织府兵，却又是一个二元的结构，只不过独立于州郡之外的府兵单位，逐渐趋向职能性的文武分途，而不是族群性的胡汉分治。辽、金两朝，都为南人、北人分别设定其统治权制，不仅中央有北院、南院两套单位，地方也有戍守的部族军府（例如猛安、谋克），置于汉人州郡治权之外。

满人入关建立的二元统治机制，延续至清朝覆亡。满洲八旗与汉军旗人，不论出任官员或戍守驻防，旗籍人员仍属原来的佐领管辖，终身累世不能改变其部落制度的主人与从属关系。即使旗人渗入一般治理汉人的政府单位，担任流官的职务，他们的黜陟进退还是不同于一般汉官的标准。

大清帝国的行政系统，也是双轨制。六部、九卿的正副主管，所谓堂官，有满、汉两班共同视事。各省督抚是地方大员，自清初至中叶以满员为常，汉员出任封疆大吏，为数较少。相对而言，驻防要地的"将军"，不但指挥戍守的旗营，有时也兼管口岸及交通要道的关税，这一重要职位，例由满员担任，甚至汉军旗人也不能出任将军要职。

满人部落制度的遗俗，还见于皇帝本身的权力结构。在努尔哈赤初起时，诸旗旗主共同议政，今日沈阳清宫仍有"十王亭"的遗迹。皇太极逐渐将权力集中，才定于一尊，但是有清一代，权力中心的辅政人员，不论是早期的内阁，抑或是雍正以后的军机处，常有亲王担任辅政，甚至在皇帝亲政以前担任摄政之重任。此外，还常有亲王管部，凌驾堂官之上。这种部落贵族参与统治的双轨现象，有清一代贯彻到底，直至太平军晚期，因形势丕变，曾国藩、李鸿章、张之洞等汉人官员始得内任宰辅，外任封疆。然而，清代将亡之际，满人亲贵又组合为宗社党，尽力尝试夺回权力。

在政府组织之外，帝国本身的结构也是二元的。山海关内十八行省是汉人的地区，由省、府、州、县的流官统治；关外乃满人故乡，号为"龙兴之地"，则由将军与都统管理。关外地方自成直属皇室亲贵的局面，遍地是旗下人员的庄园，直接由其主人委派庄头经营。关外不对汉人开放，汉人之中只有贬逐流放的罪犯，没有一般的迁移人口。至清代晚期，始有大量山东移民不经许可，私自出关，关外人口结构，遂有改变。将军、都统管理关外和庄园，直属于满洲贵族，都是循着部落主义的旧制，使关外形同另一封闭的国中之国。

更扩大一层，清朝皇室自开国以来，即与蒙藏地区有直接的关系。清初起时，收纳关外的汉人居民及战争中沦为奴隶的"包衣"汉人，组织为汉军。清朝扩张的第二步，即自东而西逐渐收揽漠南蒙古。皇太极时，先与蒙古的科尔沁、喀喇沁、敖汉、奈曼及喀尔喀诸部结盟，两次击败强大的察哈尔林丹汗。林丹汗这一成吉思汗的后裔，溃败后西奔青海，漠南蒙古悉属清朝。从此，满人据有今日内蒙古东部地区，借蒙古的兵力与马匹，拊明人北疆，形成东方与北方合围之势。皇太极挟战胜之威，重组漠南蒙古，除了将喀喇沁与土默特诸部壮丁编入满洲八旗，又将蒙古人众编为蒙古八旗。蒙古尊皇太极为汗，满、蒙俨然一家。终有清一代，清朝皇室与漠南蒙古的贵族，婚姻不断，皇后及王子们的福晋，不少娶自蒙古亲贵家族，公主与宗女也经常下嫁蒙古贵裔。这种政治婚姻，在草原部落之间，原是结盟的方式之一。满、蒙之百年婚姻纽带，强固地融合了清朝皇室对蒙古地区的控制。

　　清廷在蒙古的势力，后又逐渐延伸于漠北的喀尔喀蒙古（今蒙古国）。自元朝败于明朝，虽有也先、俺答、达延汗等人数次统一蒙地的局面，最后蒙古终于分裂为漠南蒙古、漠北喀尔喀蒙古及西部的厄鲁特蒙古诸部，彼此之间争战不已。喀尔喀蒙古，在满人取得中国后，也效命于清廷，通好入贡。康熙时，厄鲁特蒙古的准噶尔部不断攻击喀尔喀蒙古，喀尔喀蒙古诸部不能抵抗，土谢图汗、车臣汗与札萨克汗都率部南奔。清廷遂与诸部结盟，改变其原有的部落，依八旗制度分编为总管旗及札萨克旗的许多佐领。

游牧于漠西的厄鲁特蒙古诸部，不仅归附最迟，而且多次挑战清廷，清廷颇花气力始收服厄鲁特诸部。原居今日新疆的厄鲁特蒙古和硕特部，于顺治年间移牧青海、西藏，其领袖固始汗向清廷入贡，接受清廷封号，于是青海归清廷掌握。厄鲁特蒙古的准噶尔部，原来放牧于今日新疆西部及西伯利亚西部，雄张西陲，不愿归属。康熙、雍正曾三征准部，至乾隆年间，准部内讧，遂向清廷投降，也改编部落为诸旗。厄鲁特蒙古的杜尔伯特部不能抵御准噶尔部的侵袭，在乾隆年间归附，部落分立佐领，编旗设盟。放牧于今日伏尔加河的厄鲁特蒙古土尔扈特部，不堪俄国的压迫，于乾隆三十五年（1770）举部内徙伊犁，也改编为旗制。于是，自清朝开国至乾隆三十五年，经历了一个世纪，漠南、漠北与漠西的蒙古诸部悉入清廷掌握！

满、蒙融合为一体，是中国历史的大事。匈奴、突厥、契丹、蒙古盛时，都曾统一中国北方的草原与东方的林木地区。但是，那几次统一，都以强大的武力号召诸部，再以统一的北方挑战南方富庶的中国。清朝的情形，却是于入关后挟中国的资源为后勤，借漠南蒙古的支援，拓抚漠北，制服准噶尔部，创造了前所未有的局面，使大漠南北、东西草原，坚实地凝聚于清朝的领导之下。

清廷领有西藏，经历另一番过程。这一片峻及于天的高原，人口稀少，气候干寒，自古以来自成局面。到了唐代，吐蕃崛起，俨然亚洲腹地的强大政权，甚至强大的大唐帝国

清初蒙古各部族位置示意图

喀尔喀蒙古

车臣

土谢图

科尔沁

察哈尔

漠南蒙古

满洲

西套厄鲁特

土默特

北京

也得忍受吐蕃兵临长安的窘迫。中古以后，吐蕃萎缩，藏传佛教在元代迅速遍传高原。元朝解体，蒙古诸部分裂，藏传佛教的黄教则成为蒙古人民的共同信仰，满洲人众也因藏传佛教僧侣传法皈依佛法。

清初，顺治年间，厄鲁特蒙古的和硕特部藏巴汗掌握西藏政权，藏传佛教的达赖喇嘛则为宗教领袖。固始汗取代藏巴汗后，又有准噶尔部侵略西藏。清廷对西藏的政策，则是尊崇喇嘛的地位。顺治九年（1652），清廷迎达赖喇嘛来北京，即高抬了皇权。嗣后，康熙平定准噶尔部，遂建立了西藏神权统治，以达赖为宗教领袖，稍后又立班禅，以分达赖之权，清朝皇帝则是黄教的护法。乾隆时，清廷设立金瓶掣签选制，以解决活佛转世时选择灵童的难题，于是清朝的皇权毋宁凌驾于教权之上。这一权力顺位的次序，遂使清朝皇权，经由藏传佛教的教权与神治，笼络蒙、藏藏传佛教信徒均奉清朝皇帝为佛法的保护者，不啻加强了清朝为满、蒙、藏共主的地位。

清朝皇权完全掌握了东起满洲、西迄西藏的广大地区，其威势甚至超过大唐天可汗。这是东亚草原、高原地带第一次的大统一，而其坚实基础也超过了成吉思汗全凭武力建立的大帝国。

总结本节，满人入关，接收了明朝的天下，循原有的统治方式，用汉制、汉官治汉人。清朝虽是一个征服中原的外来政权，却也是中国的一个皇朝——这是大清皇帝君临天下的体系。另一体系则是本节叙述的满蒙藏地区，即满洲大汗以藏传佛教为精神纽带，以婚姻为亲缘纽带，以盟会朝觐为仪式，以朝贡赏赐为交换，统治占当时中国区域三分之二左右的草原大汗国。满蒙藏事务统由理藩院、内务府及旗务系统管辖，直属于清朝皇帝，不归汉人体系的中央政府。这一大汗国的首都，除北京之外，还有承德的夏都，蒙古王公、西藏喇嘛、满洲贵族都在此地朝觐会盟，一次又一次地确认清朝皇帝的宗主权。汉地体系与满蒙藏体系，叠合成为清帝国的二元体制。这是清朝独自发展的特质，不但在中国历史绝无仅有，在世界历史上也罕见相似的个例。

### 二、台湾的开发

郑氏领下的台湾，延明祚于海隅，从康熙元年（1662）郑成功收复台湾，到康熙二十二年（1683）施琅攻台、郑克塽降清，维持了三代的统治，为时二十二年！清廷攻台次年（1684），在台湾设立一府三县，隶属福建省，专设台厦道，由总兵一员率班兵轮番驻防台湾。

台湾在清治二百年间，人口激增，地方行政单位（府、州、县、厅）逐渐增加，终于在光绪十一年（1885）升级为行省。郑氏来台前，台湾人口不会超过五万。郑氏攻台，携来军民十万人。19 世纪初，台湾已有人口二百余万。19 世纪末，编户人口已有三百二十余万人，除了当地原居族群数

十万，及在地自然增殖人口之外，应有大量由闽、粤移入的
人口。

17、18 世纪，世界各地人口大量迁移，最为著称的事件，
当是欧洲人口移民新大陆，取代了在地的原居族群。在东亚
地区，虽然明廷的海禁时闭时开，仍有不少移民迁移东南亚
各地。清军入关，满蒙人口移入关内。明清之际，内乱不断，
张献忠、李自成的部众，出入川、鄂、陕，百姓逃散，转辗
沟渠，千里废墟。

清代初年，康、雍、乾三朝，秩序恢复，百姓得以休养生息，
人口颇有增加。全国编户人口，由明代着籍七八千万，骤增
为乾隆六十年（1795）的三亿。这一巨幅增殖，既有统计的
数字问题，也有粮食增加的因素。前者当是因为康熙朝"盛
世滋生人丁，永不加赋"及雍正朝"摊丁入亩"两项政策，
使避税的人口不再逃匿；后者则是因为大洋航道开通，许多
农作物引入中国，外来玉米、番薯、洋芋等都可在山坡地种植，
而其耐寒、耐旱的能力也相当不恶，粮食生产增加，人口随
之增殖。

清初，有数百万人之多的湖广人口，大量移入川陕汉水
流域及四川盆地，即所谓"湖广填四川"移民运动。在这一
移民浪潮之中，还有长江中游各支流山谷的客家人口，大量
北向回流，移居四川。另有本来在长江河谷地区居住的汉人，
因为山地可以种植玉米等类农作物，遂逐渐移向山地，进入
中国西南山区，使当地原居族群同化或迁入深山。清代在西

南地区，以武力改土归流，扩大政府直接统治的疆域，也当由人口大量移徙的角度讨论。

闽、粤人口移徙台湾，也是上述移民浪潮的一部分。郑治时代，清廷海禁颇严，闽、粤沿海村落一律撤空。这些移入山区腹地的沿海居民，若没有上述新引进的农作物，难免饥馑。清廷取得台湾后，即使政府仍禁止人民迁移台湾，闽、粤的人口压力还是会导致大量人口移民。清廷领台之初，户籍所载不过一万二千余户，一万六千余口。这一数字，并不准确，因为郑氏入台人口已逾十万，再加上一百三十余平埔番的番社，每社数百人至千余人，总数也当有十余万口。汉番合计，清初台湾人口当有三四十万左右。嘉庆十六年（1811），台湾地方当局调查全台人口为二十四万余户，二百余万口。从1683年到1811年，共一百三十年左右，三个世代的时间，台湾人口增加不啻四五倍之多。凡此增加的巨大人口，不可能皆由自然殖殖，其中大多数是由大陆移入。因此，闽、粤人口对台的移民运动，就其人数及密集于一个海岛的密集度而言，毋宁是同时期各处移民运动之中，相当有特色的历史事件。

清廷最初并不鼓励对台移民。当郑氏投降时，清廷还未有开拓台湾的积极政策。施琅说服康熙在台设立官府的理由是为了国防：若是荷兰人占领这一数百里沃壤的海岛，在此发展基地，则大陆的沿海地区，将无安宁之日！清廷派官设治，收台湾于版图之内，却又担心台湾远隔海洋，如果有人

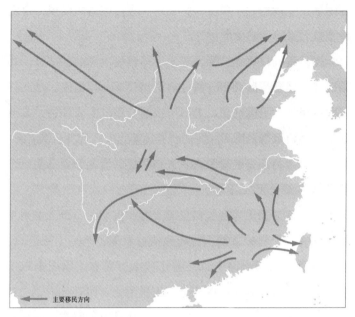

清代前期国内移民方向示意图

如同郑氏割据，将难以制服。后来朱一贵、林爽文起事，清
廷果然劳师动众，始予平伏。为此，康、雍、乾三朝的移民
政策虽然宽紧不一，大致是禁止百姓渡台的。然而，禁令虽设，
不能阻挡百姓为了原乡生计窘迫而私渡台湾海峡，在这一岛
屿上开拓谋生。

　　清廷对于台湾原居族群，大致采取息事宁人，放任自治
的态度。平原上的原居族群，被称为"平埔番"或"熟番"，
已有农业，也有村社组织。在山地的原居族群，耕种之外，

颇以渔猎为生，也有部落组织，被称为"生番"。然而，一个番社大多只有数百至千余人，村社之上并无更高一级的复杂社会组织。台东卑南一族，占地较广，领袖号为"卑南王"，为罕见的大型集团。清廷对这些原居族群，仿照西南各省的土司制度，承认其自治权力，颁授原有族群头目以"土官""土目"的印章，官方则以理番同知、理番巡检诸职，以为约束，汉、番交涉则以通事与总理作为中介。官方在番地立碑为界（番界），在平原入山之处更有"红线"与"土牛"等土垒防线，不许汉人闯入。

清廷如此政策，并不能阻挡汉人逐渐进入番地，取得土著的土地。汉人以组织力量及文化优势反客为主，逐渐使全台成为汉人的天下：平埔番几乎全部汉化，他们的子孙已与汉人融合为一；山地的土著，则局促于高山及东部的后山，成为台湾的弱势族群。

汉人的开拓由南向北，逐步进展。清领之初，诸罗（今嘉义）已是北限，后来逐渐突破中部的"半线"，即今日的彰化，北向延伸。18世纪初，汉人已开辟了北部淡水、基隆。汉人最后一次大规模的开拓，则是18世纪后叶在噶玛兰（今宜兰平原）的武装拓殖。大致言之，康熙中叶至乾隆中叶，亦即18世纪的前半期，是汉人移民开垦的极盛时期，南部至北部的平原旷野均为汉人所有。乾隆以后，则是开发山坡台地及东部的后山。

汉人移民，在康、雍、乾三代多是迫于生计，私渡来台。

台湾海峡的南向洋流号为"黑水洋"或"黑水沟",洋流
骤入狭窄的海峡,十分湍急。偷渡者的小船,往往不能横
截急流,难免会"落漈"漂流,即使到了台湾外海,若在
沙洲靠岸,也可能未到陆地又为涨潮卷去。汉人移民渡过
风涛之险到台湾之后,工作劳苦和瘴疬疾疫之害,使偷渡
人口的折损率很高,真正能在台湾定居创业者为数不多。
台湾俗谚"三留二死五回头",意即渡台者能存活、留居

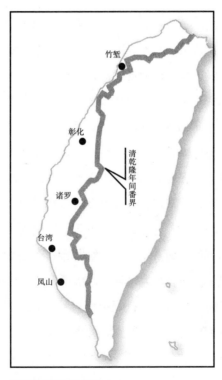

清乾隆年间台湾岛图

的大约只有十分之三而已。

这些偷渡人口，早期以单身男子为主，号为"罗汉脚"，开禁以后，始有妇女来台。早期来台谋生的罗汉脚，或则垦荒，或则入山抽藤，另有一些则进入番社贸易，受雇于"番头家"耕作谋生，其中颇多因而娶了平埔番妇女，成为赘婿，终于继承妇家田地。经过四五十年的发展，汉人已经遍布台湾西岸。

康熙晚期，闽、台的有财力人士集股招募壮丁，大规模开拓"半线"和台北盆地。这种集体开拓的大户（垦首），领取垦照，从闽、粤招募垦丁，动辄数千百人，有计划地开发圳、埤水利灌溉系统。今日彰化地区的八堡圳，就是一例。

垦首役使大量移民的垦丁，垦殖田亩，既垦之后，垦丁分领若干地，再分租佃农。于是，台湾中北部出现了三级制的租佃关系。垦首田连阡陌，役使千百人，坐取租谷，号为"业主"，俨然封君。他们收租的"公馆"，今日尚见于地名。垦丁承租土地，也成了地主，号为"大租"；他们又将田地分租佃户，是为"小租"。这些台湾地方豪强，役使佃众，侵轶土著，挟其势力，蔑视官府权力。台湾地方官员阶卑秩小，又经常更迭，在台职务，犹如寄旅，当然也不能不仰承豪强巨室的鼻息。这种情势延续至日本占台，第一级的业主始失去其势力，而大租户始成实质的地主。

台湾地方势力强大，是开拓社会的共同特征。官府的权力不彰，豪强以其势力，组织为谋求土地利益的当地社群共同体。17、18 世纪，来台开拓的移民先是来自福建泉州，继

之以漳州移民，最后则是广东的客家移民。来台人士，先是
单丁，继之以大户招募的劳力，最后则是同族同乡的集体迁
移。上述三个族群大致分布是：泉州人在中南部，漳州人在
中部、北部，客家人在丘陵及台地，具体情形则诸族村庄犬
牙相错、彼此毗邻。为了争土地、争水源，泉漳、福广之间，
各以原乡邻里乡党与亲属戚谊分类械斗，双方动员千百人众，
俨然小型战争。若是有民变起事，大致闽属为多，官府镇压时，
客属民众又往往起而帮助官军，于是官民之间的冲突，终于
又成为方言群的分类械斗。这是因为公权力不能以法律维持
秩序，地方社群诉诸暴力，争夺资源，互相制衡，斗争不绝。
许多开拓社区，都曾有过类似现象，只是台湾的该现象去今
日不久，族群冲突习惯犹遗留在记忆之中，也因此影响了今
日台湾社会的族群意识格外强烈。

　　台湾在 19 世纪时，全台已大都开拓，只有东部后山及
高山地区还有开拓余地。19 世纪的世界经济，已呈现全球化
初期的色彩，台湾的许多商品已进入国际经济结构的交易网
络。台湾气候温和，生长期长，农产丰富，于是台湾生产的
稻米，很快即有余粮，供应闽、粤，甚至北销江浙及京津。
台湾的蔗糖产量，也在短期超过广东，取得国内、日本及东
南亚的市场。台湾从福建引进茶种，最初不能与闽、浙相比，
但英、美洋行在台发展预购茶产，所谓"包种"，于是台湾
的乌龙茶在国际茶叶市场占了一席之地。樟脑是天然的芳香
剂，台湾樟树木材，本来用于造船及家具，19 世纪时台湾樟

脑已是外销商品。凡此现象，反映台湾开拓的近代性，其特定时空条件导致的发展模式，堪与加勒比海诸岛与中美诸地在同时代的发展模式相比，而与大陆西南及东北边地的开发不甚相同。

　　总结本节，台湾由郑氏统治转变为清领版图，从此有大量移民进入，于是台湾迅速汉化。清廷设立府州县厅统治汉人，土著、平埔番在汉人的经济与文化双重压力下，逐渐同化，台湾完全开发为汉人的地方。由于移民开拓，地方层次的社会力量强大，也因此而有分类械斗，形成台湾草根社会强大鲜明的族群意识。台湾移民，闽南泉漳及广东客家为主要族群。平埔番人口，经过同化，也已融入汉人之中，不足以构成一个新的民族。荷兰人与西班牙人在台不外军人与传教士，人数至多千百而已，更不足以改变汉族血统成分。汉人文化涵化力强大，移民带来的闽、粤汉人文化，遂为台湾文化的主要成分，也因此确立了当地对汉人文化的认同。

## 三、清初民族与文化冲突问题

　　中国本部多次为北族侵入，建立政权。南北朝、辽、金占领的地区，限于北方，元及清则都曾君临全部中国。宋一亡于金，再亡于元，其过程延展百余年之久。中国人在这一时期，深感亡国之痛，也努力兴复，终于朱明崛起，再造中华。在中国陷于外族统治时，夷夏之辨，当然是学者士大夫关心的严重主题，他们大致上是将种族与文化合并为同一议题。至于一般庶民百姓，虽也感受到外来统治的剥削欺凌，但在日常生活方面还是改变不大。

满人崛起东北，经历一代经营，乘明廷受困于李自成、张献忠的农民起事，吴三桂开关平乱，满人遂轻易取得政权。在其入关之初，北方人因为明廷政治腐败，人心大去，官民几乎全无抵抗。但是在顺治二年（1645）清廷发布剃发改服之令后，各处都有反抗，以江南反抗最为剧烈，满人镇压，兵连祸结，汉人抗争十余年之久。这一现象为蒙古进入中国时未有，究其性质，剃发改服，直接触动了文化认同，不仅仅是民族间的冲突了。

日常生活方式是最为直接的文化标志。元朝听任汉人过自己的日子，并未强迫汉人改易衣服与发式，汉人学者也仍照旧读中国书。许衡诸人还悉心努力，发扬儒家学说，既保存中国文化，更希望以此同化征服者。清朝剃发、改服之令，启动了"留头不留发，留发不留头"的强迫选择，对于一般汉人而言，亡文化的痛苦较之改姓易代的变局，尤有深切的感受。嘉定三屠、江阴八十一日的抵抗，以至汉人抗清运动，此起彼落，或潜伏山林，或寄居海隅，其动机无非是为了抗拒文化沦丧。顾炎武"有亡国，有亡天下"之辨，即以文化为天下，而且他认为保国是统治阶层（其君其臣）的事，保天下则是"匹夫之贱，与有责焉"。

先秦儒家的春秋大义，本来就有中国与夷狄之分，内华夏、外夷狄，分别为两个文化圈。这一观念的祖型，应是周人封建亲戚，形成了以周王为中心的封建秩序共同体。在这一共同体圈子外的族群与国家，就是外人；在这一共同体圈子内的诸侯，则是周人礼制之所及。另一方面，又可因不认同华夏文化，因此而成为华夏文化圈外人。春秋时，南方文化不同于中原，楚国强大俨然自成格局，有些原属华夏共同体的国家（例如陈、蔡），折而进入楚人集团。孟子指斥许行等人为蛮夷，正是所谓入于夷狄，就视同夷狄。族群血统的认同，遂与文化认同分开，成为两个标准了。

在外族统治中国时，上述族群和文化两个尺度，即为一些历史人物分别选为寄身托命的立场。前面提到的许衡诸人，选择了在元朝治下维持儒家文化的命脉。名儒郝经奉元廷之命出使南宋，其立场颇费思量，他认为忽必烈是一位贤君，足以安百姓，因此选择了从儒家安定天下的角度，认同元朝政权下的君臣伦理，而视汉人政权的南宋为外国。这一抉择，其依据是《孟子》：舜为东土之人，禹为西土之人，却都可以是中国的圣君。

清初汉人，大致均在上述两个标准之间，各自寻求可以安心的认同方向。王夫之（1619—1692）坚守抗清立场，在两湖促邀李自成旧部与南明隆武帝政权合作，以民族大义为原则，将李自成灭明的过节放在一边。南明抗清失败后，王夫之隐居湖南万山之中，闭门著述。他自言"六经责我开生面"，表示他是以一种新的态度在诠释经书。概括而言，他的学问是以汉儒为门户，以宋代五子为其堂奥，对阳明的致良知说有所不满，对张载思想则最为推崇，其目的在确立中国文化的核心价值。他的《读通鉴论》《宋论》，则以史事论述古今成败，其中固然在检讨明朝覆亡的过程，更为重要的部分仍是以华夷内外的分别褒贬古人。在王夫之的评价中，华夷民族大义的顺位，应当高于儒家的君臣伦理。他褒奖刘裕，因刘裕曾北伐中原，而不计较刘裕臣节有所不足。他宽恕韩侂胄，痛斥秦桧，即因为韩有北伐之事，虽然失败了，还是应予肯定。对于许衡，他认为是"用夏变夷"，帮助元廷窃取儒家的道统，严词斥责为"小人儒"。他认为桑维翰主持石敬瑭割燕云十六州、称臣于契丹，乃是祸及万世的罪人。王夫之终其一生不肯承认清朝政权，正是贯彻民族大义的原则。

顾炎武（1613—1682）在明亡之时曾参与江南抗清的运动，失败之后，他游历关塞，结交豪杰，仍有兴复之志。他的著作，既有音韵与经学，更多经世致用的历史学与地理学。溯其缘由，顾炎武对于宋明理学空谈心性，颇有批评，认为五胡乱华是由于魏晋清谈，误了经世治国的事业。明代的讲学，顾炎武认为其实是清谈孔孟，也与魏晋清谈老庄同样误事。他的经学著作，尤其音韵之学，志在还原古代经典的原貌，因此梁启超认为顾氏的工作实是清儒朴学的源头："清代儒者以朴学自命，以示别于文人，实炎武启之。"这是顾炎武在亡国之后，深切反思中国文化命脉所寄的儒学，盼望能从此重新找到经典的原貌及本意。

顾炎武经世致用之学，寄于他的历史学与地理学著作。他的《日知录》分条缕列他对历史与世事的意见，包括典章制度、史事本末，尤其注意于具体的事务，例如：赋税、盐铁、漕运、军事、吏事……凡此，均为顾炎武于亡国之余，痛定思痛，检讨反省中国政治结构的利弊得失。他将"华夷之防"看得比"君臣之伦"重要，在《日知录》评论管仲一条，认为"君臣之分，所关者在一身；华夷之防，所系者在天下"。顾炎武以天下为心，亦即以百姓生活与文化生命为最关注之处。因此，顾氏认为中国的君主制度已必须改变，应当改变为权归地方的制度。

顾炎武的地理学著作《天下郡国利病书》，记录了他周游各地所见所闻，其中对关塞险隘与交通道路的考察，也许是他为了反清兴复运动的准备工作。此书其实也是对于当时各地社会经济的讨论。这些实际考察工作，不是书斋中的学者能够从书本上获得，反映出顾氏于当世事务的反省与检讨。

顾炎武终生不愿与清廷有关系，以遗民自居，从不忘兴复。他结交豪杰，跋涉山川，时时希望有所作为。顾炎武不同于王夫之，则在于他的深刻反省，对中国文化及中央集权的帝制，都有所检讨。在境界方面，顾氏毋宁高出王氏一筹。

黄宗羲（1610—1695）与顾炎武是同志挚友。他在明末，聚乡兵参加鲁王的抗清活动，辗转山海，屡蹶屡起。南明几次抗清的力量都失败后，黄氏致力于讲学与著述。他也与顾炎武一样，深切反省中国文化与政治得失。黄氏痛感道学的空谈，主张明经通史，以求经世致用："学必原本于经术而后不为蹈虚，必证明于史籍而后足以应务。"在儒学方面，黄氏编撰的《宋元学案》《明儒学案》，厘清宋明之学的流派宗旨，是中国学术思想史的巨构。

　　黄宗羲反思世事得失的结果，则是《明夷待访录》。这部大书毋宁是于针砭中国文化及政治制度之后，提出他的改革理想。该书涵盖广泛，于政治、军事、经济、社会等都有其改制的拟识。简单地用今日的名词说，他盼望中国发展一个文化精英的民主政治与社会，以学校为议政之地，转变中央集权的帝制为相当程度的地方自治。"明夷"二字，是《周易》卦象："坤上离下，明夷：利艰贞。象曰：明入地中，明夷。内文明而外柔顺，以蒙大难，文王以之，利艰贞，晦其明也。"这是光明隐匿之后，待时而动之象。此书完成之时，有明诸王均已覆亡，郑成功也已去世，黄氏痛感时不我予，只有把自己未能达到的理想，俟诸来者。明夷一卦，也提到箕子"内难而能正其志"。据说，箕子这位殷商的王子，在亡国之后，曾接受周武王的访问，授之以《洪范》一篇。黄氏书名，隐含对于新王的期待，但是这个他等待的新王，是清朝统治者，还是未来再创文明的人物？自来未能确定。以黄氏拥明素志，不应在亡国之余，即等待新朝垂顾。然而，在他的晚年，对康熙确有许可之辞，也受清廷优礼。以此推测，在他的理念之中，天下生民百姓的福祉，当比民族大义更重要。至于朝代更迭，由他对于君主制度的批判言，本来就不是关心的重点。

上述三人对于民族与文化的认同感与关心程度，不啻是分布在光谱表上不同的波段。与他们同时的人物，大致都可在同一光谱表上找到所属位置。最大多数的俗儒，则可能为了自己的荣华富贵，出山应博学鸿词之征，甚至报名科考，成为新朝的新贵了。当然，清廷也用尽怀柔手段，除了开科取士，也以修明史及编几套大书笼络了不少学者名士。

经过康熙一朝的休养生息，中国百姓生活安定，习惯了清朝的统治，亡国之痛已不在年轻一代的回忆之中。清廷沿袭明人政策，科举经义以朱子注解的《四书》为主，其重点在于伦常纲纪，当君臣的名义已定，则民族界限就不足以颠覆人间伦常。

反清复明的情绪，也不能说完全消失。反清起事常以"朱三太子"为号召。吕留良的弟子曾静还曾游说岳钟琪以岳飞后代身份，率师为兴复之举。民间传播的流言，例如：孝庄太后下嫁小叔摄政王多尔衮、顺治与董小宛之恋及其出家为僧、康熙诸子之争、雍正得帝位不正、吕留良女儿吕四娘刺杀雍正、乾隆是汉人陈家儿子……凡此流传的故事，扑朔迷离，其实不外乎反映汉人对于清朝统治的讥讪。另一方面，频繁不断的文字狱，也反映清廷心存疑忌，时时不忘强制压服汉人的反清意识。雍正的《大义觉迷录》，也以"君臣之义已定"为理由，借儒家伦理，要求汉人遵守清廷代表的礼教秩序。乾隆以后，反清的活动在于民间，例如天地会的起事，社会上层的知识分子，则已安于"伦常纲纪"的观念了。

## 四、清代学术风气

明代王阳明心学盛极一时，俨然已取代程朱理学的地位。王学固然可以自由发挥，却也有其不够严谨之弊。明代清谈之风，不下于魏晋玄学，学者大多不务实际。明代覆亡，顾炎武、黄宗羲等人反省中国文化及明代制度的缺陷，指出士大夫只务游谈，不通世务的风气，应是中国致败的病象之一。

清初"颜李之学"（颜元、李塨），当是对于明代学术风气的反响，提出了也实践了实学与实行的要求。先秦儒家学说原将德行与学问，视作内外相应的。儒家学问是道德的体认，与古代希腊以来西方学问的知识认知，并不相同。程、朱、陆、王都在学问思辨上，有重大贡献，但若是学者只着力于学问思辨，而缺少身体力行，上述内外兼修而又相合的工作，便无着落。明代王学盛时，刘宗周诸人已不甘从书本从事学问，尤其言辞的学问，而改从慎思明辨之上致力于正心诚意的修身。他们不仅注重慎独及自记功过，还在同人之间互相帮助砥砺德行。明朝覆亡之后，刘宗周弟子黄宗羲，如上所述，遂以为这种笃行功夫也不能救济时艰，于是晚年有《明夷待访录》的深刻反省。

颜元（1635—1704）与李塨（1659—1733）崛起于河北乡间，与明末江南诸学派并无关系。他们生长的地方，正是金、元之时北方新道教兴盛之处，乡里风气质真。清人入关，圈地、投充及追捕逃人的弊政，使北方百姓身感亡国之痛。也为此，颜、李对于明代士大夫高谈心性有痛切的批评。颜元说"无事袖手谈心性，临危一死报君王"，即一例。颜元自律甚严，耕作、教学为生，自身恶衣粗食，艰苦劳动。他的行为举止，不敢轻慢失仪，并且与同志相约互相规箴。凡此均是实践儒家鼓吹的处世做人标准，以这一途径纠正学者空谈的弊病。

颜元对于现实政治，亦有批判。他大致主张学问须能经世济民，因此所著《存学编》《存性编》两书，都坚持"学"与"习"不能分开。他的教学项目，不仅包括儒家传统的礼、乐、射、御、书、数六艺，而且兼及实用的兵、农、钱、谷、水、火、工、虞……用今日的学术项目言，即军事学、经济学、工业技术、农牧生产等项。他的关怀，在于正德、利用、厚生，而且不仅正一身之德、厚一身之生，更须扩而大之，由身及众，由家及国，以教育正一国之德，以政治利一国之用，以生产与福利厚一国之生。这是从内圣走向外王的志业了。

颜元的弟子李塨，追随颜元，也发挥了实践之学。较诸颜元的习行，李塨则强调必须兼顾学与行，不得偏废。格物与致知是"学"，诚意、正心、修身是一己实践德行的"知"，而齐家、治国、平天下是兼善天下的"行"。正因发此心愿，李塨将先秦儒家重视六艺，对比宋儒吟哦静坐，指出两者之间活泼与呆板的差别。

如果颜李学派能有更大的发展，清代教育制度当有相应的改革，而清代学术界与文化界的面貌精神，也会有极大的变化。可惜这一个重视实践的学派，终究不能在俗儒之中开启风气，更不用说继长增高了。清廷科举取士，仍用试帖制义，以朱子注的经典为教材。利禄之所在，即众人追求的方向。因此，颜李之学，在当时及后世始终不是主流。相对而言，科举出身的士大夫，其上乘不过汤斌这样人才，理学名家，正色立朝，号为能臣良吏。下焉者，则是李光地之类，能作理学文章，也能巧宦干禄，至于卖友冒功的私德有愧，全不在乎。如此学者，空有学问而不能实践。然而，清代三百年科举，李氏之流多于汤氏，这是文化与学术的另一种风气。再一次提出经世济用的口号，竟须等到道光年间，俞正燮（1775—1840）与龚自珍（1792—1841）两人于考证之学均有造诣，又当中国多事之秋，始提倡通经致用，以矫学风之疲。

乾嘉考证之学，盛极一时，可说是清代学术成就的巅峰。考证之学起，代替了义理之学。对于这一现象，一般的解释是清廷文网太密，压制太严，不容明末自由讨论的学风，于是学者躲入忌讳最少的考证之学，以取自保。这种解释未尝不能自成一说，然而考证之学兴起，应当也有学术发展线索的逻辑，未必完全可归因于政治压力。

两汉儒学发展的轨迹，或可借来理解清代学风的演变脉络。西汉董仲舒建构了中国古代的形而上学，由此方向演变，一方面有今文学派的微言大义，诠释经文往往有太过穿凿之处；另一方面，谶纬之学更是割裂经文，甚至肆意编造。东汉学者遂反其道而行之，从训诂下手，力求清理经典中的讹误，恢复经典原貌。东汉学者的学风，在汉末三国魏晋，又一变为玄学清谈风气。

清代承明末高谈义理的风气，也有意拨乱反正。顾炎武志在经世，但惩于学者一任己意援引经典，遂考订声韵，也摸索制度沿革。因此，顾氏毋宁为清代考证之学的始祖。

考证之学包括音韵、文字、训诂、校勘，更扩大一些，史事真相、制度沿革和地理变迁，也可列入考验证明之学。这些方法学，亦即实证的研究方法，必由材料下手，从证据中归纳可信的结论。是以，考证之学虽然号为"朴学"，却是胡适之所说的"科学的研究方法"。中国传统学问，义理、辞章、考据三个部分中，辞章是文学创作的领域，考据则是义理的根本功夫。没有可靠的典籍，而后谈义理，难免会有无根据的猜测，由此取得的阐释，也未能免于主观的陈述。

清代考据之学中，阎若璩（1636—1704）从事经典的考证，其《尚书古文疏证》，当是第一件从大量证据归纳为结论的研究工作。万斯大（1633—1683）、万斯同（1638—1702）兄弟两人都是黄宗羲的学生，前者是经学家，从会通诸经中寻找经文的正确解释，后者是史学家，从许多史料中捡取最接近历史真相的事迹。乾隆时代考证学大师戴震（1723—1777）明白指出，所谓义理不能舍弃经文，凭空得之，认为凡学必从"离词"（分析词句）、"辨言"（分辨语意）开始，最后才能走到"闻道"的地步。这一态度，清代考据学界的大家，大多都能持守。但是，考据之学成为风气之后，从事实证工作的学者，也就难免被狭窄的专题罩住，全力在细节上周旋，迷失了穷经是为了通经的本义，遂为了考据而考据，功夫细密却没有由此引申的余地。

清代官方编辑大部头的丛书，为数不少。康熙、雍正朝除了宣扬武功的"方略"外，有字典、韵书、类书及经书的集解，其中最为著名的是《康熙字典》《佩文韵府》《古今图书集成》《全唐诗》等。乾隆时，官修图书的工作更盛，有"十全武功"的方略，《续通典》《皇朝通典》等"十通"中的六部，各种礼书……最庞大的工作则是《四库全书》，花了十三年编辑经、史、子、集四部的古今著作3503种，共有79337卷。凡此种种集体编辑的工作，直接间接动员了不少当世的学者。为了这些工作，学者们的精力时间大多用于考订、补缀、注解与整理。乾嘉考据之风盛行，与这一大规模编书的"工程"有关，相当程度引导了学术界的工作方向。

清代学者们可能由于集中编书之故，遂形成一个学术社群。以戴震为例，上承顾炎武、阎若璩、万斯同的传统，与他同时的学者有钱大昕、惠栋、秦蕙田、纪昀、卢文弨、王昶等人，他的弟子有王念孙、段玉裁等人。《皇清经解》与其续编的作者，几乎都有直线的师承与横向的交往。在中国历史上，堪与相比拟的社群，应是两宋的理学学者群了。

如此一个庞大而延续几个世代的学术社群，当然形成一时治学的方向与性质。无独有偶，17世纪的英国也有一个学术群体。1660年,十二位英国的科学家组织了皇家学会(Royal Society)。皇家学会标举的工作是"数理实验之学"。这一批学者彼此切磋,推动了学术界发展实证科学。第一任会长是天文学家瑞恩(Christopher Wren, 1632—1723),后来担任过会长职务的学者,还有牛顿、赫胥黎、波义耳等人,都是科学发展史上的重要人物。1850年,英国政府拨款一千英镑,支持皇家学会的研究工作。皇家学会的会籍,须由三位会士推荐,经全体会士投票,始得成为新会士。这一个学术团体,集结了学术界的精英,对于西方近代科学发展,发挥了重要的推拱之功。

比较上述17、18世纪中英两个学术社群的工作、志趣与趋向,其间的差异导致此后东方与西方完全不同的学术传统。英国学者研究的是宇宙间事务之理,并强调实际的验证。中国乾嘉的学术社群,则研究由古代传承的典籍,其工作是注解与疏证,却不在理念与思想,更不论由已知开拓未知。清代学术风气不为不严谨,是以胡适之将乾嘉考据之学与实证科学的研究方法相比。但是,清代学者自命为"汉学",以示不同于"宋学"的义理之学,却仍与实证科学完全不同。清代考据之学,注意学问的细节,不再有追索"道"与"理"的理想,也失去了整理典籍以资反省的原旨!清代学术传统中,已没有了人类关怀自身终极意义的精神。这样的学术传统,可说是为了矫程、朱、陆、王的缺失,矫枉过其正,竟陷入了烦琐,反而减弱了批判官学的力量。

## 五、民间社会组织

清代出现大量地方志书，修志之风气以乾隆、嘉庆之间最盛，后世方志大多只是增订修改这一时期的志书。章学诚（1738—1801）为编修地方志的巨擘，他认为地方志是"一方全史"，相对而言，朝代的历史是天下之史，"部府县志"，则是"一国之史"。这种观念，反映了地方自觉性。用今日语言说，地缘单位是一个切近人生的共同体，因此编修志书，毋宁是在儒家天下国家的理念下，地方人士把本乡本土看作实在生活圈的表现。

于是，地方人士外出工作，即在他乡组织同乡会。清代各地常有同乡会馆。在京师所在，同乡官吏及赶考的举子，都有会馆为联络中心。乡谊之外，由于一地常以某种职业为其专长，在外乡工作的同乡往往也操持同一职业。例如，我乡无锡颇多铁匠分散在长江流域各地，重庆、汉口等处的无锡同乡会实际上即当地铁匠帮，是同业工会。各处的无锡会馆，即这一工会的聚会所。铁匠供奉火德真君为保护神，无锡会馆也因此是火德真君信仰的祭祀之处。

在清代，最为著名的同乡组织当是山西人的山陕会馆。山西商人经营的事业，遍及全中国，尤以票号最有势力，于是山西人供奉的关帝（原籍山西解县），即山陕会馆的主神。清代以来，关帝由战神演变为财神，其变化是否与山西人的信仰有关，当是一个值得讨论的课题。传统中国的专门职业，常有地缘性的集中。"会馆"组织，有利于同行的互助，能使这一行业扩散其势力范围，但也可能因此导致专业的独占及相随发生的专业封闭性。

与上述专业社群不同的社会群体，则是以信仰祭祀活动为中心的地方性组织。兹以中国南方妈祖信仰为例。这是福建泉州发展的信仰，宋代湄洲女子林默娘原为海员与渔夫的保护神，但其功能逐渐演化扩散为母亲形象的神祇。闽台的妈祖庙经过分香制度，建立了广泛的网络，所谓头妈、二妈、三妈……均有本干支脉的谱系，妈祖庙成为社区活动的中心。社区的妈祖在其祭祀圈内，以定期巡境，确立其社区认同意识，组织信众。一些社区领袖，也以祭祀活动，不断确立其权威及祭祀圈内的人际合作关系。于是，祭祀圈也构成生活共同体，社区居民由此合作，从事水利、社会救济等诸项事务，社区终于形成一个经济圈。中国传统的集市，遂常以这样的社区为其网络的基层。

妈祖信仰以分香制度扩散其网络，北至天津、烟台，南至东南亚华侨集中的港埠，凡有海上活动闽台人士之处，即可能有供奉妈祖的庙宇。这一庞大网络的联系功能及由此发动的动员功能，常可超越地区的局限，发挥巨大的社会潜能。

类似的其他神祇系统，或大或小，遍布于中国各处。大而言之，北方的龙王信仰、泰山碧霞元君信仰，南方长江流域的许真君信仰……都经由进香活动，将各处信徒编织为庞大的网络。小而言之，一个地区之内，不同神祇的信众又可经由庙会及神祇定期的互访,集合为一个区域性的共同活动。无锡的张大帝生辰,即全区诸神会聚的"出会",以建构社区认同。

地缘、职业与祭祀活动构成的同乡观念,实为皇朝政治权力之外的社会认同。在政治权力触及地方利益时,地缘性的社会力量即可能发挥牵制,甚至抵消政治权力的作用。

另一种社会力量,则是以宗教信仰相结合的民间宗教组织。虽然儒家具有相当程度的宗教性,有其教条与仪式,但是儒家学说是国家权力的正统之学,儒生经过科举方成为官吏,与皇权共同掌握国家的权力。佛、道两家,本是出世的信仰,而且经过长期磨合,正宗的佛教与道教都已适应国家权力,足以共存。

然而,在中国的民间,各种不同的宗教信仰,自宋代以来逐渐融合。明代林兆恩的三一教,即糅合儒、道、佛三教合一的运动。三一教未成气候,今日已不见这一教派,三教合一的努力,则仍见诸一些民间宗派。儒家的伦理理念,加上佛教的果报观念及道教的宇宙观、生命理论,事实上已融合为一套中国人的人生观及宗教观。今日尚见存在的天理教、万善堂等诸宗派,都可说是这些信仰的融合。清代善书之中,流传极广的《太上感应篇》,也是这种融合性信仰的代表。

民间另有一种更为复杂的信仰系统,除上述三教之外,还包含了从中亚传入中国的祆教与摩尼教成分。这些中东与中亚的启示性信仰，在传入中国时已经有些混合。其劫数与救世主的观念，很早即渗入佛教，形成弥勒信仰，也演化为道教的李顺、李八百信仰。宋代方腊吃菜事魔教，即上述启示性教派之一。元末韩林儿等人起事，以明教为号召，而明教实是由摩尼教发展而来的民间秘密宗教。乾隆时白莲教一系的清水教、混元教、收元教，颇为活跃，后遭清廷镇压。白莲教大规模起事，是在嘉庆元年（1796），自此蔓衍四川、湖北、陕西各处，人众十余万。清廷大军围攻，但教众屡仆屡起。清军各处追击，军事行动延续十年之久，始得平定。但是白莲教余党散伏他处，长期隐伏，不时又会冒出头来。嘉庆十八年（1813），天理教李文成在直、鲁、豫三省边区起事，危及京畿。清末庚子义和团的活动，也是由白莲教一脉相承。

　　白莲教的教旨，有二宗三际、弥勒下凡的劫变与来世观念。所谓二宗是光、暗，光明终必战胜黑暗。这种二元的理论，与中国传统的阴阳相反相成之论，十分不同，实是转化摩尼教光暗对抗之说。三际是所谓青阳、红阳、白阳三世，分别代表过去、现在与未来。青阳之世由"燃灯古佛"执掌，红阳之世由"释迦牟尼佛"执掌，白阳之世由"弥勒古佛"执掌。每世又有若干劫难，道劫并降，善人入道，恶人堕报。三世之说，与佛教过去—现在—未来三世佛的观念相同。但是佛教过去佛之名号，据《法苑珠林》的佛祖传记，过去七佛：第一毗婆尸佛、第二尸弃佛、第三毗舍浮佛出于过去庄严劫之末，第四拘留孙佛、第五拘那含牟尼佛、第六迦叶佛、第七释迦牟尼佛出于现在之贤劫，其中并无燃灯古佛。燃灯是光明的象征，其实也是中国明教崇拜光明的传统。白莲教的理念与象征，毋宁都继承明教，乃是启示宗教的教义。白莲教又宣传"无生父母，真空家乡"的口号，前者来自《老子》"无名天地之始，有名万物之母"，后者则是佛教的"轮回俱尽，诸法皆空"。至于白莲教告诫教众的道德，无非是儒家的伦理观念。以上所述诸事，充分显露白莲教是多种宗教信仰的综合体，只是白莲教的教众，大多不是士大夫阶层，其摄取融合的教义，并不注意哲学逻辑的思辨，但求为一般百姓能够接受而已。

嘉庆年间白莲教之乱，虽然平息，教众分散，潜伏各地，分别以其他名称的信仰，延绵不绝。举例言之，今日台湾地区盛行的一贯道，据该教自述传承，原名先天道，其宣传的教义也是二宗三际，也是"无生父母，真空家乡"，也是主张三教合一，显然与白莲教有传承的关系。嘉庆七年（1802），先天道十一祖何若被捕，流放贵州。这一年代，实与白莲教川楚起事同时。何若传道十二祖袁志谦，先天道从此在四川、两湖、福建传道。道光十一年（1831），先天道又遭迫害，领袖陈彬充军边地。道光二十三年至二十五年（1843—1845），先天道遭受严重教难，大批领导成员被处死。以上事迹，显示白莲教以不同名称在各处落地生根，其生命力十分强韧。

今日一贯道又在台湾地区及海外发展，教众不下百万。

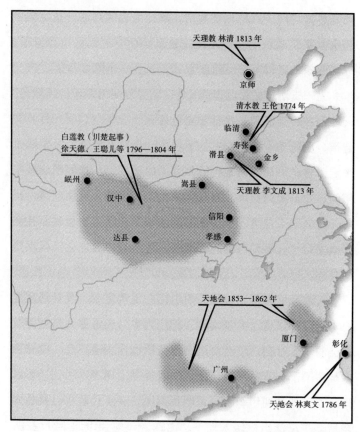

清代民间社会起事范围示意图

若以一贯道发展的模式推测当年白莲教的组织与活动形态，大致可以推知，白莲教当是各个支派自己独立开拓，虽有大宗祖脉，却没有统一的规则与约束。各支教义，因地制宜，深浅并不一致，仪式也各有繁简，不尽相同，但吃素一项，

则是各处均同。这种根枝蔓衍，落地生根的网络，是中国民
间宗教组织的特色。即以白莲教系统而言，远则追源宋代，
近则回溯乾嘉，算是民间社会中一个不可轻视的力量！

另一支清代的民间组织，是以反清复明为宗旨的天地会。
天地会在台湾的第一次活动是乾隆五十一年（1786）林爽文
起事，历时逾年，几乎占领了台湾全岛，清廷调集大军始予
平定。自此以后，天地会或其支派的活动，从未间断。咸丰
年间，太平天国起事，虽是以拜上帝为名的大规模起事，也
与天地会颇有瓜葛。孙中山早期的革命活动，全仗秘密社会
会众支持，其实即各地的天地会，只是或以天地会或以洪门
为名称。

天地会的宗旨、口号，明白标志反清复明，其活动范围
在中国南部诸省，尤以两湖、闽广为多，也延伸到东南亚及
北美的华人社会。该会自述源起，所谓西鲁番造反，少林僧
人从军平乱，有功不赏，还遭迫害等等，均难以考证。可以
肯定者，其最初组织者当是明代遗民，在清代政权已经稳固
之后，将反清组织转入地下。因此，天地会组织十分隐秘，
有相当复杂的隐语与仪式，以辨识同志，其组织内规也十分
严密，以防范清廷渗透。天地会的会众，大多是一般百姓，
工农商贾、将弁兵士，无所不有，但少有缙绅儒生。天地会
后来常为人称作"洪门"，各处的山头、堂口各不隶属，也
未设有全国性的总机关，但是会众有事，找到在地同志，望
门投止，只要以切口暗号盘问清楚，无不尽力接纳保护。洪

门人众多少？不仅在清代，因是犯禁组织，难以计算，甚至
在民国时代，也不能有准确的数字。然而，这一根枝蔓延的
民间组织，其势力之浩大，则是众人皆知。

　　清代另一个民间组织是漕帮，又称"安清帮""青帮"，
以示与洪门（红帮）有所区隔。清代首都在北京，南方粮米
经由大运河北运。运漕船只的船员，为数以万计，他们的职
业性组织，奉明代的罗祖为祖师。漕帮文件自述来源说，清
代船工之中有钱、潘、翁三祖，组织船工，包揽漕运。据传说，
清廷担心洪门掌握漕运，足以制清廷于死命，遂仗漕帮（安
清道友）保护漕运。后来该帮人众包罗甚广，车船夫役、旅
舍商店、茶楼酒馆——凡是交通线上的有关专业，均可能是
漕帮会众。该帮的隐语暗号十分隐秘，组织内规的严密，不
亚于洪门。各地分舵，也各自独立，并无全国性的总舵。漕
帮与洪门之间，似乎长期相安共存，帮中口号："红花绿叶
白莲藕，三家本是一源生"，似乎暗示这两大帮会，甚至隐
含白莲教，都有一些历史的渊源。至于渊源何在，至今不易
考证，大致都自命为政权之外的民间秘密团体，在掌握国家
权力的清廷之前，必须彼此合作掩护。

　　以上所述的民间社会，包括地缘组织、宗教团体与秘密
社会三类。然而，这三种类别，又常有难以区分之处。例如，
地缘社区组织常以寺庙祭祀活动联系。职业工会的职业保护
神祭祀，又与同乡会叠合交叉，而秘密宗教团体与秘密社会
之间，又有既竞争又合作的关系。凡此组织，一向不是正史

记载所及，却是清代社会不容忽视的一环。传统中国皇权国家的政府结构是金字塔式的系统，相对而言，上述民间社会则是根枝蔓延的网络，两者涵盖的社会空间颇不相同，却也可以各自发展，并不必然互斥。这些民间组织，在中国历史早已有之，在清代尤为显然可见。

## 六、中国与西方国家的关系

清代前半期，中国与西方的交涉，可由陆路与海路两个方向讨论。俄国循陆路与中国接触，是康、雍、乾三朝官方来往关系最为显著可见的外国。

俄国向东发展其势力，当从16世纪晚期开始，其发展途径是从乌拉尔山向东，逐渐占领了西伯利亚。在蒙、元时代，蒙古西征，成吉思汗分给长子术赤的地方，即包括今日俄国的大部分。术赤的儿子拔都建立了钦察汗国，亦即西方所称的"金帐汗国"。蒙古的汗国缺乏有效率的政府组织，于是庞大的汗国逐步分解为许多小单位的外来统治群。在这一局面下，斯拉夫的地方贵族，渐渐取得实权。15世纪至16世纪，在伊凡三世（1462—1505年在位）、伊凡四世（1533—1584年在位）治下，俄国一步一步成形。1613年，罗曼诺夫王朝开始统治俄国，但俄国开疆辟土，终于成为东欧大国，则主要是彼得大帝（1672—1725年在位，1721年称帝）与叶卡捷琳娜大帝（1762—1796年在位）时代的事迹。

俄国发展的注意力，主要是西向与南向，却在这两个方向遭逢瑞典与奥斯曼帝国的抵制。反而是向东一途，几乎没有任何抵抗，即攫取了广袤的西伯利亚，势力直达太平洋的东滨。俄国东进能轻易成功，其原因不止一端：一则西伯利亚是寒带森林地区，生态条件与蒙古草原不同，此地的居民布里雅特、雅库特等族群，蒙古称之为"树林中百姓"，乃是蒙古游牧族群的边际族群，蒙古并不看重；再则，明代万历以后，蒙古政权早已式微，草原上自东到西没有一个号令诸部的权力，西伯利亚的居民分散各地，无力抵抗俄国的侵略。

俄国东侵，最初大约是由于商业动机。西伯利亚寒带森林中有许多皮毛丰厚的野兽：熊、鹿、貂、狐……其皮毛都是欧洲市场上高价的商品。俄国富商，结合握有地方权力的豪强（boyar），遂驱策哥萨克骑兵，强力向东开拓。哥萨克人居住在顿河、伏尔加河流域，该地其实也是欧亚大草原的一隅。他们善骑射，生活习俗颇能适应西伯利亚的生态环境，再加上俄国在逐步发展国家权力的过程中，哥萨克部落解散，沦为佣兵，遂成为俄国东进的力量。

1579年，哥萨克头目叶尔马克得富商斯特罗甘诺夫的资助，率队东进。从此以后，顿河流域的哥萨克骑士，挟西方火器，驰骋于西伯利亚。到17世纪中期，俄国已占据了西伯利亚。1618年，彼德林使团从俄人所建的托木斯克城，经过蒙古，由张家口到达北京。这是俄国官方使节第一次进入中国。顺治六年（1649），俄人哈巴罗夫率兵进入黑龙江地区，

更在太平洋沿岸占领鄂霍茨克。其时，清朝初建，一时顾不
到俄国在北方的发展。这期间，中俄之间的贸易相当频繁，
中国出口茶叶、药材，尤其是大量的丝绸与棉布，俄国则主
要向中国出售皮毛和金银。

　　由于俄国不断尝试伸张势力，中俄两国之间的边境颇多
冲突。顺治九年（1652），上述哈巴罗夫在达斡尔族的居地
雅克萨筑城，企图长据为基地。此后十年，俄人在这一地区
不断经营，并又在尼布楚筑城据守。

　　清廷在平定三藩之后，开始面对俄国进入东北的危机，
于康熙二十四年（1685）派军驱逐雅克萨的俄军——这是中
国与欧洲国家的第一次军事冲突。康熙二十八年（1689），
俄国派遣使节来华讨论边界问题，两国签订《尼布楚条约》，
确认黑龙江一带的边界线，俄人拆除雅克萨城，撤回军队——
这是中国第一次与欧洲国家签订的国际条约，除了中、俄文
字，还有拉丁文为条约的正式文字。

　　《尼布楚条约》之后，俄国又屡有使团来中国，谈判通
商细节，确认划界事宜。在通商方面，清廷原则上只许俄商
在恰克图交易；在划界方面，清廷毋宁承认了俄国在唐努乌
梁海以北大片土地的主权。清廷又准许俄国在北京建立俄罗
斯馆，馆内设东正教教堂，俄国学生可以在华学习语文。俄
使节团来华路线，北线经过西伯利亚入北京，南线是由蒙古
经张家口入北京。虽然清廷允许两国在边界贸易，这些使团
来华又不啻是另辟了北京的市场。中俄贸易，俄方获利甚丰，

恰克图的贸易项目，中方出口丝绸、棉布、茶叶、大黄等类，由俄方进口项目则是呢绒、皮革、牲畜与铁件。18 世纪后期，俄方的对华贸易占了全部关税的四分之一！

在上述正常外交关系之外，俄国还另有扩张势力范围的企图。准噶尔部在厄鲁特蒙古诸部中最为强大，其居地是在中国的西部。清代准部屡次侵犯漠北喀尔喀诸部及漠南杜尔伯特部。清廷经过康、雍、乾三代征战，始将准部平定。准部的后援，其实是俄国，其枪械大多由俄国供应。蒙古土尔扈特部明清之际在伏尔加河下游放牧，俄国势力东渐，奴役土部蒙古，该部十七万众遂于乾隆三十五年（1770），举部东归，由清廷安置在漠西放牧。凡此事件，都有关中俄两国势力的消长。

整体言之，康雍乾时代，中俄关系基本上还算是平等来往，双方对于彼此的情形，也相当清楚。康熙五十一年（1712），清廷因土尔扈特部事件，希望了解俄国实况，派遣图理琛率团入俄境考察。图理琛一行往返三年，将考察所得撰为《异域录》，记载俄国山川形势、民俗物产。嗣后，图理琛屡次参与中俄交涉，成为当时的外交专才。相对的，俄国使团来华，络绎不绝，来人也详细采访中国情形，回报俄廷。两国外交谈判，能够有具体的协议，当由于双方对实际情势都能有一定的掌握。

在南方海疆方面，情形却大不相同。澳门自明代为葡萄牙占领后，即西方人士来华的起站。明代耶稣会会士经常由

1689年时的俄国领土范围

西

- - - → 叶尔马克东进路线
────→ 哥萨克骑士东进路线

16、17 世纪俄国东向扩张图

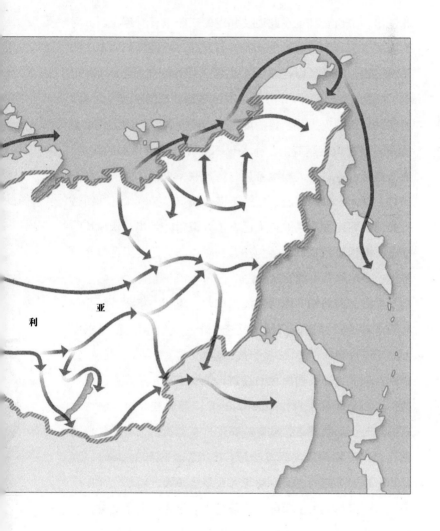

此进出，中西贸易也在此地及邻近的广州进行有年。西方对中国的了解，经由传教士及商贾为媒介，已经累积颇丰。明代及清初，同样经由传教士的介绍，中国有识之士对西方也有一定的了解。但西方海上势力，在清初已有大变化：葡、西两国力量消灭，荷兰曾一度占领台湾南部，为海上的重要力量。郑成功驱逐荷人，荷人仍不放弃在中国沿海的活动。清廷经略台湾，荷人屡次希望与清廷联军攻台，但清廷没有同意。此时，英国崛起，活跃于海洋航道，其东印度公司努力经略，在西方东来航道上已有了好望角、孟买、新加坡等据点。中国贸易是英国最为注意的重点，为此英国自然努力不绝，企图打开中国贸易的门户。

当时，清廷重开海禁，规划广州、厦门、宁波、江苏云台山等处为对外通商口岸。乾隆二十年（1755），英国东印度公司船只到达定海，转舶宁波，完成交易。次年，英船又来，请求在宁波设立长期居住的据点，清廷不准，只许在广州贸易。英商翻译洪仁辉（James Flint）乘船径驶天津，向清廷申诉粤海关勒索情事，乾隆处罚了广东官员，也将洪仁辉圈禁在澳门三年，期满驱逐回国。乾隆二十四年（1759），清廷颁布管理夷商的条例，防止外人多生事端，明令只许在广州互市，但是英国东印度公司仍尽力寻求在华设馆驻留。英国商船来华数量，多于法、德、荷兰、瑞典、丹麦等国。中外贸易项目，中国出口为丝绸、瓷器，以及各种工艺品，进口则除香料外，以白银为主。

在 18 世纪后期，英国的产业革命已经完成，对外贸易成为英国国家发展最重要的一环，对中国的贸易尤为英国重视。于是，1792 年，英王乔治三世接纳东印度公司的建议，乃派遣马戛尔尼爵士（1737—1806）率领庞大使团来华。次年（1793），马氏等人到达北京。乾隆在暮年宠任和珅，尤其当时正在筹划万寿盛典，英使远来，正巧可以用来证实外夷向化，入贡天朝。清廷将英使视为贡使，要求英使行三拜九叩的大礼，双方龃龉甚久，最后以折中的礼仪完成朝廷接见的大礼。于通商一事，英国提出的要求为：在北京设大使馆，准许英国在宁波、舟山、天津等处贸易，在舟山与广州拨给土地居住，也可在北京设立货行，并予内地贸易的关税优惠。清廷对于上述要求，一概拒绝，以为"天朝物产丰盈，无所不有，原不借外夷货物以通有无"。

嘉庆二十一年（1816），英国政府再度尝试打开中国外贸门户，派遣阿美士德爵士（1773—1857）携带礼品乘坐海军军舰来华，企图完成马戛尔尼未完成的任务。双方又因礼仪之争，未能如愿。

这两次英使来华，双方不能进入谈判，一方面清廷自满自大，以天朝自居；另一方面，英国也过分自信，提出片面优惠的要求，盼望中国接受。双方都有愚昧与自大之处。乾隆一朝，君臣耽于逸乐，不求了解外国情形，不能与康熙朝的对外知识相比。英国的朝廷，正当国势蒸蒸日上的时候，也有自大心理，而那些朝臣只从商业利益考虑，未能由欧洲学术界寻取对于东方的了解。双方以盲对盲，遂使中英交涉陷入僵局！

英国马、阿的使团，有各种专家同行，在往返道路及在京交涉期间，英人搜集了大量资料，于政制、军备、军队素质、经济物产等都有了翔实的信息。英人从此看透了大清帝国的真实体质，即这一庞大的帝国，经过百年鼎盛，其实已经腐朽老化，不能抵挡新兴欧洲的强大经济与军事力量了！英国的下一步，即以武力砸开中国大门，用炮舰政策强迫中国接受片面的优惠条件，庶几从贸易吸取中国市场的利润。

中俄之间交涉与中英之间交涉的过程，竟有如此巨大的差异，其实即当事者是否懂得对方。中英之间，彼此误解甚深，主要在于双方都自视甚高。中国在康熙时代颇能知己知彼，以务实态度处理外交。乾隆则自大心态作祟，不能合理地面对外人。乾隆号为盛世，其实已衰败了。


## 七、清代的商业活动

明代晚期，大洋航运联系欧亚，西方以美洲白银购买东亚产品，开启了世界经济体系的序幕。当时中国东南受惠于这一变化，大为繁荣。清代的商业活动，在明代基础上继长增高，蔚为传统中国历史上商业最为发达的时期，堪与西欧高涨的重商主义情况相比。

清代的商业活动，分别见于国内市场及国际市场。先论国内市场的扩大及复杂。明代中国引入了外来农作物：玉米、番薯、洋芋、花生……使过去无法种植稻、麦的山坡与河地，都能种植这些作物，因此清代人口大量移向西南山地、内地的丘陵与河地。清代人口急剧增加，当与这一因素有关。其他因素，已见于本章第二节。

人口多了，消费生产均随之增加，则经济体也就扩大了。清代盐产收入，列为国家重要岁入项目，一则因为田赋之外，政府收入项目不多；二则在食用上，人人非盐不可。人口增加，盐的消费随之增加，盐课因此成为极为可观的数字。由盐课收入的不断增加，即可反映清代经济体之扩大。

清代绥抚蒙、藏，消弭中国历代北方边患，西北两方边疆民族与中原腹地化敌为友，其市场需求依赖中国本部。在西南山区，汉人移民移入交通路线两旁的土地，也深入林箐、开拓土宇。汉人在新地区落地生根，当地的土著也跟着汉化，其生活方式渐渐改变，生活必需品往往仰给汉人的产业。台湾一岛，地方不大，自康熙朝以来吸纳了地狭人多的闽粤人口。凡此，西北两边、西南山地和台湾，均是中国经济体涵盖地区的新增部分。东北地广人稀，为满人故居，清廷禁止汉人进入，但是满洲王公贵族必须招徕劳力，在其领有的田庄上耕作放牧，以维持其贵族生活。东北于清代中国经济总量上，未必占重要地位，但在清代中叶以后，关内劳力由华北，尤其山东半岛，纷纷移入，东北的重要性终于渐渐凸显。

明代海疆的纷扰，自清廷取台以后，逐渐平息。清朝水师努力扫荡海上武装集团,蔡牵当是清代最后一支海上势力。自乾隆以下,东南海疆平靖无波,这一形势有助于沿海运道畅通。在陆路方面,蒙古与内地交通安全,而且蒙古草原区南北方向的道路崎岖,东西方向则平坦,在蒙疆由东往西,遂成贸易大道,其重要性不减于传统出河西四郡进入天山南北路的汉唐丝道。西南山地由于汉人移民日多,尤以清廷改土归流的政策,城镇渐多,沿交通干道又开辟了许多支道,深入西南腹地,西南贸易也为之方便安全。凡此,海陆诸处国内区间的交通路线开通,当然也有利于商货贸迁。

兹以棉布为例,可觇见国内市场的流通。清代棉纺织品,是国内市场的重要商品。百姓日常衣着均以棉织品为主,其销售量极大。中国棉产地,以北方平原为多,但是纺纱、织布又因南方气候潮湿,较之北方的干燥,更宜纺织过程中纤维的延伸。于是,棉花由北南运,纺织成品由南方向全国各处销售,遂成为国内贸易的重要项目(山东也有纺织业,产量仍远逊于南方)。江南虽为食米的重要产地,但纺织业吸收了大量劳力,人口众多,以致当地粮食竟不够支应市场,还须由两湖运米接济民食。于是,长江中游运米东下,又成为国内贸易的另一重要项目。

国际贸易方面,海路的输入品是大量白银。白银既是贵金属,也是中国市场的高额货币。美洲产银,流入中国的数量,十居其六。长期顺差,中国累积的白银使通货充沛,当然刺激了市场活动,扩大了经济体的积量。白银是高额货币,日用不便，中国市场须以铜币为日常流通货币。日本产铜，虽在德川当政时，幕府已实行锁国政策，但是中国的特许商船仍每年从日本进口一百五十万铜斤，作为铸造货币之用。从这一数字，已可觇见中国市场扩大的幅度与速度。

清代经济体的扩大，因素甚多：人口增加、农业生产面积增加；城镇市场增多，尤其过去市场活动不够活跃地区，有较为密集的市镇；交通路线的开通与加密，则是资源流动速度与密集度的增加。以上三者，均使清代国内市场有延续二百年的成长。

清代国际贸易也较之明代更为活泼。北方陆路的国际贸易，如上文已述，蒙疆安堵，与内地整合为一。汉地货物，如茶砖及纺织品，在输入蒙古之后，又可沿北方草原的道路，运往俄国，再经过俄国转运到东欧与中欧的市场。康熙时，清廷与俄国订立的正式条约都列有贸易条款，而且指定恰克图买卖城等处为中俄交易口岸。这条东方与西方通道上的商货，如以驼队为单位，动辄以"千峰"计算，贸易数量颇为可观。中国的茶，进入欧洲，有 cha 与 tea 两个发音，前者即北路输入欧洲的茶。

海路对外贸易，清廷规定以广州为主要口岸，虽然宁波等处也是开埠的口岸，但清廷并不愿意外商进入。清廷的这一态度，在英国马戛尔尼使团及其前后中英交涉均坚定不移。清廷所持的理由是便于管理"外夷"，其实重要的因素当在广东的"公行"，亦即独占国际贸易的若干商行，因为它们与清廷内务府的"皇商"有密切关系，不愿放弃这一利润丰厚的特权。经由海道来华的外商，先是西、葡、荷兰，但后来的英国逐渐掌握优势。英商贸易，除了传统丝绸、瓷器之外，尤以茶叶为大宗，不仅运往欧洲市场，更开辟了美洲殖民地的市场。美国独立运动的第一桩事件，即革命者在波士顿港口将英商从中国运来的茶叶倾倒入海。西方称茶为"tea"，则是闽"茶"音学的发音，反映了南方海路贸易的历史。

海路运送瓷器，较之陆路长途跋涉，虽有波涛之险，但船只运送数量大，而且只要包装得宜，也较少破碎的损失。因此，海运货物中，瓷器仍是大宗。广州出口的瓷器，除了江西、浙江名窑产品，另有广东与福建专为出口烧制的瓷器。广州还有专为外销欧洲市场、在瓷坯绘制欧风图像的"贸易瓷"。那些绘制贸易瓷的画师来自欧洲，欧洲绘画艺术竟因此传留在广东，开启了后来广东的艺术特色！

以上所述，为国内外市场活动中，最为荦荦可见的项目。国内市场大了，地区性的特产在需求增加时，当地必会专注投入生产这些特产，于是有些产品的地区性分工，又会导致区间贸易的兴盛。以一项特产为例：山西产铜又产醋，置铜片于醋中，很快即有铜绿，再刮取铜绿作为颜料。山西商人并因此向四川采购锰铁化合物，生产红色颜料，发展出颜料供销的独控事业！最有名的即晋商颜料商号"西裕成"累积资本，最终转化为山西著名票号"日升昌"的故事！

清代商业的兴盛，可以由所谓十大商帮的发达觇之。十

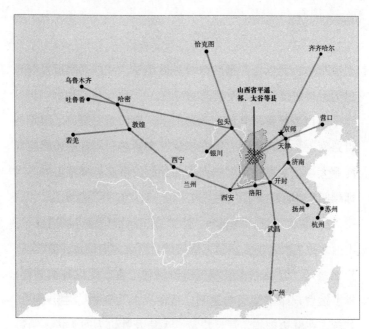

晋商主要经商路线图

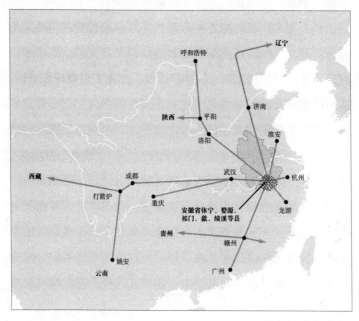

徽商主要经商路线图

大商帮中，尤以晋、徽两帮势力最雄厚。兹以这两帮发展经过为例，叙述清代商业活动的特色。

山西地处黄土高原，水苦地旱，为群山围绕，又因不在道路网上，交通不便，因此也缺乏贸易之利。晋帮居然能成商业大帮，主要是它在山西省外各地的事业。晋帮之兴，当远溯明代，明廷为了供应九边军粮，创"开中"制度，以"盐引"（贩盐许可证）为报酬，招募商户运粮边塞，供应戍军。山西北边为九边的大同镇、宣府镇，西边为山西镇、榆林镇，都不遥远。晋商遂在长城下租田耕种粮食，就地缴纳军粮，省了运费，赚了盐引的厚利。晋商以此为资本，运送食盐、茶砖，在蒙边销售，再以皮革、毛货及牲口为回头货，销售内地。于是，晋商足迹遍及北边各处。

清人崛起，努尔哈赤的军需民用，颇赖晋商从内地运输接济。清人入关，范姓等八家晋商取得皇商身份，纵横蒙古商道。蒙古与汉地之间，不再有战争，商道上出现许多市镇，其中诸般行业，大至茶马买卖，小至客栈面店，均由晋商经营。蒙古王公贵族及小民百姓的日用品，也全由晋商从内地贩运供应。晋人从商者，尤以平遥、太谷、祁县三处为多，呼朋引伴，奔走四方。晋商富户之财产白银，竟足以在清廷喀部、准部诸战后，为清廷支援军资。嘉道以后，晋商发展票号，先是以汇兑业调节各地资金多寡有无，也博取各地的白银、铜钱之间的比率差额，继而放贷有利润的买卖，博取盈余。至咸丰以后，国家多事，晋商又以接济官府取得代理省库、国库的特权。在清代末叶，晋商票号，已俨然掌握当时金融业的大部分，存放数字各有白银数千万两之巨。

徽帮起于皖南。皖南山多田少，群山围绕不断，有"八分山，一分茶，一分田"之称。该地居民也如晋商一样，必须外出经商。明代徽商经营无所不包，甚至明中叶海寇之乱，其肇端竟是徽商投资海商的活动！安徽多山，但是上通长江，下通浙江，一出皖南群山，便是中国经济最发达的地区。清代徽帮，最发迹的行业是盐业，扬州的大盐商以皖人为主。徽帮以其同乡网络，互相支援，在长江上下游，由四川到江南，经营之行业，其实多元多样。徽商汪道昆的《太函集》中，即可觇见他们网络之广大。徽商另一著名的行业是当铺，当铺业务是典押借贷，其实也是操弄资金的金融机构。

区间贸易，以有易无，腾挪款项，必须有信用及网络。皖人居积丰厚，与北方晋帮南北相应，各有天地。两个商帮，都由于故乡田地有限，不得不外出谋生。它们的特色，都在灵活的多元经营，也均依靠同乡乡谊连成资金融通与消息流转的网络。而两者又皆涉足于最有厚利的盐业，终于各自发展了金融业务的票号与当铺。两大商帮的发展史，反映中国清代中叶蓬勃的经济。它们在清末的衰败，也代表着中国传统经济的终结。

## 八、中国与西方的文化接触

耶稣会会士利玛窦等人来华，带来了当时欧洲的科学知识，实为中国接受西方文化冲击的嚆矢。清军入关，清廷继承明廷政策，照样借重汤若望（1592—1666）等人天文历算的知识。汤氏于顺治即位次年，被任命为钦天监的监正。从此以后，汤若望、南怀仁（1623—1688）等耶稣会会士，前后相继担任此职，视为常例。在这一类的工作上，耶稣会会士的角色已定位为天文、历算、地图测绘等方面的技术人员。

清代中国士大夫与耶稣会会士的交往，并不如明代徐光启、李之藻与利玛窦等人之间的交谊。其间还有康熙朝为了历算而起的一场冤狱。康熙即位后，顾命大臣鳌拜专政，当时杨光先反对使用西洋历算方法，著文指责天主教为邪说，劾耶稣会会士"暗窃正朔之权"，且奏请治罪。1664年，清廷将西洋治历官员下狱治罪，分别拟凌迟处死及斩刑，又将各省传教士押送广州，准备驱逐到澳门，天主教遭禁。后由于太皇太后出面干涉，西洋人获赦，但有些信教的中国官员及监局官员却已被刑。次年，杨光先与南怀仁等各自负责实测时刻及讨论民历，南怀仁的实测准确，于是西洋传教士的罪名得以平反。1669年，汤若望已去世，南怀仁复任钦天监，各省教士也得以回原地主持教堂。这一次风波，杨光先等人的立场是既反对西法，也反对洋人。双方冲突焦点则是历算的技术，由于西洋历法的确优于当时杨氏主张的旧历法，西洋教士始得有翻案的机会。

康熙自己好学多问，对于西洋历法有兴趣，还亲身体验过西药的功效。当时正有一群学问优良的耶稣会会士来华，包括张诚（Jean-Francois Gerbillon，1654—1707）、白晋（Joachim Bouvet，1656—1730），这些人遂被召侍从讲学。康熙的兴趣甚广，从传教士们学习数学、哲学、化学、机械、地理、天文。这时，是耶稣会会士的学问最为中国皇帝信服的时候！但康熙后期的"礼仪之争"，则是致命的一次打击，康熙六十年（1721），天主教传教工作遭禁，西方学术传入中国的管道也受限制。

"礼仪之争"可谓世界史文化冲突的显著案例。最初利玛窦等人来华传教，在转译基督教教义时，借"天"与"主"，合为"天主"，作为基督教至高至上唯一真神的名词，后来又借中国经籍中的"天"与"上帝"，作为神称。早期耶稣会会士，并不禁止华人教徒祭孔祭祖，以为二者并不是宗教行为，毋宁只是纪念的仪式。明末，多明我会会士也来华传教，对于耶稣会会士的上述作为有所不满，便向教廷指控耶稣会会士曲解教义。这种修会之间的争执，又因教廷政争，扩大为教廷与欧洲各国诸侯之间的明争暗斗。1704 年，教廷命令从此仅用"天主"一词，不得再用"天"与"上帝"的称号，也禁止教徒有祭孔祭祖的仪式。教廷派遣使节来华传达教宗的谕旨，康熙遂命令教士选择：留华传教或是遵从教宗谕旨，后者即被驱逐出境。嗣后教廷多次重申禁令，1773 年教廷谕旨解散耶稣会，1775年谕旨送到中国，在华耶稣会解散。康熙晚年正式禁止西方传教工作，由此直至道光年间鸦片战争之后，中国才开放教禁。

这一次礼仪之争，在欧洲教会诸派系及一般学术界，都引发激烈辩论，讨论的幅度不但在于教义的阐释，也涉及对于中国文化的理解，堪称欧洲文化史上的大事。甚至因为此，牵动了许多学术界人士对于罗马教廷权威的检讨。

在中国方面，由于教廷遣使携来的教宗谕旨视中国如教廷可以指示的俗世政权，康熙自己及官员都为之十分不满。当然，教廷谕旨禁止祭孔祭祖，触动了中国文化体系的根本，康熙下旨禁教，在中国立场实是别无选择。但是，礼仪之争并未在中国引发学术思想的辩论，与同一事件在欧洲引起的风波大不相同。

西洋教士来华活动，大都是在社会上层，而且十分贴近政治权力的核心。在利玛窦时代，教士还与中国知识分子多有来往，此后则是以技术方面的专长供职钦天监或是宫廷侍从，教授西方数理科学。同时，清朝入关后，以科举笼络士人，以朱子经义桎梏学术思想。清代文字狱更吓阻学者，不得逾越官学，再加上中国的学术界鉴于康熙初年历法之争中，受牵连者大多身罹不测之祸，既无机会也无勇气再投入礼仪之争了。于是，虽然康熙自己对于西学有广泛兴趣，社会大众却并未有机缘承受西学的刺激。

西洋教士带入中国的事物，大多是实用的知识，即使天文与数学，也是因为历算的功能，始得进入朝廷。在理论学科方面，西学可以说影响甚微。即使在实用知识的领域，例如圆明园的造园艺术与喷泉造景的"水法"，其实只见于皇室宫苑，于民间的影响不大。

西方科学对中国有长远影响者，一在历法：自从西方历学引入钦天监，虽然中国的历法仍是阴阳合历，但其测算方法全从公历，过去传统测算及元代传入的回回术，均不再使用。自古以来，民间遵用官家的正朔，自有了西法测算，中国人计算时节的历法已相当精准。这一改变，大家习焉不察，其实还是生活中之重要事项。

绘制中国地图，当是西方学术在华另一项十分重大的贡献，却鲜为人知。康熙二十八年（1689），为了中俄谈判，传教士张诚参加谈判工作，康熙始了解地图的重要性。经过长期规划，购置工具，训练人手及制定标准尺与经线长度，康熙四十七年（1708）传教士白晋等人配合中国人员，开始全国实测工作。十年之后，《康熙皇舆全览图》完工，其涵盖地区包括满洲（今东北）、蒙古及内部诸省。这是中国第一幅经过实测编绘的地图，雍正、乾隆两朝又增加了西部地区地图。乾隆时完成了更为扩大的《乾隆内府舆图》，涵盖地区西至波罗的海、地中海，北至俄国北海，南至印度洋，其实已是欧亚大陆的大部分，并不限于清廷统治的疆域。这两幅大地图，又分为许多分图及分省图，不仅是当时地理学的重大成就，也是此后中国绘制地图的母本。

　　中国数千年来，帝国是一个天下国家，边界向来相当模糊。18 世纪，中国面对西洋列国，对于自己疆域，应有明晰观念。这两幅地图，为中国界定自己的疆域，是空前大事——这一转变，既确定了中国在世界列国之间的定义，也因有自我国族定位。

　　17、18 世纪，中西文化交流对于西方世界造成的冲击，可能尤具历史性的意义。耶稣会会士必须时时向欧洲的总部报告在中国、印度等处工作的情形，也缕述当地的见闻，内容又不限于传教事务。1702 年开始，巴黎出版了《耶稣会士书简集》的第一集，此后至 1766 年，共刊印了三十四集。1735 年，法国神父杜赫德（Jean-Baptiste Du Halde，1674—1743）从这些书简中，摘取资料，编成有关中国地理、历史、编年纪、政治与博物的《中华帝国全志》共四卷。1776 年至 1814 年间，欧洲又有《中国丛刊》十六卷陆续问世。这三大套资料集，涵盖广泛，诚为西方第一次对中国文化与国情的详细介绍。

　　欧洲学术界大多与教会有接触，而各处的大学又颇多与教会有关系。因此，欧洲的知识分子已经形成一个学术性与知识性的社群。耶稣会会士学问渊博，与一般僧侣不同，他们与这些知识分子颇通声气。上述三套大书提供的东方事物，在欧洲激起相当可观的影响，18 世纪的欧洲正是教会影响力渐消，世俗国家权力渐长的时代，欧洲的启蒙思想批判封建社会与神权笼罩的文化之时，耶稣会会士介绍的东方文化遂成为伏尔泰（1694—1778）、孟德斯鸠（1689—1755）等人针砭欧洲现况的借鉴。当然，耶稣会会士在华工作，他们的报告也不乏对于东方的溢美之词，于是儒家的理性哲学和人文精神、康熙的勤政好学、中国的科举取士及中国儒生的学者从政，凡此都成为欧洲学者心目中憧憬的圣王哲人与人文理性的榜样。中国工艺产品及艺术风格，与欧洲十分不同，也成为欧洲启蒙运动批评欧洲工艺的对照。中国的思维方式，例如易卦的排列，启发了莱布尼兹（1646—1716）对二进制数学的探讨。欧洲的洛可可艺术，也是在中国艺术影响之下发展出的风格。

　　中国风尚固然盛极一时，欧洲学者同时也看到了中国文化有其阴暗的一面。孟德斯鸠与伏尔泰在颂扬中国文化的理性时，也同时指陈中国皇帝制度的专制。卢梭（1712—1778）更明白指陈理想化的中国与现实的中国之间，其实有相当的差距。另一方面，乾隆中期以后的耶稣会会士，事实上已很清楚地觇见中华帝国正在败坏，中国的文化也已停滞。于是，在19世纪时，欧洲对于中国的评价，已经由赞美转变为轻视。

　　总而言之，耶稣会会士带来的西方文化信息，在中国激发的影响，相当局限于实用方面，未引起中国学术界以西方为对比，而对中国文化有所反省。相对而言，欧洲的启蒙运动却借中国文化为参考资料，深刻检讨了自己的文化现况，引发了巨大的文化变革。

从那一个转变关口，欧洲发展了现代世界的主流文明，中国则还没有觉察世界正在改变，依旧沉溺于天朝上国的自大。1792年，英国派遣马戛尔尼率领使团来华，希望建立外交商务关系。乾隆将英国使团当作海外小国远道朝贡，拒绝英使提出的通商要求。失望的英国使团并未达成奉使的任务，却看透了中国君主的无知与自大。这一使团中，有一个随行的少年，颇蒙乾隆喜爱。数十年后，这个少年已是英国的议员。在鸦片战争前夕，这位少年时曾来过中国的议员，即明白地表示：中国已经老朽，已经不堪一击！

## 九、通俗文化

中国历代都有其通俗文化，或是民间流传的歌谣与故事，或是由娱神演变为民间观赏的戏剧，不一而足。自宋代商业都市兴起，许多民间的说唱，转化为专业的表演艺术。明代商业经济更为发达，尤其南方城市，民间表演活动尤盛。这一趋向民间也趋向娱乐的世俗化趋势，发展至清代，声势更为浩大，而且波澜壮阔，波及小说与绘画，终于蔚为中国民间文化的传统。这一"小传统"的气势，堪与社会上层的"大传统"并存颉颃。

明代本已出现许多通俗性的文学作品，例如《三国演义》和《水浒传》，但其文字还是半文不白，并非口语。明代的短篇故事，如"三言二拍"，虽有些与宋代以来的说唱故事有相当渊源，但文字也不是白话文。明代戏曲，出现了从地方剧种基础上发展出来的昆曲，堪称中国戏剧中的奇葩。但是，昆曲编剧名家全是知识分子，剧本优美，例如《桃花扇》《长生殿》，一般小民百姓仍旧不免觉得太过精致，难以称为民间文化。

清代的文学作品，则颇以白话写作。《红楼梦》《儒林外史》《镜花缘》与《儿女英雄传》，都是语体文的作品。文学家用语体文撰作，其实不待五四白话运动，即已有相当丰长的传统。

说唱的表演，当然必须用一般人可以听得懂的口语。清代民生殷富，大城小镇都有专业说唱艺人表演。甚至在四乡八镇，或为庙会娱神，或为小民节庆，或为大户人家喜庆招待宾客，皆有行走江湖的说唱艺人受雇表演。说唱表演，在北方是鼓书，在南方为弹词，八旗子弟唱的是太平歌，还有庙前劝善的宝卷、佛曲与道情……

不仅许多民俗资料记载了各地的演艺活动，即从前面提到的文学作品言：《红楼梦》中，既有贾府自己的小班子，也有蒋玉菡承应豪门的小戏班，还有专为内眷说唱的女先儿。《桃花扇》中，那些名妓都以演唱为业；苏昆生等人是专业教师；柳敬亭，真有其人，是明清之际著名的说书人。《长生殿》中，弹词"九转"一出，追叙开元盛世，与其当作唐代的表演，毋宁是反映了作者洪昇所处时代盛行的说唱。

再从说唱表演创造的文学作品言。明末清初的说唱第一大家贾凫西，明末由仕宦退居故里，将奇说稗官编为鼓词，四处说唱。孔尚任《木皮散客传》记载贾凫西所著《木皮散客鼓词》，其实是一部列代通史，以鼓词叙述古今，评论史事。但贾氏著作久为禁书，到清末始有刻本。这种体裁的作品，还有杨慎的《廿一史弹词》。

历史演义也常为说唱家采用。柳敬亭说书，即多以西汉、三国、隋唐、说岳、水浒为题材，当时左良玉请他在军中说书，待他为上宾，也是因为这些故事适合军营听众的兴趣。另一种演义，是清官与侠客的故事，最为著名的一系列故事是说书人石玉昆所说的包公及一批侠客的事迹，当时即有人笔录为《龙图耳录》，流传既广，后来因为五鼠三侠的部分多于包公，遂有人改编为《三侠五义》。这一类清官侠客故事，衍生为《施公案》《彭公案》等，是说唱演义中的重要文类。

北方说唱以演义为多，南方说唱则以儿女感情的故事为多。当然，二者之间也不能截然划分为两种传统，南方也有历史及侠义故事，北方也有儿女故事。最为著名的爱情故事，尤其江南一带，当是《白蛇传》。白娘子这位从宋代《义妖传》衍变而来的角色，在各种说唱中都热门。爱情故事常从"三言二拍"中汲取改编，其中泛滥的模式是才子佳人，穷书生落魄，小姐后花园赠金那一套，即《红楼梦》中贾母拒听的故事。经过说唱名家的表演，有些故事已从文本脱离，在弦索檀板中历久而弥新，此中较为著名者，则为《三笑》《玉蜻蜓》《珍珠塔》……此外，有些闺阁仕女，有文才而无处可用，则又以说唱体裁创作为长篇韵文的故事，例如：陈端

生的《再生缘》、邱心如的《笔生花》、陶贞怀的《天雨花》，
均为其中翘楚。《再生缘》中的孟丽君，乔装为男子，文中
状元，武为将帅，为女子抒发不平之气。史学大师陈寅恪，
在晚年还专文研究《再生缘》。这些闺阁作品，虽非演艺人
员创作，仍为他们采用为说唱的文本。

　　乾隆六十大寿，四大徽班进京祝寿。万寿过后，徽班留
在北京，居然从此发展为全国性的剧种——京戏！徽班的故
乡是安徽南部，这里也是清代徽帮商人的故乡。徽商行贾四
方，而又以贩盐业的利润最为丰厚。扬州盐商所养的戏班，
曾于乾隆南巡时，在御前供奉。徽班在长江与大运河码头，
已有接触其他地方剧种的机会。乾隆六十大寿，各处地方戏
班纷纷进京，彼此又有相互观摩的机会，而徽班能采纳汉戏、
秦腔，加上昆曲等各种来源的唱腔与音乐，遂糅合雅俗唱腔
于一炉，混合弦乐器与管乐器为伴奏，更广泛地收纳不同剧
种的演技特色，终于开展为京戏。京戏取精用宏，既较地方
戏精致，又较昆曲易懂，于是压倒了各种地方戏，上至宫廷
公卿、富商大贾，下至贩夫走卒，皆成为京戏广泛的观众群。

　　京戏的内容，包罗万象，既有过去的南北戏曲，也吸收
各种话本的演义故事，将说唱艺术描述的情节搬上舞台。拜
京戏之赐，那些弹词说书的内容，推广成为观众熟知的故事。
京戏遍及南北大小剧场，竟整合前述各种戏曲与说唱的故事，
成为内容丰富的民间文化。

　　这一民间文化的传统，又扩散及民间的剪纸、版画、泥人、

面人、糖人，以及各种装饰艺术。以版画为例，苏州桃花坞与天津杨柳青的版画，即接纳了京戏的人物与故事，创作出不少百姓喜爱的主题。各种京戏面谱，也反映了中国民间对人物性格的造型。

在京戏普及的影响下，清代中叶以后，中国人都熟知关公、诸葛亮、包公、杨令公、白玉堂、五鼠、岳飞、李逵、济公、白娘子、唐伯虎、蒋兴哥、孟丽君、梁山伯、祝英台、杨贵妃、樊梨花、黄天霸、窦尔敦这些或真或虚的人物。中国人的知识系统，事实上已一分为二：一套是知识分子拥有的历史观与伦理观，另一套是民间建构的历史观与伦理观。

上层社会大传统的历史系统，可由《资治通鉴》的褒贬为例：朝代兴亡系于政治是否修明、百姓是否安居乐业；圣君贤臣与昏君奸臣，是两种不同的典型。凡此历史观，目的是以历代兴亡的历史发展为教训。在民间的系统中，历史是《封神榜》《东周列国志》《三国演义》《说唐》《杨家将》《飞龙传》《包公案》《说岳》《大明英烈传》《铁冠图》等一系列的故事。在这些故事中，往往以个人恩怨与因果报应解释历史的变化。举例言之，汉初韩信、彭越、英布三位功臣的诛死，在《三国演义》中却敷衍为：汉末三国分汉，是上述三位功臣的报复；伏后则是吕后的转世。又如，隋亡，炀帝被缢，后来转世投胎为杨贵妃，导致天宝之乱，而杨贵妃还是难逃缢死的命运。

正史上，宋将杨业死于战场。在民间历史系统中，杨家将的故事则继长增高，占了宋史极重要的一部分。故事中，杨家是保卫国家的唯一武装力量，杨家男子几乎都在疆场上为国捐躯，杨门寡妇又担起了卫国抗敌的任务，朝中奸臣不断陷害杨家，幸而有八贤王、寇相爷在各种场合保护杨家。杨家将的故事，又衍生为薛家将、岳家军……在不同时代，重复了杨家将类似的遭遇。

侠义故事代表了民间的正义观。从《龙图公案》衍生为包公主持正义，不畏强梁，又加上侠客投效保护包公，再演化为侠义之士查访破案。这一系列故事的清官，包公之后，有海瑞、施世纶、彭朋、狄仁杰、于成龙……侠义之士有王朝、马汉、三侠五鼠、黄天霸……民间的正义，不寄望于法律，却依赖皇帝特许的御铡与尚方宝剑，由聪明正直的好官，当场处决，为人间铲除不平。

中国传统社会，男女并不平等。女子没有机会外出工作，当然没有自己的事业；女子婚嫁，由媒妁之言、父母之命决定，自己的命运也不能自主。然而，在民间文化系统中，小姐可以赠银接济穷书生，创造自己日后接受封诰的命运，而王宝钏那种烈女更可以将爱情与婚姻放在比父女天伦更高的位阶。《再生缘》的女主角易钗为弁，文武双全，使男子低头。樊梨花与穆桂英，则更以武艺压倒夫婿，勒逼这些勇将娶自己为妻。这是民间对于正统社会秩序的抗议。

从《三国演义》桃园结义的故事，可觇见民间文化强调个人与个人之间建立的"义气"。义气的位阶高于君臣与夫妇诸伦。在说唱与戏剧中，许多英雄以义气为重，为朋友可以牺牲性命；反之，背义的奸人，永远被世人唾弃。于是，瓦岗与梁山的结义，在民间社会不断被当作结合个人为自愿群体的模式。

佛教的命运与报应观念，深入民间文化。冤仇相报，固是前述朝代递换的解释，也是人际关系的解释。于是，罗成与唐太宗的深厚交情，一世不能了，还须在罗成转世为薛仁贵后，再一次以"白袍小将"立保驾之功。不幸死于非命的张飞，两次转世，一次是张巡，一次是岳飞，都是雄武过人，又都是死于非命。包公是魁星下凡，岳飞是大鹏金翅鸟转世，皆说明了他们的非凡性格。

凡此民间文化，背离了正统社会秩序的观念，深入人心，主导了中国百姓的行为。民间文化的英雄，为人称颂，甚至成为民间崇拜的神祇。关公是历代都尊崇的正神，此外还有济公、张大帝、英烈王、于少保等诸人，常以不同的尊衔，血食一方。最为极端的例子，则是义和团起事时，他们崇奉的神明，其实大多是说唱与戏剧中的人物，并不属于哪一教派，也不是正统历史中的人物。由此点言之，清代完成的民间文化，其重要性实在不容忽视。

## 十、当时的欧洲

17 世纪中叶至 19 世纪中叶，当中国沉湎于康乾盛世时，欧洲正经历着巨大的变化。到了19世纪中叶，欧洲经过两百年的剧变，已进入近代的世界，其面貌与中古的欧洲截然不同。

宗教革命与民族的主体性将欧洲带入新的阶段，教廷的权力与神圣罗马帝国的体制均已过去。英、法、德、俄等后日的列强，凭借民族主义、重商政策、海外扩张与权力斗争，纷纷建立了力量凝聚的近代国家。各国之间，又有不断的纷争。而美国与法国两次大革命，更推出了空前未有的民主政体。

凡此变化，最早可能发轫于17世纪与18世纪的启蒙运动。那一段人类历史上光辉的日子，留下一串闪亮的人名：笛卡儿（1596—1650）、斯宾诺莎（1632—1677）、洛克（1632—1704）、霍布斯（1588—1679）、牛顿（1643—1727），以及前述的伏尔泰、卢梭……他们清明的理性，为人类社会提出许多至今仍有待实现的理想。科学的探讨与实证，代替了过去神学的教条与武断，社会契约论及法律观念也替代了君权，从此以后，一般平民尝试用选票决定如何治理自己的国家。当然，凡此理想，至今我们依旧还在摸索之中，但至少人类已为自己规划了不同于以暴力与信仰来组织与管理自己群体的方式。

这一时期，欧洲人从大洋航道发现了海外市场，商业经济取代了过去农业生产为主的经济。从重商主义再走一步，欧洲人发动了工业革命，将生产方式推进崭新的阶段。这一

19 世纪后半叶全球经济体系示意图

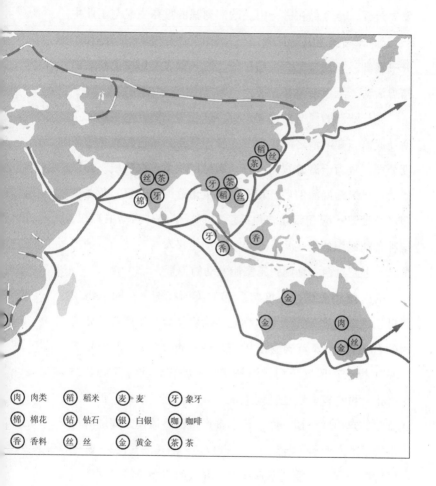

| | | |
|---|---|---|
| 肉 肉类 | 稻 稻米 | 麦 麦 | 牙 象牙 |
| 棉 棉花 | 钻 钻石 | 银 白银 | 咖 咖啡 |
| 香 香料 | 丝 丝 | 金 黄金 | 茶 茶 |

发展过程，至今仍在进行中。欧洲列强的重商主义与工业生产，又带来帝国主义的扩张，它们致力于占有市场，掠夺资源，分割亚洲、非洲与美洲为殖民地。这一幕人类历史上新兴的暴力活动，至今也尚未终结。

先从欧洲的西北角说起。荷兰这一个小国，本是以商业活动起家。在明清之际，荷兰的若干贸易公司合为荷兰东印度公司，致力于海外贸易——其实是以武力占取航线，并以武力与已纵横四海的西、葡海上力量角逐海上霸权。荷兰东印度公司是一公司组织，由荷兰政府授予海外活动的特权。这种公司组织的模式运作，足以启动全民参与，其动员的力量，远远超过西、葡两强王室能发动的力量。

荷兰国小人少，不能与后起的英国抗衡。英国也组织了自己的东印度公司，其名称是"伦敦从事东印度贸易诸商家的合伙公司"。英国女王伊丽莎白一世（1533—1603）于1600年授予东印度公司在海外开拓的特权，其特权至1833年终止，再将权力交还英国王室与政府。这一模式，正与前述荷兰的东印度公司一样，是小资产市民整体投入攫取海外财富的活动。亚当·斯密（1723—1790）的《国富论》，其论述要旨即一国全民投注于资本主义开放的市场经济以创造一国的财富。英国由伊丽莎白一世到维多利亚（1819—1901），以此原则经营三百年，建立了"日不落帝国"。在这一时期的中间，马戛尔尼使团访华，寻求中国市场的商机，而乾隆与和珅为首的军机处却以为中国无所不有，不必与外夷贸易，拒绝了英国通商的要求！

　　当时亚洲有三个疆域广袤的古老帝国，大清帝国居其一，另外两个是中东的奥斯曼帝国与印度的莫卧儿帝国。英国东印度公司的克莱武（Robert Clive，1725—1774）运用分化离间的策略，瓦解了莫卧儿帝国，于1773年在印度设立东印度公司派驻统治印度的总督。后来，英王室撤除东印度公司时，维多利亚的头衔多了一条：印度的女皇。奥斯曼帝国则在英国、俄国与德国分头侵略下，终于瓦解为中东许多国家。这些小国家大多仰英国的鼻息，而那一个曾经雄霸中东的大帝国萎缩为土耳其！这些变化，当时的大清帝国懵然全未察觉，须在19世纪末叶，中国才有维新与革命的志士大声疾呼，告诉大家，中国也将步莫卧儿与奥斯曼帝国的后尘！

　　英国内部，在这期间也同样承受新兴资产阶级的压力。克伦威尔（1599—1658）出身小乡绅家庭，其事业不过是房地产经纪人，当选为国会下院议员后，居然能领导国会发动革命，拘捕国王查理一世，送国王上断头台。克伦威尔自任护国摄政（1653—1658），这位加尔文教派的清教徒，统治英国犹如君主。后来，查理二世复辟，英国国王却从此不能再有过去的权力，权力已属于民选的国会了。

　　真正的民主革命，是美国的独立革命。1776年，美洲的英属十三处殖民地揭竿起义，发生在康科德的一声枪声，打响了人类第一次民主革命。1787年，十三州的代表通过人类历史上第一部成文宪法，实现了《社会契约论》的理想，组织美利坚合众国，并由民选的总统与参、众两个议会，治理这个新兴的联邦共和国。美国革命震惊欧洲，也促成了法国大革命。

法国大革命（1789—1799）扰攘十年，群众攻破巴士底监狱，送法国国王路易十六上断头台，重演英国革命的一幕。过激的巴黎群众运动，显示民主革命的民粹化，可以成为暴民非理性的动乱。法国大革命戏剧性地转变为拿破仑（1769—1821）称帝。拿破仑又以其帝国的巨大动力，将法国革命的理想，散播欧洲各处。拿破仑的帝业终于成空，然而民主政治的理念及《拿破仑法典》代表的理性成文法，则终结了欧洲罗马帝国的王权与教廷的教权。在这一波革命潮之后，接下去是1840年的另一波革命潮，与1919年以后纷纷建立的民族国家，欧洲至此终于脱胎换骨，全面更新为民主政治与列国制度。迄于今日，始再度统合为欧盟的联合体。

17、18世纪的德国，还只是普鲁士王国。这个以条顿人为主要族群的王国，其国王是神圣罗马帝国的选侯。普鲁士1701年建国（1877年改称"德意志"），经过历代整军经武，成为中欧最强大的国家，其首创的军国体制，毋宁为日耳曼部落举族皆兵的传统。普鲁士国王腓特烈二世（1740—1786年在位），是当时欧洲最著名的开明专制君主。普鲁士与英国曾联手对抗拿破仑的扩张，但在中东及非洲，英、普两国又是竞争的对手。后来，德国名相俾斯麦（1815—1898）为德国组织了当时欧洲最有效率的政府，但不是民主政体。当时的德国，相当强调其民族的单纯，自以为是民族国家的典型，同时又自以为是神圣罗马帝国的继承者，王号是恺撒，国徽是十字架。这一国家的兴起在乾嘉之世，却未为中国熟知，还须到魏源的《海国图志》，中国才察觉有德国的存在。

若放在民主与君主的政治制度光谱上，美国与德国当是各据一端。若在这个光谱上，再加上俄国，则俄国的位置较之德国，更偏于专制的君主集权制。德国有地方绅士的阶层，其性质颇与中国的缙绅士大夫类似，以其地方领袖的身份来平衡国家权力，但俄国的地方大地主，则依附于国家权力。俄国的疆域颇与蒙古金帐汗国的疆域重叠，境内族群繁多，在民族构成方面，至多能号称以斯拉夫族群为主体，难以自诩为单纯的民族国家。俄国东正教的教士，为王权服务，也不能制衡王权。因此，彼得大帝虽然进行大幅改革，使俄国西化，但其本质未变。清廷由图理琛及透过北京"俄罗斯馆"的俄人取得有关俄国的知识，可能使清廷以为欧洲其他国家的情形也与当时的俄国相差不远，未能认识欧洲其他地区正在经历史无前例的巨大变化。

最后一个必须注意的国家是美国。这一崭新的民主共和国，由欧洲移民建立，可说是欧洲的延伸。十三州建国之初，这个新生国家的力量并不足道，但在19世纪初，美国已非吴下阿蒙。路易斯安那购地案（Louisiana Purchase）于1803年成交，美国的领土扩及今日中南部诸州。向西开拓也已开始，中西部广袤的平原从大森林与牧野开拓为大片大片的农田。东岸的纺织工业，将南方的棉花纺成大量布匹，再输出欧洲。南北之间，工业与农业的对立，已存在严重的紧张，不久即爆发被视为美国历史分水岭的南北战争。但是，远隔太平洋的中国人，在美国西岸淘金热潮还未开始时，尚未察觉新大陆上有一座"金山"；19世纪前半个世纪的中国人，也未能察觉这一新生共和国正在快速地成长，不久将成为世界强国。当然，当时也不会预知，这一新生共和国的国家模式，为后来的中国革命者所向往，并且按照其理念在中国建立一个民主共和政体。

19世纪前半叶的世界，已有一个相当整合的全球经济体系。国际贸易经由长程海路运送商品，将美洲白银带来中国，中国的货品运往欧美。苏伊士运河与巴拿马运河都还未开通，可是拿破仑远征埃及时，欧洲人已在计划如何挖开一条运河，将地中海与红海沟通，以缩短绕航东方的航程。在东方，英国已建设新加坡，控制了印度洋与太平洋之间经过马六甲海峡的航道。凡此事件，都已是欧洲政客与商人热烈讨论的课题，可是当时的中国人则懵然不知外面的世界已在急速地迈向资本主义孕育的帝国主义，更未能预见中国将在这一浪潮中几乎灭顶！

康、雍、乾、嘉四朝，是清代的鼎盛之时，经济繁荣，人口增加，百姓生活大致安居乐业。中国人耽于逸乐，自居天朝上国，不屑过问域外事务。当时中国人不知道世界的另一边正在发生巨大变化，有朝一日，遥远的外夷会压倒中国。清代中国对于外面的知识竟未能在明代中国的基础上，更进一步！其中缘故，可从两个方面思索：明代来华的耶稣会会士，渊博的学者不少，他们带来了不少有关欧洲事务的知识，中国的士大夫，也有人愿意从他们汲取知识。自从清廷与教廷有礼仪的争执后，清廷约束天主教教士，除了供职内廷与钦天监，不得有其他活动，中国知识分子因此罕与传教士接触，更不论切磋学问了。同时，教廷与耶稣会之间矛盾日深，后来来华的教士罕有功力深厚的学者。更须注意者，欧洲的许多变化，不论是建立民族国家，还是由启蒙运动引发的种种思潮，其立场都是反对罗马教廷的，天主教教士因其地位，不会以同情的心态，向中国人解释欧洲正在进行中的变化。

　　另一方面，明代涉外人员，颇多从西、葡、荷、日的海商活动中汲取域外事物的信息。清代，由于广州对外贸易是政府特许公行（十三行）的专利，这些涉外的"皇商"，只与粤海关监督及内务府人员接触，不与朝中士大夫来往。皇商坐收丰厚利润，满足于已有的事业，因而少有开拓业务的动机。举例言之，南京布（Nankeen）在海外颇有市场，广州的公行却在采购丝绸之外，从未致力于联系南京布的产销。再举一例，西方外贸航海业，已发展了分担风险的保险制度，西方银行也已发展了抵押货款的制度，中国公行在商言商，未尝不能由外来的西方商人言谈中，听到这些新兴资本主义的经营方法。然而，中国商贾确实并未得知这些信息，大约是因为公行粤关人员耽于自满，缺少好奇与敏感，当然也就不会汲取有关西方的知识，更不能将这些知识转输于国人了！

于是，正在西方迈步发展时，清代的中国却在自满的沉睡之中。因此，拿破仑才会说，不要惊醒这个沉睡中的巨人！

# 第八章

# 百年蹒跚（19世纪中叶—20世纪中叶）

西方工业革命和资本主义帝国的扩张，主宰了全世界的命运。面对这样的压力，中国被打垮了。19世纪中叶以后的一百多年，中国为适应新的世界，从内部检讨与反省、从外面学习和模仿，中国的文明竟致撕裂、扯碎。中国重新整理自己，重新开步走向新的世界，还需经过20世纪上半叶的苦难，才逐渐出现振兴的希望。

## 一、内乱与外患

乾隆六十年（1795），一般以为是清代的盛世，其实正是中国文化活力枯竭，经济实力不进反退的时代。嘉庆、道光两朝，国力捉襟见肘，其时最显著的现象是官吏贪渎，政府施政绩效甚差。川楚白莲教之乱，教众人数不多，而官军疲于奔命，耗时费力居然对付不了并无战斗训练的百姓。清军八旗已不再有作战能力，川楚之乱时是以绿营为官军主力。这一现象，实是清代后期满汉消长的关键。

另一方面，政府庞大的文官系统，除满人亲贵之外，主要由科举出身的汉人构成。科举制度有其程序性的公平，自古以来罗致了无数才俊入利禄之彀中。然而，科举取士，在儒家经典理论中尊崇朱学为唯一正统，知识分子终生背诵这一钦定的理论系统，其思维模式不免僵化。于是，清代社会上层的文化，其意识形态十分固定，难有调节的空间。少数特立独行之士想逸出樊囿，却难以打破这凝固不变的主要结构。

　　1840 年的鸦片战争，中国挫败。早在明代，中国经济已进入世界性的经济体系；鸦片战争以后，中国又被卷进列国竞争的国际社会。中国第一次面对国际新形势，却是以耻辱为入场的代价！这一经验影响了中国人的心态，从此中国在国际社会中，惘然不知所措达一个世纪之久。

　　19 世纪中叶至 20 世纪中叶，中国经历了中英（鸦片）

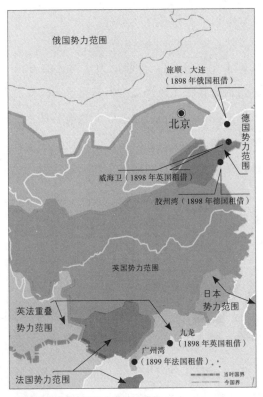

19 世纪末列强在华势力范围示意图

战争、英法联军、中法战争、中日甲午战争、八国联军，以及"九·一八事变"至"七七事变"日本大举侵华的抗日之战，共有六次战争。这些外患，规模一次比一次巨大，对于中国造成的伤害也一次比一次严重。相应于外患，中国也不断经历内争：太平天国、捻军、庚子义和团、辛亥革命、十余年的军阀混战、国民党北伐、国共内战，以至中共夺取政权。这些内外变乱，以时间前后排列，都有内外事故之间的呼应关系，一次外患之后，立即有一次内战，后者似乎是由前者引发的征候。

鸦片战争是中国第一次挫败。早在此役之前二十年，清廷已讨论鸦片之害，也下令禁烟。林则徐奉命查禁鸦片，其外交交涉与防御军务均有相当周详的措施。然而，清廷并未因此而有全国性的整体规划。此后，英军以少数兵力，在广州交涉不成，转航北上，纵横于中国沿海，竟如入无人之境。固然中国军队武器不如人，但鸦片战争失败的关键还是在于政府缺乏相互呼应的机制，官民城乡之间也缺少沟通与联系。事实上，当时的中国已不是一个整体性的国家，因为已没有可以动员的机制，也没有认知敌我情况的信息。中国是一个已经解体溃散的社会，不堪外来一击了。

一个社会的解体，反映这一群体没有了凝聚的共同意识。明代后期颇有对于中国文化的讨论；明亡前后，有识之士更对中国文化有过深入的反思。但在清代康、雍之后，一方面思想定于一尊，另一方面烦琐学风占尽知识资源，再加上经济繁荣、生活逸乐，少有人能深刻地思考根本问题。于是，中国只剩下一个依靠习惯反射神经维持的肢体，却没有主导神经中枢的思维能力。

太平天国的革命运动，是对于上述挫败的反应。洪秀全等人身处广州附近，对西方列强有一定的认识，也注意到西方文化中宗教意识的重要性，于是他们揭橥的主张，竟以"拜上帝"为号召！然而，他们的组织仍自囿于中国传统民间宗教团体的特性，又因当时社会上层与下层已有相当的隔绝，是以太平天国运动呈现了无法提升其境界的局限性，其精神资源不能与中国文化交融，其人力资源不能超越两广人口，也不能吸纳知识分子参加，反而激发了曾国藩、左宗棠组织以乡绅为核心的湘军，高揭捍卫儒家文化为号召，终于击败了太平天国。

义和团运动是另一模式。西方传教士随着炮舰进入中国，不以教义赢得群众的信仰，而是以武力为后盾，以经济力量为支援。传教士的传教工作，引发了无数"教案"，最后汇聚为义和团这次"本土运动"，盲目而又整体地拒绝外来事物。义和团运动因群众来自社会下层与乡村，其诉求的局限性不仅不能吸引知识分子，反而激起后者的反感。同时，前述政治组织的僵化与社会的解体，全国没有整体性，以致东南各省自保，各地士绅也自保。清廷对于义和团引发的八国联军，遂无法启动足以抵抗的资源与机制。

中国自海疆败于西方，痛感西方火器的威力，于是朝野都以为当前要务即为建立船坚炮利的国防力量。曾国藩、左宗棠、李鸿章等人在太平天国之役中，学到了使用火器的实战经验，当时自强运动遂是"师夷之长技以制夷"。可是，建设现代海陆军及国防工业的努力，经不起中法战争与甲午战争两役的考验，中国南、北两洋舰队在实战中损失殆尽。痛定思痛，有识之士从日本明治维新的成果，领悟到国家的实力不能仅靠坚甲利兵，更须有国族精神的凝聚及配套的制度。因此，戊戌变法以维新为自强的途径，而此后梁启超的新民之说，要旨则在鼓吹新国家的新国民。

辛亥革命是人心思变的爆发点。孙中山的革命理念，若单纯在于驱逐满人，未必能超越太平天国。他的民权思想，能与黄宗羲等人的反思相应，民生的主张也与中国传统思想的平均主义相应。民族主义的诉求，则触动当时全民悲愤的心弦，成为国民革命成功推翻清王朝的主要原因。民族国家的理念，发生于欧洲，是当时各族对天主教教廷体制的反动。中国皇朝是天下国家的普世秩序，中国革命则将西方的民族主义理念借来，以反抗西方殖民帝国主义。自此以来，中国建构国族的工作，遂不能脱离民族主义了。

辛亥革命后，中华民国仓促立国，数千年的皇帝制度从此终结，但是共和国体制并未落实，列强欺凌中国，仍旧咄咄逼人。支离破碎的中国居然没有亡国，也还是仰仗"民族主义"，甚至大小军阀即使彼此攻伐，却也不敢冒天下之大不韪而引外敌侵略中国。

孙中山在广州建立政权，对抗北洋。孙氏寄居海隅，无所依恃，却仍能号召全国，其实即因为他的理念正是"民族主义"与建国理想，是中国当时救亡图存希望之所系。孙氏逝世，国民党北伐能够成功，也是因为中国人救亡图存的强烈愿望。这一情势，使冯玉祥、李宗仁、阎锡山三支力量愿意与蒋介石合作，使北洋集团无力对抗，也使张学良挈东北归顺。

从"九·一八事变"到"七七事变"，日本步步进逼，企图将中国一块一块吞下。但是，日本压力愈大，危机之下的中国救亡图存之心愈切。1937年开始的八年全面抗战，备极艰辛：中国准备未足，受忍无可忍的民气所逼仓促应战。上海一役，在三个月内精锐之师均已拼完，新创的空军也折损殆尽。此时，全民一心，本来不受中央号令的地方军阀，也全力支持抗战。开战之后第二年，战况即入胶着状态，双方拼的是耐力。中国国力不足，全仗地大人众，苦撑了八年！中国折损兵员数百万人，包括将级军官一百余人；平民死于炮火轰炸者及因为逃亡而死于饥馑疾病者，不下三千万人。

这一次大战，中国人炼铸了强烈的国族意识。欧洲的民族国家，是以单一民族为基础。中国本是"天下国家"，在"中国"观念的普世秩序下，曾包含许多族群。中国固然也是一个文化观念，但其中也容纳了许多地方性的差异。20世纪的中国国族，竟形成一个世界最庞大的共同体！

中国共产主义革命，由1921年建党时即已开始，在抗战以前，曾是国际社会主义革命运动的一部分，荏苒十余年。抗战前夕，中共经过长征，已在延安建立了根据地。1936年12月，张学良、杨虎城兵变，扣留统帅蒋介石，以民族主义为号召，促成国共共同抗日。在民族主义的旗帜下，中共的根据地不断壮大。同时，中共因为以农村为基地，学到了动员农村力量的经验，将国际性的共产党本土化，这是中共能够击败国民党的重要因素。毛泽东于1949年9月在中国人民政治协商会议开幕时，宣告"中国人从此站立起来了"。那是一个经过百年炼铸的诉求，其威力莫之与京！

　　中国的儒家天下，是一个普世秩序，本来不必以国族为号召。自从秦汉帝国以来，"中国"概念必须容纳东亚这片大地上许多族群的文化。汉代的五帝系列，将各族收纳在一个可以串联的谱系，而以黄帝为统摄许多族群的祖先。这一个建构的血统谱系，遂成为清末章太炎等人用以代替清室年号的黄帝纪元。今日，许多汉人自以为是炎黄子孙，有些汉族以外的族群，也在建构其祖先与汉族同源的理论。近代中国建构国族的方向是聚异为同，恰好与欧洲近古诸族为了摆脱天主教秩序，而各自建构祖源的方向背道而驰。于是，中国革命由反满兴汉，演变为反对西方帝国主义，又转变为孙中山"内部各族平等"及"联合世界上以平等待我之民族"两项诉求。中国成为多元的庞大共同体，实为世上所仅见。

　　这一系列的转变，其演变的轨迹是：每次外来的侵侮，即引发内在的反应，一步一步由寻求实质的船坚炮利，走向模仿西方的政治制度，再从民族国家的理念演变成孙中山的多元秩序。从此，中国不必再完全套用西方狭窄的族群观念（如日耳曼人的德国），也不必借助信仰以笼罩诸族（如天主教的公教秩序），更不必以选民自居而排他（如犹太民族主义）。这是一条可以与今日"全球化"接轨的途径，也是一条还可继续开展的途径。

## 二、中国近代经济的改变

鸦片战争是英国冒天下之大不韪，为了鸦片贸易、购买中国产品的偿付问题，掀起的一场战争。本书第七章已经讨论过，新大陆的白银经过大洋航道贸易运来中国，使中国有长期国际贸易的巨额顺差，促成中国沿海的经济繁荣。在嘉庆、道光年间，世界各处白银短缺，英国更因没有南美的殖民地，尤其缺银，鸦片贸易成为英国东印度公司支付中国货款的一项手段。

对中国而言，白银短缺，已导致通货不足，经济萎缩，而鸦片又不能代替白银作为通货。是以，鸦片战争对中国造成的灾害，不仅在于其本身的毒性，也害及当时中国的经济，使中国从贸易顺差一变为逆差。据魏源的观察，1847年外国输入中国的货物，不包括鸦片，价值两千余万元，而中国外销货品，价值将近三千六百万元，如没有鸦片的输入，中国还有巨额顺差。后来的贸易，从海关数字看，光绪四年（1878）以后已无顺差，自此到甲午战争，贸易逆差越来越大，每年至少逆差数千万。

更为深远的影响，则是中国经济结构的改变。自古以来，农业作物及农舍手工业的产品，是中国市场经济之所寄托。凡此产品，经过农村市集，一级一级地集散与转销，达到全国各地的消费者。这样一个市场网络，是中国资源与财富流通的管道。中国幅员广大，拥有一个庞大的经济体。这个经济体仅仗区间互济，即能有效运作。举例言之，江南的丝茧，经过牙行委托的人员在农村收购，集中在四乡八镇，然后由城市牙行大宗出售给来江南收购的丝商，运往别处。农村的农舍工业，也可以将茧缫丝纺织，甚至织成一般水平的丝帛绸料，供给城市的作坊加工，再运销全国其他地区。上述程序反向操作，则是以湖广的粮食或农产加工品，由农村经过乡镇，再经过城市集中，贩来江南，供应江南农村。凡此逐级集中再分散的产购运销机制，将中国各地的产品，有无相通，联结为一个巨大的市场网络。自从汉代以来，这一网络已经成形。明清市场经济发达，这一网络机制的运作，相当顺畅。晋帮票号、宁波钱庄及徽帮商人，都是在全国交换网络运作中，操持融资周转，谋取厚利。甚至江南的仓厅（米粮仓库）及大型茧行，不只是操作储存与收购的业务，也从借贷与垫付行为中，发挥融资周转的功能，从而促进产品在网络上的流通，以致财富在全国能流转与再分配。

19世纪，经过鸦片战争之后，中国的经济网络承受了严重的外力干预。1840年以后，鸦片贸易的数字，踞中英贸易的首位达二十年之久。此后又接续了欧洲产业革命的效应，大量机器生产的货品，运销中国，以其价廉物美排挤了中国的传统产品。中国农舍工业的产品种类繁多，包括织布纺纱、农产加工品（腌制食物）、竹木器，及许多家用消费品。其中，尤以纺织品及衣服、鞋类最为重要。"男耕女织"，即反映农村产业的分工。农村副产品的市场收入，在精耕细作的小农经济结构中，占了不小的比例。欧洲产业革命，第一波产业恰是纺织业，洋布、洋呢，以至洋伞、皮鞋、洋烛、衣扣都代替了土产品。"嫂嫂织布，哥哥卖布……土布粗，洋布细。洋布便宜……土布没人要，饿倒了哥哥嫂嫂"，这一歌谣形容的情况，也正是费孝通《江村经济》报告中的农村凋敝。

1914年至1919年的一战，使许多西方货品不再运销中国。中国人自己发展了本土的轻工业，例如：纺纱厂、面粉厂、火柴厂、肥皂厂、小型机械制造厂……这些工厂都集中在沿海通商口岸附近，不在内地。于是，内地农村依旧不能分润新兴工业的财富。不论财富是流向海外，还是留在沿海城市，农村的一般农户缺少了副产品收入，单靠耕种小面积农庄的收获，无法维持起码的生活水平。

现代交通路线，铁路与公路皆能快速运输大量货物，直接联结沿线城市。于是，广大农村的传统市场系统，原本是一个笼罩"点"与"面"的网络，遂为"线"形的铁路、公路与水运航路切断割裂。当然，在现代交通路线尚未渗透的内陆地区，传统的市场网还可存在，只是全国的大网破裂，不但导致国家财富因为外贸逆差的漏卮而不断流失，也使国内财富的流转发生偏差，不能经过区间贸易，将财富不断重分配于各地区。任何国家本来就不免有区域的贫富不均，但这一巨大网络的破裂，导致中国从此沿海地区富足，内陆及偏远地区长沦贫穷。另一方面，城乡之间的贫富差距，也更为显著。总体言之，中国外贸逆差，流失的财富，因此再无补偿。

清末民初，中国的几条铁路都借了外债；沿内河航运的轮船，也都是外商经营（如太古、怡和、汉清）。中国交通干道的控制，沦于外人手中，运费利润也成为中国财富的另一漏卮，而中国传统道路网上的车、船、马、轿、脚力、旅舍……种种产业的从业人员，无不失业，中国内地运输业为之萧条。中国传统市场网络，与各地转运息息相关，运输业衰落，则交通路线也就支离破碎，只剩小地区的当地交通与运输功能了。

巨大市场网络解体，在内陆还可见其残余的遗痕。20世纪30年代，杨庆堃调查邹平地区的市场结构，该地仍有定期的市集，农村居民在当地市集出售产品、购买日用品及若干农舍手工业的原料。这一个地区性的网络，涵盖一个县区以上的地域。20世纪40年代，美国学者施坚雅调查四川市集活动，报告当地市场有农村市集、镇市、城市，以至区域中心，至少四个层次的网络系统。

抗战期间，日军占领沿海城市及主要水陆交通路线，内

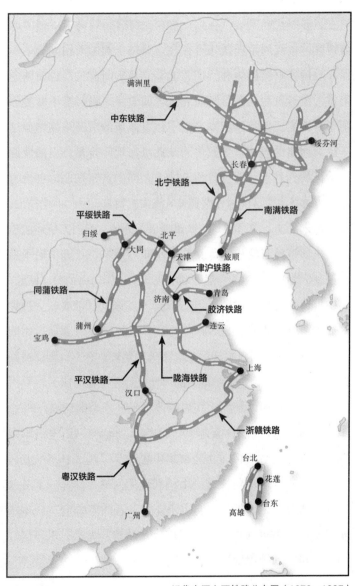

满洲里

中东铁路

绥芬河

长春

北宁铁路

南满铁路

平绥铁路

归绥　北平

大同

天津　旅顺

津沪铁路

同蒲铁路

济南　青岛

胶济铁路

蒲州　连云

宝鸡

上海

平汉铁路　陇海铁路

汉口

浙赣铁路

粤汉铁路

台北

花莲

台东

广州　高雄

近代中国主要铁路分布图（1876—1937）

地不再有对外通道，实质上又回到力求自给自足的国内贸易，上述多层级的货品集散网络恢复其功能。西南各省，原有"赶集"的活动，在抗战期间也恢复了。敌后的根据地，被日本军队巡守的公路、铁路隔绝为一个一个相当封闭的地区，区内物资的流通周转，又回到上述的多层经济网络，只是不再能与当地之外的其他地区联系成旧日全国性的巨网。

中国传统经济的市场网络，并不仅限于经济方面，也同时具有人才与信息流转的功能。中国社会最基本的小圈子是生活共同体，为上述人才与信息之所始所终。19 世纪中叶以后，全国大网络逐渐蜕变，而那些生活共同体，仍以不同面貌继续存在，数十个到成百个自然村，组合为一个多功能地缘团体：在晋陕为分配水资源的组织，在台湾南部是共享灌溉渠道的水利组合，在闽南为维持运销瓷器与土产品的供销市场，在北方是关帝或龙王祭祀圈，在客家地区是练武与自卫的村落联盟……这些功能，其实还是重叠的。在中国西南部十日赶场的圈子，犹保留其最初市集网的模式。到了近代，中国大陆的公社，台湾地区地方"选举"时桩脚角头掌握的"票仓"，无不代表中国社会结构的基层单元。

中国传统经济结构，终于还是一步一步蜕变，广大农村农业与农舍手工业为基础的国内资源流失了。于鸦片战争后，中国经济逐渐进入更大的世界经济网络，西方产业革命与资本主义市场经济，从此渗入中国，其影响所及，先是沿海口岸，然后是内陆大城市。

台湾在日据以后，农村劳动力为日资的农产加工业（如制糖业）吸收，资本主义株式会社的长臂伸入家户。另一方面，在日本政府所持"工业日本，农业台湾"的政策下，台湾稻米生产仍是农村主流。但是水利、施肥、育种、除虫等改革农业的措施，又将政府的干预伸入农村。至于民间多功能的生活共同体，则仍是以"祭祀圈""水利圈"与"民防圈"（如六堆）继续维持其多功能的社会基层单元。

近代中国以城市为基础的经济，其最初发轫点，自然是舶来商品侵入中国市场。其他改变中国经济形态的因素，一是交通道路设施，一是现代工厂的生产。两者都由引入外资开始，再逐渐有中国自己的延伸发展。

先说交通设施的发展。19世纪，中国开放口岸以后，正值世界各处都有修筑铁路的热潮。在19世纪后期至20世纪前期，或借外资，或以自资，中国东半边先后修筑南北向和东西向的铁路若干条，亦即今日的津沪、平汉、粤汉、陇海、京太、浙赣等线。铁路加上长江、珠江等几个流域的内河航运及沿海航运，联系了中国东半部几个地理区域。这些长程交通路线，以其巨大运输量，构成另一经济网络，国内区间物资交流与国际贸易的交流，遂使中国经济市场改成以几个大都会区为集散中心，而这一经济运输供销的商品种类与之前大不相同。较之传统经济，近代经济体的内容复杂多元，也丰富多了。

第二项变化则是与上述变化相应的工业生产。中国近代工业最早为清末发展的国防工业，江南、福建、湖北各处的造船厂与军械厂带动了中国第一波的工业建设。虽然这些工业的规模不小，后来却难以为继，未有后续的发展。生产民生消费品的轻工业，则成为中国工业化的主要部分，面粉厂、纺纱厂、火柴厂、电力厂、机械制造厂、化工厂、农产加工厂……先是外资经营，继之中国官民资本投入，纷纷出现于长江三角洲、京津地区、武汉地区、珠江三角洲、山东半岛及辽东半岛等地。1914 年至 1919 年一战期间，外资停顿，中国民间投资的轻工业得到发展的机会。这些工业，论其规模，在世界市场上，其实不大，但是中国经济的形态与内容，则因之大为改变。五六个都会区成为中国工业生产基地，代替了过去农舍工业的农村基地。

虽然中国近代工业化的规模与水平，于当时世界，均不过尔尔，然而凡此变化对中国造成的冲击则是十分深刻，也是不能逆转的。中国的经济呈现断裂，内陆与沿海、农村与都市、农业和工业三个层面，均裂解成为两个生产与销售体系。沿海工业都市的经济，逐渐延展进入内地，然而其溢入的速度，其实是相当缓慢的。在内陆腹地及大都会区之间的地区，传统经济形态仍持续存在。

1937 年至 1945 年八年全面抗日战争期间，一方面，传统经济形态的市场网络，又在内地及游击区再度发挥其功能，维持了中国抗战的耐力；另一方面，由沿海迁入内地的千百家"迁川工厂"，在西南重新装配，投入生产。这些残破的工厂，

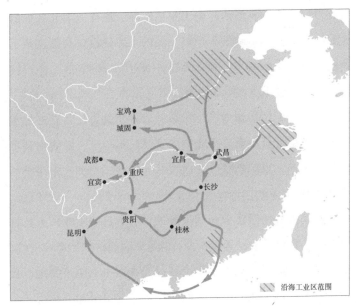

抗战时期沿海工业内迁示意图

为中国内地的工业奠定了基础。因此，八年全面抗战，竟意外促进了沿海工业延展内地的效应，为 1950 年以后的中国工业化，发挥了催化作用。

### 三、教育制度的改变

中国面临数千年来未有的变局，在军事方面，节节失败。即使清廷冥顽不灵，还是必须改弦更张，尽力对付。1862 年，清廷开办了京师同文馆，次年在上海设广方言馆，又次年在广州设同文馆，凡此学校都为了训练通晓西文的人才。清廷在1867年设立马尾船政学堂，1869年在上海的江南制造局训练工学人才。嗣后，又在各处设立军事学校及专业学校，目的则在"师夷之长技以制夷"。

京师同文馆以语文训练为主，希望有自己的外交交涉与翻译西文资料的人才。但是，李鸿章所见较远，主张除了语文之外，学生还应学习推算、格致及制器之学，亦即数学、天文、物理等学科，庶几由此培养科技人才，以为制造西方轮船火器等物。李鸿章计划于同文馆内设立"科学馆"这一新学校，但在大学士倭仁诸人反对之下，未能成功。然而，同文馆仍先后增加了算学、万国公法、医学、生理、天文、物理等课程。由于有了这些措施，中国在1870年开始有了传授西方学术的学校。此后，许多军事学校，尤其海军学校有数学、机械、物理、地理等课程，形成另一股传授新知识的力量。

1874年，唐廷枢、徐寿等人创办的格致书院，其考试包括天文、算学、医学、制造、化学、兵器与地质等，范围已经不限于学习西方技艺而已。同时，西人教会在华创办了一些教会学校，以上海的圣约翰大学为例，先设西学、国学和神学，后来分别在文学、理学、医学、神学四个学院，开设西语、数学（代数和微积分）、格致、天文、化学、金学（今日的力学）、地学、航海诸项课程。天津的中西学堂，则开授工学、西学、矿学、机械、法律诸科。这些私立学校与教会学校传授的学科，已俨然后日一般文、法、理、工、医的课程，其关涉学问已不限于国防工业及涉外事务。

1898 年，清廷在北京设立京师大学堂，分设经学、文学、法政、商学、农学、格致、工学七科。有些省份也设立大学堂，如湖北两湖书院（1902），分设经学、史学、算学、理化、法律、财政、兵事诸科。官立大学与前述私立及教会学校相比，仅多了"经学"一项。1912 年，蔡元培创立新学制。大学原有文、法、理、工、医、农、商七个学科。1917 年，蔡氏出任京师大学堂改制的北京大学校长，则专设文、理两院，北大竟没有工、商、医、农四个应用科学的学问。

从以上发展可以觇见，中国的高等教育只花了一个世代，即已从狭窄的国防与外交取向，改变为与西方大学相同的教育制度。当时全国各处，大学、高等学校及各种工商法政医科等专科学校纷纷涌现，至 1909 年，全国已有一百二十三所官办高等教育单位，学生总数两万两千余人。这一数字，已超过全国举人以上有科名的人数。中小学及师范学校，在 1907 年时，全国有学校三万余所，学生总数一百余万人。再加上外国教会也在华办学，19 世纪末叶，圣约翰、燕京、金陵、辅仁诸校的前身，均已成立。教会所办大、中、小学校，全国已超过一千余所，学生人数两三万人。以上清末新办学校及其学生数字，到了民国时期，持续成长。至国民革命军北伐成功，现代教育突飞猛进，公私立及外国教会设立的各级学校，增加十余倍，学生人数增加更多。抗战前夕，大学在校学生即达十余万人。自从 1905 年科举废止，学校教育遂为中国教育体系的主流。

　　新学制的学校课程，本是由西方移植而来，在经学一门消失后，新制的高等教育已与中国传统的旧学失去关系。中小学的课程都是为了升学而设。高教完全"洋化"了，中小学亦随之"洋化"。小学启蒙的《三字经》《百家姓》《千字文》《千家诗》，所谓的"三百千千"，一变而为"人、手、尺"，再变而为"小狗叫，小猫跳"。中学的课程，国、英、数、理、化、史、地……其课本均以现代知识编制。这样一个教育体系，是从西方教育思想孕育，也以西方教材为蓝本。教会学校的教材，往往直接由外国移植，甚至还以外文教学，以江南的一所中学为例：其英文课本是印度出版的英国教科书，化学、数学是美国出版的大代数与解析几何，生物学是美国出版的生物学概论……学生修习诸科目中，至少三分之一为英文课本。

　　如此教学方式训练出的学生，其知识水平，在西方国家也属上乘。但是，一个高中毕业生，在中国的内地农村却不仅无用武之地，而且还可能有严重的疏离感。凡此学生，只能在沿海大城市生活，已不能再回到内地的故乡。研究中国19 世纪与 20 世纪中国教育的学者，都曾注意到这一问题：内地与沿海、农村与城市，其实已经断裂为两个世界。内地农村的中国，已失去了这些受过近代学校教育培训的子弟。在 20 世纪前半叶，中国学校的分布大致是：乡镇有小学；县城有中学；省会有高中、专科、师范，甚至是大学；大城市有大学；平、津、沪、宁有最好的大学。循此阶层，小学毕业生不再回到村落，中学毕业生不再回到乡镇，专科以上学生不再回到县城，大学生不再回到原籍的省份，学成归国的学生更是群聚在四五个大都市。

回顾传统的科举制度，中秀才的仍在原来乡村，举人大多在家乡县城，出仕的官员退休离职后，不仅回到本籍，大多还回到老家。受过教育的人才，仍以故乡为归属之地。这些地方精英，在家乡是领导者，他们彼此之间又有庞大绵密的网络，保持联系，交换信息。最足以说明的例证，当是曾国藩等湖南士绅，他们在本籍一呼百应，彼此声息相通，遂能以湖南一隅的人才组织为湘军。辛亥革命前后，各省各县的士绅，纷纷主张立宪，终于响应革命，此事亦足以显示地方精英群能够发挥的功能。

近代教育制度，导致知识分子与故乡本土疏离的现象，不是中国独有之事。波兰与俄国在向西欧学习时，也曾有过同样的现象，英文"intelligentsia"一词，即指上述的东欧知识分子。印度在"英国化"的过程中，也有大批失落无根的知识分子。不过，中国太大了，整个中国的转变不是一朝一夕可以完成，上述沿海与内地、城市与乡村断裂的情形，至今依然存在。受过教育的人口，在沿海及城市工作，这不是问题，问题在于：长期以来，内地乡村人才流失，导致内地乡村的人才荒——颇像肥沃土壤流失后，土地贫瘠。

中国走向现代世界，为此付出重大代价：一方面，不能因为恋恋本土而停住脚步；另一方面，内地乡村的荒芜与贫

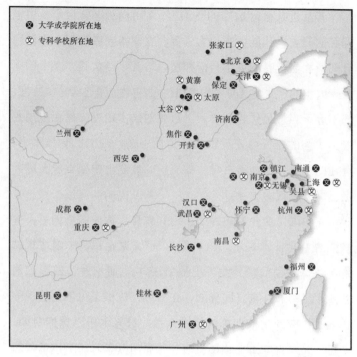

1936年专科以上学校分布图

穷又亟待改进。抗战以前，有些内地地区，努力建设本土（例如广西、山西、豫西），但是绩效不彰。抗战期间，一些敌后的根据地，在封闭的状况下，外来的领导者也尝试重建当地的经济与秩序，但这些一度自给自足的地区，一旦在战后与外面接触，依旧又为沿海城市挤在边缘。也许有待沿海城市的变化，扩散其效应，以致"内地"与"乡村"都相对地逐步减缩，这一两难之局方有解决的希望。

若从近代教育成功的一面言，19世纪到20世纪，中国拥有两三个世代的优秀人力资源。在学术与教育界，中国已有几所相当优良的大学与研究所，培育下一代英才。中国第一流大学的学生，出国在欧美最优良的学府深造或教学研究，都不逊于当地最优秀的学者。近代的学术研究，已在中国生根。中国的研究与研究机构，为数不多，却也已颇具水平。有几门学科，例如考古学、地质学、数学，中国学者在国际上已卓有成就。

在中国工业化的途径上，近代教育已为中国培训了不少够格的专业技术人才。19世纪末及20世纪初，中国建筑铁路与港口还须仰仗外籍工程师；在20世纪中叶，中国的建设人才已不假外求。同样的，在冶炼、机械、化工、纺织等制造业，中国学校训练的技术人员，已完全可以操作自如。永利、久大化学工业集团更有侯德榜（1890—1974）这样的人才，自创了侯氏制碱法，获国际同行尊敬。

国民革命军北伐后，南京的国民政府罗致不少留学生为高级人员，也创设了不少大学，训练中层干部。这一批有现代化知识的人员，组织了一个崭新的行政机器，其质量与世界别处的政府相埒。在国民政府十年建设期间，中国有了统一的货币及中央银行，税赋制度也日趋健全。资源委员会拥有一批十分优秀的工作人员，寻找矿藏，整理河川，建立了工业体系，使上游下游的企业得以整合，以致在不到十年之内，中国有所准备，得以应付即将爆发的抗战。抗战军兴，数百家沿海地区的工厂，拆卸设备，迁入内地。凡此成就，都是由于中国曾花了半个世纪，建立了一个优质的近代教育体系，虽然其规模还不够用，却已能发挥一定的功能。

黄仁宇曾提出：国民政府为中国建立了一个现代国家的上层结构。中国的近代教育建设，毋宁是这一上层结构的主要力量。黄氏指出，1949年后则建立了以农村为基础的下层结构。这两层结构的整合，尚有待进一步的发展，只有在上下两层焊接时，中国沿海与内地、城市与乡村的断裂，才可能成功地融合。

## 四、近代中国的武化现象

中国历史上，汉末三国与残唐五代是武人的时代，不仅军阀割据自雄，而且国家权力全由武人掌握，为时都超过一个世纪。近代中国，也是一个武化的时代，从太平天国湘军崛起至20世纪中叶，为时也有一个世纪。

此处所谓的"武化"，意指军人（包括由文人转任的将领），以武装力量取得相当程度的自主性，并且逐步攫取经济资源，主宰部分甚至整个国家的权力。近代中国武化过程，当是由湘军崛起为其起点。

清人入关，以武力征服中国，其武装力量在满洲部落制。满汉蒙古八旗不过二十余万人，但全族皆兵，全族也都是中国的统治阶层。这是部族的武化。至康熙年间经营北疆时，八旗还是作战主力，汉人不过是配角。乾隆时期，八旗子弟耽于逸乐，已不能不以汉人的绿营为军队主力，当时几次大征战，无不以满族亲贵功勋指挥绿营兵将。嘉庆道光以后，则汉人将领已是作战的主角了。

太平天国起事，风起云涌，由广西席卷北上。清廷官兵，只能蹑从，不能阻挡。曾国藩、左宗棠等人，以在乡文人，一无凭借，居然能号召乡人组织湘军，与太平军周旋千里，最后竟以民间"练勇"平伏了太平天国。这一次武装运动，颇有前所未有的特色。一则，湘军之起，全由民间主动，清廷官军只是配合行动。湘军的营制、训练、补充，全由曾、左等人自己规划操作。各级将领不从常备军中调来，全由湘军领导人物邀约亲友门生担任。将帅之间均以私谊联系，不属政府军令部勒。二则，湘军粮饷，除了初起时接受官文、胡林翼等地方官员的支援，后来全由自己筹办。军械后勤，也一概自己办理。三则，湘军将领在作战行军时期，由清廷界以地方封疆大吏的名位，有动员当地资源的权力。

平定太平天国后，湘军、淮军将领纷纷出任东南督抚，彼此呼应，宛然一方诸侯。在八国联军攻陷北京时，东南督抚竟能联省自保，不受朝廷指挥。清末，积极从事自强运动之督抚，也不外湘军及后起淮军的领袖。他们能拥有庞大的自主权，即在于湘、淮两系军事力量已掌握了足够的权力，并以此权力动员外省资源，不必仰仗中央的授权。

湘军初起，编制为"营"，每个营先是以五百人为常，由营官自己发动乡民参加。曾国藩率领门生子弟十余人，组织十余营，全军也不过数千之众。湘军与太平军缠斗，自湘南沿江东下，战线拉长，军队也随之扩大，到战争晚期，湘军遍布长江中下游，人数多达三十余万。再加上左宗棠在浙江及李鸿章在江苏的队伍，这一以湘军为主的武装力量竟不下五十万之众。太平天国平定之后，曾国藩解散大部分湘军，但李鸿章组织的淮军继起而为主力，左宗棠又以一部分老湘军，组织西征新疆的队伍。这一系统的力量，仍不下二三十万人，分布地区则更扩大，北至直隶，西至陕甘新疆，南及东南、华南各省。甚至台湾也有刘铭传携来的淮军，而"台勇"则是附属于湘、淮军的台湾民兵，曾由台中林文察、林朝栋父子率领，在大陆作战。

湘军筹饷的方法有二途：一是在交通要道设卡收取商贩的厘金；另一项目的收入，则是朝廷授权出售空白札状，以官职名衔博取捐输，实际上即"卖官"。此外，军队在驻地强征勒捐，取给于民，即使未获政府许可，也公然为之。湘军与淮军系统的督抚，运用这些不在政府正常税收之内的财源，启动了自强运动的建设：江南制造局、马尾船厂，以及各地的电灯厂、电报局、轮船公司、铁路等，中国进行了第一波工业化。同时，这一系统的曾、左、李等"名臣"，扩大自己的地盘，也扩大了手中握有的权力。凡此事业，其实都从湘军几千乡勇的武装力量增长蔓衍而来。

曾、左、李诸人之后，张之洞与袁世凯等人的势力崛起。

张之洞以湖北为基地，编练了新军，人数不下七八万人，再配合汉阳铁厂、兵工厂及各种新学校，长江中游俨然是江南、华南之外另一新政基地。湖北新军，后来发动辛亥革命，结束了两千年的帝制。

袁世凯的势力，更是完全建立于军事实力。他奉命在小站编练新军，后来又以直隶总督身份，扩大自己的军队，编成的北洋六镇，兵力不下十万，是京畿附近最现代化的军队。袁世凯配合以天津为中心的各种实业及农场，手上掌握了当时北方最强大的实力，在清廷对他猜忌之时，他以退为进，回河南原籍"养病"。然而，武昌新军起义革命，清廷指挥不动北洋新军，还是必须找他出山。借此时机，袁世凯逼清帝逊位，再以手握之重兵攫取民国总统，最后又窃国称帝。凡此种种翻云覆雨的手段，其实都凭借那一支效忠于他的北洋军。

袁氏称帝不成，愤懑而终，北洋集团并未解散。北洋将领冯国璋、段祺瑞、曹锟之徒，在外为督军巡察使，在京则争夺元首位置。民国初年，军阀夺权，扰攘十余年。北洋一系，在各省都有分支，各自不断扩充军队，其衍生的军力，人数不下五六十万，俨然近代民国最大的军事集团。北洋一系，又分化为皖、直诸系，彼此争衡。第二代军阀吴佩孚、孙传芳等人，分别盘踞华北、华中、东南，同样是依恃武力盗窃国柄，统治中国核心的大部领土达十余年之久。

北洋之外，东北张作霖握有的奉军，军力逾十万，与北洋直系争夺政权，两度入关，据有中央，号令四方。奉张在东北发展武力，不仅有陆军，还拥有一支小型海军及若干飞机。奉军的沈阳兵工厂，在当时规模最大，其他的工业力量也十分雄厚。张作霖以此实力，在北洋皖系与孙中山的南方政权之间，左右逢源。他身死皇姑屯，"少帅"张学良归顺蒋介石，遂使蒋氏能瓦解当时的敌对力量，一举统一中国。

山西阎锡山，依恃山西表里山河、易守难攻的地形，闭关自守数十年。阎氏拥兵不下十万，在国民革命军北伐时，由北方径袭北京，嗣后又联络桂系李宗仁、西北军冯玉祥，发动反蒋的中原之役。中原之役失败后，阎氏又退回山西。在抗战期间，阎氏依违国共与日伪之间。

广西李宗仁、白崇禧等人，以巡防营的力量，据有广西，继承旧日桂军的势力，挽广东上游，雄踞西南。他们与蒋介石并肩北伐，建立功勋，但后来又与冯、阎联合反蒋。抗战期间，桂系部队是第五战区主力，守住川江大门，但仍以广西为基地。这一支武力，也有数十万之众。

冯玉祥出身行伍，先在北洋军为中级军官，后来收编胡景翼部队，独树一帜。他一生敌友更迭，屡次反复，转战各地，没有固定的地盘，最后方以西北为基地。冯氏拥兵，最多时亦有二十余万众，但其势力大起大落，并不稳定。北伐时，冯为蒋介石盟军，但北伐之后联阎锡山反蒋，又弃阎就蒋。然而，冯氏仍是当时一股不容忽视的武力。

孙中山于袁世凯称帝后，在南方组织政府，但因无自己

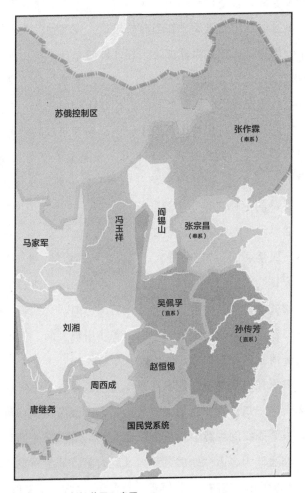

1926 年军阀割据范围示意图

的武力，依靠桂、粤、滇军支持，常受挟制。孙氏遂取得苏俄援助，成立黄埔军校，委任蒋介石担任校长，以五千支步枪起家，组织了国民党自己的武装力量。蒋氏以此为基础，扩张为国民革命军，东征陈炯明后，旋即北伐，完成统一大业。黄埔军校的毕业生，都效忠蒋氏。定都南京时，蒋氏为国民革命军总司令，拥兵数十万，成为中国核心部分的统治者。北洋瓦解，蒋氏在国民政府，长期保有"军事委员会委员长"的职务，掌握军权。国军即党军，而党军又效忠蒋氏，形同私人部属——这是蒋氏独裁体制的资本，国民党元老都不得不对他俯首服从。

孙中山开府南方，赤手空拳，凭借着国人对革命的期盼及其个人威望，虽可号召四方，终是寄人篱下，无法开展。蒋氏在国民党中本无声望，但以黄埔军校，遂翻飞不可复制。蒋氏的发迹，充分显示"武化"的效应。北伐之后，各方军事领袖曾会议整编全国军力，蒋氏所提方案是缩编全国兵力为八十万人，但未得实力人士支持，而且蒋氏志在保留自己实力，减缩其他部队，遂引起各方对蒋氏不满，爆发为中原大战。冯、阎、李三派合力反蒋，双方投入之兵力，不下百万之众。这一数字，还未包括力量较小的若干地方军队，例如四川境内各占"防区"的军阀。当时，中国各处武装力量的总数应在一百五十万人以上。

中共在北伐以后，旋即将原来分散的武力，集中于江西苏区，与南京国民政府战争不断。中共组织的红军，为数不下二十万之众，到了红军长征由江西出发时，加上张国焘部，全军还有十五万人。

抗战时期，国共"合作"抗日，共产党军队发展的敌后游击区，总兵力号称九十万人。抗战期间，日本扶植的伪政权有"满洲国"、北京的维新政权及南京的汪精卫政权，三者各拥有武力。其中东北"满洲国"的兵力最大，战争结束时，号称有四十万之众。

中共地区与伪政权地区的兵力，已不为少。中央政府的主战场上，国民党军队于八年全面抗战的第一阶段，以血肉硬拼，在淞沪、徐州、武汉、台儿庄诸役，精锐尽失。武汉失守后，师老兵疲，弹尽援绝，然而仍缠斗不止。八年全面抗战，中国军队伤亡不下三百万，则经常维持的军力应不下三四百万人。因此，在抗战期间，全中国不同政权的武装兵员人数，当有七八百万之数。在中国历史上，这样规模的武装力量，应是空前的。

抗战结束，国共内战又起，双方大军会战，动辄有一二十万兵员。国共三大战役中的辽沈（锦西）之役，国民党军队的大兵团五十余万，完全溃散；淮海（徐蚌）之役，刘伯承、邓小平指挥不下五十万人，包围黄维几个大兵团，双方对敌的人数可能超过百万。大陆易手之后，中共的几个大军区，都拥有数十万军队，全国可能有超过三百万现役军人。国民政府迁台，大陆时代的残余部队，渡海来台者还有九十余万人。这样大规模的现役战斗部队，也足以令人咋舌。

综合言之，中国从太平天国战争以来，一步一步走向"武化"，不仅军事人口逐渐增加，而且谁掌握了武力，谁就能攫取经济资源及政治权力。即使发展实业与教育，也必须在"武化"的环境下始得有建设的机会。一百年来，中国长期战争，国土分裂，全国资源分散，国家积弱不能振作，然而刘铭传在台湾、张謇在南通、卢作孚在北碚，都以有限的地方资源推动地方建设，在一个时期内有所建树。南京时代的十年建设，是在蒋介石军事独裁下进行；广西与山西能有其地方建设，是分别在桂系与阎锡山的军事统治下进行的。甚至在抗战期间，大敌当前，有些内地农村地区（如豫西）和敌后游击区的地方领导人，仍能有所兴革，在无可奈何之中，维持一时一地的安定。凡此，皆可觇见中国在分合之际的韧性。

但庞大的武力，终究是人力物力的浪费。中国百年来建设不如人意，其中有相当程度是由于耗费巨资于维持武装力量。中国近代，其实是以武力"强制"的时代，居然借此手段还维持了百年之久，而未为外人吞灭。此是历史的吊诡，其实并不是预定的，更不是预知的，也不应以此为理由，支持"武化"为常态。


## 五、都会文化的勃兴

19世纪和20世纪，今天中国的著名都市逐渐涌现。第一级的大都会是上海，独自一级，无与伦比。次一级的则是北京、天津、南京、沈阳、广州、武汉、厦门、青岛。第三级是重庆、西安、哈尔滨、昆明、福州、宁波、太原等。真正可称为大都会的城市，只有第一级与第二级，至于第三级的城市，都是大都市外围的区域中心。

中国历史上，不是没有大都会，唐代的长安、洛阳、扬州，宋元两代的汴梁、杭州、广州、泉州，明清两代的南北两京，都算得上是当时世界级的都会，人口众多，商业兴盛，与同时代欧洲与中东的都会相比，全不逊色。这些历史上的大都市，大多或是政治中心，或与国际贸易有关。至于一般区域性中心的城市，则几乎均是政治性功能为主，兼具一些商业功能。

19 世纪和 20 世纪的大都会，除了南北两京，都是因国际贸易而勃兴。上海、天津与武汉，原来不过是小城镇，其勃然兴起成为重要都会，全因为它们是通商口岸。上海是尤为特出的个例：它原是一海隅县城，因缘际会，竟一跃而握中国都市的牛耳，堪称时代异数。

19 世纪和 20 世纪的国际贸易，其性质与传统的中外通商不同。过去中外贸易，来华外商都是商贾。清代晚期，西方崛起，中国在西方船坚炮利的武力胁迫下，开埠与外国贸易。西方世界挟其产业革命的生产优势，和资本主义体系的强大经济力量，置中国于下风。西方势力排山倒海而来，切入中国的缺口就是这些开辟为商埠的口岸。于是，这些口岸承受了巨大的压力，也将其接受的外来影响，转输于中国内地，范围包括商品、产业、制度与理念。中国走向现代世界的过程，经历了一个世纪的脱胎换骨，这些通商口岸的大都会，毋宁是输血送药的输送口。

上海、天津、广州、武汉、厦门，都有列强根据不平等条约取得的租界，或类似租界的外人集居地（如厦门的鼓浪屿）。在这些都市的租界地区，中国官府权力所不及。最庞大的上海租界，包括英、法、日人的居住区，占地广袤，外人组织"工部局"管理租界市政，俨然外国领土。租界内外商云集，有各国公司的分支机构，号为"洋行"。外国银行如花旗、汇丰、道生、正金、荷兰、法国……操作汇兑、借贷、投资与一般的国际贸易。因此，这些都市是现代国际市场经济圈的一部分。托庇于外人夺取的治外法权，这些都市既是国际的，也是中国的，其两属特性，使外商拥有掠夺中国财富的特权，然而也使都市居民有一避风港，逃避中国的战乱与不良的政治。

在这些都市，中外资金建立了轻重工业。大量劳工与小职员群聚都市，形成中国前所未有的弱势人群。这些劳工的抗议活动（罢工、罢市），也是中国历史上前所罕见。同时，大量流动人口，使这些都市成为秘密社会活动的温床，传统的漕帮（安清道友）与洪门（天地会、小刀会等）以上海为主，又延伸到其他口岸，形成地下社会的强大势力。于是，这些都市又有一个官府与地下社会重叠的权力机制。凡此，中外、官民，三管又不管的特殊状态，使这些近代口岸都市拥有不受管束的活动空间。

这些口岸都市的居住人口数量陡增。经过一个多世纪不断吸纳内地各处人口，到了20世纪30年代，上海、天津、武汉、广州、厦门与南北两京的总人口，已以千万计。其外围延伸的江南地区、渤海平原及珠江三角洲，有两三倍于这些大都会的人口。内地各区域中心，其总人口又是千余万。大都会、大都会的腹地，以及内地的区域中心，这三类地区所有人口的总和，约占当时中国总人口的十分之一。这些地区增长的人口，多是陆续从中国内地迁移来的。从18世纪以来，中国人口滋生迅速，多余的人口纷纷移往西南省份、内地山区、东北满洲旧地及内蒙古地区，上述都市也是另一人口移徙的尾闾。然而，这总人口中十分之一的人群，却是引导中国近代蜕变的主要力量！

这些大都市，绝大多数有铁道、公路、海运与河运相通。北京、天津各有南北向的铁路通往南京与武汉，再由武汉通广州，南京通上海、杭州；横向方面，北京通太原、张家口、包头、沈阳，再由沈阳，北通哈尔滨，南通旅顺、大连。陇海铁路东端由连云港通郑州、洛阳、西安；浙赣线由杭州通江西，又延长到柳州。南北海运，连接大连、天津、青岛、上海、宁波、厦门、广州、香港；长江航线由上海溯航南通、南京、九江、汉口、宜昌、重庆；西江航线由广州西达广西。这一个巨大网络笼罩了中国东部半壁河山，全国人口至少有

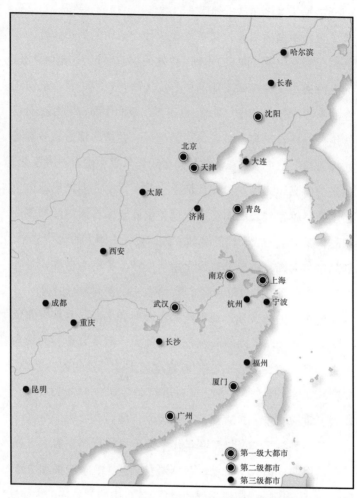

哈尔滨

长春

沈阳

北京
天津
大连

太原

济南
青岛

西安

南京
上海

成都
武汉
杭州
宁波

重庆

长沙

福州

厦门

昆明

广州

◉ 第一级大都市
◉ 第二级都市
● 第三级都市

20 世纪 30 年代中国的都市分布图

四分之三，居住在这一地区。

近代中国的工业，几乎都在这些大都市的周边。江南是面粉、纺织、火柴、陶瓷、电器、机器、造船诸项工业集中之处，而上海周边又是江南工业的中心。天津是化工工业、毛纺工业的中心，汉口是钢铁、机器、日用品工业的中心，广州是烟草、纺织及一些农产加工工业集中之处……在这些地方，外资首先投入建厂，中国官私资本接着也纷纷发展中国自己的工业。舶来的商品运入这些口岸，加上这些地区的工业产品，由上述水陆运输路线，四向运入腹地，供应全国日常生活的工业制品，决定了一般人民的生活方式。近代中国人的消费文化，其品位与时尚，是以北京、上海、广州、香港为榜样，主要即由于消费商品来自都会区。而上海，尤为榜样中的榜样。

近代中国的大学，几乎全部在大都会地区。北京有北京大学、清华大学、燕京、辅仁、北师大，南京有金陵大学与中央大学，天津有南开，上海有交通大学、圣约翰、东吴、同德、同济、复旦、光华，武汉有武大、文华，广州有中山、岭南，重庆有重大，青岛有山东大学，厦门有厦大……这一名单几乎列举了20世纪30年代中国最好的高等学府。五四运动，由北京诸大学发动，影响遍及全国。北京崇尚西方学问，南京崇尚国故，南北学派的辩论，曾是中国学术界的大事。上海的大学最为注重西洋语文；上海的医学院，也是中国医学教育的重心。交通大学培训的工程学科人才，是中国近代建设的主力。中国近代的学术界，其研究的成果与培育栽培的人才，都从这些都会区，辐射于全国，又从全国吸收了最有潜力的青年学子，不断扩大了读书人的阵营。

都会区最重要的功能还是在观念、信息的汇聚与放射，出版事业即发挥了这一功能。中国是纸张与印刷术的发源地，观念与信息的传布，历史上不断有之。近代西潮来袭，若仅在高等教育周转，其影响之于社会，还只能是间接的。经过迅速印刷，大量发行，许多新知识与新观念始得传布散播于全国社会各阶层。出版事业于推动中国的蜕变，其推波助澜的力量，实不应为历史家轻忽。

近代中国出版事业的嚆矢，当为英国传教士马礼逊（1782—1834）于 1815 年在马六甲出版的中文期刊《察世俗每月统记传》，该期刊一部分供南洋华侨阅读，一部分送到广州，在广东知识分子圈内流传。1833 年，传教士在广州编辑出版的《东西洋考察每月统记传》，则是中国境内的第一家报刊。1861 年，《上海新报》创刊，不但是中国人自出的第一家报纸，而且是在上海发行，自此以后，中国出版事业的重心就转移到上海。1872 年，《申报》创刊，广受市民欢迎，这一份报纸执上海新闻业牛耳历近八十年不衰。上海的报纸，已以广告为其重要收入。这种企业化的经营方法，使新闻业有了自己的财源，不必再依赖官府或教会的支持，于是媒体保有自主与独立，在资本主义市场经济下，获得言论的自由。此后，上海一地主导了全国舆论。到了 20 世纪 30 年代，上海的《申报》《新闻报》《时事新报》，天津的《大公报》，都是全国性的大报，读者不再限于一个城市。

在上海出版的定期刊物，数十年中，此起彼落，为数甚多，性质也多种多样。其中能够引领一时风气的刊物，则为1896年创刊的《时务报》及1915年创刊的《青年》杂志（不久迁往北京，改名为《新青年》）。前者是维新运动的喉舌，后者是新文化运动的鼓吹，两者在中国近代文化的发展史上，都是划时代的里程碑。《新青年》的姐妹刊物《科学月刊》，由一群科学家联合创办的"科学社"发行，继续出刊了三十五年之久，是中国最重要的科学刊物，推广科学知识，功不可没。编辑《科学月刊》的"科学社"同人，遍及各学科，诚为中国最有影响力的民间科学社团。《科学月刊》的余波，在20世纪60年代的台湾地区还有同一名称的刊物。《新青年》与《科学月刊》推广的理念，亦即自由思想与科学主义，对中国近代思潮有深远的影响。凡此理念的辐射，其源头即在上海，由此传达到各处的都会区。

出版业的主干是书店，其业务为出版发行、门市销售。上海的出版业居全中国之冠。香港、澳门本是近代中国出版业的基地，自清末以来，上海取代港、澳，除了江南制造局译印西文科技书籍外，19世纪末，民间已有同文书局的石印书籍。1882年，申报馆以机器大量印刷，使读者能低价购买国学、西学书籍，上海的书籍竟能北运，供应北京、天津的市场。甲午战争之后，民间向往新学，商务印书馆于1897年应运而生，发行英文教本及华英字典。商务出版的另一重要书类是翻译的名著，例如严复的《群己权界论》和林纾译的文学作品，均在全国风行一时，具有极大影响。商务出版的第三类书籍是学校教科书，为全国学校普遍采用为教材。商务发行的刊物中，《东方杂志》《教育杂志》《小说月报》及《少年杂志》四种，在不同的领域，为不同的读者喜爱，其中尤以《东方杂志》的影响最为显著。

上海的棋盘街是出版业集中之地，到了20世纪30年代，已有商务、开明、世界、正中、广文、广雅、申昌等书局，出版的书籍，由四部经籍到儿童读物，涵盖了中国出版品的绝大多数。上海之外，其他地方的出版品，不到上海出版数量的零头，但是上海的书报期刊与教科书，经由本节所涉都市网，发行于全国，也因此界定了近代中国的学术水平与阅读趋向。

大都市网也是戏剧电影等表演艺术苗长与传播之处。京剧是乾隆末年徽班进京，在北京发展而成的精致剧种，然而20世纪30年代以后，京剧的表演中心已移到上海，即使优秀演员可能在北京成熟，还是须在上海演出方可成名。当时梅兰芳、马连良、周信芳、程砚秋等人，无不在上海的菊坛成大名。抗战胜利以后，地方剧种越剧的优秀演员袁雪芬在上海演出，采撷京昆长处，提升了越剧的境界。明末已经成熟的昆曲，本来已经式微，于民国初年又在苏州复兴，但仍须俞振飞等人在上海演出，始能重建昆曲的艺术地位。

电影初映是在天津的"权仙电戏园"（1906），仅是游乐

园的项目，影片是外国拍摄的短片。上海于 1921 年拍摄了
中国第一部剧情长片《阎瑞生》，描述当时一起谋财害命的
凶杀案。自此以后，由默片到有声，从黑白到彩色，上海长
为中国电影的首都。在抗战期间，内地拍摄影片为数不多，
上海租界仍是电影制作中心，迄于 50 年代，香港始崛起为
电影的重镇。在 20 年代至 50 年代，随着时代的转移，上海
电影的主题不断改变，于民族主义、社会问题、爱情与煽情、
抗议与革命……无不有之。上海拍摄的影片，在各地的银幕
带动了观众的哭笑悲欢。

综合言之，中国都会网以十余城市为主，是 19、20 世
纪中国的主导部分。这一大网，以上海为龙头，拉动中国都
市人口的蜕变，无论理念、品位与生活起居，都由传统转变
为今天我们熟知的形式与内容。沿海都市与内陆的腹地，有
文化的断裂，但同时内地也逐渐为沿海都市拉进蜕变的过程
中。中国的演变，有人称为"西化"，也有人称为"现代化"，
其间功罪，终究难有定论。


## 六、时代思想与文化变迁

中国在西方列强与日本的屡次侵犯之下，痛切感受时代
的变化，是以李鸿章感叹，中国正在遭逢两千年未有之变局。
中国人感受的挫折与沮丧，决定了中国公私行为，有百年之
久。龚自珍与魏源分别代表了两种态度。龚自珍反求诸己，

指陈中国本身的毛病在皇帝制度与知识分子的科举文化，并且从"公羊三世"理论，引申中国正在"据乱"衰世。魏源则着眼于"知彼"，从西洋文化与制度，寻找彼伸我黜的缘故，是以撰作《海国图志》，俾使中国人知道对手的情形。

曾国藩、左宗棠、李鸿章诸人，由实战中获得西洋军械机器之利，实践了魏源"师夷长技以制夷"的方针。但是须在张之洞时，始折中中国与西方文化，主张"中学为体，西学为用"，以"正人心"维持中国伦理道德，以"开风气"学习西方技艺制度。这一态度，实际上代表了不止一代中国人的思想方式。

维新巨子康有为则从"公羊三世"之说，解释为由乱世经过小康，迈向大同的进步论。他的理论杂糅儒、佛形上之学与有限的西洋科学知识，并且以此主张，建立了变法维新的理论基础。康氏遂将西方文化社会当作比中国更为进步的社会。

同时代的严复（1854—1921），毕生最大功业是翻译西方社会科学名著为中文，其所译书籍中，最有影响的一部书当是《天演论》。严复选择了赫胥黎（1825—1895）若干有关进化论与伦理学的论文，再参以自己的意见，介绍达尔文（1809—1882）的生物进化论，发挥"物竞与天择"的"自然淘汰"观念。严氏从社会进化论更引申为世界列国的竞争，提醒国人必须努力争胜，方能自强保种。严氏《天演论》的问世，稍后于康氏"三世"之说。严氏介绍的"演化论"，不啻为康氏提供了理论基础，康氏遂在《孔子改制考》中，吸纳了严氏理论。梁启超更是依据严氏演化之说，鼓吹政治求维新，文化求进步。当时知识分子，纷纷接受这一社会进化论的观点，以"进化"为标榜。于是，中西文化之争，本是对立并行之势，自《天演论》出，即一变为中国文化落后，西洋文化进步，中西之间是高低先后的差别了。

梁启超是中国近代撰述最丰富的学者，其著作不下千万字。他自己坦承，身处"学问饥荒"的环境中，对严复介绍的西方学问，具有强烈兴趣。因此，终其一生，凡所鼓吹，无不带一个"新"字。维新变法之外，梁氏的"新民"说，更力求界说新的国民，建构中国国家意识，其要旨是将中国以文化为定义的"天下"，改变为世界列国并存，亦强调政治主权的主权国家。梁启超的"新民"，自是以西方国家模式代表最进步的阶段，将传统的中国模式抛在进化过程应予淘汰的旧邦。但是，梁氏在1918年访问欧洲，目击欧洲资本主义的社会问题（例如贫富悬殊、物欲流行），又认为必须依靠东方固有文明，以矫西方文明的缺失，竟将中西文化再次放在对立并行的地位了。梁氏前后所持的两种不同态度，至今仍有不少人依违于这两端之间。

20世纪二三十年代的五四新文化运动，是中国近代文化史上的重要事件。这一运动包括三个成分。第一是对于中国传统文化的否定，其中极端者更标榜全盘西化，将线装书丢进茅坑。第二是推动白话。第三是胡适提出的，引进德先生

（民主）与赛先生（科学），以救中华。前两个成分是扬弃过去，后一成分是迎接现代，整个命题是为了中国进步，依然是社会达尔文主义，以为人类社会有进化的方向。中国为了自存于天地之间，必须发展与西方一样的模式，庶几走向现代。这种思维方式，也是将西方文化与"现代"间，画了一个等号。到 20 世纪中叶，"现代化"之说风靡全球，其思维方式也还未脱此窠臼。

五四运动扬弃传统与提倡白话文学，有不少人反对。张君劢（1887—1969）、梁漱溟（1893—1988）及南京的"学衡派"教授，都有严重的质疑，引起所谓的"中西文化论战"。20 世纪 30 年代，中国知识分子对于中国社会的形态，也有一番论战，主要是围绕着马克思唯物史观的历史演化过程，尝试将中国社会的变化纳入其所谓"历史规律"的演化模式。至于张君劢等人与科学主义者之间的"科学与玄学论战"，则是另一回合的中西文化之争。究其大旨，为外扬科学，贬"玄学"（形而上学的思辨）。此处的"科学"，其实是一种科学主义（scientificism），反映 19 世纪对于科学探讨的乐观信念——甚至近于宗教性的信仰！

凡此社会进化论与科学主义的信念，笼罩中国知识界有近百年之久，至今未见消减。在近代中国的社会思想方面，这两项信念的影响，其实相当程度地误导了文化与学术的发展方向。

五四新文学运动，主要成果是以白话代替了文言，成

为近代中国文学的载具。这一转变，切断了中国文学的过去
与现在。以胡适的《五十年来中国之文学》与钱基博的《现
代中国文学史》相比，两者涵盖的时代，胡著为 1873 年至
1923 年，钱著为 1911 年至 1930 年，都关注五十年来的学风
变化。然而，二者论述的角度却大相径庭：胡著以进化方向，
置白话文为演化趋新之所必至；钱著则认为变化不必就是切
断前缘，即使古文的文学著作，也有其变化的过程，其着重
点在于延续，而不在断裂与扬弃。

今日回首反顾，白话文确实已成为今日中国文学的载具，
五四新文学运动已获得胜利。另一方面，文学作品的文类之
中，诗最是精炼的语文，毋宁应是检验语文的指标。白话诗
作臻于不朽的作品，至今还是寥寥可数。是则，白话文在切
断数千年文学遗产的血脉后，是否还有足够的滋养？仍是一
个疑问。

白话小说则著作宏富，颇有可观的成绩。然而，白话小
说因与说书有一定渊源，早已有了口语的小说。在清代中叶，
《红楼梦》《醒世姻缘传》等巨著，虽与说书全无关系，也皆
以白话撰作。清末至民国，出版业发达，都市人口众多，长
篇小说、短篇故事颇有市场，又有荟聚城市的文人应运而笔
耕为生，于是各种作品纷纷问世。其中，固然有严肃的创作，
为文学而文学，但数量最大的小说类，还是供应世俗消遣的
文类：社会小说、侠义小说，以及鸳鸯蝴蝶派的爱情小说……
凡此都以白话为其载体。然而，由清末到 20 世纪四五十年代，

这些作品大致有一个演变过程，亦即从浅近文言渐变为文白夹杂，最后才是纯粹的白话。这一过程，还是反映了五四新文学运动的影响。

再以舞台剧的发展而言，新文学运动的舞台剧（话剧）是经由日本间接移植了易卜生（1828—1906）等人的西洋舞台剧。纵的方向，未能与中国元明以来的戏曲传统接轨；横的方向，也未能汲取希腊古典与莎士比亚戏剧的西洋传统，以致滋养不足，至今不成气候。

若跳离新文学运动的圈子，近代中国的京戏与昆曲，都有过一段自己的演变。在市场经济的需求刺激下，这两项剧种都从传统中成长，又不断汲取新的资源，于是蔚为十分精致的表演艺术。参与中国传统戏剧工作的文人学士与演员，大多是旧学优良，又不拒绝改革，遂能取精用宏，左右逢源。这些表演艺术，并未受文学革命的影响，堪称顺应时代，自求多福的例子。

电影是新兴的表演艺术，其技术完全来自西洋，至于中国影片的题材则颇为传统。民国早年拍摄的影片，包括民间奇闻（如《阎瑞生》）、社会伦理故事（如《恋爱与义务》），相当接近传统稗官小说（三言二拍）的情节。后来，又赶上时代气氛，而有抗议社会不公（如《渔光曲》）及伸张民族主义的爱国片。抗战期间，爱国影片尤为一时之兴，抗战胜利后，又有叙述流离之苦及战后迷惘，以及表达百姓对于不良政治抗议的抒情作品（如《一江春水向东流》《八年离乱》）。

凡此作品，吸收了外国电影的手法，又承袭了中国传统文学的主题，则也可称为糅合中外古今的艺术。

绘画的发展方面，清代四王之辈，模仿古代，陈陈相因，殊无新意。但郑板桥、金冬心等人的作品，已经透破传统，自辟途径。在海通之后，西方绘画传入中国，中国艺术家也学会了油画的手法。但是最有成就的近代画家，还是杂糅西画观念却用中国水墨或彩色在棉纸上作画的画家（如徐悲鸿、黄宾虹及岭南画派）。至于齐白石由篆刻起家，张大千从敦煌壁画学习，则都是在传统艺术中汲取经验，找到自己的特色，终于蔚为一代宗师。这些人士也是联系古今的个例。

综合言之，中国近代思潮承受国族多难的强烈刺激，为了奋起自强，不能不有见贤思齐之想，企能在学得西法之后，保种救国。这一危机感，使许多人扬弃自己传统，拥抱西方文化。于是，视保守为落伍，学西方为现代，遂成为一时风气，而社会进化论只是这种风气的辩解而已。其后果，则是以"革命"一刀切断过去，五四新文化运动毋宁是这种风气的总汇，也确实发挥了鼓吹的功效。白话代替文言为文学与日常交往的载具，尤为新文学革命的果实。然而，在文化活动的其他领域，例如戏曲、电影与绘画，中外古今的融合，也有颇为可喜的成绩。由此可见，激烈的革命或渐进的调适，其实均可走向适合时代的新文化。

五四运动高举了科学与民主的旗帜，然而两者在中国均未有顺畅的发展：科学主义终究是一种信仰，未能帮助严肃的学术生根苗壮；民主沦于模糊的选举行为，可能也是由于提倡民主时，乏人认真地检验西方数千年民主政治发展途径上的种种演变及其相伴的条件，遂以为移植民主可以一蹴而就！

## 七、中国近代革命与俄国革命的比较

"革命"一词，在古代是天命更易。在近代，政治革命通常意指：对于当时制度与秩序不满的人群，秉持一定的理念，由下而上发动群众力量，推翻统治者，建立新政权，而且随着新体制当权，通常还进行社会革命，改变社会价值，以贯彻掀起革命的理念。在近代世界，这种革命屡次出现，但以其重要性而言，当以美国独立革命、法国大革命、俄国大革命及中国的革命，影响最为深远。本节拟先略述俄国大革命，然后叙述中国革命的前因后果，以资比较。

帝俄是欧洲后起的大国。彼得大帝向西方学习，迅速将俄国转变为欧洲列强之一。俄国向东亚的扩张，远及堪察加与库页岛，成为中国北方的强邻。19 世纪时，俄国参加欧洲列强的霸权斗争，既耗兵力，又须投下巨资发展工业，国力难以支应。俄国对外战争，又数度败衄，一败于克里米亚战争，再败于日俄之战海陆两役，其国力更为短绌。第一次世界大战，俄国节节败退，后方也已无力增援。

俄国国力大伤之余，物价腾贵。1917 年 3 月（俄历为 2 月），彼得格勒爆发革命，首都卫戍部队也加入暴动群众，俄国罗

曼诺夫王朝不能对付，政府居然解体。各政党组织临时政府，
希望继续对外作战。同年11月，这一诸党联合的临时政府
也垮台了。布尔什维克（自称代表无产阶级的"多数党"，
亦即共产党），在列宁（1870—1924）以及托洛茨基（1879—
1940）领导下，以武力夺得政权。1918年，共产党掌握俄国
政权后，企图以"苏维埃"专政，废除私人财产，但在此一
制度下，生产力不能振作。俄国在1921年至1928年，实行"新
经济政策"，容许有限度的私人经济。斯大林（1879—1953）
掌权后，于1928年宣布停止实施新经济政策，实行农业集
体化及积极工业化。自此以后，长期统治俄国，至1989年
始解体。

俄国走上这一条严峻的革命之路，当与帝俄时代农民大
多依存于田庄有关，虽然帝俄改革时，名义上解放其人身依
附关系，但农民大众还未知参加社会活动。旧日俄国的知识
分子，受了法国与西欧的教育，已疏离于俄国本土文化之外，
不能与农民有所呼应。旧日俄国的官僚体系，更是寄生于政
府，并无自主能力。于是，1917年暴民蜂起，俄国社会既无
能够自动运作的行政体系，也没有坚强的中产阶级维持社会
的稳定。

中国近代革命，有自己的形态与发展过程，与俄国既有
类似，也有不同。从1911年到1949年，中国的革命有三个
阶段：1911年辛亥革命，之后创建民国；1928年国民党北伐；
1949年共产党建立新政权。若加上太平天国那一次不成功的

革命，中国革命延续将近一个世纪。

传统中国农民，并不依附于大地主的田庄。佃种地主土地的农户，与自耕农一样，在精耕细作的小片田地上，在农村市场经济机制下，谋求较佳的收入。农户必须将自己决定种植的作物和农舍手工业的成品，一起在市场上出售。农村社会有其交易的市场圈，也有其社会关系的网络。农民从这一网络谋求市场利益，也获得生活有关的种种信息。在这样一个基层市场网络笼罩的空间内，传统社会的缙绅士大夫是当地的领导分子，组织地方力量，处理地方相关事务。缙绅士大夫，有的是政府退休官员，有的是现任官员的家属。他们以科举、同僚、戚谊、师友等种种关系，编织为网络，小则覆盖乡里，大则遍布全国。缙绅士大夫的社会力量，足以颉颃政治权力——这一股社会力，不见于帝俄社会。

中国近代的知识分子，在学校教育代替科举后，其学习的知识是西方传来的，再加上他们在大小都市求生活，不免疏离于内陆乡村社会——这一性质，实与俄国西化知识分子相同。然而，这些疏离的知识分子，往往是前述缙绅士大夫的子弟，他们既可以经由上述社会关系网络彼此援引，也仍有机会间接地衔接故乡的农村社会——这一点则又与俄国知识分子并不全同。

前面讨论"武化"的一节，曾叙述扑灭太平天国的湘军，即缙绅透过上述地方网络，组织了乡村农民，蔚为第一代的"武化"群体。湘军及其衍生的淮军等都不是职业军人，他们的实力即经由网络关系收取人力与资源，建立政府军队以外的武装力量。清末地方督抚，尤其直隶与东南诸省，均由这一缙绅士大夫武力集团的领袖出任。于是，在清室皇权代表的政权之外，中国另有一个权力结构，平时听命于朝廷，有事则形同独立。1906年，清廷在丧败之余，不得不采取若干政治改革的措施，在清廷承诺准备立宪时，各省组织了谘议局，首先成立谘议局的省份是江苏、浙江、湖北、湖南、四川，正是督抚力量最强的地方。这些地方的缙绅士大夫，也最有势力。设立谘议局，不啻确认了地方"武化"的力量与缙绅的社会力量。

八国联军时，东南各省督抚宣告中立自保，已是在皇权之外宣示地方权力。1911年辛亥革命，起义的湖北新军，是督抚"武化"的第二代。武昌一举，各省响应，纷纷独立，则是上述地方权力与社会势力结合，推翻了北京的皇权。这一由革命过渡到民国的情势，其势颇顺，中国并没有经历严重的混乱。

然而，正因为"武化"的地方力量强大，新建的共和不能重建统一的国家机器。民国建立以后，军阀割据扰攘十余年，其实是"武化"过程的扩大与深化。辛亥革命与"武化"现象及社会力伸张，都有割不断的关系。

国民党的北伐，是另一回合的革命。其发轫之初，即已有都市力量渗入，亦即都市知识分子的热烈鼓吹与响应。蒋介石定都南京，挟江南与广东的财富为后盾，而且新政府的班底，几乎全是留学生及留在都市中的知识分子。这批本来是疏离于中国内陆乡村的人士，竟能得到机会，规划设计一个新的国家机器！这又是俄国"孟什维克"（少数派，代表西化的知识分子）所未有的机遇。中华民国在南京的十年建设，最有影响的部分是建立了相当现代的政权机器，包括中央银行、大学，及负责建设工作的专家团队。中国的货币统一了，不少地方新设的大学也有专门的研究机构担任学术研究，大群"技术官僚"（资源委员会与工商部或经济部）推动寻找资源与建立工业的工作。北伐后的国民政府，其实力基础在沿海、沿江及铁路线上的城市。在这一段时期，"疏离"已不是严重问题，问题竟是在以城市涵化乡村。这一工作，由于中国庞大的内陆乡村人口，实在非常艰巨。南京十年，时间太短，不足以完成这一任务。

全面抗战八年，中国备受浩劫，却也有意料之外的作用。大批沿海人口内迁，带到内地的是人才、技术与观念。例如，那些内迁的工厂战后仍留在内地，即内地工业化的基础。又如，政府为了维持高等教育，创设公费制度，使大学生能维持战时起码的生活。八年来，在轰炸声中，大学师生弦歌不辍，十余万青年学子得以完成学业，为战后重建储蓄了大批人才，海峡两岸都蒙其惠。由疏离于本土的知识分子，转化而融合于社会，这是中国抗战的特色。

中共革命，始于江西苏维埃，然而真正掌握后来的革命实力，还是在于抗战期间从敌后抗日根据地发展了庞大农村的支持。由于日本侵略军占领了沿海及铁路线上的大都市，也据有主要的交通路线，重庆的国民政府丧失了其实力所在的基础。中国庞大的农村，被主要交通线切割成许多袋形地，农村实质上免除了城市经济的压力，又回到农村市场网络的地区共同体。中共在这些根据地积累了组织农村与动员农村的经验，本来已经屈从、依附于城市的农村社会及农舍手工业产品的交易机制，又都复苏了！

在这一广大农村基地的四周，国民政府的军队不得其门而入，必须远道运送补给，以维持其战力。相对而言，农村根据地上的共产党军队，只需在家乡周围活动，即可致国民党军队于死命。国共内战的胜负，已不言而喻。

中国近代三次革命，其间的承袭与延续关系，远多于剧烈的断裂。黄仁宇以为蒋介石建立了近代中国的上层结构，毛泽东重建了农村为基础的下层结构，当可由上述分析觇见其过程。今日的农村，一部分已转化为城乡之间的混合体，一部分则被搁置在旁了。只有在钟摆荡到中间时，中国才算走完百年的坎坷。

## 八、中国维新运动与日本明治维新的比较

1868 年至 1873 年，明治维新为日本开了新时代。"维新"一词取自《诗经》的"周虽旧邦，其命维新"。的确，明治维新是以天皇复辟为名，其实是一次从下而上的夺权，结束

了日本德川幕府的"武家"政治。

19世纪中，美国培里准将（Matthew C. Perry，1794—1858）率领舰队，进入江户（东京），要求日本开国通商。这次事件，为日本带来了严重的危机意识，其冲击不下于中国经历的鸦片战争。日本当政的德川政权，无力应付严峻的变局，一群九州长州、萨摩两处大名（藩侯）的藩士发动政变，以"尊王攘夷"的口号，逼迫德川幕府"奉还大政"，将长期形同傀儡的天皇奉为实际的君主。新政权采取全盘西化的政策，改变政府制度，编练新式海军、陆军，振兴企业，将一个仿照中国文化的边陲国家，一变成为东方的西洋国家。

二十年后，日本挑战中国在东方的霸权地位，于1895年击败中国新编组的北洋水师，攫取了朝鲜半岛与台湾，并获得中国的巨额赔款。日本由此一跃为殖民帝国，雄张东亚五十年。日本于1905年击败俄国，1931年侵略中国的东北，1937年全面侵略中国，1941年底袭击珍珠港，同时在大陆与海洋作战，希冀建立一个东亚大帝国。这一梦想，终于在1945年的"原爆"蘑菇云下，化为灰烬！

日本倏兴倏亡，是东亚的大劫！但是，19世纪明治维新的成功，曾引发中国的"百日维新"。1898年，清光绪帝在慈禧太后让他亲政之后，援引康有为、梁启超等人，百日之内颁布一连串诏书改动制度，但遭遇守旧人士反对。慈禧太后在袁世凯依附荣禄后，得以运用北洋新军的力量夺回政权，处死维新志士谭嗣同等六人，把光绪囚禁在瀛台。短促的"维新"，转为悲剧！

中、日两国的维新政变，有如此不同的结局，常是近代历史学界探讨的课题。先论两者的相似之处：日本的维新志士是一群外藩的青年藩士，痛感于外来武力威胁及当时德川政权的无能，聚集于吉田松阴（1830—1859）的门下，研讨如何救亡图存。同样的情形，一群远在南方的青年人，痛感外患日重，清廷应付无力，群聚于康有为的万木草堂，寻求挽回中国败亡的命运。

日本的九州诸藩，远离关东的幕府权力中心，但又经由对外贸易获得利益及有关西洋事务的知识。长崎一埠，长期有荷兰及西洋商船寄泊，也有西洋人在此居住。源自长崎的"兰学"，是日本学习西洋事务的来源。九州藩士，实是日本最熟谙当世国际事务的人士。在中国方面，澳门于明代被葡萄牙人借居后，明清两代的耶稣会会士入华，均由此进出。鸦片战争之后，中国割让香港，使香港成为英商及其他外商对华贸易的基地。广州虽偏居南方，但密迩港、澳，于是粤籍人士直接间接最易获得西洋事务的知识，也最能深刻痛切地感受到危机。广东虽是中国最富庶省份之一，却又远离清廷的权力中心北京，其情势与日本九州诸藩相似。

明治是从全无实权的天皇，为维新志士拥戴忽然成为新政的权力象征。光绪为慈禧从醇亲王藩邸迎入宫中，继承皇位，长期在太后垂帘的阴影下成长，一旦亲政，锐意改革，希冀中国迅速复兴，遂乾纲独断，完全信任这一批新进文臣。

日本是明揭"尊王攘夷"口号，援春秋大义，确立明治维新的合法性。光绪的皇位，也有其合法性，以致慈禧尝试废立，终因东南督抚坚持"君臣之分已定，中外之口难防"，阻止了慈禧的计划。

以上中日情势的诸项相同处，确使人诧异，为何二者一成一败，竟如此悬殊？而且，其下一步的发展，又使中、日两国的近代历史，走上完全不同途径！此处当试述二者发展过程的差异：

首先，明治与光绪的处境不同。在"尊王攘夷"的口号下，德川只是篡窃天皇权力的权臣，正主既出现了，德川幕府再难有其合法性。光绪则是慈禧的继子，亲子一伦在伦理差序位阶最高，即使是皇帝也得在亲子关系上垂手。

其次，德川幕府执政之初，遍植亲藩于关东为武家藩屏，但执政日久，那些大藩坐收户额租地，耽于逸乐，已失去战斗力。德川末代将军的部下，也已只见宫廷宠臣，不见武勇之士。于是，九州诸藩挟其实力，要求武家奉还大政，德川实已没有抗拒能力。反之，中国在太平天国之役后，南北诸省都迅速"武化"，尤以北京大门的直隶总督，手握重兵，举足轻重。戊戌维新时，慈禧任命亲信荣禄担任直隶总督，即使谭嗣同当真能够劝动袁世凯支援光绪，袁军也没有抵抗荣禄的胜算。当时东南督抚，除了湖南巡抚陈宝箴支持维新外，都不做左右祖。光绪缺少有力奥援，而慈禧则有直督的实力为后盾，是以光绪处境与明治的形势相比，可谓主客之势完全不同。

更须注意者，日本的藩士乃是依附于封建制度的身份，他们都是藩主的武士，平日聚集在藩主的城堡，本身并没有社会基础。德川幕府手上曾有过重兵，但执政既久，武士已转化为官僚系统中的大小官吏，他们寄生于幕府，却不能动员社会资源支援武家。德川幕府外无强大亲藩的支援，内无有力藩士发动社会力量，其不能自存，已明白可见。普鲁士的乡绅(Junkers)是"在乡军人"，身份与中唐以前的府兵相似。这些乡绅乃是支持重建日耳曼民族主权国家的重要基石。若以日本武士与普鲁士乡绅相比，其最大差别在于武士寄生宫城，不在乡村掌握地方的实力。

中国明清的缙绅，并不具武士性质，却是地方社区的精英。他们有一定的领导能力，又凭借同族、同寅、同事、戚谊等种种关系，编织为庞大的网络，大则涵盖全国，小则笼罩一乡。缙绅士大夫的向背，在皇朝嬗代、政局转变之际，都有决定性的作用。清代末季，政府执政能力已相当不足，但儒家君臣伦理的强大约束力还在，以致曾国藩在平定太平天国之后，手握重兵，雄踞东南，还是恪守臣节，解散了湘军。这种情势，若不是从下而上的革命，缙绅为主体成分的官僚体系，殆难与虎谋皮，由内部发动翻天覆地的巨大变革。

戊戌维新代表的理念，在当时还有保守与洋务两派思维方式作为选项。保守派，例如倭仁、王先谦等都坚决相信中国传统方式是"千古不易"的正道，任何学习西洋的改革均是"离经叛道"，不宜施行。洋务派，例如张之洞及大多数的督抚，致力购械设厂，希望中国能够有坚船利炮，甚至振兴实业，希望中国能利不外溢，但其理念是"中学为体，西学为用"，并不赞成国家制度也转变为西洋模式。这两种主张，在当时是缙绅士大夫的主要思想，持维新改革理念的人反而不占多数。是以，光绪与康、梁无法转移庞大的缙绅力量支持维新运动，各省督抚在慈禧反扑时大多不声援光绪，当是因为他们大多只是持洋务派的观点，还不能接受维新之论。

维新失败，保守分子借用义和团的"本土运动"，扶清灭洋，惹起八国联军。大难之后，不少人思想转向改革，清廷才有预备立宪之议，可谓戊戌维新的一段延伸。数年之后，辛亥革命，清廷所谓立宪也成了空话。

从维新到立宪，这次短暂、不全面的清末改革，仅是历史潮流的涟漪。然而，沈家本（1840—1913）奉命改订的清律，移植欧洲大陆法系法典，是近代中国第一个成文法。中华民国的民法、刑法、诉讼法等大致皆不脱沈家本订下的范畴。中华民国建立不久后，中国陷入军阀混战，全国分崩离析，但排除一些军阀不法行为，大致言之，各地诉讼还是遵循这一部新法律。即使在北洋政权的号令不及之处，北京大理院的判例也还为各处法院引用。

清末改革的另一个成果，是制定了中国近代高等教育的轮廓。京师大学堂的学科规划，是日后各地大学的模式。蔡元培在民国成立后制定的大学制度，基本上只是以此为基础，稍做修改而已。

整体来说，清末的维新只是夭折的努力。若没有辛亥革命，中国循着所谓"立宪"的途径发展，其过程当是取决于社会精英层（旧日缙绅及后来的知识分子），中国后来的走向可能大不相同。历史已是过去，不必再做悬测。倒是日本的明治维新虽然建立了一个现代化的日本，可是从1925年到1936年的"二二六事件"，日本的右派与少壮军人狙杀了五位首相中之三人、三位藏相（财政部部长）中之二人；另有一位首相的兄弟被误认而死于狙击，那位首相侥幸逃过一劫。这些主张和平开放的自由主义政治人物，一个一个倒下，日本军人遂控制了日本天皇与政权，形成实质的军阀专政，斩断了日本正在发展的君主宪政。日本遂中风狂走、武力扩张，终于一步一步走向战争，也一步一步走向败亡。明治维新是由一群青年藩士推动的，他们的"武士道"本性终于遗留了黩武的行为基因，以致有此历史的转向。中、日两次维新的历史因缘，长程短程都可有不同的理解与诠释。

## 九、台湾百年的变化

19世纪中叶到20世纪中叶，台湾经历了别处少见的反复巨变。台湾从中国的一个岛屿，两度为外国侵略（法国与日本），又被割让为日本的殖民地。经过第二次世界大战，台湾回归中国后，却遭逢"二二八"悲剧。这许多起起伏伏，在 1950 年还只走了前段。

19 世纪中叶，渡海来台的闽、粤移民，已使台湾的人口增加到三百万人。原居民中的平埔族，大致已经浸润于汉文化，甚至已经认同于汉人了。陆续进入台湾的闽、粤族群，带来了原乡的习俗与生活方式，走进台湾的闽南聚落，就如同踏入厦门或泉州附近的村庄；走进台湾的"客庄"，就如同踏入广东梅县的客家村。他们敬拜祖先，记忆先人的郡望堂号；他们唱山歌、听南管、练八家将；他们祭祀妈祖、保安大夫、清水祖师那些原乡的神祇。他们养生送死、抚老长幼、胼手胝足，已在这一新家落户生根，歌于斯，哭于斯，聚国族于斯。

汉人的土牛线，一次又一次移入更深的山地。从闽、粤原乡招引的"罗汉脚"，开拓了更多的土地，将榛莽化为良田。"筚路蓝缕，以启山林"，三千年前形容陕西高原的诗句，依旧可以描述三千年后海岛台湾上那一批开拓者的生活。

即使台湾有府、县、州、厅的地方行政单位，清廷官府的力量其实有限。在 19 世纪，台湾是地方豪强控制的社会，阿罩雾林家、板桥林家、噶玛兰吴家……这些大业主，拥有成万甲田地，成千户垦丁。他们收租的"公馆"，至今还存留于地名。在大陆原乡，尤其在重要的港口，这些大户都设有商号，大船千里扬帆，将台湾的米、茶、糖、樟脑、硫黄等运往厦门、汕头、上海、天津等地。官府修筑城墙、道路、桥梁时，这些大户即须缴纳巨额捐款。实质上统治台湾的，是这些大户，而不是官府。

在移垦社会的台湾，同一原乡的居民，结合为生活共同体，共同经营土地，开发水源，建筑聚落的防御工事，轮番守护自己辛苦开拓的产业。不同社群之间，为了争夺土地与水源，会成群结队，持械斗殴。械斗频繁，死伤众多，在战斗中倒下的，为后人纪念拜祭，庙祀血食，号为"义民"，号为"大众爷"。有一次，新竹地区的闽南与客家领袖们，终于坐下化干戈为玉帛，两股力量合为一股，组织"金广福"，合作开发内山。

在这一开拓者的岛屿上，尤重体力、志气与领导者的才干。来台的移民恃勇力、重然诺，咬文嚼字非其所长，也非其所好。因此，19世纪末的台湾，是中国最新的一个省份，却风气粗豪，没有多少通过科举考试的举人、进士、翰林，也没有多少入仕的大官。这里有生活豪奢的富户，却没有中国大陆上读书家庭构成的缙绅阶级。

19世纪末，中国海疆多事，法国军队甚至在台湾登陆。清廷决定在台湾设省，由督办军务的刘铭传担任巡抚。刘铭传在台湾的建设，将台湾带进"现代"。在他任上，台湾有了中国第一条载运客货的铁路（基隆至新竹）；有了近代中国第一个预先规划道路与店屋的城市（台北）；有了中国第一条自行设计与架设的陆上电报线路，先在台北高雄之间传信，继而又接通淡水至福州、台南至澎湖的海底电报线路。
台湾北部煤矿的煤，使基隆成为轮船加煤的港口。凡此设施，
为外商提供良好的条件，于是许多外商在台湾设立洋行，在
台湾"包种"外销茶叶，台湾的乌龙成为名茶。台湾的樟脑
也成为世界著名的商品。

　　甲午一战，北洋败绩，清廷提出其他种种赔偿，但日本
仍强索台湾。日本非取得台湾不可，是因为日本的南进扩张，
需要台湾为基地。中国忍痛割台，自此五十年中国全民悲伤！
台湾军民明知没有成功的可能，仍抵抗优势武装力量的日军
达三个月之久，日军损失三万余人，台湾死亡军民不啻十倍
之多。日本在占领台湾十年后，才宣布终止戒严。在日据初期，
台湾民间的抵抗，并未停止，民间的义军如简大狮、柯铁虎、
林少猫等前仆后继，不断起事。日军展开残酷的镇压，一个
一个村庄被夷为平地，其中尤以客庄为多。

　　即使在镇压时期结束后，中国大陆革命、建立民国的大
事，在台湾也引发了另一波的反抗运动。他们的起事都失败
了，但也使日本当局不断警惕：台湾人民并未完全屈从。

　　后藤新平（1857—1929）开始的文治政策，目的是将台
湾彻底同化，成为日本内地的延伸。日本的统治，在许多方
面值得一提：普及的"国民教育"，严格执行的公共卫生，
严厉的法律……凡此，与清领时代相比，都有所改善。另一
方面，台湾人民只是日本帝国的"次等国民"，没有投票权，
也不能出任中等以上的官职。台湾的中小学校，通常有两所：

一所是日本子弟的学校，设备好、师资佳；另一所是台湾子弟的学校，一切都逊于前者。太平洋战争时，在台日本人领取食物的质量、数量，都比台湾人民的配给为优。凡此，都是殖民地人民的悲哀！

为了建立稳固的统治，日本当局首先即着手培植新的社会精英层。大业主、垦户失去了地位，由中级地主代起。清代有科举功名的人士，或则离台赴大陆，或则失去其社会地位，代之以领有日本所颁绅章的新人士。这些新的中层精英，没有进入殖民上层统治阶级的可能，他们的子孙遂以专业为生，担任医生、律师，或则在当地发展地方企业。这一批新起精英，大多曾赴日本接受良好的教育，行为规矩，为人善良，也有优雅的文化品位。他们在有秩序的社会中，是一股安定的力量，但不会有"以天下为己任"的自我期许。日本统治者培育了这一安定社会、维持现状的地方精英，是其统治台湾成功的一个因素。

再者，日本努力推行"国语运动"，凡举家都说日语的"国语家庭"，可以得到褒奖。自愿放弃中国姓氏，改姓日本姓氏的人家，统治当局提升他们为"皇民"，亦即"天皇的子民"。皇民可以享受几乎等于日本本国人民一样的种种特权，因此有些家庭努力同化，希望能获得"皇民"的身份，他们向神社请"麻"供奉，放弃了自己原来奉祀的神祇与敬拜的祖先。推行皇民运动之初，能够取得"皇民"身份的人数不多，在日本侵华战争开始时，皇民占全台人口不过百分之四。太平洋战争开始，皇民运动加速进行，增加到百分之七左右。大战结束时，皇民人数占百分之十左右。

日据以前，台湾是中国文化的地区，语言、文字、生活习俗等都与中国华南相同。日本强索台湾为殖民地后，强力推行同化政策，但台湾人民还是不愿放弃中国文化。于是，在日本实行日语教育时，台湾人民还在"书房"（私塾）教子弟读"汉书"；在书籍报刊都是日文时，曾受相当程度中文教育的人士，组织了汉诗的诗社，彼此唱和，即使不易成篇，仍可制作诗钟与对联自娱。民间的传统宗教祭祀活动从未停止，汉语的戏曲也从未失去听众。

当时台湾的知识分子，十分注意中国大陆的文化活动，重要的言论与著作，都会在台湾引起回响。孙中山、梁启超、辜鸿铭这些人访问台湾，都有当地文化精英举行盛大的集会。五四新文化运动更引起台湾文学之士的兴趣，张我军等人的白话文学，即响应大陆上的文学风。许多台湾青年，在国民党北伐后，回到大陆读书，留在大陆工作，张我军、连震东、刘呐鸥……其例不胜枚举。

台湾的精英也努力为台湾争取应有的人权。林献堂等人组织台湾文化协会的工作，即为争取台湾人的投票权、台湾议会及台湾人民的平等地位。左翼的台湾劳工运动，则努力争取台湾劳工在日资开设工厂中的工作权及应有福利。无论是精英，抑或是劳工，台湾人民不愿放弃自己独立人格与人权，不愿只是俯首帖耳地做顺服的"皇民"。

1930 年，台湾发生雾社事件，当地的原居民不甘受日本警察的欺压侮辱，愤而抵抗，日军动用大炮毒气，夷平整个部落。

自 1895 年清廷割台，至 1945 年台湾回到中国，台湾人民内心的悲苦，可为一掬辛酸之泪。

# 后 记

　　走过了数千年的历程，中国文化经过了无数的起起伏伏，这一文化圈的中国人也体验了无数的悲欢离合。反顾中国文化发展的轨迹，最可注意的是其兼容并蓄的胸怀；为此中国人遭逢外来异质文化时，常常能够吸收其精华，融入自己的文化体系。同时，若一个思想体系趋于独断，以致僵化时，常有内发的修正，使中国文化有更新的机会。

　　但是，最近一个半世纪的中国，在西潮冲击下蹒跚颠簸；中国人也因之对于自己的文化传承，由怀疑而至扬弃。中国文化几乎有可能在地球上消失。实际上，在19世纪以前，中国人自诩为天下之中，中国人的历史即文明的历史。19世纪以后，中国面对世界，不能不接受现实，于是学校的教科书有了"外国史"或"世界史"，与"本国史"或"中国史"

成为两个平行的课程。自此，"内"与"外"、"自己"与"他者"，截然划分，竟似两个对立体；如果中外有所接触，大致又经常是两者之间的对立，甚至是彼此的冲突。19世纪以来，中国在国际交往上所经历的挫折与屈辱，造成了中国人自卑与虚骄的复合情结，更强化与深化了上述中外隔离冲突的心态。

然而，21世纪是一个全球化加速进行的时代。世界各地区之间，将难有区隔。中国曾经自成局面，俨然东亚天下的中心，中国文化的发展，也俨然有自己的过程。其实，中国从来不能遗世而独立；中国的历史也始终是人类共同经验的一部分。在今天，如果中国人仍以为自己的历史经验是一个单独进行的过程，将不能准确地认识自己，也不能清楚地认识别人，必须要调整心态，从中外息息相关的角度，认识自己，也认识世界别处的人类。我们人类曾经同源，经过扩散于各处后，又正在聚合为一个共同的社会体。各处人类曾走过不同的途径，又终于走向共同的方向。我们曾有过自己的历史，这些独特的历史，又终究只是人类共同历史中的不同章节。

至于长期独霸的西方文化，在走向全球化的今日必须有"他者"提供不同的思想与行为，以匡救其数百年淀积的缺陷。正在此时，中国摆脱了人类历史上最严重的专制，这一调适还在进行。世界各处的中国人及中国文化圈覆盖的东亚邻人，都已在调适过程中，尝试不同方式的融合贯通，发挥了"他者"的观照与反省。这一现象的后面，正有长期蓄积的张力，于稍有可以发抒时迸出巨大的潜能。循此方向进行，今天的

全球化现象，也许竟是人类历史上最令人振奋的大事。在各
种文化相激相荡时，人类社会终于走向天下一家，其中各文
化体系的精粹，将成为全体人类的共同文化资源。经过这一
转捩点，长期屈居从属地位的文化体系，不仅只是保存于博
物馆中，而是重获活力，能与近来数百年的"主流"进行有
意义的对话，并且由此对话匡救彼此的缺失。

　　我们盼望，今日科技文明、工业生产为手段的资本主义
市场经济，以及国族范围的民主政治，能纳入中国文化的以
仁为己任、己所不欲勿施于人的人文精神，以补救其失去"上
帝"之后的困窘；能纳入印度文化众生平等的观念，以矫正
人类的妄自尊大；能纳入伊斯兰文化对自然的尊重，以匡正
人类浪费资源、毁坏环境的错误。这一重要的志业，有待全
体人类的自觉与合作。人类过去彼此杀害的罪孽已经太多了。
为了从同归于尽的灾难中自拔，我们必须学会在互谅互信中，
彼此扶助，相摘相将，完成人类文明另一次的重大突破。两
千余年前的文明突破，几个主要文明先行的圣哲，为人类界
定了存在的价值。这一次突破，在大崩溃、大破坏的危机之
下，不仅要挽救人类濒于灭绝的大劫，也是为了具体落实那
些圣哲界定的价值，使人类主宰了千万年的世界上，真的有
了人类长久憧憬的新天新地，新的伊甸，真正天下为公的大
同境界。

　　中国人在灾难之后，必须重新振作。巴颜喀拉山的雪水，
在最近的未来必流入大洋。在彼此相通的海洋中，长江、黄

河的水滴，将与别处的水滴混合。那时，中国的江水河水、印度河、恒河、尼罗河、波斯湾、红海、地中海、密西西比河、亚马孙河、刚果河……各处的水滴将在本来就分不开的大洋之中，难分彼此！万古的江河，不只属于中国，也属于全人类。